西部后发地区现代产业发展新体系构建：基于产业链视角

张 伟 吴大华 游建民 著

科学出版社

北京

内 容 简 介

本书以产业链为研究平台，分析绿色低碳的产业链的演进和绿色低碳的现代产业新体系的发展理论，构建基于产业链的绿色低碳的现代产业发展新体系理论框架。在此基础上，本书以我国典型的后发地区贵州省为研究对象，深入研究和科学总结以资源型和能源密集型产业为特征的后发地区绿色低碳产业链升级，以及绿色的现代产业新体系的发展模式、实现路径和政策建议。希望本书的研究方法、基本结论和主要政策建议能够对后发赶超的西部地区加快发展方式转变、实现高质量发展有所助益。

本书适合产业及地区经济等相关领域的高等院校教师和研究生阅读，也可供相关领域的企业和政府决策管理人员参考。

图书在版编目（CIP）数据

西部后发地区现代产业发展新体系构建：基于产业链视角 / 张伟，吴大华，游建民著. —北京：科学出版社，2023.2

ISBN 978-7-03-072109-9

Ⅰ. ①西… Ⅱ. ①张… ②吴… ③游… Ⅲ. ①产业发展-研究-西北地区 ②产业发展-研究-西南地区 Ⅳ. ①F127

中国版本图书馆 CIP 数据核字（2022）第 064563 号

责任编辑：王丹妮 陶 璇 / 责任校对：贾娜娜
责任印制：吴兆东 / 封面设计：有道设计

科 学 出 版 社 出版

北京东黄城根北街 16 号
邮政编码：100717
http://www.sciencep.com

北京虎彩文化传播有限公司 印刷

科学出版社发行 各地新华书店经销

*

2023 年 2 月第 一 版 开本：720 × 1000 1/16
2024 年 1 月第二次印刷 印张：18 3/4
字数：375 000

定价：188.00 元

（如有印装质量问题，我社负责调换）

作 者 简 介

张伟，经济学博士，上海交通大学博士后，广州大学经济与统计学院教授，博士生导师，贵州省社会科学院国家治理体系和治理能力现代化地方实践高端智库特聘研究员。长期致力于中国绿色产业体系研究，取得了显著的学术成果。累计在 Renewable and Sustainable Energy Reviews、Energy Policy、Energy、Sustainable Development、Journal of Knowledge Management、Science of the Total Environment、《经济研究》、《科研管理》、《数量经济技术经济研究》和《财贸经济》等国内外权威期刊发表学术论文  近 90 篇，出版专著 3 部。主持国家社科重大项目 1 项，国家社科重点项目 1 项，国家自然科学基金项目 2 项。2012 年以来，获得"贵州省哲学社会科学优秀成果奖"1 项，"江苏省哲学社会科学优秀成果奖"1 项。承担国家和地方多项研究课题，并获省部级领导批示。2019 年入选"广州市杰出人才"。

 吴大华，法学博士后、经济学博士后；二级研究员；云南大学、西南政法大学、华中科技大学、贵州民族大学、贵州师范大学博士生导师，博士后合作导师。现任贵州省社会科学院党委书记。主要研究方向：刑法学、民族法学（法律人类学）、循环经济、马克思主义法学。主要兼职有：中国法学会常务理事、中国法学会民族法学研究会常务副会长等。国务院政府特殊津贴专家；2002 年被评为第三届"十大杰出中青年法学家"；全国首届杰出专业技术人才；获得教育部第四届"高校优秀青年教师奖"；2007 年被评为"新世纪百千万人才工程国家级人选"，2014 年被评为全国"文化名家"暨"四个一批"理论人才；2015 年被评为国家"万人计划"哲学社会科学领军人才；2016 年被评为中国社会科学院"首届十大杰出法学博士后"。

先后出版《民族法学通论》《依法治省方略研究》《中国特色的循环经济发展研究》等个人专著 13 部，合著《犯罪与社会》《法治中国进程中的政法工作研究》《生态引领绿色赶超——新常态下加快转型与跨越发展的案例研究》等 35 部，主编《贵州与瑞士发展比较研究》《反贫困：社会可持续与环境可持续》等 30 余部，

主编《贵州法治发展报告》系列蓝皮书等 20 余部，编译《瑞士生态环保法律法规译汇》等译著 2 部，发表法学论（译）文 400 余篇，主持国家社会科学基金重大招标项目 1 项，国家社会科学基金重点项目 2 项，国家社会科学基金一般项目 2 项，协助主持国家重大项目 2 项，中宣部马工程重点委托项目 4 项，省部级科研课题 20 余项。成果获省部级以上一、二、三等奖 10 余项。

前　言

西部地区是我国后发地区较为集中的地区，区内生态环境脆弱，产业体系的发展程度不高，面临后发赶超的艰巨任务。现阶段，以西部地区为代表的我国后发地区在构建绿色低碳的现代产业发展新体系时，既要面临低碳经济的外部约束，又要受到全球价值链（global value chain，GVC）绿色低碳化发展的影响。本书以产业链为研究平台，分析绿色低碳的产业链的演进和绿色低碳的现代产业新体系的发展理论，构建基于产业链的绿色低碳的现代产业发展新体系理论框架。在此基础上，以我国典型的后发地区贵州省为研究对象，深入研究和科学总结以资源型和能源密集型产业为特征的后发地区绿色低碳产业链升级，以及绿色的现代产业新体系的发展模式、实现路径和政策建议。

针对现有国内外现代产业体系研究不足的问题，以及以西部地区为代表的我国广大后发地区产业体系发展的现实状况，选择基于产业链的我国后发的西部地区的现代产业发展新体系构建作为选题，具有重要的理论意义和实际价值：一是现代产业发展新体系依靠的是产业的绿色竞争力，而不仅是产业的价值竞争力。国内现代产业体系的研究仅从宏观层面（产业体系）和微观层面（产业体系组成个体——企业）分析现代产业体系的形成机制和实现路径，缺乏中观层面（产业体系载体——产业链），研究结果的准确性和操作性不高。本书针对产业体系绿色竞争力，将现代产业体系的形成机制和实现路径置于现代产业体系的载体——产业链中进行分析，补充现有的现代产业体系形成机制和实现路径方面的理论，这具有重要的理论意义。二是以贵州省为代表的后发的西部地区构建现代产业发展新体系的产业背景与发达的东部地区存在较大差别，这将导致两个地区的现代产业发展新体系的实现路径和形成机制的不同。本书分析贵州省构建绿色低碳化的产业发展新体系的实现路径和形成机制，这对于我国后发的资源型地区构建现代产业发展新体系具有重要的实践价值。三是现代产业发展新体系的构建需要一套具有操作性的、系统化的对策建议，本书在遵循产业体系内生演化规律的基础上，选择适合后发地区产业链演进和产业体系发展实际状况的实现路径，从政府、产业链和企业三个方面设计出有利于发挥绿色低碳的现代产业发展新体系形成机制作用的政策体系，具有重要的实际价值。

本书共 8 章，分别为：第 1 章，基于产业链的绿色低碳的现代产业发展新体系理论框架；第 2 章，贵州省产业体系演进过程中能源强度及碳排放强度的变化趋势；第 3 章，贵州省产业体系碳排放评价；第 4 章，贵州省绿色低碳的现代产业发展新体系的功能和建设目标；第 5 章，贵州省产业链的演进及其碳排放；第 6 章，基于产业链视角贵州省绿色低碳的现代产业新体系的形成；第 7 章，产业链如何驱动贵州省现代产业新体系绿色低碳发展；第 8 章，产业链驱动贵州省绿色低碳的现代产业发展新体系形成的作用机制和政策体系。各章内容分别简述如下。

第 1 章从产业链的演进过程、升级动力机制、影响因素和作用机理等维度分析绿色低碳产业链的演进理论，并进一步从发展模式、影响变量、内生机理和变化特征等方面研究绿色低碳的现代产业发展新体系理论，通过产业链驱动产业新体系形成的作用机制，构建基于产业链的绿色低碳的现代产业发展新体系理论框架。分析产业链、产业和产业体系的关系模型，产业链演化过程、碳排放变化趋势和影响因素，产业链的绿色升级驱动现代产业发展新体系绿色低碳化的作用机制、形成机理和影响因素。

第 2 章从市场需求、生产要素两个方面，运用理论分析、动态分析的方法研究贵州省产业体系的演进过程；并分三次产业，从能源消费量和能源强度，以及碳排放量和碳排放强度等方面，对贵州省产业体系发展过程中碳排放的变动趋势及其影响因素进行研究。

第 3 章从碳排放的全要素能源效率、产业体系全要素碳减排效率，以及产业体系低碳化发展三个方面对贵州省产业体系碳排放状况进行评价，并通过计量研究分析影响因素。

第 4 章从贵州省绿色低碳的现代产业发展新体系的功能，以及绿色低碳的现代产业发展新体系建设目标及其评价两个方面分析绿色低碳的现代产业发展新体系的特征和建设目标。

第 5 章分析贵州省产业集群化的演进特征及其影响因素，并重点对贵州省工业聚集影响因素进行计量分析。在此基础上，研究贵州省产业链演进过程中碳排放的趋势，计量分析产业链碳排放强度变化的影响因素。

第 6 章根据贵州省产业链演进路径和升级途径，分析不同类型产业体系的绿色低碳的现代产业新体系的实现路径。

第 7 章分析贵州省产业体系不同分工形式的演进、贵州省产业链和产业与产业体系的关系模型，并针对不同分工形式的产业体系，根据产业链演进的动力机制，研究产业链的绿色低碳化驱动贵州省现代发展新体系绿色低碳产业的作用机理。

第 8 章根据贵州省产业链的治理模式，基于产业分工，通过生产者驱动的产业链演进升级的机理，分析贵州省产业链绿色升级驱动产业体系绿色发展的作用机制。并针对贵州产业体系中产业链绿色低碳化发展中存在的问题，从企业、产业链和产业三个层面，提出有利于发挥绿色低碳的现代产业发展新体系形成机制作用的政策建议。

通过以上内容的研究，本书提出以下的重要理论观点。

一是在学术思想方面，从绿色低碳的视角，对现有的产业体系理论进行拓展。本书分析绿色低碳对后发地区现代产业体系的影响，研究后发地区绿色低碳的现代产业发展新体系的影响变量、内生机理、形成机制和实现路径，建立绿色低碳的现代产业发展新体系的理论框架。根据研究，后发地区绿色低碳现代产业发展新体系是在产业链的平台上建立起来的，产业链绿色低碳化驱动现代产业发展新体系的绿色低碳化。后发地区现代产业发展新体系的理论体系分两个层次：第一个层次是绿色低碳产业链的演进理论，涉及产业链演进的影响变量、产业链演进的内生机理、产业链国内外分工地位及升级、产业链的绿色低碳化约束和产业链绿色低碳化演进动力机制五个方面的问题；第二个层次是绿色低碳的现代产业发展新体系理论，涉及产业体系发展的影响变量、产业体系升级、产业体系绿色低碳化发展模式、现代产业发展新体系内生机理和现代产业发展新体系的特征五个方面问题，第二个层次的研究以第一个层次的研究为基础。

二是在研究途径方面，基于产业链将现代产业发展新体系置于其载体中进行研究。现有的产业体系的研究仅从宏观层面和微观层面分析现代产业体系的形成机制和实现路径，缺乏产业体系的载体——中观层面产业链的研究，研究结果的操作性不高。本书基于产业链将现代产业发展新体系置于其载体中进行研究，使研究结果易于操作。

三是在理论观点方面，本书基于产业链，对"企业—产业链—产业"所形成的纵横网格状的产业体系，遵循产业体系"微观—中观—宏观"的形成过程，从形成机制和实现路径两个方面提出一条构建绿色低碳的现代产业发展新体系的切实可行的道路。基于产业链的演进过程和产业体系的演化过程，从企业、产业和产业链三者之间的关系，提出产业体系的形成机制。依赖于自然资源，利用能源对资源进行开采和加工的资源及能源密集型产业链，其作为要素协同共生的动态系统，各种要素之间的因果关系、非线性作用、信息的流动与反馈等引起并推动产业链的形成、发展和演化。从产业链的演进过程来看，构成产业链的三大要素为自然资源和土地、技术和资本、知识和网络，这三大要素之间此消彼长的变化驱动产业链不断演化。按照产业链的价值创造的驱动要素来划分，根据产业链演进的时序，产业链的演进分三个阶段：以自然资源和土地等初级资源要素驱动产业链演进的初级阶段、以技术和资本等中级资源要素驱动产业链演进的中级阶段、以知识和网络等高级资源要素驱动产业链演进的高级阶段。为了实现较高的价值创造，产业链的演进是以资本和知识为驱动力，在不断突破资源约束的基础上实现的。三个阶段总的趋势是：资源驱动产业链演进逐渐减弱，生产技术、管理模式等知识驱动产业链演进不断增强，资源禀赋对产业链演进的制约减弱；与产业链所经历的初级、中级和高级三个演化阶段相对应，产业链的附加价值不断增加。由此可以看出，产业链的演化本质就是产业链不断升级，创造价值不断增加的过程，而产业链的升级是通过知识创新和扩散，以及产业链分工深化与整合完成的。也就是说，产业链的演进实质上是依靠知识驱动的。通过知识的驱动，产业链从纵向、横向和侧向三个方向实现升级。

在新的技术经济条件下，知识分工制约着资源和能源密集型产业链的演化，产业链上各个环节所掌握的知识不同导致各个环节创造价值的差异性，价值和利润在产业价值链上转移，由此推动资源和能源密集型产业链的演化。这种产业链的演化方式改变过去由关键性的自然资源和能源，以及产品规模控制产业链演化的格局，其带来的是产业链结构与产业链发展方式的根本变化，最终会导致产业链形态与运作方式的彻底变化。从物理构成来看，产业体系是由企业—产业链—产业所组成的网格状的组织体系。在一个区域中，企业作为产业体系的组成个体，它由产业链协调，而产业是由若干产业链上相同产业属性环节组成的，产业体系是在产业链的主导下，通过企业和产业相互协调构建网络状的组织体系而形成的，产业体系的演化与产业链的演进紧密相连。在产业链的发展过程中，随着其要素禀赋的升级和自身能力的提升，产业链会沿着不同方向演进升级，并推动不同分工形式下产业体系的演化发展。在此过程中，随着产业链演进和产业体系的演化，产业链、产业和产业体系的关系动态变化，不断推动着绿色低碳的现代产业发展新体系的形成。

后发的西部地区构建现代产业发展新体系的产业背景与发达的东部地区存在较大差别，这将导致两个地区的现代产业发展新体系的实现路径和形成机制的不同。本书在遵循产业体系内生演化规律的基础上，以西部典型后发地区贵州省为案例，研究贵州省绿色低碳的现代产业发展新体系的形成机制，选择适合后发地区产业链演进和产业体系发展实际状况的实现路径，从政府、产业链和企业三个层面，设计出有利于发挥绿色低碳的现代产业发展新体系形成机制作用的政策体系，具有重要的指导实践的价值。

针对产业间分工的产业体系，产业链的绿色低碳化升级主要通过分解产业链非核心业务的高碳排放的功能环节，专注于具有高附加值和低碳排放特征的核心业务的功能环节实现。如何绿色低碳化地开发利用自然资源是这一阶段产业体系绿色低碳化发展的重要影响因素，可以通过引进和研发绿色低碳的生产技术、重新组织生产系统和建立全产业链的资源循环利用体系三种途径促进产业链功能环节的绿色升级，引领产业体系的绿色低碳化发展。

针对产业内分工的产业体系，产业链绿色低碳化升级主要体现在根据产业链环节纵向分解和功能低碳化升级，专注于低碳产品开发和现有产品低碳化功能的提升。如何实现绿色产品及其生产技术的创新，以及开拓绿色产品市场需求是这一阶段产业体系绿色低碳化发展的重要影响因素，可以通过产品及其生产技术的绿色研发、企业管理体制和制度的绿色创新，以及将绿色高科技注入产业三种途径促进产品的绿色升级。

针对产品内分工的产业体系，产业链绿色低碳化升级主要体现在利用模块化经济重构产业链，通过改变产业链的结构，组织和引导产业链的绿色低碳化升级。如何通过培育产业链模块的研发和营销的功能，提高技术和高端服务能力的移植性是这一阶段产业体系绿色低碳化发展的重要影响因素，可以通过跨产业链合作，进行绿色产品及其生产技术的研发、企业管理体制和制度的绿色创新，以及产业链协作机制的绿色创新三种途径促进产品的绿色升级。

本书是 2013 年国家社会科学基金重点项目"基于产业链的我国后发的西部地区现代产业发展新体系构建研究"（13AZD014）的最终成果和 2016 年国家社会科学基金重大项目的"基于'互联网＋'新动能成长的我国绿色制造体系构建研究"（16ZDA044）的阶段性成果，与本书相关的阶段性重要成果已经发表在经济学和能源环境经济学的国内外权威期刊上，获得省部级的哲学社会科学奖励，以及收录为 ESI 高被引论文。例如，论文《能源使用、碳排放与我国全要素碳减排效率》与《产业结构升级、能源结构优化与产业体系低碳化发展》分别于 2013 年和 2016 年发表在《经济研究》上，《能源使用、碳排放与我国全要素碳减排效率》一文还获得了江苏省第十四届哲学社会科学优秀成果奖二等奖；论文"Decomposition of intensity of energy-related CO_2 emission in Chinese provinces using the LMDI method"发表在 2016 年的 *Energy Policy* 上，收录为 ESI 高被引论文。另外，与本书相关的重要成果具有指导实践的重要价值。其中的一些阶段性的重要成果获得省部级领导 5 次的重要批示，相关成果获得省级部门重要文件的应用，对于贵州省如何利用"互联网＋"新动能促进制造业绿色转型和高质量发展，以及实现碳达峰碳中和的战略目标发挥了重要作用。

本书得以出版离不开多方面的支持，在此，作者特别感谢博士后合作导师上海交通大学朱启贵教授一直以来的指引和科学出版社李嘉编辑的热情帮助！感谢全国哲学社会科学工作办公室国家社会科学基金重点项目和重大项目、广州大学百人计划项目、广州市高层次人才资助工程，以及贵州省社会科学院国家治理体系和治理能力现代化地方实践高端智库工程对本书的资助！

张　伟

2022 年 5 月

目　录

第1章 基于产业链的绿色低碳的现代产业发展新体系理论框架

本书以产业链为基础，结合后发地区产业体系的特殊性，研究后发地区构建现代产业发展新体系的基本理论和政策体系。根据初步研究，后发地区构建现代产业发展新体系的理论体系如图 1-1 所示，后发地区绿色低碳现代产业发展新体

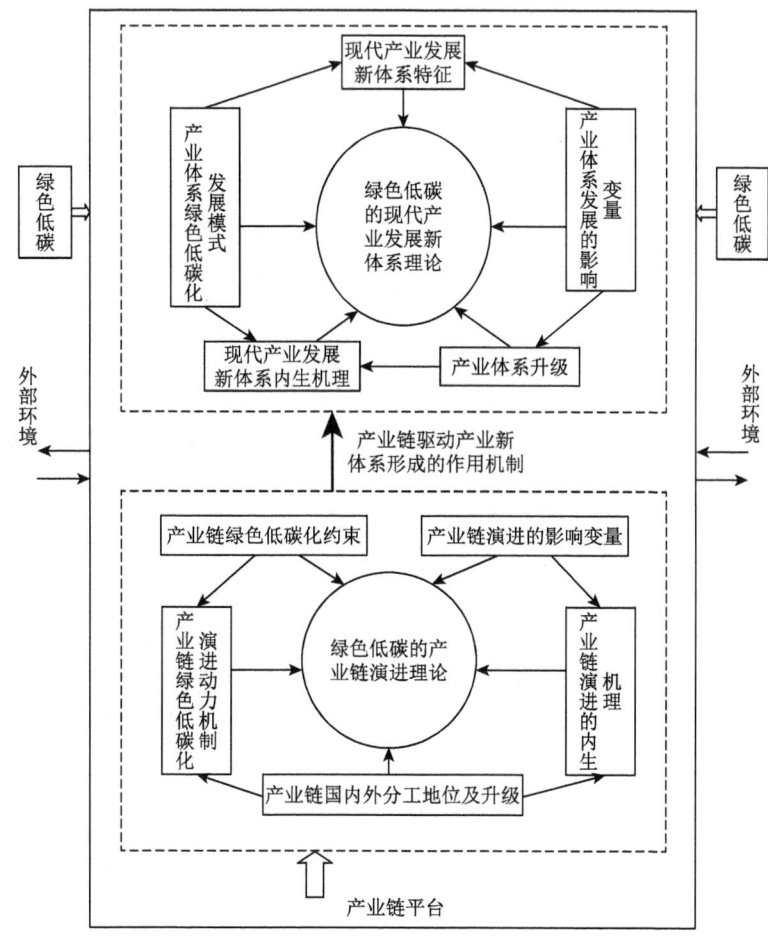

图 1-1　后发地区构建现代产业发展新体系理论体系

系是在产业链的平台上建立起来的，产业链绿色低碳化驱动现代产业发展新体系的绿色低碳化。

根据图 1-1，本书理论框架分两个层次，第一个层次是绿色低碳的产业链演进理论，涉及产业链演进的影响变量、产业链演进的内生机理、产业链国内外分工地位及升级、产业链绿色低碳化约束和产业链绿色低碳化演进动力机制五个方面的问题；第二个层次是绿色低碳的现代产业发展新体系理论，涉及产业体系发展的影响变量、产业体系升级、产业体系绿色低碳化发展模式、现代产业发展新体系内生机理和现代产业发展新体系特征五个方面的问题，绿色低碳的现代产业发展新体系理论以绿色低碳产业链的演进理论为基础。

1.1　绿色低碳产业链的演进理论①

在当今全球化的形势下，产品以产业链的形式组织生产。在一个区域中，企业作为产业的组成个体，它需要产业链的协调，而产业是由若干产业链上相同产业属性环节组成的。由此可知，产业体系的形成是在产业链的主导下完成的，产业链的演化升级决定了产业体系的发展状况。依赖于自然资源，利用能源②对资源进行开采和加工的能源密集的资源型产业链，其作为要素协同共生的动态系统，各种要素的因果关系、非线性作用、信息的流动与反馈等引起并推动产业链的形成、发展和演化，其发展的状况决定了能源密集的资源型产业链和产业体系的碳排放趋势。知识创新推动着能源密集型的资源型产业链演化升级，其动力源自产业链对实现规模经济和分工经济的追求，通过产业链知识创新实现不同厂商之间的专业化分工，获取大规模生产所带来的产品的低成本和满足顾客需求多样性。

1.1.1　资源和能源密集型产业链演化过程

对于产业链的演进，唐浩和蒋永穆（2008）将产业链演进过程划分为产业链形成初期、形成中期、加快发展期、成熟期和蜕变期五个阶段，与此相对应，产业链有纵向生产链、配套协作链、循环生产链、供应关系链和文化价值链五种不同的发展模式。产业链演进的这五个阶段及相对应的五种模式是通过产业的横向

---

① 本部分参考作者的四篇论文《知识驱动下的资源型产业链演进与升级——以贵州瓮福磷化工产业链为例》（发表在《当代经济研究》2012 年第 8 期）、《全球价值链下产业链绿色低碳化升级研究》（发表在《江西财经大学学报》2017 年第 4 期）、《知识驱动下的资源型产业链低碳化升级》（发表在《现代经济探讨》2013 年第 8 期）与《知识视角下的资源型产业链升级研究——以贵州瓮福磷化工产业链为例》（发表在《科学学研究》2009 年第 6 期）中的分析方法研究完成。本部分系本项目阶段性研究成果《资源型产业链知识创新的动力机制和实现途径》（发表在《科研管理》2013 年第 12 期）。

② 这里能源指不可再生的化石能源，不包括可再生能源。

扩张和纵向延伸完成的，其总的趋势表现为产业链延伸度越来越长，延展范围越来越宽，产业关联越来越密集，与此趋势相对应，产业链的经济效率体现为资源的配置效率越来越高，市场空间越来越宽泛，产业链上的企业扩张能力和竞争能力越来越强，经过这五个阶段及其五种模式的演进，产业链将引起产业结构、空间布局、产业组织、增长方式等发生变化。程宏伟等（2008）将产业链演化的根本动因归结于产业链中资源、资本和知识三个要素间的相互作用，并将产业链的演进阶段划分为资源作为主要驱动力的初级阶段、资本作为主要驱动力的中级阶段，以及知识作为主要驱动力的高级阶段。在此基础上，程李梅等（2013）基于产业链空间演化的现实情况，认为产业链的空间演化历经形成、发展、成熟、蜕变等阶段，并据此阶段将产业链的空间动态演化划分为区域内纵向延伸、区域间纵向延伸、区域内横向延伸、区域间横向拓展、产业链网结构五种模式。

　　在新的技术经济条件下，知识分工制约着资源和能源密集型产业链的演化，价值和利润在产业价值链上转移，由此推动资源和能源密集型产业链的演化。这种产业链的演化方式改变了过去由关键性的自然资源和能源，以及产品规模控制产业链演化的格局，带来的是产业链结构与产业链发展方式的根本变化，最终会导致产业链形态与运作方式的彻底变化。图 1-2 展示了资源与能源密集型产业链在各种要素驱动下价值创造的变动趋势。图 1-2 中 RE、CT 和 KN 分别为在资源和能源等初级资源、资本和技术等中级资源，以及知识和网络等高级资源三种要素驱动下资源和能源密集型产业链价值创造的变动趋势。

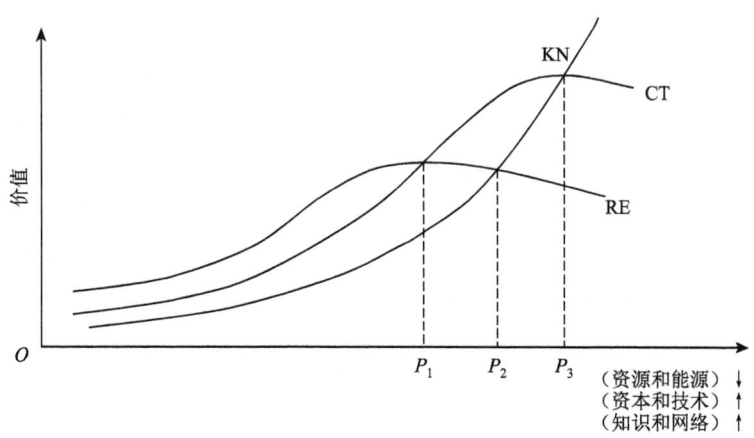

图 1-2　资源与能源密集型产业链演化分析

↓表示随着产业链演进，资源要素存量减少；↑表示随着产业链演进，资源要素存量增加

　　在 RE 曲线中，资源和能源密集型产业处于工业化大规模发展时期，其产业链主要是通过充分发挥产业链纵向的规模经济优势和横向的范围经济优势，降低

成本来创造顾客价值。但是产业链大规模生产不可避免地会产生大量库存，并且随着产业链的延伸，各个环节的库存量较大。为了降低库存成本实现低成本满足市场的需求，需要进行产业链的供给管理，维持产业链上一个合理的库存。因此，要实现顾客价值的最大化必须从产业链的角度促进产业链上供货商、制造商、批发商和零售商的协作，降低成本，有效地服务于消费者。资源和能源密集型产业链上范围经济的价值创造指企业通过扩大经营范围增加产品种类，生产两种或两种以上的产品而引起的单位成本的降低。与规模经济不同，范围经济通常是企业或生产单位从生产或提供某种系列产品（与大量生产同一产品不同）的单位成本中节省，而这种节约来自分销、研究与开发和服务中心（比如财会、公关）等部门。

　　资源和能源密集型产业链上产品的规模化生产和范围化生产，以及产品价值的实现要求产业链内充分共享产品的成本信息、库存信息和顾客的需求信息等配置性知识，而要共享产业链内的这些信息，产业链中必须建立起包括信息技术、物流技术、营销技术和组织革新技术在内的技术基础平台。这些技术与产业链中产品的成本信息、库存信息和顾客的需求信息一起构成产业链共享的知识，通过共享这些知识，企业可以跨越企业之间的藩篱，在产业链上实现合作，共同开发和分享市场机会，实现顾客价值和产业链利润的最大化。实现产业链上知识共享除了技术基础平台的支撑以外，还需要产业链上的企业相互信任建立起长期的、战略性的合作关系。这种长期的、战略性的关系使产业链上的企业能够充分地交流和沟通，并通过组织的创新，构建合适的组织形式，促进知识创新与交流，从而实现价值的创造。

　　在这一时期，由于自然资源和能源等初级资源较为丰裕，因此对自然资源和能源等初级资源进行有效的控制就成为这一时期资源和能源密集型产业链发展的主要策略。但是，随着产业链发展速度加快，产业链不断分化，价值环节增加，产业链内各个环节企业交易费用不断上升，增加了产业链上企业间共享产品的成本、库存和顾客需求信息等配置性知识的成本，抵消了产业链中企业的规模经济和范围经济优势，使产业链上的企业出现规模报酬递减。如图 1-2 中 P_1 点为 RE 曲线上规模报酬递增与递减的拐点。由于 P_1 点之后，规模报酬出现递减，因此在自然资源和能源等初级资源的驱动下，资源和能源密集型产业链分化延伸在此点停止。并且，产业链的长期发展耗用了大量自然资源和能源，使自然资源和能源存量减少，产业链在此点的发展面临规模报酬递减和自然资源与能源约束双重压力，资源和能源密集型产业链依靠大量消耗自然资源和能源，扩大初级产品生产规模的发展模式已不可持续，必须转变发展方式，突破自然资源和能源的约束，走可持续的发展之路。

　　在 CT 曲线中，随着工业化程度的深化，资本积累和技术发展已达到相当的高度，资源和能源密集型产业链以专业化分工为基础，通过产品创新、技术创新和管理创新，以灵敏供应的方式向顾客快速地提供多样的产品，满足顾客多样化的需求，以此创造顾客价值。对于资源和能源密集型产业等传统产业来说，实现敏捷供给的方式是协调整个产业链上的供货商、生产商和分销商，使整个产业链能够对顾客的需求快速响应。要实现敏捷供给不可避免地会产生产业链上各个厂商之间大规模、多频度的信息交流，增加厂商的管理成本和交易成本。为了降低管理成本和交易成本实现低成本地满足顾客多样化的需求，需要进行以满足消费者需求为中心的产业链的需求管理，提高产业链的集成度，加快产业链上各节点企业间的信息交换。

产业链上专业化分工经济的价值创造的实现要求产业链上的企业不仅要共享产品的成本信息、库存信息和顾客的需求信息等配置性知识，通过缩短市场导入期增加供给链的灵活性，以便能够及时生产出顾客订购产品的数量，减少创新性产品需求不确定性带来的损失，而且产业链上的系统集成厂商还要拥有多个领域的整合性知识，能够通过对产业链上游各个厂商的整合实现产业链中物流、价值流和信息流的整合，满足顾客的多样化需求。要共享产业链内的这些信息，与基于规模经济的产业链知识共享一样，产业链中必须建立起包括信息技术、物流技术、营销技术和组织革新技术在内的技术基础平台。在基于专业化分工经济的产业链体系中，产业链管理已经提升到企业竞争战略的高度，产业链管理被看作一种战略性的管理体系，而不仅是企业相互信任所建立的战略合作关系。正是产业链管理体系使产业链上企业的一体化程度提高，信息集成度上升，有力地促进了企业间知识的交流和共享，实现企业间的合成创新。

在这一时期，基于专业化分工，通过产业链上不同厂商的专业化分工对产业链实施需求管理，实现多品种的敏捷供给，在获得规模经济的前提下，提供规模经济厂商难以提供的多样品种，创造顾客价值，以此突破自然资源和能源等初级资源对能源密集的资源型产业链发展的约束。但是，随着产业链上不同厂商的专业化分工推进，产业链不断分化，价值环节增加，产业链内各个环节企业之间交易费用不断上升，增加了产业链上企业间共享产品的成本、库存和顾客需求信息等配置性知识的成本，以及产业链上系统集成厂商获取多个领域的整合性知识的成本，阻碍了产业链产品创新、技术创新和管理创新，产业链抗风险能力不断降低，这抵消了产业链中企业专业化经济的优势，使产业链上的企业出现规模报酬递减。如图 1-2 所示，P_3 点为 CT 曲线上规模报酬递增与递减的拐点。由于在 P_3 点之后，规模报酬出现递减，因此在技术和资本等中级资源的驱动下，资源和能源密集型产业链分化延伸在此点停止，产业链进一步地演化延伸需要其他的驱动力。

在技术和资本的驱动下，资源和能源密集型产业链分工程度不断加深，并且在新的技术经济条件下，信息技术促进了资源和能源密集型产业与其他产业的融合化发展，这不仅使生产流程更加复杂化，也使资源和能源密集型产业链的结构更加细微化，整个资源和能源密集型产业链的知识存量迅速增加，依靠传统的专业化分工结构已经不能有效地进行知识传输和共享，导致产业链内获取协同效应的难度增加。在这样的背景下，可以通过集中与分散协调统一的块状结构，有效克服分散的专业化分工结构与知识共享的矛盾，这类似于信息产业中的以功能化分割为基础的模块化结构。块状的资源和能源密集型产业链由若干个具有一定功能的块组成，各个块的内部实现各种知识的共享，块与块之间通过显性知识（块与块之间联系规则）进行联系。这样的结构不过度强调产业链上各个环节的专业化，而是在块状结构专业化的基础上促进块与块之间的交流合作，减少了共享知识的数量，降低了产业链上知识共享的成本。另外，块状化的生产模式使资源和能源密集型产业链的产品链、价值链和知识链呈现一种网状结构，这种网络状产业链其创新是分散的，这极大地提高了整个产业链的创新速度，可以比专业化分工模式下的产业链更加快速地满足消费者的需求，创造顾客价值。共享知识成本的降低和创新速度的加快使块状化的资源和能源密集型产业链上的企业出现规模报酬递增。如图 1-2 所示的 KN 曲线，企业一直呈现规模报酬递增，资源和能源密集型产业链不断分化延伸。对于 KN 曲线，在达到 P_1 点之前，也就是规模经济出现报酬递减之前，依靠知识和网络等高级资源驱动的资源和能源密集型产业链上的企业规模报酬小幅递增。其原因在于在自然资源和能源等初级资源驱动下，资源和能源密集型产业链主要通过充分发挥产业链纵向的规模经济优势和横向的范围经济优势降低成本来创造顾客价值，产业链上的企业只需共享产品的成本、库存和顾客需求信息等显性的配置性知识，这些知识对于通过知识共享进行知识创新，创造顾客价值的作用有限，加之产业链上还未形成完善、高效的知识共享网络，企业共享知识的成本较大，因此在此阶段，知识和网络等高级资源驱动的资源和能源密集型产业链上企业规模报酬呈现小幅递增的走势。过了 P_1 点达到 P_3 点之前，也就是产业链专业化经济出现规模报酬递减之前，依靠知识和网络等高级资源驱动的资源和能源密集型产业链上的企业规模报酬递增幅度加大。其原因在于，随着自然资源和能源等初级资源等驱动的产业链进入规模报酬递减和自然资源与能源约束不断强化的阶段，资源和能源密集型产业链转变发展方式，以专业化分工为基础，通过产品创新、技术创新和管理创新，以灵敏供应的方式向顾客快速地提供多样的产品，以此创造顾客价值。产业链上的企业不仅要共享产品的成本、库存和顾客需求信息等配置性知识，而且产业链上系统集成厂商还要获取多个领域的整合性知识，这些知识对通过知识共享进行知识创新，创造顾客价值的作用显著。加之产业链上各个专业化环节知识交流推动了产业链上知识共享网络的初步形成，相比产业链规模经济阶段，企业共享知识的成本降低，因此在这一阶段，知识和网络等高级资源驱动的资源和能源密集型产业链上企业规模报酬呈现一定程度递增的走势。到了 P_3 点后，也就是产业链专业化经济出现报酬递减，依靠知识和网络等高级资源驱动的资源和能源密集型产业链上的企业规模报酬快速递增。其原因在于，随着产业链上专业化分工的推进，产业链不断分化，价值环节增加，知识共享成本上升，阻碍了产业链的创新，这抵消了产业链中企业专业化经济的优势，使产业链上的企业出现规模报酬递减。在新的技术经济条件下，通过充分应用信息技术，采取集中与分散协调统一的块状结构有效克服分散的专业化分工结构与知识共享的矛盾，实现产业链上各类知识的共享，促进知识创新，更好地创造顾客价值。因此，在此阶段，知识和网络等高级资源驱动的资源和能源密集型产业链上企业规模报酬呈快速递增的走势，知识和网络已经成为产业链演化的主导力量。

在实际的资源和能源密集型产业链的演进过程中，由于各种资源和能源密集型产业链所具备的驱动产业链演进的要素资源不同，因此以上所述的三种要素资源所驱动的资源和能源密集型产业链的价值创造特征会以不同的组合方式出现在资源和能源密集型产业链的演进过程中。比如，在新的技术经济条件下，有的资源和能源密集型产业链的运行空间不断扩大，为了控制自然资源和能源，这些有实力的资源和能源密集型产业链可以有效地进行跨区域的自然资源和能源的整合，以自然资源和能源来驱动产业链生产规模的扩张，创造顾客价值。而与此同时，经过长期的发展，产业链已渐趋成熟，产业链上知识存量不断扩大，并且共享知识的网络已经形成，知识和网络等高级要素不断驱动产业链知识共享、知识创新，为顾客创造价值。这种类型为初级要素资源＋高级要素资源驱动型，另外，还可能有初级要素资源＋中级要素资源驱动型、中级要素资源＋高级要素资源驱动型、初级要素资源＋中级要素资源＋高级要素资源驱动型。

根据以上产业链演进的研究，结合国内学术界相关研究，本书根据产业链发展的驱动要素，将产业链的演进阶段划分为初级阶段、中级阶段和高级阶段，并从空间分布和表现形式两方面对产业链的演进阶段进行了分析总结，如表 1-1 所示。

表 1-1　产业链演进过程

阶段划分	空间分布	表现形式	主要驱动要素
初级阶段	区域内纵向延伸	区域内纵向生产链、配套产业链	资源、土地
	区域间纵向延伸	区域间纵向生产链、配套产业链	
中级阶段	区域内横向拓展	区域内配套产业链、供应关系链	资本、技术
	区域间横向拓展	区域间配套产业链、供应关系链	
高级阶段	产业链网	区域内外供应关系链、文化价值链	知识、网络

注：表中纵向生产链、配套产业链、供应关系链和文化价值链参见唐浩和蒋永穆（2008）的定义；区域内纵向延伸、区域间纵向延伸、区域内横向拓展、区域间横向拓展、产业链网参见李梅等（2013）的定义

1.1.2　资源型产业链知识创新的动力机制和实现途径

知识价值链（knowledge value chain，KVC）就是以产业链上业务流程为对象，围绕某一核心主体，通过对产业链知识流和价值流的分析，构建知识链与价值链交互作用的功能链节结构。知识价值链活动是一个动态的过程，在这个动态的过程中，个体的知识与组织的知识不断相互转换、相互积累，不断丰富个体和组织的知识库，从而实现知识的创新。知识供应链是指以满足顾客需求为导向，通过知识创新将知识的供应者、知识的创新者、知识的使用者连接起来，以实现知识的经济化、整体最优化及利润最大化目标的网络结构模式。

产业链知识创新的动力来自产业链价值的增值，其实现依赖于产业链上企业的知识共享和合作。资源型产业作为传统产业，其产业链的基本特征在于产业链上下游的联系主要为产品的投入产出联系。相应地，企业为获取垄断性和规模性的竞争优势，增强对不可再生的关键性资源的控制力，资源型企业纷纷采取向上游纵向一体化的办法整合资源。但是，随着全球资源约束不断强化，企业争夺资源的竞争日益激烈，企业以资本运作为手段，以掌控资源为目的的产业链纵向一体化的传统模式获取利润和发展的空间越来越小，仅靠资源驱动已经无法满足产业链升级发展的内在要求。在新的技术经济条件下，知识分工和知识创新制约着资源型产业链的演化，许多资源型产业链纷纷开始调整发展策略，实施知识创新推进产业链升级发展的策略，以实现资源型产业发展方式从资源依赖向依靠知识创新转变。

关于知识创新过程的研究，从认知论的角度将知识划分为显性知识和隐性知识，Nonaka（1991）提出了著名的群化-外化-融合-内化（socialization-externalization-combination-internalization，SECI）模型，即企业知识创新由知识社会化过程、知识外化过程、知识整合过程和知识内化过程四个知识转换过程组成，这四个过程依次构成一个上升的螺旋状的组织知识创新过程。知识创新需要一个环境，Nonaka 和 Konno（1998）将企业知识创新环境（即"巴"）分成四类：发起性巴、对话性巴、系统性巴、演练性巴。每一类分别对应经验性知识资产、概念性知识资产、常规性知识资产和系统性知识资产这四种知识类别的创新。基于企业内部的知识创新的原理，芮明杰等（2006）提出了产业链知识创新的 SECI 模型和知识创新环境"巴"。李翠娟和宣国良（2006）从知识供应链的角度提出产业链上企业合作知识创新的方式。

综合现有的研究可以发现，对于产业链知识创新实现途径的研究比较薄弱，仅借助企业内部知识创新的途径来研究产业链知识创新的途径，或者从企业合作来研究产业链的知识创新，缺乏系统的、可操作性的研究。另外，目前对于知识创新的研究大多针对知识密集型的高科技产业，而对传统的资源型产业知识创新的研究比较缺乏。因此，本书结合资源型产业的特点，从知识价值链和供应链的角度，分析资源型产业链知识创新的动力机制和实现途径，从理论上补充现有资源型产业链知识创新研究的不足。

1. 产业的知识价值链和知识供应链

1）产业的知识价值链

对于产业的知识价值链，国内外学者从不同的角度提出产业知识价值链模型。比较典型的是 Kelloway 和 Barling（2000）基于 Porter（1985）的价值链模型，建立了他们的知识价值链。

在图 1-3 中，Porter（1985）提出的实体价值链由内部物流（IL）、生产作业（OP）、外部物流（OL）、市场和营销（MS）、服务（SE）等五种基本活动，以及组织基础设施、人力资源管理、技术开发和采购等四种辅助活动组成。在价值链的五种基本活动中，由于每一个价值活动都包含了知识的获取、创新、保护、整合和共享的过程，直接受知识管理绩效的影响。而在辅助活动方面，采购与技术开发会受知识管理绩效的影响，组织基础设施及人力资源管理则可以为知识管理基础提供支援，彼此互动非常密切。Porter（1985）的实体价值链中的每一种基本活动对应相应的一种知识价值链，这些对应的知识价值链共同构成整个组织的知识价值链。

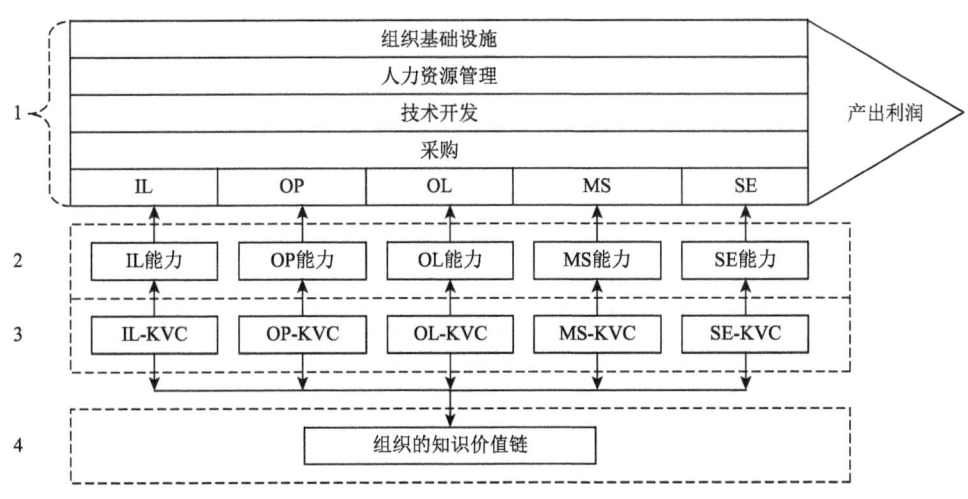

图 1-3 组织的知识价值链与实体价值链

借鉴 Lee 和 Yang（2000）提出的知识价值链模型，我们可以得到与每一个基本活动相对应的知识价值链模型，其基本结构如图 1-4 所示。知识价值链由知识管理基础和知识管理过程两部分组成。知识管理基础包括首席知识官（chief knowledge officer，CKO）管理、知识工作者的招聘、知识存储能力、顾客与供应商的关系。知识管理过程由知识获取、知识创新、知识保护、知识整合和知识扩散组成。

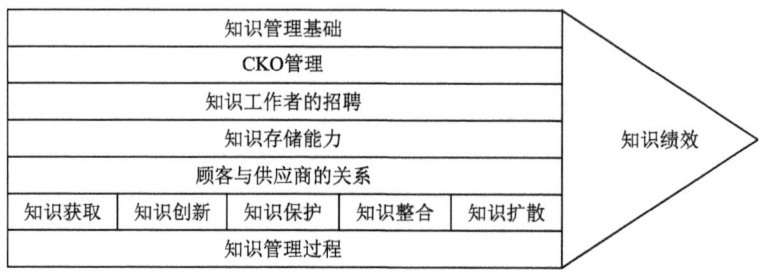

图 1-4　知识价值链模型

2）产业的知识供应链

对于产业的知识供应链，国内外学者主要从供应链的角度提出知识供应链模型（蔡翔等，2000；李翠娟和宣国良，2006；刘冀生和吴金希，2002；张曙，1999；Holsapple and Singh，2001），涉及的主体包括知识供应源、企业和顾客。从知识流动的过程来看，知识供应链包括知识积累阶段，知识获取、创新、保护、整合、扩散阶段和知识经济化阶段。从企业的知识运营过程来看，企业知识供应链的知识供应源主要来自企业内部知识、顾客反馈知识和企业外部知识，企业的知识创新主要集中在企业的研发流程和生产制造中，把包含创新知识的新产品销售给顾客是实现经济价值的过程。本书基于李翠娟和宣国良（2006）提出的知识供应链模型，通过细化生产制造流程提出了产业的知识供应链，如图 1-5 所示。

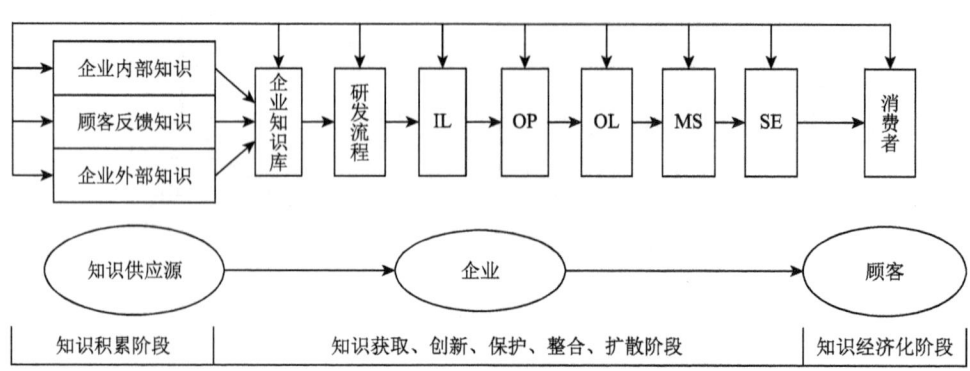

图 1-5　知识供应链模型

基于 Porter（1985）的价值链模型，产业价值链由 IL、OP、OL、MS、SE 五种基本活动构成，这五种基本活动依次构成实现产品利润的五个阶段。结合知识供应链模型（图 1-5），针对价值链上的这五种基本活动，我们可以得到知识供应链上基本活动的完整描述，如表 1-2 所示。

表 1-2 知识供应链的基本活动特征

阶段	知识来源	知识创新内容	范例示意	知识经济化内容
IL	企业内部知识；企业外部知识	与企业生产所需的原材料和辅助材料的接收、存储和分配相关联的知识	原材料等各种投入的搬运、仓储、库存控制、车辆调度及向供货商退货等	通过创新企业 IL 组织形式，降低产品生产各种投入的物流成本
OP	企业内部知识；顾客反馈知识；企业外部知识	与企业将投入转化为最终产品形式相关的各种活动的知识	产品加工、包装、设备维护、检测和各种生产设施的管理等	通过研发，创新产品和生产工艺技术，实现顾客对新产品的需求，以及降低产品的生产成本
OL	企业内部知识；企业外部知识	与企业集中、存储和将产品发送给买方的有关的各种活动的知识	产成品库存管理、送货车辆调度、订单处理和生产进度安排等	通过创新企业 OL 组织形式，降低产成品的物流成本
MS	企业内部知识；顾客反馈知识；企业外部知识	与企业提供给买方产品的方式和引导买方进行购买的有关活动的知识	广告、促销、销售队伍、报价、渠道选择、渠道关系和定价	通过创新市场营销的方式，提升产品的差异化程度，满足顾客的心理需求，提高产品价值
SE	企业内部知识；顾客反馈知识	与企业提供服务以增加或保持产品价值有关的各种活动的知识	产品使用培训、指导、中间产品供应和产品调整	通过创新产品售后服务的方式，提高顾客对产品的满意度和忠诚度，提升产品的市场占有率，实现产品价值

资料来源：作者自制

表 1-2 给出的是产业知识供应链基本活动的特征，也就是图 1-3 第 3 层次中各个基本活动的特征。由这些基本活动整合形成一个完整的产业知识价值链，即图 1-3 中第 4 层次对应组织的知识价值链。

综合产业的知识价值链和知识供应链，产业链的知识创新正是在产业知识价值链的驱动下，通过产业的知识供应链实现产业链上各节点企业的合作和知识共享的情况下完成的。

2. 资源型产业链知识创新

资源型产业是典型的规模经济和基于专业化分工经济的产业，其价值的创造是通过不同厂商的专业化分工获取大规模生产带来的产品的低成本和满足顾客需求多样性而实现的。但是，大规模生产不可避免地会产生大量库存，并且随着产业链的延伸，各个环节存在较大的库存量，导致产品成本较高，阻碍顾客价值最大化的实现。为此，资源型产业必须从产业链的角度促进产业链上的供货商、制造商、批发商和零售商充分沟通与合作，实现知识共享，在此基础上通过技术、组织结构和生产运作等方面的知识创新合理配置生产要素，实现产业链的供给管理和需求管理，提高产业链环节之间的协调度和产业链的集成度。其实质就是通过资源型产业的知识价值链驱动，通过产业的知识供应链促进产业链上各节点企业的合作和知识共享，实现知识创新和增值。资源型产业链的知识创新过程遵循 Nonaka（1991）的 SECI 模型，不过其知识的转换是在整个产业链上进行的，产业链的技术基础平台、组织结构和制度环境决定着知识转换的效率，以及知识创新的结果。

资源型产业链知识创新的动力源自产业链对实现规模经济和分工经济的追求，其价值的创造是通过不同厂商的专业化分工获取大规模生产带来的产品的低成本和满足顾客需求多样性而实现的。为此，资源型产业链知识创新有两条途径。

一是引进企业外部的技术和管理知识，并内化于企业之中，实现企业知识的创新，提升企业现有的生产能力和管理水平，以此扩大产量，有效地降低产品的成本，实现规模经济，创造顾客价值。在实现规模经济的过程中，为了提高竞争能力，企业应当培养将外部特殊性知识整合到企业现有的知识体系中，或者整合不同领域知识的能力。伴随着信息技术的发展和竞争范围的扩大，传统资源型产业链通过规模经济创造顾客价值的竞争从单个企业扩展至整个产业链，因此将促进特殊性知识和整合性知识的结合，满足顾客需求的配置性知识的共享，关于如何实现协调分工的组织知识的共享，以及提高产业链运作效率制度知识的共享成为提高产业链竞争力的关键。为此，产业链中必须建立起包括信息技术、物流技术、营销技术和组织革新技术在内的技术基础平台，实现产业链内产品的成本信息、库存信息和顾客需求信息的共享，使企业可以跨越企业之间的藩篱，在产业链上实现合作，实现知识创新，共同开发和分享市场机会，实现以有效的消费者响应为目标的产业链供给管理，以此创造顾客价值。

二是建立完善的企业组织环境和制度环境，促进产业链上不同领域特殊性知识的整合，并有效地配置和共享，实现产业链知识的创新，以此有效地组织产业链上企业的分工，最大限度地发挥企业专业化优势。为此，产业链中必须建立起包括信息技术、物流技术、营销技术和组织革新技术在内的技术基础平台，实现产业链内产品的生产工艺技术信息、顾客的需求信息和相关企业的经营信息的共享，这将使产业链上企业的一体化程度提高，信息集成度上升，有力地促进企业知识的交流和共享，实现企业与企业之间知识的合成创新，实现以敏捷供给为目标的产业链需求管理。这不但使产业链获得规模经济，而且通过企业的专业化分工向消费者提供多样化产品，创造更高的顾客价值，实现产业链的专业化经济。

为了更好地标识资源型产业链知识创新类型，将由第一条资源型产业链知识创新途径所实现的知识创新称为规模经济型知识创新类型，而将由第二条资源型产业链知识创新途径所实现的知识创新称为专业化经济型知识创新类型。资源型产业链的知识创新是通过产业的知识供应链进行的，由于实现产业链规模经济和专业化经济所具备的知识具有差异性，因此规模经济型和专业化经济型知识创新的具体内容将有所区别，如表 1-3 所示。产业链规模经济型知识创新从供给的角度，围绕提高产品产量和降低产品成本而展开；而产业链专业化经济型知识创新从需求的角度，围绕增加产品品种和快速响应市场展开。

表 1-3　规模经济型和专业化经济型知识创新比较

阶段	IL	OP	OL	MS	SE
规模经济型	针对单一产品的低成本生产，创新企业内部物流组织形式	针对单一产品的市场需求和价格要求，创新产品生产的工艺技术	针对单一产品低成本市场销售的要求，创新企业的 OL 组织形式	针对单一产品提高市场份额的需求，创新市场营销的方式，突出产品的低成本和高质量	针对提高顾客对单一产品的满意度和忠诚度，创新产品售后服务的方式，突出通过售后服务提高产品的可靠性
专业化经济型	针对市场对多种产品的需求和快速响应的要求，创新企业内部物流组织形式	针对市场对多种产品的需求和快速响应的要求，创新产品和生产工艺技术	针对多种产品的快速响应市场的销售需求，创新企业的 OL 组织形式	针对多产品快速响应市场的要求，创新市场营销方式，突出产品的功能和快速响应市场	针对提高顾客对多产品的满意度和忠诚度，创新产品售后服务的方式，突出通过售后服务提高产品的使用价值

1.1.3　全球价值链下产业链绿色低碳化升级

在经济全球化的趋势下，通过跨国公司 20 多年来跨界外包和海外直接投资，以及区域产业链主动融入全球产业发展的方式，全球产业链业已形成，并制约全球产业的发展。全球价值链的运行机制分为生产者驱动、购买者驱动，以及两者兼具的中间型驱动三种机制，不同的运行机制对应不同的产业竞争和升级内容。全球价值链作为产业链的治理模式，影响着区域产业链升级的层次及前景。按照价值链中行为主体协调能力的高低，全球价值链下产业链治理模式主要有市场型、模块型、关系型、领导型和等级型五种模式，不同模式下产业链升级的层次和路径不一样。全球价值链下产业链的升级分为过程升级、产品升级、功能升级和链的升级四个层次。面对低碳经济的约束，全球价值链治理模式下产业链的低碳化升级主要体现在这四个层次的升级上，通过这四个层次的升级获取产业链碳减排的环境价值和产品的市场价值。在全球价值链下，产业链先受制于全球价值链的运行机制，在此基础上，产业链在不同生产要素的驱动下沿着不同的路径演进发展。本书基于产业链的运行机制，根据产业链演进过程中碳排放变化的趋势，将产业链绿色低碳化升级置于全球价值链的治理模式和产业链演进的过程中，探寻全球价值链下产业链绿色低碳化升级的实现路径和作用机制。

1. 生产者驱动的价值链下产业链绿色低碳化升级

在生产者驱动的价值链中，拥有技术、资本和市场优势的核心企业为谋求市场扩张，通过投资和整合来推动市场需求，充分利用本地的生产要素，形成区域生产的产业链分工体系。在生产者驱动的价值链中，随着产业链的演进，其升级遵循功能升级—产品升级—工艺流程升级—链条升级的轨迹。由于沿着这一升级序列，产业链的附加值越来越高，并且越来越接近产业链的核心环节，因此产业链升级难度会越来越高。面对低碳经济的约束，生产者驱动的产业链将根据不同演进阶段中碳排放变化的趋势、产业链升级轨迹及产业链治理模式的变化，沿着功能低碳化—产品低碳化—工艺流程低碳化—链条低碳化的路径升级。

在产业链演进的初级阶段，产业链集中在一个区域内，通过核心企业的推动形成由企业内或企业间各个生产环节组成的纵向产业链，并且产业链的治理是通过等级制实现的。在等级制的治理模式下，产业链低碳化升级主要表现为功能低碳化升级，这样有利于提高产业链的专业化分工程度，促进各个生产环节效率的提升，扩大生产规模。功能低碳化升级的实现路径是从高碳排放的低附加值初级产品制造环节转移至产业链中低碳排放的高附加值非制造环节，如从产品的加工制造环节转移至技术服务、物流、销售和产品研发设计等环节。通过功能低碳化升级，处于初级阶段的产业链实现产业链环节的结构低碳化调整[①]，以此推动产业链的低碳排放。在产业链的初级阶段，核心企业控制着产业链的关键环节，在等级制的治理模式下，核心企业决定并控制着产业链功能低碳化升级的程度。其作用机制：一是在本地资源等初级要素的驱动下，为谋求市场扩张，核心企业会提高产业链的生产能力，加强产业链生产规模核心竞争力的培养，逐步将产业链非核心业务的功能环节纵向分解，而专注于核心业务的功能环节，如涉及核心技术的研发环节和市场品牌的服务环节，这些核心业务的功能环节具有高附加值和低碳排放的特点，核心企业收缩非核心业务，专注于核心业务有助于产业链的碳减排；二是核心企业将产业链非核心业务的功能环节纵向分解，给产业链上其他企业的功能升级腾出空间，在高附加值的驱动下和低碳排放的约束下，其他企业会凭借资本和技术的优势，通过核心企业的引领实现低碳化升级，如从低附加值与高碳排放的初加工环节向高附加值与低碳排放技术服务、物流及销售环节升级。

与初级阶段相比，产业链中级阶段的演进是在技术与资本的驱动下进行的，情况较为复杂，分两个时期。在产业链演进的中级阶段前期，产业链实现了较高的专业化分工，随着生产环节的增多，为提高各个环节的协调能力，在产业链信息化和网络化程度不断提高的条件下，等级制的治理模式开始向领导型的治理模

---

① 即减少低附加值的高碳排放环节，增加高附加值的低碳排放环节。

式转变，这样有利于产业链向市场快速、灵敏地提供多样化的产品。在此阶段中，产业链低碳化升级主要表现为产品低碳化升级。产品低碳化升级的实现路径是从高碳排放的低附加值初级产品制造环节进入产业链中低碳排放的高附加值中高级产品制造环节。例如，从资源类初级产品的制造环节进入以资源类产品为基础的高加工度产品制造环节。通过产品低碳化升级，产业链实现产品的低碳化调整①，以此推动产业链的低碳排放。在产业链中级阶段的前期，由于核心企业控制着产业链的产品标准和市场品牌，因此在领导型的治理模式下，核心企业决定并控制产业链产品低碳化升级的程度。其作用机制：一是在技术与资本等中级要素的驱动下，为谋求市场占有率，核心企业将会设法提高产业链的增值能力，加强产业链产品竞争力的培养，在产业链环节纵向分解和功能升级的基础上，通过扩张产品设计和市场反馈所在环节的部门，专注于低碳产品开发和现有产品低碳化功能的扩展。这些环节具有高附加值和低碳排放的特点，核心企业在这些环节部门的扩张将有助于产业链的碳减排。二是随着核心企业进行低碳产品开发和现有产品低碳功能的扩展，在高附加值的驱动下和低碳排放的约束下，产业链上其他企业将与核心企业密切合作，通过积极参与低碳产品的开发和现有产品低碳化功能的扩展实现产业链低碳化升级。由于产品低碳化升级涉及生产者驱动型产业链的重要竞争力，因此核心企业会根据全球市场的演变情况控制产业链上其他企业参与低碳产品开发和现有产品低碳化功能扩展的程度，这将使产品低碳化升级受阻。

在中级阶段后期，产业链已经实现充分的专业化分工，并且通过长期的发展，产业链上非核心企业在各个环节的能力获得较大的发展，在产业链中的地位有较大提升，核心企业对它们的控制程度降低。在此基础上，随着产业链上各个环节协调机制的建立和完善，各个环节企业的知识交流增加，关系日益密切，领导型的治理模式开始向关系型的治理模式转变，这将有利于工艺流程中不易编码和交易的隐含类知识的交流和共享，促进工艺技术的创新和生产流程的研发。工艺流程低碳化升级的实现路径是从高碳排放低附加值的产品制造工艺流程转变为低碳排放高附加值的产品制造工艺流程。通过工艺流程低碳化升级，产业链实现技术的低碳化调整②，以此推动产业链的低碳排放。在产业链演进的中级阶段的后期，形成了核心企业协调，各个环节的企业密切合作的治理模式。由于核心企业控制产业链的关键技术，因此在关系型治理模式下，核心企业控制产业链工艺流程低碳化升级的程度。其作用机制：一是在本地技术与资本等中级要素的驱动下，为谋求市场规模不断扩大，核心企业将设法提高产业链的成本控制能力，增强产业链产品核心竞争力。在产业链功能升级和产品升级的基础上，通过技术创新、设

---

① 即减少低附加值的高碳排放产品，增加高附加值的低碳排放产品。
② 即减少低附加值的高碳排放技术工艺，增加高附加值的低碳排放技术工艺。

备引进、流程再造、电子商务、知识共享等途径，专注于生产技术创新和工艺流程研发。这样的技术和工艺流程具有高附加值和低碳排放的特点，核心企业在这些技术上的创新和工艺流程上的研发有助于产业链的碳减排。二是随着核心企业进行低碳技术创新和低碳工艺流程开发，在高附加值的驱动下和低碳排放的约束下，产业链上其他企业将与核心企业密切合作，通过积极参与低碳技术的创新和低碳工艺流程的研发实现产业链低碳化升级。由于工艺流程低碳化升级涉及生产者驱动型产业链的核心竞争力，因此核心企业会根据全球价值链的演变情况控制产业链上其他企业参与低碳技术创新和低碳工艺流程开发的深度，这将使工艺流程低碳化升级受阻。与产品低碳化升级不同，工艺流程低碳化升级中知识可解码性或可交易性程度较低，属于隐含类知识，这阻碍了产业链上各个环节企业的有效合作，而产品的低碳化升级很大程度上依赖于先进设备和新的设计方案，这些一般可以通过市场买卖实现。因此，工艺流程低碳化升级难度较大。

通过中级阶段的发展，产业链在充分专业化分工的基础上实现了产品与工艺流程的低碳化升级。在产业链演进的高级阶段，随着新的技术经济条件下信息技术和网络技术的不断发展，为满足消费者对产品的多样化需求和快速响应的要求，产业链之间开始融合发展，并通过产业链的蘖生推动价值模块的形成，产业链由核心企业控制的过度集中的链状结构向核心企业协调的分散与集中统一的块状结构转变，关系型的治理模式向模块型的治理模式转变，这将有效降低产业链上各个环节低碳化知识共享的成本，并分散产业链低碳技术和产品创新的风险。产业链从关系型治理模式向模块型治理模式转变将降低各个环节交易的监督和控制程度，并给予模块所承担的价值环节中产品低碳化生产、设计，以及生产工艺技术低碳化创新等方面的灵活度，这将有效地提高产业链低碳化的效率。链条低碳化升级的实现路径是从高碳排放低附加值的产业链条转向低碳排放高附加值的产业链条。通过链条低碳化升级，产业链实现行业的低碳化调整①，以此推动产业链的低碳排放。在产业链演进的高级阶段，形成了由核心企业协调的分散与集中统一的模块型治理结构。由于核心企业掌握产业链上关键的模块，因此在模块型治理模式下，核心企业通过技术标准、设计规则、界面控制来组织和引导产业链条的低碳化升级。其作用机制：一是在本地知识与网络等高级要素的驱动下，为谋求产业链行业附加值的不断提升，核心企业将通过技术创新、流程再造、产品研发、管理变革等途径，提升核心企业组织和引导产业链条低碳化升级的能力。二是在核心企业的组织和引导下，产业链上其他企业专注自身所在的功能模块，通过技术标准、设计规则、模块界面积极与其他模块进行低碳化知识的交流合作，实现产业链的行业低碳化升级。

---

① 即减少低附加值的高碳排放行业，增加高附加值的低碳排放行业，如减少电视机生产，而增加电脑的生产。

2. 购买者驱动的价值链下产业链绿色低碳化升级

在购买者驱动的价值链中，大型国际商业企业利用品牌优势和销售渠道，通过全球采购组织跨国商品流通网络，而在采购地则形成委托加工的产业链分工体系。在购买者驱动的价值链中，随着产业链的演进，其升级遵循工艺流程升级—产品升级—功能升级—链条升级的轨迹。由于沿着这一升级序列产业链的附加值越来越高，并且越来越接近产业链的核心环节，因此产业链升级难度会越来越高。面对低碳经济的约束，购买者驱动的产业链将会根据不同演进阶段中碳排放变化的趋势、产业链升级轨迹及产业链治理模式的变化，沿着工艺流程低碳化—产品低碳化—功能低碳化—链条低碳化的路径升级。

在产业链演进的初级阶段，区域资源的优势催生了大量的企业，这些企业集中在一个区域内形成产业链。但是，产业链的专业化分工水平较低，企业之间相互模仿，独立生产，相互关联甚少，产业链的治理模式是市场型的治理模式。从空间形态来看，产业链更像企业扎堆形成的企业集聚。借助产业发展基础，以及相对较低的综合成本优势，在购买者驱动的全球价值链的作用下，该企业聚集区域成为全球价值链片段化后产业转移的目的地。在大型国际商业企业的主导下，通过等级制治理促进全球产业的转移，该区域产业将快速发展，市场空间和竞争力得到较大的提高。在此阶段，产业链低碳化升级主要表现为工艺流程低碳化升级。由于产业转出国的核心企业控制着产业链的产品标准和市场品牌，并且在领导型的治理模式下，核心企业决定并控制产业链产品低碳化升级的程度，因此在等级制治理模式下，产业转出国核心企业控制产业链工艺流程低碳化升级的程度。其作用机制：在资源与土地等初级要素的驱动下，为了不断扩大全球市场规模，赢得全球产品的竞争力，在产业转出国核心企业推动下，产业转入国企业将通过技术与设备引进、流程再造、电子商务等途径专注于低碳化工艺技术的创新和工艺流程的研发，提高产品质量，降低产品成本和生产的碳排放强度，增强产业链绿色低碳的核心竞争力。

与初级阶段相比，产业链中级阶段的演进是在技术与资本的驱动下进行的，情况较为复杂，分前期和后期两个时期。经过初级阶段，产业链实现工艺流程的低碳化升级，但是缺乏有效的分工导致产业链只有集聚效应，没有形成网络效应，产品生产的低碳化程度受到制约。在产业链演进的中级阶段前期，产业链实现专业化分工，并形成网络状分工合作的生产体系。随着产业链专业化分工程度的提高，网络状分工合作体系逐步完善，在信息化和网络化程度不断提高的条件下，产业链等级制治理模式开始向关系型治理模式转变。以此为基础，许多企业通过分工合作降低产品成本和碳排放强度，并利用网络状分工合作的生产体系促进知识共享，实现产品、技术和管理的创新，向市场提供差异化和低碳化的产品。在此阶段，由于产业转出国的核心企业通过产品标准和市场品牌控制着全球价值链的高端环节，并且产业转入国的产业链经过初级阶段的发展，劳动力等综合成本不再具有优势，单靠降低成本生产高碳排放的低附加值产品已无竞争优势，因此产业转入国的产业链必须依靠产品低碳化和差异化获取竞争优势。其作用机制：在技术与资本等中级要素的驱动下，为谋求国内外市场占有，网络状的产业链通过关系型治理模式加强企业的合作，构建知识合作的平台，促进产品低碳化知识的共享，并在引进国外低碳产品的基础上，进行低碳化产品的自主设计和生产，通过产品差异化和低碳化获取产业链绿色低碳的竞争优势。

经过初级阶段和中级阶段的前期，产业链实现了充分的专业化分工，并完成了工艺流程和产品的低碳化升级，但是受制于购买者驱动型价值链下等级制和关系型治理模式，产业链的功能低碳化升级受到约束，进一步降低产业链碳排放的趋势止步不前。只有通过产业链功能环节的低碳化升级，才能延续产业链碳排放强度下降的趋势。其作用机制：经过长期的发展，进入中级阶段的后期，产业链完成了工艺流程和产品的低碳化升级，建立起完善的、专业化分工程度较高的网络状生产体系。凭借日益雄厚的技术与资本的实力，产业链逐渐摆脱全球价值链中购买者的控制，产业链全球价值链下的治理模式由控制程度较高的等级制向控制程度较低的关系型转变，产业链中一些技术与资本实力较为雄厚的企业将经营重心转移至产品设计、技术创新、品牌打造和销售渠道等高附加值低碳排放的功能环节上，实现功能的低碳化升级。

通过中级阶段的发展，产业链实现了产品与功能的低碳化升级。进入产业链演进的高级阶段，在知识和网络的驱动下，为满足消费者快速变化的多样化的需求，一些技术创新、产品设计和品牌销售能力较高的重要企业控制产业链中许多关键环节，并通过产业链整合推动价值模块的形成，使产业链由集中的链状结构向分散与集中统一的块状结构转变，关系型治理模式向模块型治理模式转变。这将有效地促进产业链各个环节低碳化知识共享，分散产业链低碳技术和产品创新的风险，以及提高产业链低碳技术和产品创新的效率。在此阶段，控制产业链关键环节的重要企业将通过技术标准、设计规则、界面控制来组织和引导产业链条的低碳化升级。其作用机制：一是重要企业通过技术创新、产品研发、品牌树立等途径，提高自身组织和引导产业链条低碳化升级的能力。二是在这些重要企业的组织和引导下，产业链上其他企业专注于自身所在的功能模块的低碳化升级，并与其他模块进行低碳化知识的交流合作，实现产业链的行业低碳化升级。

3. 中间型驱动的价值链下产业链绿色低碳化升级

根据张辉（2006）对全球价值链动力机制的研究，中间驱动型全球价值链是生产者驱动型和购买者驱动型两者相结合形成的价值链，它的一个重要特征就是从生产环节到流通环节的价值形成过程中边际价值增值率先递减然后再递增。与生产者驱动型和购买者驱动型全球价值链下产业链低碳化升级相比,这种双向变化的价值分布决定着中间驱动型全球价值链下产业链低碳化升级轨迹的复杂性,要分析中间驱动型全球价值链下产业链的低碳化升级轨迹,首先要区分出产业链发展的动力是生产者还是购买者,其次根据不同动力确定产业链的低碳化升级轨迹。

1.2　现代产业发展新体系的形成机理①

　　产业由使用相同原材料、相同工艺技术或生产相同用途的产品的企业构成,犹如生物体存在于生态系统一样,产业的生存和运行依赖于产业的生态系统,即产业体系。产业体系是由特定的产业、政府行为和产业约束构成的有机体,其功能是通过调整和优化产业关联、产业构成、产业运行保证与之对应的产业整体的正常运行,维护和服务于产业主体的生存。从构成和运行来看,产业体系实质上是产业分工结构及其运行方式的体现,产业分工的演进决定产业体系的演变。

　　从 20 世纪 80 年代特别是进入 21 世纪以来,在经济全球化的推动下,资本、技术等生产要素全球流动的速度加快,主宰全球产品生产的跨国公司通过产品内分工的方式,在全球范围内分布价值链环节,以充分利用各个国家或地区具有比较优势的生产要素,创造产品的全球化竞争优势。产品内分工成为当今经济全球化的基本特征和动因之一,它取代产业间分工和产业内分工,成为当今主要的产业分工形式。随着产业分工形式的转变,与此相应,基于产业间和产业内分工的产业体系中的产业主体的生存方式和行为方式将发生重要变化,进而带动产业关联和产业结构的变化,这些变化决定了产业体系的竞争力。目前,在全球价值链的治理下,发达国家依据动态比较优势占据着产业价值链的高端环节,在全球产业分工中的竞争优势越来越明显,而我国在全球价值链中大多占据产业价值链的中低端环节,面对当今全球资源环境约束不断加紧、土地和劳动力初级要素价格上升、全球贸易环境改善乏力、产品创新和技术进步日益加速的挑战,我国现行产业体系在全球化经济中的劣势和弊端日益突显,迫切需要构建现代产业体系,提升现行产业体系在全球经济中的竞争力。

1.2.1　产业分工演进推动产业体系演变的机理

　　产业分工决定产业体系,产业体系内生于产业分工之中,产业体系的形成和

---

　　① 本部分系阶段性成果《产品内分工、产业体系演变与现代产业体系形成》发表在《《产经评论》2014 年第 4 期)与《我国绿色低碳的现代产业发展新体系特征》(发表在《经济问题探索》2015 年第 8 期)。

变化是由产业分工的演进决定的。不同形式的产业分工对应着不同组成和运行方式的产业体系，并影响产业体系的竞争力。

1. 产业分工的演进

从演进历程来看，产业分工经历产业间分工、产业内分工和产品内分工，其演进的动力来自专业化收益的增加和分工环节交易费用的降低。在以上三种产业分工的形式中，专业化收益来源各不相同，产业间分工的专业化收益来自要素禀赋带来的存在于产业间的比较利益，产业内分工的专业化收益来自产品专业化分工带来的存在于产品间的规模经济，产品内分工的专业化利益来自知识和技术等要素分工带来的存在于环节间的规模经济；而不同产业分工形式中的交易费用则由产业分工所处的交易环境决定，技术、制度、信息化建设、物流等因素影响交易环境的变化。随着各个国家和地区经济发展不断向前推进，这些因素会不断促进交易环境改善，进而降低产业分工中各个环节的交易费用。图 1-6 显示了产业分工的演变趋势。横轴表示产业分工演变的时间长度，随着产业分工不断推进，区域内资源要素禀赋不断下降，而产业内专业化分工程度和生产要素分工比较优势不断上升。纵轴表示产业分工收益，它是产业专业化收益与交易费用折中的结果，产业分工收益高低的变化主导着产业分工的演变。由于交易费用随着产业分工的推进、交易环境的改善而不断下降，因此主要考虑专业化收益与产业分工演变的关系。

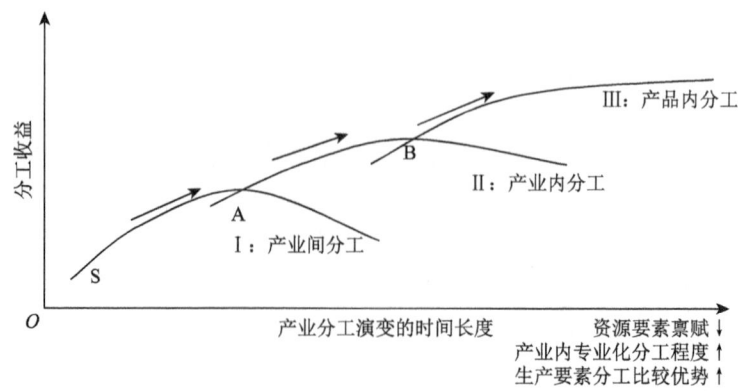

图 1-6　产业分工演变趋势图

分工收益指不同分工形式下，专业化收益与交易费用折中的结果。资源要素禀赋指矿物原料、农业原料等自然资源禀赋。产业内专业化分工程度指产业内不同产品之间的分工。生产要素分工比较优势指技术、资本、劳动力等生产要素之间的比较优势。上升箭头表示分工程度和比较优势提高，下降箭头表示要素禀赋下降

如图 1-6 所示，在资源要素的驱动下，产业分工以产业间分工的形式进行，

各个国家或地区根据资源要素禀赋，从事具体的产业活动，其实质是不同产业部门在各个国家或地区的专业化分工。这种产业间的分工形式是 20 世纪 50 年代之前国际分工的主要形式，具体表现为发展中国家主要从事附加值较低的自然资源开采和初加工的劳动密集型产业，而发达国家则专注于附加值较高的工业品制造行业。这个时期国际贸易以发展中国家向发达国家输出原料，发达国家向发展中国家输出工业品为主要特征。通过这种分工实现各个国家或地区的分工收益，但是，随着产业间分工的推进，一方面，发展中国家资源要素禀赋不断降低导致其分工收益下降，一些发展中国家或地区在产业升级诉求，以及产业资本在追逐更大利益的驱动下，通过引进发达国家的生产技术进入工业品制造行业，实现了新兴国家与发达国家的产业内分工。另一方面，由于技术、资本和管理的制约，发达国家从事全产业产品生产活动的产业间分工收益也在不断下降。在第三次科技革命的带动下，发达国家众多产业技术上的突破使同一产业不同产品实现了差异化分工，实现发达国家之间产业内分工。这种产业内的分工形式是 20 世纪 50~70 年代国际分工的主要形式，具体表现为发达国家和新兴国家根据自身的技术和资本等生产要素的比较优势从事制造行业内不同产品的生产，相互进行差异化产品的贸易，这个时期国际贸易以新兴国家与发达国家之间，以及发达国家与发达国家之间相互输出工业制成品为主要特征。图 1-6 中 A 点代表产业间分工向产业内分工转变的分界点，进入 A 点后，产业分工的主要形式是专业化分工驱动下的产业内分工，各个国家或地区通过产业内分工获取分工收益。随着产业内分工的推进，伴随着以信息技术和生产专业化技术为代表的科学技术的快速发展、全球一体化的经济运行体制和快速便捷的物流体系的建立，以及全球范围内各个国家或地区生产要素差异化和集聚化趋势加强，为谋求更高的分工收益，以跨国公司为代表的全球生产组织分解产品价值链，根据全球各个国家或地区生产要素的比较优势布局产品价值链环节，通过地点分散化进行片段化生产获取产品的竞争优势。这种产品内的分工形式是 20 世纪 80 年代以后国际分工的主要形式，具体表现为具有技术、资本、知识和信息等高级生产要素的发达国家和新兴国家的跨国公司从事研发、销售和核心部件生产等附加值高的环节，而具有自然资源和劳动力资源等初级生产要素的发展中国家企业从事零部件、辅助零配件的制造和安装等低附加值的环节。这个时期国际贸易以发达国家与发展中国家的中间品贸易为主要特征。图 1-6 中 B 点代表产业内分工向产品内分工转变的分界点，进入 B 点后，产业分工的主要形式是要素分工驱动下的产品内分工，各个国家或地区通过产品内分工获取分工收益。

2. 产业体系的演变

随着产业分工的演进，内生于产业分工中的产业体系也在不断演变。在产业间分工阶段，根据生产要素的比较优势，发展中国家或发达国家分别从事资源型的劳动密集型产业和技术型的资本密集型产业，这两种类型的产业形成不同的产业分工，发展中国家生产资源类的劳动密集型产品，而发达国家以发展中国家的资源类产品为原料生产工业制成品。在这一时期，市场上产品品种固定，产业之间的技术经济联系比较稳定，各个国家或地区的产业主要通过扩大生产规模获取规模经济的竞争优势而发展。与以上两类产业相对应，发展中国家或地区形成了资源型的劳动密集型产业体系，其主要由资源类的初级产品产业组成，而发达国家或地区则形成了技术型的资本密集型产业体系，其主要由加工制造类高级产品产业组成。这两类产业体系之间呈现具有梯度的互补关系，共同构成全球范围内的要素密集型产业体系。

进入产业内分工阶段，要素禀赋相近的国家之间，包括一些发达国家之间，以及发达国家与新兴国家之间，通过专业化分工从事产业内不同产品的生产。在这一时期，各个国家或地区生产的产品品种固定，产业之间的技术经济联系比较稳定，各个国家或地区的产业主要通过扩大生产规模获取规模经济的竞争优势而发展。在产业内分工的产业体系中，发达国家之间，以及发达国家和新兴国家之间在加工制造行业上的专业化分工使产业内分工的产业体系形成以产品为特色的专业化的产业体系。与产业间分工的产业体系相比，产业内分工的产业体系产品加工度较高，产业链延伸较长，产业体系结构较为复杂。

进入产品内分工阶段，在科学技术不断发展和全球化经济运行体制不断完善等外部条件的推动下，以跨国公司为代表的全球生产组织在全球范围内布局产品价值链环节，以充分利用各个国家或地区生产要素的比较优势，通过地点分散化进行片段化生产获取产品的竞争优势。在这一时期，各个国家或地区主要通过扩大产品环节的生产规模获取环节的规模经济而发展。在产品内分工的产业体系中，发达国家、新兴国家和发展中国家在产品加工制造产业链环节上的要素分工使产品内分工的产业体系形成以产品加工环节为特色的专业化产业体系。主要表现为，发达国家以知识和信息等高级生产要素从事研发、销售和核心部件生产等附加值高的环节，形成创新驱动的高级生产要素密集型产业体系，这类产业体系主要包括研发和销售等高端生产性服务业，以及核心部件生产等高端制造业；新兴国家以技术和资本等中级生产要素从事主要零部件生产等中端制造业，形成生产驱动的中级生产要素密集型产业体系；发展中国家主要以劳动力资源等初级生产要素从事辅助零配件的制造和安装等低附加值的环节，形成生产驱动的初级生产要素密集型产业体系，这类产业体系主要包括零部件、辅助零配件的制造和安装等低端制造业。与产业间分工和产业内分工两类产业体系相比，产品内分工的产业体系存在产品加工度较高、产业链延伸较长和产业体系结构较为复杂等特征。

综上可以得出，随着产业分工的演进，产业体系也在不断地演变。本书从产业关联、产业结构、产业布局和产业运行等四个方面来考察产业体系随着产业分工演进而产生的变化，如表 1-4 所示。

表 1-4　产业分工演进阶段和产业体系演变的特征

演进阶段	国家类型	产业关联	产业结构	产业布局	产业运行
产业间分工	发展中国家	前向关联效应大而后向关联效应小，感应度系数较大	资源型的劳动密集型产业结构，主要生产低加工度型的劳动密集型初级产品	产业布局集中在资源和劳动力密集的亚、非、拉地区	通过扩大单一资源类劳动密集型产业生产规模获取规模经济的竞争优势而发展
产业间分工	发达国家	前向关联效应小而后向关联效应大，影响力系数较大	技术型的资本密集型产业结构，主要生产加工度较高的工业制成品	产业布局集中在技术和资本密集的欧美地区	通过扩大品种固定的工业制成品行业生产规模获取规模经济的竞争优势而发展
产业内分工	发展中国家	前向关联效应大而后向关联效应小，感应度系数较大	资源型的劳动密集型产业结构，主要生产低加工度型的劳动密集型初级产品	产业布局集中在资源和劳动力密集的亚、非、拉地区	通过扩大单一资源类劳动密集型产业生产规模获取规模经济的竞争优势而发展
产业内分工	新兴国家	前向关联效应小而后向关联效应大，影响力系数较大	技术型的资本密集型产业结构，主要专业化生产具有比较优势的工业制成品，其加工度低于发达国家	产业布局集中在从欧美等发达国家引进技术和资本的亚欧新兴发展国家	通过扩大低加工度化的差异化工业制成品生产规模获取规模经济的竞争优势而发展
产业内分工	发达国家	前向关联效应小而后向关联效应大，影响力系数较大	技术型的资本密集型产业结构，主要专业化生产具有比较优势的加工度较高的工业制成品	产业布局集中在技术和资本密集的欧美地区	通过扩大高加工度化的差异化工业制成品生产规模获取规模经济的竞争优势而发展
产品内分工	发展中国家	通过产业链形成产业关联和后向关联效应小，感应度系数较大	生产驱动的初级生产要素密集型产业结构，主要从事零部件、辅助零配件的制造和安装	通过要素分工，以产业集群的方式集中布局在资源和劳动力等初级要素密集的亚、非、拉地区	通过扩大资源密集和劳动密集型产业环节的生产规模获取规模经济的竞争优势而发展
产品内分工	新兴国家	通过产业链形成产业关联，前向关联效应和后向关联效应大，感应度系数大	生产驱动的中级生产要素密集型产业结构，主要从事主要零部件、辅助零配件的制造和安装	通过要素分工，以产业集群的方式集中布局在技术和资本等中级要素密集的新兴国家或地区	通过提高技术密集和资本密集型产业环节的专业化生产规模获取专业化产品的规模经济的竞争优势而发展
产品内分工	发达国家	通过产业链形成产业关联，前向关联效应和后向关联效应较大，影响力系数较大	创新驱动的高级生产要素密集型产业结构，主要从事研发和销售等高端生产性服务业，以及核心部件生产等高端制造业	通过要素分工，以产业集群的方式集中布局在知识和信息等高级要素密集的欧美国家或地区	通过创新和重组全球产业链获取产品的垄断和成本的全球竞争优势而发展

1.2.2　不同分工形式下产业体系的特征及构成

通过前面的分析，可以看出，产业分工的演进决定产业体系的演变。三种不同的产业分工形式，它们的产业体系的特征及构成也不相同。

1. 产业间分工形式下产业体系的构成及特征

产业间分工的产业体系主要由存在于发达国家的工业制成品产业体系和发展中国家的资源开采与初加工产业体系组成。其构成如图 1-7 所示，发达国家的工业制成品产业体系和发展中国家的资源开采与初加工产业体系分别由工业制成品产业和资源开采与初加工产业，以及服务于它们的传统金融服务业、信息服务业、物流业，以及其他的传统生产性服务业组成，F、L、I、O 分别代表发展中国家和发达国家的传统金融服务业、物流业、信息服务业、其他的传统生产性服务业，以下同。两者通过发展中国家向发达国家输出原料，发达国家向发展中国家输出工业品实现产业联系。产业体系的形成在产业链的主导下完成，从形态上看，它是由企业—产业链—产业构成的网格状体系。图 1-8 显示了产业间分工下产业体系的形成，I I 代表由发展中国家的资源开采与初加工产业体系和发达国家工业制成品产业体系构成的产业间分工的产业链；i i 代表发展中国家的资源开采与初加工产业，它由产业属性相同的企业 A 组成；ii ii 代表发达国家的工业制成品产业，它由产业属性相同的企业 B 组成。A、B 作为发展中国家的资源开采与初加工产业和发达国家的工业制成品产业的组成个体，它们在产业链 I I 的协调和主导下形成发达国家和发展中国家产业间分工下的产业体系。图 1-9 显示了产业间分工下产业体系结构形态，R 和 M 分别代表发展中国家资源开采与初加工产业和发达国家工业制成品产业；T 代表 R 和 M 的贸易服务业；图中每个椭圆的面积代表产业总量的大小。从图 1-9 中可以看出，发达国家工业制成品产业体系的总量高于发展中国家的资源开采与初加工产业体系的总量，这是发达国家和发展中国家产业梯度差距所致，它表明在由生产要素禀赋、技术、产业分工决定的产业结构水平上，发达国家高于发展中国家。

根据产业分工演进阶段和产业体系演变的特征，以及产业间分工的产业体系的构成，产业间分工的产业体系的特征主要表现为以下方面。

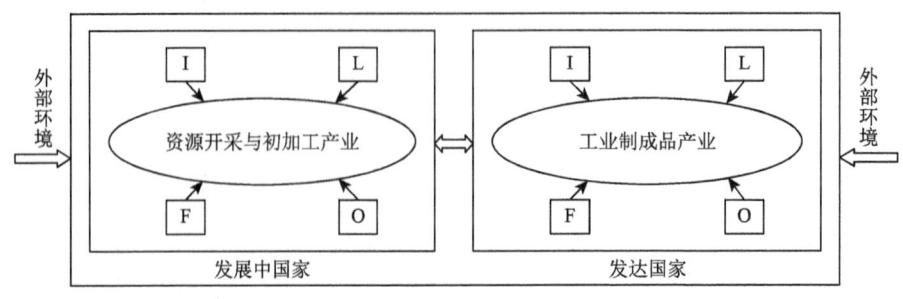

图 1-7　产业间分工下产业体系构成

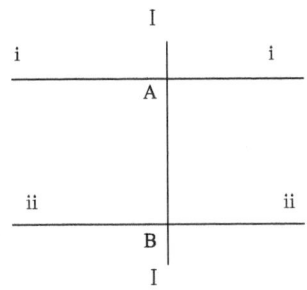

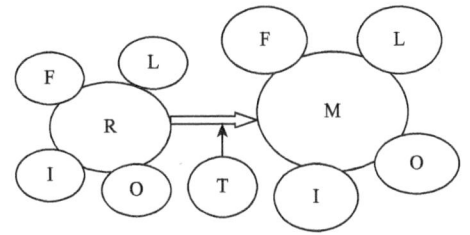

图 1-8　产业间分工下产业体系的形成　　　　图 1-9　产业间分工下产业体系结构形态

第一，基于各个国家或地区的生产要素禀赋形成发达国家和发展中国家产业之间的区域分工体系。在产业间分工的产业体系中，发达国家拥有技术和资本等高级生产要素，从事工业制成品的加工制造，而发展中国家只能凭借资源和劳动力等初级生产要素，从事劳动密集型的资源类初级产品生产，发达国家和发展中国家之间形成了以产业为界限的区域分工体系。这种以产业为界限的区域分工体系，由于分工程度低，使得发达国家和发展中国家的产业之间、发达国家内部产业之间，以及发展中国家内部产业之间缺乏协作，各个国家形成了一种分工程度较低的封闭产业体系。

第二，发达国家和发展中国家之间的产业具有梯度差异，发达国家产业向发展中国家垂直转移。发展中国家的资源开采和初加工产业处于产业发展的成熟阶段或衰老阶段，发展中国家处于低梯度层级。而发达国家的工业制成品产业处于产业发展的创新阶段或发展阶段，属于"朝阳产业"，发达国家处于高梯度层级。在产业梯度的作用下，发达国家产业不断向发展中国家转移，提升发展中国家产业体系。

第三，产品品种较少，产业之间的技术经济联系简单、稳定，各个国家或地区的产业主要通过扩大生产规模获取规模经济的竞争优势而不断发展。发展中国家主要通过扩大资源的开采增加资源类劳动密集型初级产品的生产规模，而发达国家以发展中国家的资源类产品为原料，通过增加发展中国家的资源类产品进口，扩大工业制成品的生产规模。

第四，受科学技术发展、全球范围内市场经济体制及贸易投资一体化的限制，生产要素特别是技术、资本和知识等高级要素流动性较差，这使得发展中国家不能有效通过比较优势激发效应，促进产业体系转型升级，产业体系固化。

第五，在以产业为分工界限的条件下，一些国家不具有产业发展的比较优势，产业不能通过参与国际分工体系得到发展，产业体系发展滞后，被世界经济边缘化。

2. 产业内分工形式下产业体系的构成及特征

产业内分工的产业体系主要由存在于要素禀赋相近的国家（包括一些发达国

家之间，以及发达国家与新兴国家之间）的差异化产品的制造业产业体系组成。其构成如图 1-10 所示，禀赋相近的发达国家和新兴国家的工业制成品产业体系由差异化产品制造业，以及服务于它们的传统金融服务业、信息服务业、物流业，以及其他的传统生产性服务业组成。它们通过互相输出差异化的产品实现产业联系。图 1-11 显示了产业内分工下产业体系的形成，ⅠⅠ、ⅡⅡ分别代表由发展中国家的资源开采与初加工产业体系和发达国家工业制成品产业体系构成的产业内差异化产品生产链；ⅰⅰ代表发展中国家的资源开采与初加工产业，它由产业属性相同的企业 A、B 组成；ⅱⅱ代表发达国家或新兴国家 1 的工业制成品 P1 所在行业，它由行业属性相同的企业 C 组成；ⅲⅲ代表发达国家或新兴国家 2 的工业制成品 P2 所在行业，它由行业属性相同的企业 D 组成①。ⅱⅱ行业与ⅲⅲ行业不同表明了产业内产品的专业化分工，A、B、C、D 作为发展中国家的资源开采与初加工产业和发达国家的工业制成品产业的组成个体，它们在产业链ⅠⅠ和ⅡⅡ的协调和主导下形成发达国家之间，以及发达国家与新兴国家之间产业内分工下的产业体系。图 1-12 显示了产业内分工下产业体系结构形态。从图中可以看出，一是发达国家或新兴国家工业制成品产业体系的总量高于发展中国家的资源开采与初加工产业体系的总量，这是由发达国家与新兴国家产业梯度和发展中国家产业梯度差距所致，它表明在由生产要素禀赋、技术、产业分工决定的产业结构水平上，发达国家与新兴国家高于发展中国家。二是发达国家之间，以及发达国家与新兴国家之间工业制成品产业体系的总量彼此相当②。

　　根据产业分工演进阶段和产业体系演变的特征，以及产业内分工产业体系的构成，产业内分工产业体系的特征主要表现为以下几点。

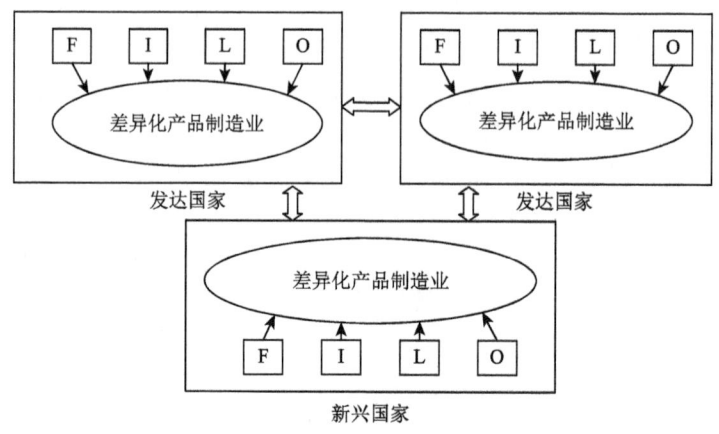

图 1-10　产业内分工下产业体系构成

---

① 这里设定同一产业中不同产品所处行业不同。

② 这里所说的彼此相当是相对于发展中国家和发达国家与新兴国家产业体系总量之间较大差距而言的。

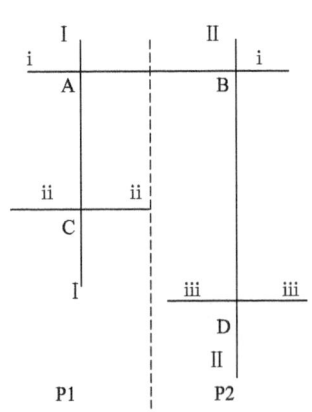

图 1-11　产业内分工下产业体系的形成

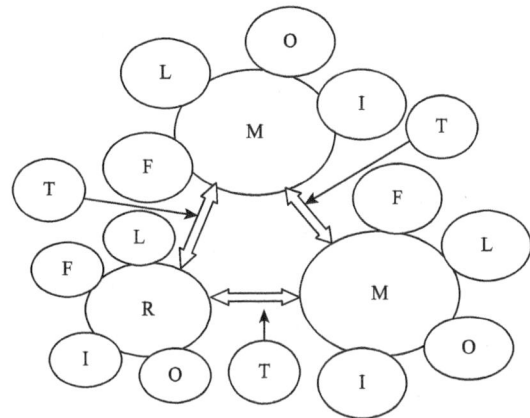

图 1-12　产业内分工下产业体系结构形态

第一，由发达国家之间、发达国家与新兴国家之间的同级内①差异化的生产要素禀赋决定，形成发达国家之间、发达国家与新兴国家之间产业内的区域分工体系，这与由级差①生产要素禀赋决定的发达国家和发展中国家产业之间的区域分工体系不同。在产业内分工的产业体系中，发达国家和新兴国家拥有技术和资本等差异化的高级生产要素，从事差异化工业制成品的加工制造，它们之间形成了以产品为界限的区域分工体系。由于分工程度高，这种以产品为界限的区域分工体系使发达国家之间、发达国家与新兴国家之间、发达国家内部产业之间，以及新兴国家内部产业之间进行协作，各个发达国家和新兴国家形成了一种分工程度高的开放型产业体系。

第二，发达国家之间和发达国家与新兴国家之间存在规模经济、专业化分工等后天获得性优势的差异，它们会产生以产品生产全过程为客体的水平型产业转移，也就是产品完整价值链的转移。在这种产业转移中，各国要素禀赋相近，产业不存在梯度差异，产业转移的动力来自后天获得的比较优势所创造的比较利益。在产品间比较利益的作用下，各国根据后天获得的比较优势不断进行着产品价值链的转移，以获取产品间比较利益最大化，这样有利于各个国家根据自身的比较优势提升产业体系。

第三，产品专业化，产业之间的技术经济联系复杂，但比较稳定，各个国家或地区的产业主要通过产品专业化分工，扩大生产规模获取差异化的竞争优势而不断发展。发达国家通过产品创新和水平型产业转移，扩大差异化产品的生产规模，新兴国家则通过水平型产业转移从发达国家引进产品和技术，提高专业化产品生产的技术水平，扩大产品的生产规模。

---

① 这里同级内指自然资源与劳动力等初级生产要素内，以及资本与技术等高级生产要素内，而级差指自然资源与劳动力等初级生产要素和资本与技术等高级生产要素之间的等级差别。

第四，在二战后第三次科技革命的推动和全球范围内市场经济体制的构建下，以产品为单元的技术和资本等高级生产要素流动性提高，这使发达国家和新兴国家能有效通过水平型产业转移促进具有规模化和专业化比较优势的产品低成本生产，推动产业体系转型升级。

第五，在以产品为分工界限的条件下，要素禀赋相近的发达国家和新兴国家利用后天获得的比较优势更加专注于产业中一些产品的生产，通过参与国际分工体系得到发展，而一些发展中国家由于要素禀赋的差距，不具有以产品分工为特征的产业发展的比较优势，产业不能通过参与国际分工体系得到发展，产业体系发展滞后。

3. 产品内分工形式下产业体系的构成及特征

产品内分工的产业体系是全球跨国公司根据各个国家的要素禀赋，在全球布局产品生产环节所形成的国际生产一体化基础上的网络型生产体系，其实质就是全球跨国公司主导的全球一体化的价值链体系。在全球一体化的价值链中，跨国公司将产品的研发、销售、核心部件生产等工序安排在发达国家，而将产品的主要零部件制造工序转移至应用技术方面存在竞争优势的新兴工业化国家，辅助零配件制造、组装等工序则转移至在非熟练劳动力上具有竞争优势的发展中国家。产品内分工的产业体系由产业中各个产品的全球价值链组成，其构成如图1-13所示，要素禀赋迥异的发达国家高端产业体系、新兴工业化国家中端产业体系和发展中国家低端产业体系分别由研发、销售、核心部件生产等高端产业，主要零部件制造等中端产业，辅助零配件制造、组装等低端产业，以及服务于它们的传统金融服务业、信息服务业、物流业，以及其他的传统生产性服务业组成。三者通过互相输出中间产品实现产业联系。

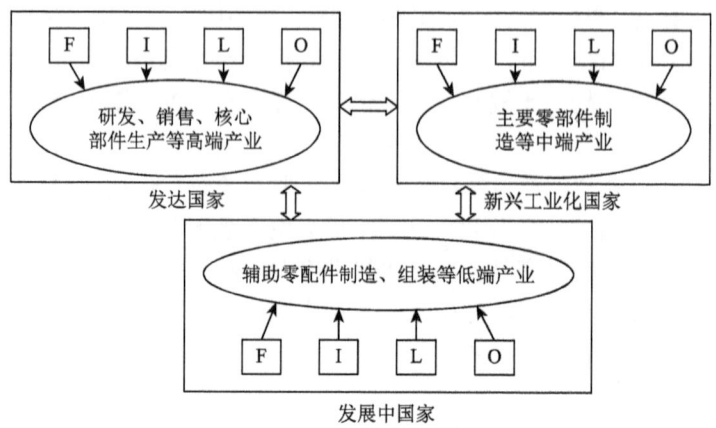

图 1-13　产品内分工下产业体系构成

图 1-14 显示了产品内分工下产业体系的形成，ⅠⅠ、ⅡⅡ分别代表由发展中国家的低端产业体系、新兴国家中端产业体系，以及发达国家高端产业体系构成的产品生产链；ⅰⅰ代表发展中国家的辅助零配件制造、组装等低端产业，它由产业属性相同的企业 A、B 组成，ⅱⅱ代表新兴国家中端产业，它由行业属性相同的企业 C、D 组成；ⅲⅲ代表发达国家高端产业，它由行业属性相同的企业 E、F 组成。A、B、C、D、E、F 作为发展中国家的低端产业、新兴国家中端产业，以及发达国家高端产业的组成个体，它们在全球跨国公司主导下的产业链ⅠⅠ和ⅡⅡ的协调下形成发展中国家、新兴国家和发达国家之间产品内分工的产业体系，其实质是要素分工下的产业体系。图 1-15 显示了产品内分工下产业体系结构形态，图中 HI、MI 和 LI 分别代表发达国家高端产业体系、新兴国家中端产业体系和发展中国家低端产业体系。从图 1-15 可以看出，发达国家高端产业体系总量大于新兴国家中端产业体系总量，而新兴国家中端产业体系总量大于发展中国家低端产业体系总量，这主要有两方面原因：一是发达国家、新兴国家、发展中国家所处的产业环节存在垂直梯度差距所致；二是发达国家之间，以及发达国家与新兴国家之间工业制成品产业体系的总量彼此相当[①]。

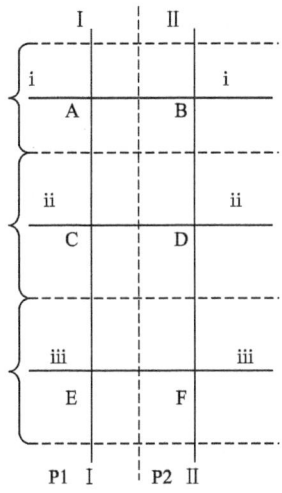

图 1-14　产品内分工下产业体系的形成

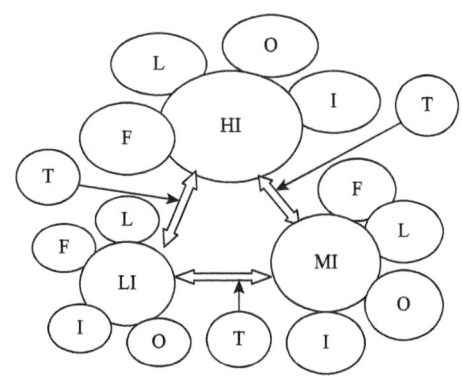

图 1-15　产品内分工下产业体系结构形态

根据产业分工演进阶段和产业体系演变的特征，以及产品内分工产业体系的构成，产品内分工产业体系的特征主要表现为以下几点。

第一，由发达国家、新兴国家和发展中国家的级差生产要素禀赋决定，形成

---

① 这里所说的彼此相当是相对于发展中国家和发达国家与新兴国家产业体系总量之间较大差距而言的。

它们之间产品内的区域分工体系。在产品内分工的产业体系中，发达国家拥有知识和信息等高级生产要素，从事研发、销售、核心部件生产等高端环节，新兴国家拥有技术和资本等中级生产要素，从事主要零部件制造等中端环节，而发展中国家拥有资源和劳动力等初级生产要素，从事辅助零配件制造和组装等低端环节，它们之间形成了以产品生产环节为界限的区域分工体系。由于分工程度较高，这种以生产环节为界限的区域分工体系使发达国家、新兴国家、发展中国家之间的产业在全球跨国公司的主导下进行协作，形成了一种分工程度较高的开放型产业体系。

第二，发达国家、新兴国家、发展中国家存在生产要素及其密集度的差异，它们之间会产生以产品生产环节为对象的产业转移。在这种产业环节的转移中，产业环节存在梯度差异，转移的动力来自生产要素比较优势所创造的比较利益。基于产品生产环节的比较利益，跨国公司根据各个国家生产要素的比较优势不断进行着产品价值链环节的布局，与产业内产品的全价值链布局相比，环节的布局更加有利于各个国家根据自身的比较优势融入全球一体化的生产体系，提升产业体系。

第三，产品多样化，产业之间的技术经济联系复杂，在跨国公司的主导下，各个国家或地区的产业主要通过产品生产环节的专业化分工获取竞争优势而不断发展。发达国家通过研发新产品、创新技术、建立营销模式控制产业链，新兴国家通过高效、低成本地生产主要零部件获取竞争优势，而发展中国家则通过辅助零配件的规模化制造和组装获取竞争优势。

第四，20世纪80年代后，以信息科技为代表的新科技革命的推动和全球贸易投资一体化体制的建立，以产品生产环节为单元的知识、技术和资本等中高级生产要素流动性的提高，使发达国家、新兴国家和发展中国家能有效通过生产环节的转移促进低成本产品的创新和规模化生产，推动产业体系的转型升级。

第五，在以产品生产环节为分工界限的条件下，要素禀赋相差较大的发达国家、新兴国家和发展中国家通过要素分工更加专注产品中的生产环节，通过参与国际分工体系得到发展，特别是一些发展中国家由于要素禀赋的差距，不具有以产品分工为特征的产业发展比较优势，而通过生产环节上的分工，这些国家可以融入国际分工体系，产业体系得到发展。

1.2.3　基于不同分工的现代产业体系的形成机理

现代产业体系是指具有当代领先的、具有竞争优势的、又面向未来发展趋势的产业体系（刘明宇和芮明杰，2009）。随着由跨国公司主导的全球一体化生产体系的建立，当今全球范围内的产业体系主要以产品内分工为范式，通过国家或地区之间产品生产环节的专业化分工和协调获得发展。在产品内分工的背景下，一个国家或地区的现代产业体系将是基于全球产品内分工，占据产业链高端环节，主导全球价值链的发展，并引领全球生产体系未来发展趋势的具有竞争优势的产业体系。

目前，中国企业融入世界生产体系的广度虽然可观，但深度严重不足，即大部分企业处于价值链的低端，而由此组成的产业体系的发展则表现为缺乏技术创新、大量消耗自然资源、破坏环境，以及高端生产性服务业发展滞后等特征。在全球资源环境约束日益趋紧的形势下，产业体系这种血拼式的发展模式不可持续。我国幅员辽阔，各个地区产业分工演进处在不同的发展阶段，产业体系发展程度差异较大，产业间分工、产业内分工和产品内分工三种形式的产业体系在我国的不同地区存在。针对不同分工形式的产业体系，本书提出构建基于产品内分工的现代产业体系的实现路径。

1. 产品内分工的产业体系构建现代产业体系的形成机理

当今跨国公司主导的全球产品内分工的产业体系，其实质是生产要素分工的产业体系。跨国公司根据各个国家或地区在全球价值链中各个生产环节上所需要素密集的差异，分别在各个国家或地区布局产业链环节，各个国家或地区形成基于环节要素密集差异的垂直梯度。在我国开放程度较高的东部沿海地区，许多产业通过要素分工融入由跨国公司主导的国际生产一体化的网络型生产体系中。在全球价值链上，我国东部地区以低价资源和劳动力为代表的初级生产要素决定了我国东部地区现行产业体系中的生产环节处在全球价值链的中低端环节。其低端的表现在于产品生产环节的附加值低，产业只能依靠扩大环节生产规模获得发展，消耗资源和效益低下是其必然结果。

要突破这种外生静态比较优势导致的我国东部地区现行产业体系生产环节的"比较利益陷阱"，关键在于创造源自专业化分工的人力资本与知识的积累，这些高级生产要素，即内生的动态比较优势，将提高我国东部地区现行产业体系从事全球价值链高端环节的能力，实现中低端环节向高端环节的攀升，获取全球价值链的治理权。

第一，根据跨国公司全球配置资源的需要和我国产业体系专业化的优势，选择一定的专业化方向，构建产业集群专注于全球价值链上部件或环节的生产，并在深度融入全球一体化生产体系中，通过技术与知识的外溢效应和学习效应，以及市场的竞争效应，不断积累人力资本和知识资本等高级要素。这是建立产品内分工的现代产业体系的基础条件。

第二，立足国内市场，选择与我国产业发展的外部环境和资源能力相匹配的产品和市场，充分利用国内企业不断升级的要素禀赋和本土化的优势，通过全球价值链的延伸，把全球价值链转化为国内价值链。在此基础上，通过价值链重组、供应链重组和产业链重组，推进分工深化，构建由国内企业主导的自主发展型的价值网络。这是建立产品内分工的现代产业体系的平台条件。

第三，发挥我国大国规模经济优势和层级化市场空间优势，整合国内外资源，提升我国自主发展型价值网络在研发、营销、核心部件生产和系统集成等方面的能力，切入全球价值链并不断升级，突破价值链的低端锁定。对于传统产业，可以利用低劳动力成本优势和本地产业基础，通过与跨国公司合作，从原始设备制造商（original equipment manufacturer，OEM）贴牌生产到原始设计制造商（original design manufacturer，ODM）研发生产，再到代工厂经营自有品牌（original brand manufacturer，OBM）塑造，进入价值链的高端环节，实现产品升级和过程升级。对于高技术产业，可以选择一些有可能形成自己特定专有技术甚至成为行业标准的企业，直接通过技术创新和技术升级进入全球价值链的战略环节，向价值链高端攀升。

2. 产业内分工的产业体系构建现代产业体系的形成机理

我国中部一些制造业聚集的地区，其产业体系主要由工业制成品产业组成，其产品较大部分输出到其他制造业聚集的地区，这些地区之间形成以产品为界限的区域分工体系。在这种以产品为界限的区域分工体系中，各个区域的产业之间技术经济联系较多、分工程度高，使各个地区产业之间进行协作，形成了一种分工程度高的开放型产业体系。其低端的表现在于产品的附加值低，产业只能依靠扩大产品生产规模获得发展，消耗资源和效益低下是其必然结果。

随着产业内分工的产业体系的发展，我国一些制造业聚集的地区人力资本和中级的技术与资本等生产要素差异化和集聚化趋势不断增强，根据跨国公司全球配置资源的需要和中东部制造业聚集地区生产要素禀赋，选择全球价值链上中端的主要零部件等生产环节为切入点，深度融入全球一体化生产体系中，形成产品内分工的产业体系。在此过程中，随着产业体系发展范式由产业内分工向产品内分工转变，中东部制造业聚集地区的产业体系的形成模式由产品间的区域分工向产品内的不同生产环节的区域分工转变，其构成由以不同工业制成品全产业链为主向工业制成品产业链的中端生产环节为主转变。相应地，在其结构形态中，工业制成品产业链的中端生产环节占比不断提高，而涵盖全产业链的工业制成品产业的占比不断下降，形成了由要素分工决定的中端产业体系。

3. 产业间分工的产业体系构建现代产业体系的形成机理

我国中西部一些自然资源富集和劳动力资源丰富的欠发达地区，其产业体系主要由资源开采和初加工产业组成，其资源类初级产品作为原材料输出到以工业品制造产业为主的东部沿海地区和国外，并与这些地区形成以产业为界限的区域分工体系。在这种以产业为界限的区域分工体系中，各个区域的产业之间技术经济联系简单、分工程度低，使这些资源和劳动力密集地区的产业与东部沿海地区和国外的产业缺乏协作，形成了一种分工程度较低的封闭产业体系。其低端的表现在于产业的附加值低，产业通过扩大自然资源开采量获得发展，耗竭自然资源和破坏环境是其必然结果。

第一，在中西部欠发达地区的资源和劳动密集型产业体系中，选择具有竞争优势的产品和生产环节进行专业化生产，通过引进东部地区的技术和资本，实现东部发达地区的工业制成品产业向中西部自然资源富集和劳动力资源丰富的欠发达地区垂直转移，构建和延伸中西部欠发达地区工业制成品产业链，以此扩大这些地区产品生产的范围，提高产品的加工度，形成东部发达地区和这些地区产业内分工的产业体系。在此过程中，随着产业体系发展范式由产业间分工向产业内分工转变，中西部欠发达地区的产业体系的形成模式由产业间的区域分工向产业内的不同产品的区域分工转变，其构成由以资源开采与初加工产业为主向以工业制成品产业为主转变。相应地，在其结构形态中，工业制成品产业的占比不断提高，资源开采与初加工产业占比下降，这改变了这些地区产业体系资源密集和劳动密集的特征，提升了这些地区的产业体系。

第二，随着产业内分工的产业体系的发展，中西部欠发达地区劳动力资源和初级加工的技术与资本等生产要素差异化和集聚化的趋势不断强化，根据跨国公司全球配置资源的需要和中西部欠发达地区生产要素禀赋，选择全球价值链上低端的零部件、辅助零配件的制造和安装等生产环节为切入点，深度融入全球一体化生产体系中，形成产品内分工的产业体系。在此过程中，随着产业体系发展范式由产业内分工向产品内分工转变，中西部欠发达地区的产业体系的形成模式由产品间的区域分工向产品内的不同生产环节的区域分工转变，其构成由以低端工业制成品全产业链为主向以工业制成品产业链的低端生产环节为主转变。相应地，在其结构形态中，工业制成品产业链的低端生产环节占比不断提高，而涵盖全产业链的工业制成品产业的占比不断下降，形成了由要素分工决定的低端产业体系。

1.2.4　研究结论

面对全球资源环境约束不断趋紧、土地和劳动力初级要素价格上升、全球贸易环境改善乏力、产品创新和技术进步日益加速的挑战，我国现行产业体系在全球由跨国公司主导的一体化生产体系中的劣势和弊端日益突显，我国迫切需要构建现代产业体系，提升现行产业体系在全球一体化生产体系中的竞争力。产业分工决定产业体系，产业体系内生于产业分工之中，产业体系的形成和变化是由产业分工的演进决定的。

　　本书基于产业分工发展演变的规律，分析产业体系演变的内在规律，揭示不同分工形式下产业体系的特征及构成，并针对我国不同地区产业分工演进处在不同的发展阶段，产业体系发展程度差异较大的现状，提出我国基于产品内分工的现代产业体系的形成机理。

　　通过研究，我们发现：第一，从演进历程来看，产业分工经历产业间分工、产业内分工和产品内分工，其演进的动力来自专业化收益的增加和分工环节交易费用的降低。交易费用随着产业分工的推进、交易环境的改善而不断下降，因此产业分工收益高低的变化主导着产业分工的演变。第二，随着产业分工的演进，内生于产业分工之中的产业体系也在不断演变。在产业间分工阶段，根据生产要素的比较优势，发展中国家和发达国家分别从事资源型的劳动密集型产业和技术型的资本密集型产业，这两种类型的产业形成产业间分工的产业体系。进入产业内分工阶段，要素禀赋相近的国家通过专业化分工从事产业内不同产品的生产，形成产业内分工的产业体系。进入产品内分工阶段，各个国家在产品加工制造产业链环节上的要素分工使产品内分工的产业体系形成以产品加工环节为特色的专业化的产业体系。第三，不同分工形式下的产业体系，其构成及特征不同。产业间分工的产业体系主要由存在于发达国家的工业制成品产业体系和发展中国家的资源开采与初加工产业体系组成。产业内分工的产业体系主要由存在于要素禀赋相近的国家差异化产品的制造业产业体系组成。产品内分工的产业体系是跨国公司根据各个国家的要素禀赋，在全球布局产品生产环节所形成的国际生产一体化基础上的网络型生产体系，它由发达国家的高端产业体系、新兴工业化国家的中端产业体系和发展中国家的低端产业体系组成。随着产业体系构成的变化，不同分工形式下产业体系在构成决定因素、产业转移、产品品种、要素流动性和产业体系开放程度等五个方面的特征表现不同。第四，随着由跨国公司主导的全球一体化生产体系的建立，当今全球范围内的产业体系主要以产品内分工为范式，在此背景下，一个国家或地区的现代产业体系将是基于全球产品内分工，占据产业链高端环节，主导全球价值链的发展，并引领全球生产体系未来发展趋势的具有竞争优势的产业体系。第五，我国幅员辽阔，各个地区产业分工演进处在不同的发展阶段，产业体系发展程度差异较大，产业间分工、产业内分工和产品内分工三种形式的产业体系在我国的不同地区存在。

　　总体来说，我国产业体系处于全球生产体系的低端，我国要发展现代产业体系，各个地区必须根据产业分工与产业体系发展的具体情况，从产业间分工、产业内分工和产品内分工三种产业体系构建现代产业体系的路径中选择恰当的现代产业体系的实现路径。

第 2 章　贵州省产业体系演进过程中能源强度及碳排放强度的变化趋势

产业体系是一个国家或地区的经济中各个产业因各种相互的技术经济联系而构成的整体。它的有效运行取决于各个产业有效的技术经济联系，以及产业之间结构的合理化程度，它的发展依赖于产业分工的不断深化，随着产业分工的不断深化，产业体系中的产业要素、产业结构和产业功能不断优化。迄今的产业体系主要指第一、第二与第三产业的构成。自改革开放以来，我国充分利用各种生产要素组合的低成本竞争优势，促进了产业体系的高速发展，国内生产总值从 1978 年的 0.36 万亿元增加到 2019 年 99.09 万亿元。但是，在实现产业体系高速发展的同时，能源的消耗强度、碳排放强度没有实现大幅下降。在国内生产总值高速增长的驱动下，我国能源消耗总量和碳排放总量大幅增加。2007 年中国消耗化石燃料而产生的碳排放已经超过美国，成为全球第一大碳排放国，我国日益受到来自国际的减排压力。据林伯强等（2010）的研究，2020 年之前我国能源结构以高碳排放的煤为主。2010 年我国的能源消费总量为 30.80 亿吨标准煤，其中，高碳排放的煤炭的消费量占 71.9%，而低碳排放的石油和天然气仅占 20% 和 4.6%。能源消费的快速增长和高碳排放的能源结构决定了未来我国碳排放量仍将快速增长，碳减排的任务艰巨。

绿色低碳的现代产业发展新体系是与绿色低碳的现代产业活动相适应的产业体系，它是由传统的产业体系经过长期的发展演变而来的。不同的产业体系及其发展模式将决定产业体系不同的发展路径，并最终影响绿色低碳的现代产业发展新体系的形成和运行。作为西部典型的后发地区贵州省，新中国成立以来，特别是 40 多年来的三次产业的发展，贵州已经具有完整的产业体系，这有利于贵州构建绿色低碳的现代产业发展新体系。但是，目前三次产业总体发展水平不高，产业体系的碳排放还比较严重。

2.1　贵州省产业体系的演进过程

产业体系的演进是一个不断转型升级的历史过程，不同的发展阶段具有不同的结构形态特征。具体表现为三次产业的占比变化，以及它们交织融合的程度。

产业体系的演进是在外部市场需求拉动和内部生产要素的驱动下进行的。市场需求是产业体系发展的外生诱导因素，市场需求变化诱发产业体系的变化；生产要素是产业体系发展的内生作用因素，生产要素变化导致产业体系发展模式的变化。处于不同发展过程的产业体系，其外部市场需求和内部驱动力是不同的。本书将分析 1978~2019 年，贵州产业体系结构形态的变化特征，并从市场需求、生产要素两方面，运用理论分析、动态分析的方法研究贵州省产业体系的演进过程。

2.1.1 贵州省产业体系的结构形态变化特征

新中国成立以后，贵州产业体系的演进经历了两个大的阶段：一是传统计划经济体制下工业化道路时期，该阶段奠定了贵州以工业为基础的产业体系；二是改革开放以后的中国特色的工业化道路时期，该阶段贵州产业体系以市场化为基础进行结构的调整升级，进一步完善了产业体系。

改革开放以来，我国在积极推进市场化改革的同时，加速推进了工业化进程。在此背景下，处于西部地区的贵州，尽管市场化改革步伐和工业化进程较慢，但是也根据自身的要素禀赋以市场化为基础推进工业化进程。1978~2019 年，贵州工业化进程可以划分为两个阶段。第一个阶段是结构纠偏、轻重工业同步发展阶段。1978~1989 年，针对新中国成立以来长期实施的重工业优先发展而产生的严重结构矛盾，贵州放弃了单纯发展重化工业的思路，而采取改善人民生活第一、工业全面发展、对外开放和多种经济成分共同发展的工业化战略，这种工业化战略的重大调整尤其注重市场需求导向，优先发展轻工业，轻工业的增速高于重化工业。通过优先发展轻工业，贵州产业体系逐步纠正了扭曲的产业结构。前后分别通过以农产品为原料的轻工业增长和以非农产品为原料的轻工业增长两个时期，促进了贵州轻工业发展的结构高级化趋势。但是，进入 20 世纪 90 年代以后，为了缓解基础工业与加工工业的结构失衡，国家提出要加强基础工业的发展，作为国家重要原材料基地的贵州充分利用自身矿产资源的比较优势，大力发展有色金属、黑色金属和非金属原材料的重化工产业，重化工产业的增速高于轻工业增速，贵州产业体系过早进入重化工发展阶段。这样的工业发展格局严重制约了贵州工业化进程的推进，其原因：一是制约了贵州产业体系的健康可持续发展。一方面，贵州产业体系的重化工产业属于原料供给型产业，处于重化工产业链的前端，具有内循环增长的特点，对其他产业的拉动作用不明显；另一方面，原料供给型产业属于资金密集型产业，对于贵州这样经济相对落后的省份来说，过多的资金集中在重化工产业，挤占了其他高速发展产业的资金，制约了贵州产业体系可持续发展。二是贵州重化工产业链短，多数产品属于资源类初级加工产品，产品深加工程度不高。贵州资源类产品铝、磷、煤炭等在全国占有重要地位，但它们所处的产业环节基本上属于资源开采和初加工阶段,产业链延展不够,产品附加值较低。2001 年,贵州重化工产业占工业产值的比例为 68.4%,其中原料工业和采掘工业之和高达 46.2%。第二个阶段开始于 2011 年,该阶段的基本特征是重工业快速增长,工业增长再次以重工业为主导的格局。这次结构变动的趋势是工业化进入中期阶段以后工业结构的自然演变,重工业的发展是由消费结构升级、城市化进程加快、交通和基础设施投资加大带动的,需求结构的变化带动了工业结构调整和升级,重工业化和高加工度化成为贵州工业发展的必然趋势。

工业化时期产业体系结构形态变化迅速而巨大,由三次产业构成的工业化初期的传统产业体系是以工业为主导,工业化中期现代形态的产业体系逐步替代传统产业体系(龚绍东,2010)。1978~2019 年,我国进入中国特色的工业化道路,贵州产业体系在工业化的推进下不断演进,其结构形态变化迅速,实现了以工业为基础的工业化初期的传统产业结构向以工业和服务业为基础的工业化中期的现代产业结构转变,其特征表现为科技含量、经济效益、污染排放等指标进一步改善。

1. 工业化初期产业体系结构形态

1978~2010 年,这是贵州产业体系的工业化初期阶段。在这一阶段,针对以前长期实施的优先发展重工产业而产生的严重结构矛盾,贵州开始进行工业化战略的调整,放弃了单纯发展重化工业的思路,采取以市场需求为导向,优先发展轻工业的工业化战略。经过这一阶段的发展,一是实现了贵州产业体系的结构纠偏、轻重工业同步发展。在这一阶段,贵州利用其自然资源、农产品资源和劳动力资源禀赋,大力发展以农产品为原料的轻工业增长和以非农产品为原料的轻工业增长,改变了贵州工业重化工产业优先发展的格局,实现工业协调发展。二是多元化的工业化动力激发了产业体系生产力,加快了贵州工业化的进程。城市放权让利式改革,改进了国有企业内部的激励机制,解放了国有企业的生产力;农村改革激发了农村和农民的活力,农村工业化快速推进,乡镇企业发展迅猛;快速发展的个体和私营经济成为加快贵州工业化进程的一个重要力量;不断进入的外资和不断增长的对外贸易为贵州工业发展提供了新的技术渠道、资金来源和市场空间。在多种经济成分推动下,随着收入的增加,通过消费结构的升级推动产业结构向高度化方向发展,贵州工业化的进程也由工业化初级阶段向工业化中期过渡。

贵州工业化初期的产业体系因消费品轻工业发展而兴起,已经摆脱计划经济下重化工产业的束缚。在工业化初期上半期(1978~1995 年),贵州产业体系以轻工业为主的工业发展较快,并占据主导地位,商贸服务业快速发展,工、商业所占比例扩大,农业所占比例急速缩小而失去主导地位。在工业化初期上半期逐步形成了以第一、第二与第三产业为主体的产业体系。由图 2-1 和图 2-2 可知，贵州第一和第二产业占比较大，第三产业占比较小，由于三次产业之间较为封闭，第二产业与第一和第三产业相互交织融合程度较小（Ⅰ：第一产业；Ⅱ：第二产业；Ⅲ：第三产业）。

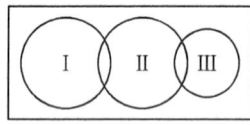

图 2-1　1978 年贵州产业体系结构

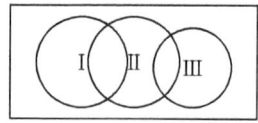

图 2-2　1995 年贵州产业体系结构

进入工业化初期下半期（1996～2010 年），贵州产业体系第三产业快速发展，第三产业所占比例继续扩大，第一和第二产业所占比例缩小，产业结构形态趋向新的平衡，如图 2-3 和图 2-4 所示。

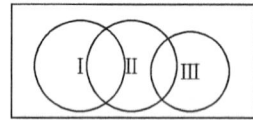

图 2-3　1996 年贵州产业体系结构

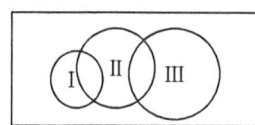

图 2-4　2010 年贵州产业体系结构

2. 工业化中期产业体系结构形态

2011～2019 年，贵州产业体系因技术进步和高科技产业的兴起，开始从工业化初期的传统产业体系向现代产业体系转变升级。由于工业化进程滞后，贵州产业体系仅处于工业化中期的前半期。在这一时期，贵州产业体系中占据主导地位的第二产业经济规模保持稳定，而与此同时，物流、金融和商务等现代服务业开始快速发展，第二和第三产业占比超过地区生产总值的 85%，三次产业占比为 1∶2.6∶3.6，这使工业化中期的贵州产业体系形成第二和第三产业并重的结构形态，产业体系的演进呈现出"双轮驱动"状态。电子信息技术及互联网的快速发展和渗透加深了三次产业相互交织融合的程度，生成一些边界模糊的中间型新产业，三次产业的关系结构呈现体连环套式形态，如图 2-5 和图 2-6 所示。

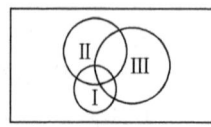

图 2-5　2011 年贵州产业体系结构

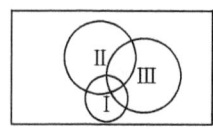

图 2-6　2019 年贵州产业体系结构

2.1.2　贵州省产业体系中工业的结构变化特征

工业作为贵州的主导产业，其结构的变化深刻影响贵州产业体系的演进。从1978 年改革开放后，我国进入工业化加速发展时期，工业结构出现了新的变化，并不断地改造着我国的产业体系，我国产业体系总体上从工业化初期的传统产业体系向工业化中期的现代产业体系转变。在此过程中，贵州也进入工业化加速发展时期，但是贵州在工业化过程中工业结构表现出的特征在许多方面与全国存在差异，本书通过统计数据，运用实证分析和对比分析，研究贵州工业结构的变化特征。

随着我国工业化进程的不断推进，全国产业体系和贵州产业体系的工业结构不断变化。按照钱纳里工业化阶段理论，1978～2019 年，全国和贵州工业结构变化可以分为三个阶段。如图 2-7 所示，第一阶段，轻工业化阶段。1978～1987 年，全国工业经历轻工业化阶段，该阶段处于我国工业化初期阶段，产业结构由以农业为主的传统结构逐步向以现代化工业为主的工业化结构转变，工业中以食品、烟草、纺织皮革、造纸、日用化工、文教艺术体育用品工业等初级消费品的生产为主，这一时期的产业主要是以劳动密集型产业为主。在此期间，工业中轻工业占比开始高于重工业占比，不过随着工业化进程的推进，轻工业占比逐渐下降，重工业占比逐渐上升。与全国工业结构轻工业化趋势相比，贵州工业结构变化存在差异，如图 2-8 所示。1978～1987 年，贵州工业中重工业占比始终高于轻工业，随着工业化进程推进，轻工业占比逐渐上升，重工业占比逐渐下降，二者呈现收敛趋势。这说明，与全国产业体系相比，贵州产业体系在全国轻工业化阶段中轻工业化发展处于滞后状态，没有充分利用自身在农产品、自然资源，以及劳动力资源等要素禀赋发展消费类劳动密集型的轻工产品，轻工业发展滞后。

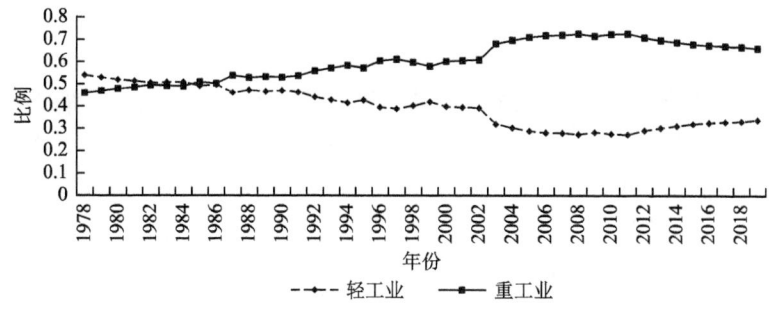

图 2-7　1978～2019 年全国产业体系工业结构变化

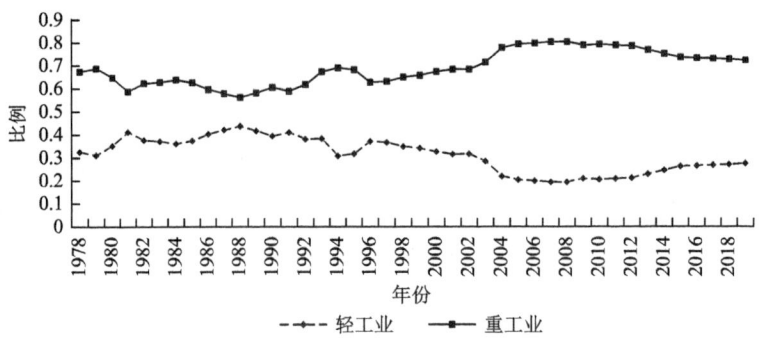

图 2-8　1978~2019 年贵州产业体系工业结构变化

第二阶段，重化工产业化阶段。1988~2005 年，全国工业经历重工业化发展阶段，该阶段处于我国工业化进程中的工业化中期阶段。在此阶段，全国工业内部由轻型工业的迅速增长转向重型工业的迅速增长，工业中以非金属矿产品、黑色金属、有色金属、橡胶制品、木材加工、石油化工、机械制造等生产资料的产品的生产为主，这一时期的产业主要是以资本密集型产业为主。在此阶段，工业中重工业占比始终高于轻工业占比，并且在 2002 年以后，随着重化工业化进程高速推进，重工业占比逐渐上升，轻工业占比逐渐下降。与全国工业结构重化工业化趋势相比，贵州工业结构变化存在差异，如图 2-8 所示。在此阶段，尽管贵州工业中重工业占比、轻工业占比与全国平均水平基本一致，但是在贵州工业结构中，重工业占比高于全国平均水平，轻工业占比低于全国平均水平。

这说明，与全国产业体系相比，贵州产业体系在重化工化阶段中处于超前状态，重化工业超前发展，但是结合贵州工业发展的历史，这种超前发展不符合工业化进程演进的规律。1949~1978 年，贵州工业在计划经济体制下，通过国家计划安排，重点发展了钢铁、有色金属和非金属资源型产业，以及国防军工产业，这些产业由于缺乏具有比较优势的生产要素的支撑，产业发展缺乏竞争力。而自 1978 年改革开放以后，贵州工业并未有效地利用自身在农产品、自然资源，以及劳动力资源等要素禀赋发展消费类的劳动密集型的轻工产品，轻工业化滞后。这导致贵州产业体系缺乏必要的资金积累，对后续的重化工业化的发展支持不足，使贵州工业的规模扩张、技术进步、市场开拓、产业升级等方面进展缓慢，严重制约了贵州重化工业化的推进。这一时期，贵州重化工产业主要集中在资源开采和初级资源型产品的加工上，重化工产业处于产业链的前端，产业的竞争力和控制力弱，受制于国内外市场的波动。

第三阶段，重化工产业和轻工业平稳发展阶段。2006~2019 年，全国工业经历重化工产业和轻工业平稳发展阶段。该阶段处于我国工业化进程中的工业化中期后半阶段，并进入工业化后期。在此阶段，全国工业内部轻工业和重化工业平稳协调发展，第三产业发展加速，工业中轻工业和重化工业的发展主要依靠资本和知识等高级要素驱动。这一时期，技术进步、产品创新和产业升级是产业竞争力提高的途径，增加附加值，以及减少资源环境消耗是产业发展的目标。在此阶段，工业中重工业占比始终高于轻工业占比，并且两者占比相对稳定。与全国工业结构重化工业化趋势相比，贵州工业结构变化存在差异，如图2-8所示。在此阶段，贵州重工业占比、轻工业占比的变化趋势与全国平均水平基本一致，但是贵州重工业占比高于全国平均水平，轻工业占比低于全国平均水平。这说明，与全国产业体系相比，贵州产业体系在重化工业化阶段中处于超前状态，重化工业超前发展的情况并未改变。资本不足严重阻碍贵州工业的规模扩张、技术进步、市场开拓、产业升级，贵州重化工产业仍然主要集中在资源开采和初级资源型产品的加工上，重化工产业处于产业链的前端，工业的竞争力和控制力弱，工业低水平扩张的发展模式不可持续。

轻工业与重工业占比只能说明贵州产业体系中工业结构的变化趋势，但是还不能说明贵州工业结构中轻工业和重工业的发展趋势。鉴于此，本书通过深入分析贵州工业中轻工业和重工业的结构变化，研究贵州工业的升级发展趋势。

轻工业主要提供生活消费品和手工工具，根据所使用的不同原料，轻工业可分为以农产品为原料的轻工业和以非农产品为原料的轻工业两大类。前者指直接或间接以农产品为基本原料的轻工业，主要包括纺织、缝纫、皮革和毛皮制作、食品制造、饮料制造、烟草加工，以及造纸及印刷等工业；后者指以工业品为原料的轻工业，主要包括日用化学制品、日用玻璃制品、日用金属制品、化学药品制造、合成纤维制造、手工工具制造、医疗器械制造、文化和办公用机械制造，以及文教体育用品等工业。随着工业化进程的推进，轻工业呈现三个不同的发展层次：一是工业社会前期的低端的消费类轻工业，如以农牧业产品为原材料的纺织、食品、造纸等轻工业；二是工业社会的中端的消费类轻工业，如以重工业产品为原材料的自行车、手表、汽车零配件等轻工业；三是知识经济社会的高端的消费类轻工业，如高技术含量的轻工业，多媒体、家用机器人等轻工业。从以上轻工业的两大分类和三个发展层次可以看出，在工业化进程的推进下，轻工业的发展从以农产品为原料的低端轻工业向以非农产品为原料的高端轻工业不断升级，而且加工度和资本技术密集度越来越高。

根据图2-9，1978～2019年，全国轻工业结构的变化分为三个阶段：第一阶段1978～1995年，在全国轻工业中，以农产品为原料的轻工业占比高于以非农产品为原料的轻工业，但是，前者占比呈下降趋势，后者占比呈上升趋势。这说明在此期间全国工业中轻工业的加工度和资本技术密集度越来越高，轻工业不断升级。第二阶段1996～2003年，延续前一阶段的变化趋势，在全国轻工业中，以农产品为原料的轻工业占比以快于前一阶段的趋势下降，以非农产品为原料的轻工业占比以快于前一阶段的趋势上升。这说明在此期间全国工业中轻工业的加工度和资本技术密集度上升速度越来越快，轻工业升级加速。第三阶段 2004～2019 年，在全国轻工业中，以农产品为原料的轻工业占比与以非农产品为原料的轻工业占比保持稳定。这说明在此期间全国工业中轻工业的加工度和资本技术密集度基本稳定，轻工业升级不明显。

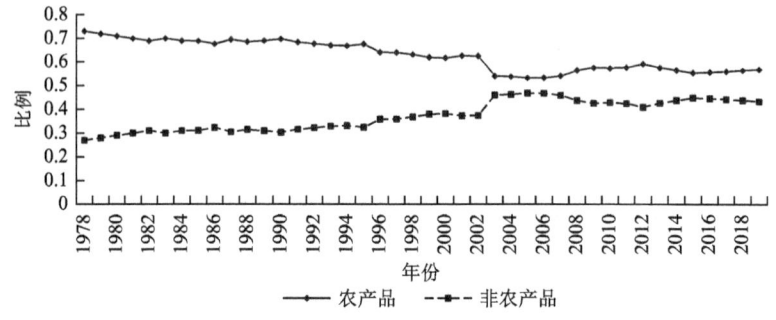

图 2-9　1978～2019 年全国产业体系轻工业结构变化

与全国轻工业结构变动趋势相比，根据图 2-10，贵州轻工业结构的变化存在差异：第一阶段 1978～1995 年，贵州轻工业结构中以农产品为原料的轻工业与以非农产品为原料的轻工业占比上下窄幅波动保持不变，以农产品为原料的轻工业占比高于全国同期轻工业中以农产品为原料的轻工业占比，以非农产品为原料的轻工业占比低于全国同期轻工业中以非农产品为原料的轻工业占比。这表明在此期间贵州工业中轻工业的加工度和资本技术密集度提高缓慢，轻工业升级缓慢。第二阶段 1996～2003 年，贵州以农产品为原料的轻工业占比呈现先上升后下降的趋势，以非农产品为原料的轻工业占比呈现先下降后上升的趋势，这表明在此期间贵州工业中轻工业的加工度和资本技术密集度提高有限，轻工业升级

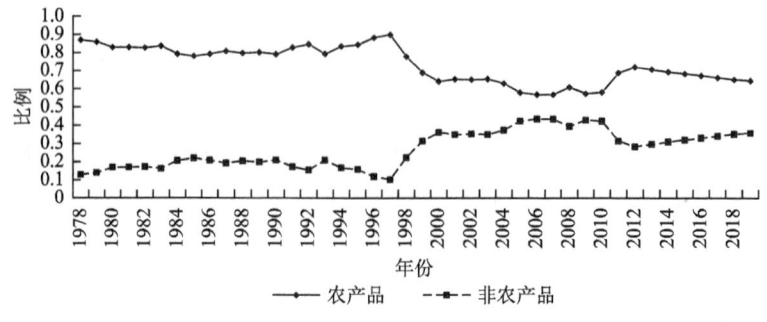

图 2-10　1978～2019 年贵州产业体系轻工业结构变化

较慢。第三阶段 2004~2019 年,在贵州轻工业中,以农产品为原料的轻工业占比与以非农产品为原料的轻工业占比变大。与全国相比,这说明在此期间贵州工业中轻工业的加工度和资本技术密集度相对较低,轻工业高端化程度低。

重工业是指为国民经济各部门提供物质技术基础的主要生产资料的工业。按其生产性质和产品用途,可以分为下列三类:一是采掘工业,是指对自然资源的开采,包括石油开采、煤炭开采、金属矿开采、非金属矿开采和木材采伐等工业。二是原材料工业,指向国民经济各部门提供基本材料、动力和燃料的工业。包括金属冶炼及加工、炼焦及焦炭、化学、化工原料、水泥、人造板及电力、石油和煤炭加工等工业。三是制造工业,是指对工业原材料进行再加工制造的工业。包括装备国民经济各部门的机械设备制造工业、电子工业、化肥、金属结构、水泥制品、其他建筑材料制造等工业,以及为农业提供的生产资料,如化肥、农药等工业。

从重工业三大分类所包括的产业部门可以看出,随着工业化进程的推进,重工业应当从采掘工业向原材料工业,再向制造工业升级,在升级的过程中,重工业的加工度和资本技术密集度越来越高。根据图 2-11,1978~2019 年,全国重工业结构的变化分为三个阶段:第一阶段 1978~1987 年,在全国重工业中,采掘工业占比缓慢降低,制造工业占比不断下降,原材料工业占比不断上升,两者不断收敛。这说明在此期间全国工业中重工业的加工度下降,呈现逆高加工度趋势,重工业没有实现升级。其原因在于,在此期间,我国消费品工业高速发展使原材料供应不足,为此国家大力发展原材料等基础工业以解决经济发展中的瓶颈问题,这导致原材料工业加速发展,而重工业中制造工业发展相对缓慢。第二阶段 1988~2002 年,在全国重工业中,采掘工业占比缓慢降低,制造工业占比微升,原材料工业占比维持稳定。这说明在此期间,随着我国工业化进程从工业化初期的轻工业化向工业化中期的重化工业化的推进,全国重工业中制造工业发展提速,重工业加工度上升,呈现高加工度趋势,重工业实现升级。第三阶段 2003~2019 年,在全国重工业中,采掘工业和制造工业占比保持稳定,原材料工业占比趋于下降。

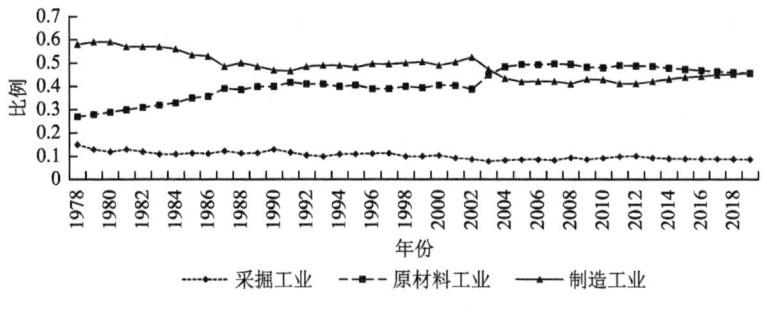

图 2-11 1978~2019 年全国产业体系重工业结构变化

这说明在此期间，随着我国工业化进程全面进入工业化中期的重化工业化，全国重工业中制造工业发展降速，而在消费升级驱动下，房地产和汽车等产业快速发展，拉动了原材料工业发展提速，重工业发展呈现加工度下降，呈现逆高加工度趋势，重工业没有实现有效升级。

与全国重工业结构变动趋势相比，根据图 2-12，贵州重工业结构的变化存在差异：第一阶段 1978～1987 年，贵州采掘工业、制造工业和原材料工业的占比变动趋势与全国平均水平一致，但是它们的变动幅度高于全国平均水平。这说明在此期间贵州工业中重工业的加工度下降趋势，即逆高加工度趋势，弱于全国平均水平。其原因在于，贵州原材料工业具有一定的发展基础，贵州消费品工业高速发展使原材料供应不足的程度低于全国，经济发展中原材料供应瓶颈问题不突出，为此贵州并未大力发展原材料等基础工业，这使制造工业下降，以及导致原材料工业上升的趋势不明显，重工业中三类产业占比变化不显著。第二阶段 1988～2003 年，贵州采掘工业占比与全国的变化趋势一致，微降；贵州制造工业占比和原材料工业占比与全国的变化趋势具有差异，制造工业在 1987～1994 年保持稳定，1995～2003 年快速下降，原材料工业在 1987～1994 年保持稳定，1995～2003 年快速上升。对比贵州工业结构与全国工业结构，可以看出，特别是 1997 年后，贵州制造工业占比下降和原材料工业占比上升更加明显。这说明在此期间，随着贵州工业化进程工业化中期的重化工业化的全面推进，贵州重工业中原材料工业发展提速，制造工业发展降速，重工业加工度下降，重工业没有实现升级。第三阶段 2004～2019 年，贵州采掘工业占比处于先上升而后微降的态势，原材料工业占比处于平衡下降态势，制造工业占比处于先下降后抬升的趋势，这与全国重工业结构变化趋势存在较大差异。

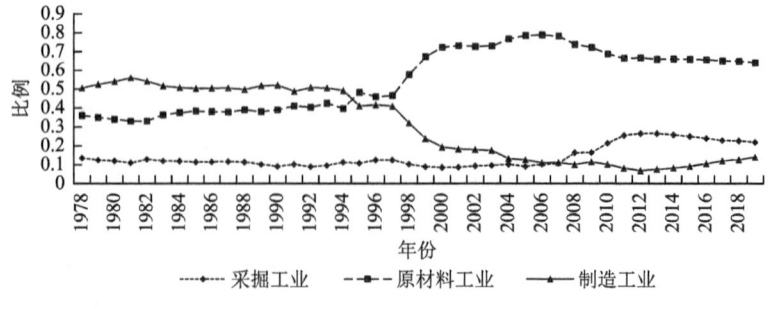

图 2-12　1978～2019 年贵州产业体系重工业结构变化

这说明在此期间，随着我国全面进入工业化中期的重化工业化，在消费升级驱动下，房地产和汽车等产业快速发展，这拉动了钢铁、有色金属和非金属等重化工产业的高速发展，贵州作为我国的资源大省，原材料供应基地，其采掘工业和原材料工业进入快速发展时期，而受资本和人力资本的限制，其制造工业发展速度下降，资源型产业的挤出效应明显，贵州重工业发展加工度下降，呈现逆高加工度趋势，重工业没有实现有效升级。

2.2　贵州省产业体系的市场需求变化趋势

在国民经济核算体系中，总需求分解为投资、消费和净出口三个部分，这三个部分是拉动经济增长的"三驾马车"，同时也是诱导产业体系发展升级的外生因素。近年来，三大需求对于贵州经济的拉动作用，对于贵州产业体系发展升级的引导作用很不平衡，投资需求的贡献率相对较高，而消费需求和净出口需求的贡献率相对较低。这偏离了国际上需求结构演变的一般趋势，也与我国东部发达地区需求结构演变的趋势不一致，这就导致贵州产业体系高消耗、高排放和低效益的投资驱动和要素驱动发展模式形成。因此，加快转变产业体系发展模式，必须推动产业体系发展从依靠投资拉动向依靠消费、投资和出口协调拉动转变。

自改革开放以来，从产出来看，贵州产业体系产出年均增长 10.5%，高出全国产业体系产出年均增长 9.8%。其中，第一产业产出年均增长 4.9%，高于全国第一产业年均增长 4.7%；第二产业产出年均增长 12.6%，高于全国第二产业年均增长 11.4%；第三产业产出年均增长 13.1%，高于全国第一产业年均增长 10.9%。从需求来看，贵州产业体系投资率年均 78.5%，高出全国产业体系投资率 58.9%；消费率年均 41.9%，高于全国 39.1%；净出口率–20.4%，低于全国 2.0%。比较全国需求结构演变的趋势，贵州需求结构特征明显，消费率一直高于全国水平，并且波动幅度较大；投资率在 1998 年之前，低于全国平均水平，而后投资率迅速上升，并且高于全国平均水平；净出口率一直低于全国平均水平，并且波动幅度较大。要正确分析贵州需求变化引导其产业体系演进的作用机制，需要结合生产效率、产业结构、收入分配等因素进行综合研究。

自改革开放以来，贵州产业体系的演变是在我国经济转型发展的周期中进行的，我国经济转型发展的背景深刻影响贵州产业体系的演变，经济转型周期中每一个阶段的特征塑造着贵州产业体系。根据我国经济转型发展的周期，可以分为五个发展阶段：1978~1984 年，1985~1992 年，1993~2001 年，2002~2008 年，2009~2019 年。市场需求包括需求量和需求结构两个方面，其变化趋势可由需求量和需求结构的变化反映。本书从投资、消费和净出口三个部分，根据我国经济转型发展周期中的五个阶段，从总量和结构两个方面分析贵州产业体系 35 年来需求的变化趋势。

2.2.1　贵州省投资需求的变化

从投资率来看，根据图 2-13，1978～2019 年，贵州平均投资率为 41.9%，其中 1980～1998 年，贵州投资率低于 40%，而 1999～2019 年，贵州投资率高于 50%。与全国平均水平相比，贵州投资率在 1981～1998 年低于全国平均水平，1978～1979 年和 1999～2019 年高于全国平均水平。1978～2013 年，贵州投资率的形态表现为"阶段性脉冲式提高，而后逐步回调"。在经济改革和重要政策出台的关键年份或次年（1978 年、1985 年、1993 年、2002 年、2009 年）[①]，投资率脉冲式提高，而后逐步回调，政府通过政策措施提高投资率，刺激经济发展的意愿较强。值得注意的是，2001 年我国加入 WTO 后，贵州和全国的产业体系的投资率脉冲到一个较高点，而后受紧缩性调控稍有回调，但保持在高位。贵州投资率脉冲幅度高于全国，这表明加入 WTO 对贵州产业体系投资率具有更强的水平效应。

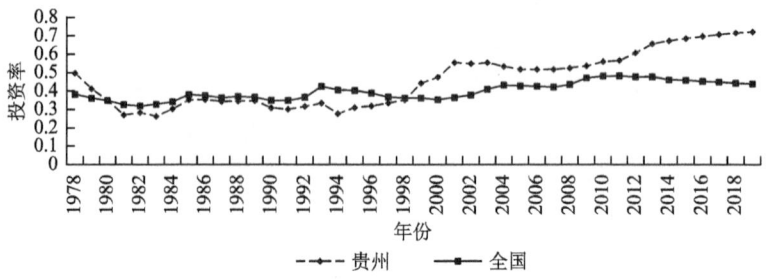

图 2-13　贵州与全国投资率特征比较

结合图 2-14，1978～2019 年，在贵州产业结构中，第一产业占比呈下降趋势，第二和第三产业占比呈上升趋势，这种趋势与贵州产业体系的投资需求变化趋势相吻合。这表明，在此区间，投资需求驱动贵州产业体系中第二和第三产业发展的力度高于第一产业。具体到 1978～2019 年的五个阶段，投资需求与产业结构的关系表现为：1978～1984 年，第一产业占比保持在 41%～47%，第二产业处于 36%～40%，第三产业维持在 17%～18%，投资需求（按 1978 年的价格折算）从 23.15 亿元增长到 27.25 亿元，这时期投资需求引导第二和第三产业发展的效果不明显；1985～1992 年，第一产业占比从 41% 下降到 37%，第二产业占比从 40%

---

① 1978 年党的十一届三中全会召开，改革开放序幕拉开；1985 年颁布经济体制改革重要文件；1993 年为 1992 年邓小平同志南方谈话，倡导确立社会主义市场经济体制的次年；2002 年为我国 2001 年加入 WTO 的次年，从更高的层次进一步扩大对外开放；2009 年为国际金融危机爆发的次年，面对 2008 年金融危机，我国出台了一系列刺激经济，进一步推进改革的措施。

下降到 37%，第三产业占比从 19%上升到 26%，投资需求（按 1978 年的价格折算）从 34.13 亿元增长到 58.56 亿元，这时期投资需求引导第三产业发展效果明显；1993～2001 年，第一产业占比从 31%下降到 24%，第二产业占比从 37%上升到 39%，第三产业占比从 26%上升到 38%，投资需求（按 1978 年的价格折算）从 58.56 亿元增长到 201.35 亿元，这时期投资需求引导第二产业和第三产业发展，特别是引导第三产业发展效果明显；2002～2008 年，第一产业占比从 24%下降到 16%，第二产业占比从 39%上升到 42%，第三产业占比从 39%上升到 42%，投资需求（按 1978 年的价格折算）从 201.35 亿元增长到 383.95 亿元，这时期投资需求引导第二产业和第三产业发展效果明显；2009～2019 年，第一产业占比呈下降趋势，第二产业占比先升后降，第三产业占比呈上升趋势，投资需求（按 1978 年的价格折算）从 383.95 亿元增长到 937.22 亿元，这时期投资需求引导第三产业发展效果明显。

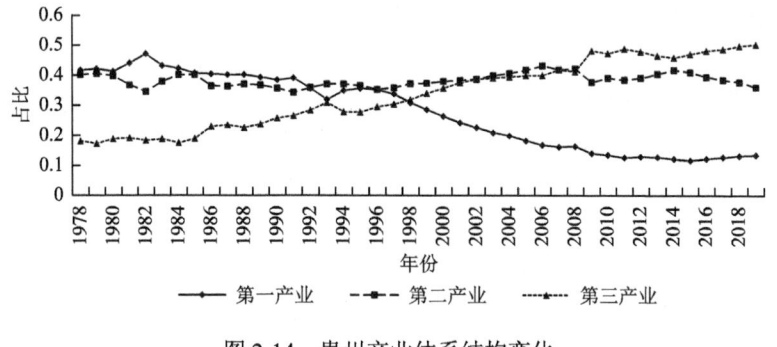

图 2-14　贵州产业体系结构变化

从投资总量来看，根据图 2-15，按 1978 年的价格折算，1978 年为 23.15 亿元，2019 年为 1560 亿元，增长近 68 倍。

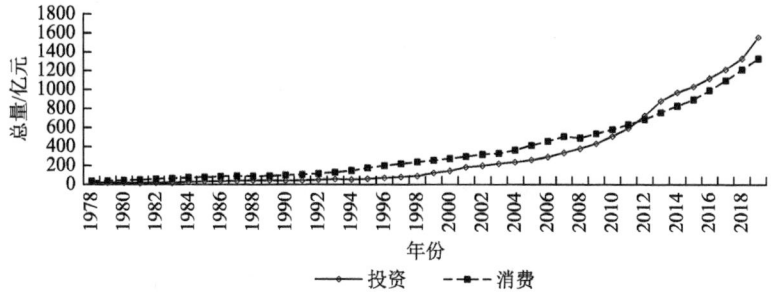

图 2-15　贵州产业体系投资和消费总量变化

　　改革开放以来，我国在积极推进市场化改革的同时，也加速推进了工业化进程。尤其是在进入 21 世纪后，我国的工业化速度进一步加快。黄群慧（2013）指出，各个区域资源禀赋、工业发展基础存在差异，以及由此出现梯度发展战略等，中国的工业化进程区域分布极不平衡，东部、中部和西部逐步降低的梯度特征明显。在一个时点上，处于工业化初期、中期、后期和后工业化阶段的不同的省级区域同时存在。根据陈佳贵等（2006）和黄群慧（2013）对我国工业化进程的研究，1978～2013 年，贵州工业化进程滞后于全国大多数省份，根据1995 年和 2010 年的测算分析，在 1995 年，贵州工业化进程处于工业化初期，到2010 年，贵州工业化进程处于工业化中期的前半阶段。基于改革开放以来全国和贵州工业化进程的背景，从贵州产业体系结构的演变和投资率的变化趋势来看，根据图 2-16，1978～2019 年，贵州第一产业占比高于全国第一产业占比，但是随着全国和贵州工业化进程的推进，贵州第一产业占比呈下降趋势，与全国的差距不断缩小，这说明贵州产业体系投资需求引导第一产业发展的效果高于全国产业体系。根据图 2-17，1978～2019 年，贵州第二产业占比低于全国第二产业占比，并且随着贵州工业化进程的推进，贵州第二产业占比变化不大，与全国的差距略微缩小，这说明贵州产业体系投资需求引导第二产业发展的效果低于全国产业体系，贵州产业体系投资需求引导贵州推进工业化效果弱。根据图 2-18，1978～2004 年，贵州第三产业占比低于全国第三产业占比，并且随着贵州工业化进程的推进，贵州第三产业占比逐渐收敛于全国第三产业占比，这说明贵州产业体系投资需求引导第三产业发展的效果与全国产业体系一致，但是贵州工业化滞后，贵州产业体系投资需求引导贵州第三产业发展多数限于低端的非生产性服务业。

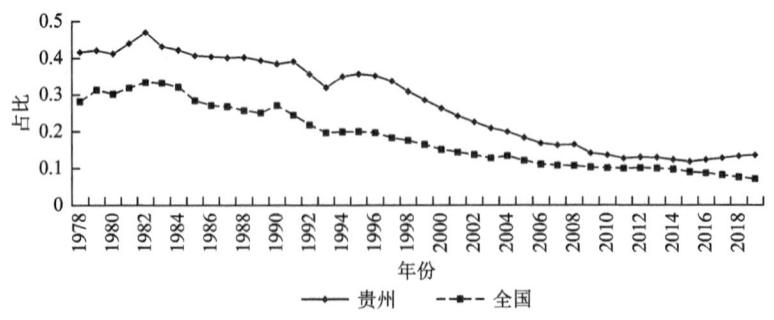

图 2-16　贵州与全国第一产业结构比较

　　在三次产业体系中，投资趋向于进入劳动生产率提高较快的产业，从而获取最大收益。从产业体系的生产率和投资率的趋势变化来看，随着产业体系中某一产业生产率提升速度的加快，更多的投资将进入该产业。根据图 2-19，1978～

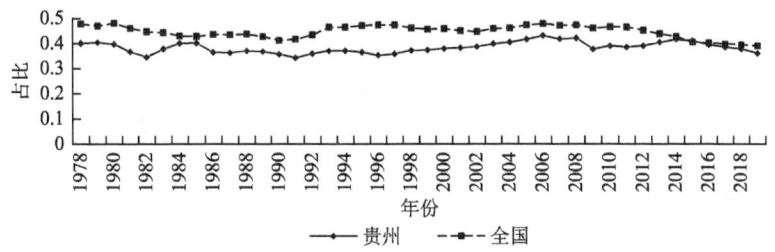

图 2-17　贵州与全国第二产业结构比较

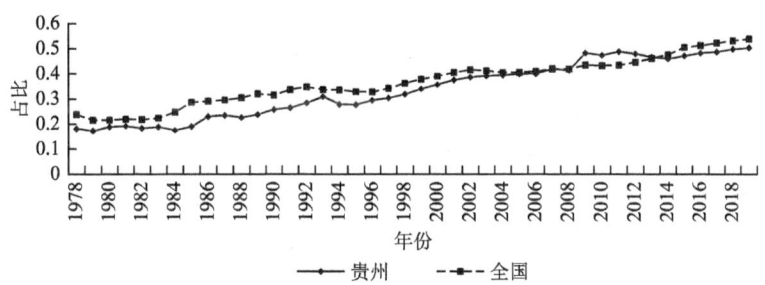

图 2-18　贵州与全国第三产业结构比较

2019 年，在贵州产业体系三次产业中，第一产业劳动生产率一直低于第二产业和第三产业，在此期间，贵州产业体系的投资需求大多来源于第二产业和第三产业，这促进了第二和第三产业占比的提高。1978～2006 年，第三产业劳动生产率低于第二产业，在此期间，第二产业的投资需求高于第三产业，更多的投资进入第二产业，第二产业占比高于第三产业。

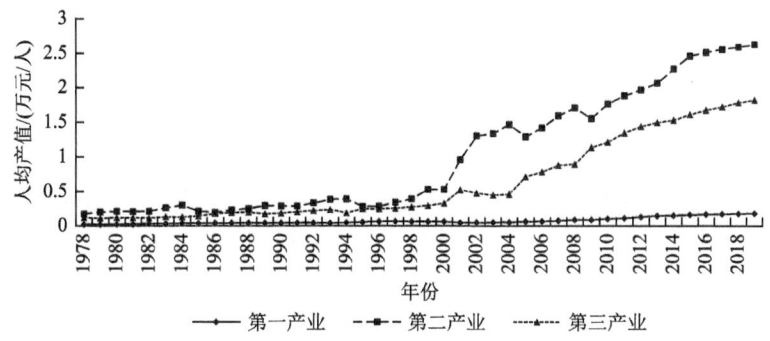

图 2-19　贵州产业体系三次产业劳动生产率比较

1978～2019 年，与全国产业体系三次产业结构变动趋势相比（图 2-20），贵州产业体系三次产业结构中第二产业发展不足，而第三产业发展超前。在此期间，贵州产业体系第二产业占比 38.3%，第三产业占比 31.6%，全国产业体系第二产业占比 45.5%，第三产业占比 34.7%，这反映贵州工业化的滞后，并且第三产业发展超越工业化的发展阶段，出现产业结构早熟，即第三产业发展过快，第二产业，特别是制造业没有持续发展并实现升级，导致产业体系发展缺乏技术进步支撑，产业体系发展后续动力不足。在此阶段，第三产业发展主要是消费类的低端服务业发展过快，而支撑第二产业发展的生产性服务业和商务服务业等高端服务业发展不足。

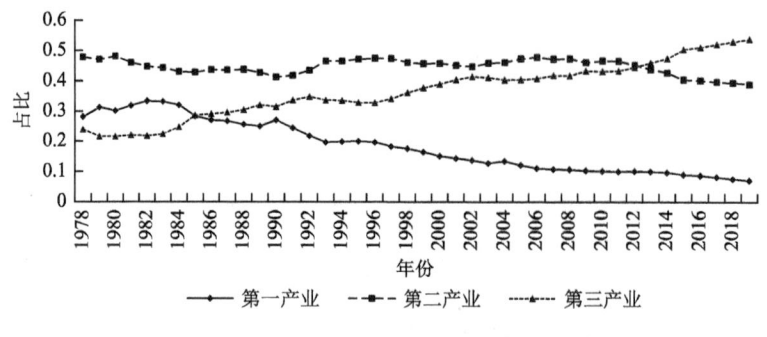

图 2-20　全国产业体系三次产业结构变动趋势

　　贵州工业化程度不足导致其产业体系人均劳动力资本存量较低。根据图 2-21，与全国相比，1978～2019 年，贵州产业体系人均劳动力资本存量低于全国产业体系人均劳动力资本存量，并且两者的差距越来越大。这说明，贵州要赶上全国工业化进程的步伐，还需要进行强度较大的投资，弥补自 20 世纪 90 年代以来我国进入高速工业化，而同期贵州工业化进程缓慢所导致的产业体系投资需求缺口，促进资本密集型和技术密集型产业的发展。目前，在我国经济发展整体进入新常态，各种传统产品需求不足，自然资源、环境和劳动力资源约束不断趋紧的背景下，贵州产业体系应当充分利用自然资源、环境和劳动力资源的要素禀赋，根据

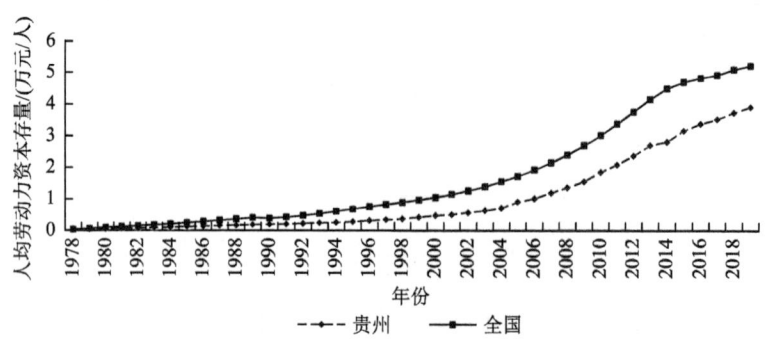

图 2-21　全国与贵州产业体系人均劳动力资本存量比较

国内外市场需求升级的趋势，找准投资方向，加大投资力度，通过引进国内外高端技术和人才，与自身生产要素形成匹配，发展资本密集型和技术密集型产业，实现资源型产业体系的升级。避免面向低端市场，导致产业体系资源配置不当，以避免再走生产经营粗放，高消耗、高排放和低收益的传统工业化道路。

2.2.2　贵州省消费需求的变化

从消费率来看，根据图 2-22，1978～2019 年，贵州平均消费率为 78.5%，高于全国 58.9%，其中，1978～1993 年，贵州消费率位于 72%～82%；1994～2007 年，贵州消费类位于 77%～90%；2008～2015 年，贵州消费率位于 56%～67%。而 1978～2019 年，全国消费类围绕其平均值上下波动。1978～2019 年，贵州消费率的形态随着工业化前期和后期的不断演进，表现为"阶段性脉冲式提高，而后逐步回调"。在工业化前期和后期转换的年份（1995 年），居民收入和市场供给出现较大变化，消费率脉冲式提高，而后逐步回调。值得注意的是，2008 年金融危机加速全国和贵州消费率的下降趋势，全国和贵州的消费率从高点一路下降，贵州消费率下降幅度更大，这使贵州消费率与全国消费率逐渐收敛。这表明，随着贵州对外开放程度的不断提高，各种商品内外流动加速，外围经济波动对贵州消费率的影响更加深入和持久。

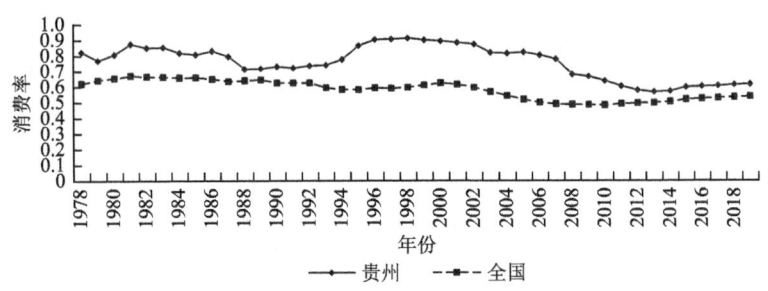

图 2-22　贵州与全国消费率特征比较

从消费总量来看，根据图 2-15，增长近 68 倍。结合图 2-14，1978～2019 年，在贵州产业结构中，第一产业占比不断下降，第二和第三产业占比呈上升趋势，这种趋势与贵州产业体系的投资需求变化趋势相吻合。这表明，在此区间，消费需求驱动贵州产业体系中第二和第三产业发展的力度高于第一产业。具体到 1978～2019 年的两个阶段[①]，消费需求与产业结构的关系表现为：在工业化初期，

---

① 即贵州工业化的初期和中期，分界点在 1995 年。

1978～1995 年，第一产业和第二产业占比下降，第三产业占比上升，消费需求上升明显，这时期投资需求引导第三产业发展效果明显；在工业化的中期，1996～2019 年，第一产业占比呈下降趋势，第二产业占比呈高位波动趋势，第三产业占比上升明显，消费需求上升明显，这时期消费需求引导第二产业和第三产业发展，特别是引导第三产业发展效果明显。

基于改革开放以来全国和贵州工业化进程的背景，从贵州产业体系结构的演变和消费率的变化趋势来看，根据图 2-16、图 2-17 和图 2-18，并结合图 2-22 可以看出，1978～2019 年，贵州第一产业占比高于全国第一产业占比，但是随着全国和贵州工业化进程的推进，贵州第一产业占比不断降低，与全国的差距不断缩小，这说明贵州产业体系消费需求引导第一产业发展的效果高于全国产业体系；1978～2019 年，贵州第二产业占比低于全国第二产业占比，并且随着贵州工业化进程的推进，贵州第二产业占比变化不大，与全国的差距略微缩小，这说明贵州产业体系消费需求引导第二产业发展的效果低于全国产业体系，贵州产业体系消费需求引导贵州推进工业化效果弱；1978～2004 年，贵州第三产业占比低于全国第三产业占比，并且随着贵州工业化进程推进，贵州第三产业占比逐渐收敛于全国第三产业占比，2004～2019 年，贵州第三产业占比与全国第三产业占比较为接近，且在 2008～2014 年高于全国，这说明贵州产业体系消费需求引导第三产业发展的效果明显好转，但是由于贵州工业化滞后，贵州产业体系消费需求引导贵州第三产业发展多数限于低端的非生产性服务业。

尽管 1978～2019 年投资和消费需求引导贵州产业体系中第二产业和第三产业的发展，但是两者的作用有所不同。从图 2-23 可以看出，以贵州工业化进程的分界点 1995 年为界，在 1995 年以前，贵州消费率处于高位运行，与消费率相比，投资率处于低位，而在 1995 年以后，消费率下降，投资率提高，两者逐渐收敛。这说明，随着贵州产业体系的演进，在 1995 年由工业化初期阶段进入工业化中期阶段，产业体系结构由以食品、烟草、采掘、建材等劳动密集型产业为主向

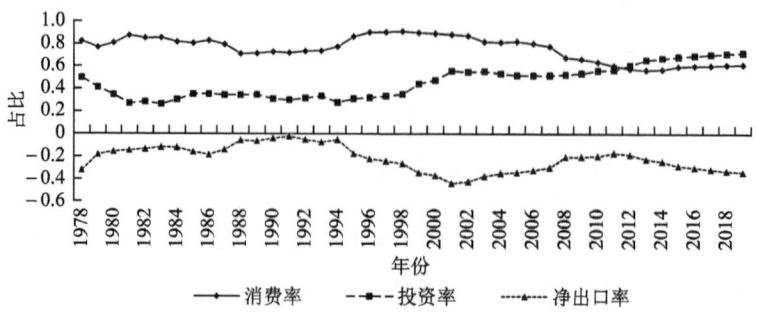

图 2-23 贵州产业体系需求结构变化趋势

以非金属矿产品、化工、煤炭、机电等资本密集型产业为主转变。产业体系的发展由依靠轻型工业的迅速增长转向重型工业的迅速增长，非农业劳动力开始占主体，第三产业开始迅速发展，也就是所谓的重化工业阶段。贵州产业体系进入重化工业阶段后，重化工业的大规模发展是支持区域经济高速增长的关键因素。

　　值得注意的是，从 2003 年以后，与全国产业体系需求结构变化趋势（图 2-24）一样，贵州产业体系需求结构中投资率呈上升趋势，而消费率呈下降趋势，两者不断收敛，并且在 2012 年，投资率超过消费率。2012~2019 年，贵州消费率平均值、投资率平均值、净出口率平均值分别为 60.97%、58.55%、−19.52%，比全国消费率平均值 49.02%、投资率平均值 47.81%、净出口率平均值 3.16%分别高 11.95 个百分点、高 10.74 个百分点、低 22.68 个百分点。这说明，与全国产业体系相比，贵州产业体系属于典型的内需型产业体系，进口远高于出口。在高消费率下，依赖外部资金的高输入维持高投资率，并在高投资率的驱动下实现产业体系的发展。当前，贵州产业体系还处于依靠投资驱动的传统增长阶段，但是消费率过高和净出口率过低使贵州产业体系传统增长阶段发展速度较慢，这极大地遏制了贵州产业体系由投资驱动的传统增长向由消费驱动的现代增长的转变，无法随着收入的提高，推动消费需求升级，进而引领贵州产业体系结构升级。

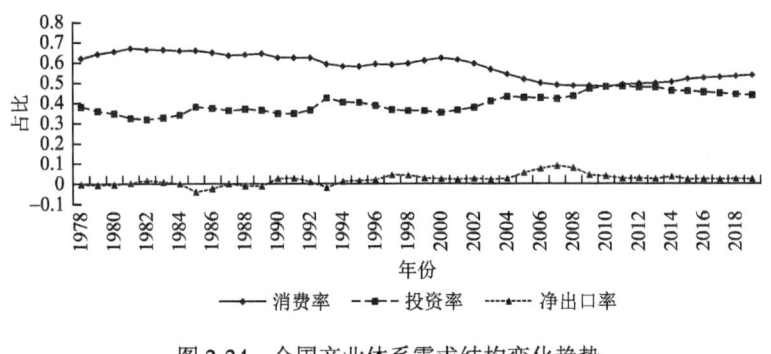

图 2-24　全国产业体系需求结构变化趋势

2.2.3　贵州省净出口需求的变化

　　从净出口率来看，根据图 2-25，1978~2019 年，贵州平均净出口率为−20.44%低于全国 1.98%，其中，1978~1994 年，贵州净出口率总体提升，位于−2.16%到−32%，1995~2001 年，贵州净出口率下降，2002~2019 年，贵州净出口率总体提升。而 1978~2019 年，全国净出口率围绕其平均值 1.98%上下波动。1978~2019 年，贵州净出口率的形态随着工业化前期和中期的不断演进，表现为先上升，后下降，上升和下降的界限出现在工业化前期和中期转换的年份（1995 年），这与贵州产业体系的结构有关。在工业化前期，贵州产业体系主要由资源和劳动密集型的轻型产业组成，随着我国对外开放程度的提高，具有资源和劳动力禀赋比较优势的贵州劳动密集型产业的特色食品、烟草、资源采掘、特色建材等产品出口量不断提高。进入工业化中期，贵州产业体系主要由资本密集型的重化工产业组成，贵州虽然具有资源优势，但是缺乏技术和资本优势，其产品大多是重化工产业链前端的低加工度型产品，在国际市场不具有竞争优势，主要被我国高速工业化和城镇化所形成的巨大的市场需求所消化。

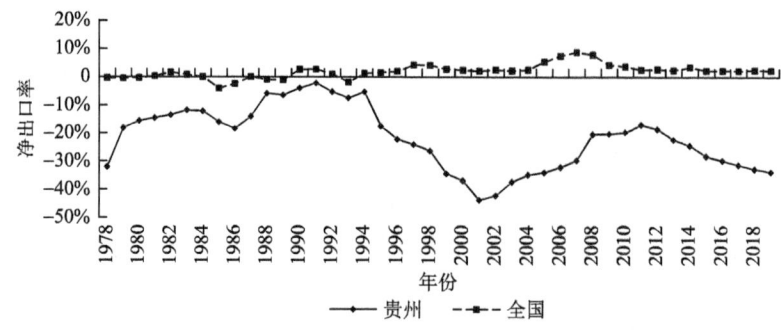

图 2-25　贵州与全国净出口率特征比较

　　基于改革开放以来全国和贵州工业化进程的背景，从贵州产业体系结构的演变和净出口率的变化趋势来看，根据图 2-16、图 2-17 和图 2-18 并结合图 2-19 可以看出，1978～2019 年，贵州第一产业占比高于全国第一产业占比，但是随着全国和贵州工业化进程的推进，贵州第一产业占比不断降低，与全国的差距不断缩小，这说明贵州产业体系净出口需求引导第一产业发展的效果低于全国产业体系。1978～2019 年，贵州第二产业占比低于全国第二产业占比，并且随着贵州工业化进程推进，贵州第二产业占比变化不大，与全国的差距略微缩小，这说明贵州产业体系净出口需求引导第二产业发展的效果低于全国产业体系，贵州产业体系净出口需求引导贵州推进工业化效果较弱。1978～2004 年，贵州第三产业占比低于全国第三产业占比，并且随着贵州工业化进程推进，贵州第三产业占比逐渐收敛于全国第三产业占比，2004～2019 年，贵州第三产业占比与全国第三产业占比呈交替上升趋势，这说明贵州产业体系净出口需求引导第三产业发展的效果不断提升。

　　从以上分析表明，贵州产业体系的净出口需求并未有效地驱动贵州工业化的进程，贵州产业体系较为封闭，不能有效地通过国外市场拉动贵州产业体系的发展。在近 20 年我国高速推进的工业化过程中，贵州产业体系的发展主要依靠投资和消费驱动，外需的作用有限。其主要原因是贵州产业体系开放程度低，技术引进和产业升级缓慢，产品成本较高，新产品开发之后，缺乏国际竞争力。

2.3　贵州省产业体系演进过程中能源强度变化趋势及其影响因素

从 1978 年至今，贵州充分利用自然资源和劳动力等生产要素的低成本竞争优势，促进了资源型产业体系的高速发展，GDP 从 1978 年的 46 亿元增加到 2019 年的 16 769 亿元，年均增长 15.5%。随着贵州省产业体系的发展，其产业结构和能源结构不断优化，能源使用技术不断进步，以及发展模式不断改变，这些因素促进了贵州产业体系能源消耗的下降。但是，与全国产业体系相比，在实现产业体系高速发展的同时，在 GDP 高速增长的驱动下，贵州产业体系能源消耗总量大幅增加，其能源的消耗强度实现大幅下降。贵州作为西部地区资源富集的后发地区，其生产要素的比较优势在于矿产资源和高碳的能源资源，以及劳动力资源，产业体系的绿色发展任务十分繁重。本节将从能源消费量和能源强度，分三次产业，运用定量分析，并与全国产业体系进行比较，对贵州省产业体系发展过程中能源强度的变动趋势及其影响因素进行研究。

2.3.1　贵州省产业体系的能源强度

贵州煤炭资源丰富，煤炭资源储量达 497.28 亿吨，素以“西南煤海”著称，是中国南方煤炭资源最丰富的省，居全国第五位，超过南方 12 个省（区、市）煤炭资源储量的总和（刘璟，2009）。贵州煤炭储量大，这为发展火电，实施“西电东送”奠定了坚实的基础；而且煤种齐全、煤质优良，这为煤化工、实施“煤变油”工程提供了资源条件。从煤炭资源分布来看，贵州含煤面积占总面积的 40%以上，除东部部分地区少煤、缺煤外，省内各地多有产出。86 个县（市）中有 74 个产煤，相对集中于西部的盘州、水城、六枝、织金、纳雍、大方等县，其次在黔北的桐梓、仁怀、习水、遵义与中部的贵阳—安顺一带和黔西南地区也有较多产出分布。贵州丰富的煤炭资源和省内广泛的空间分布，使贵州资源型的高耗能产业体系普遍以煤炭和火电作为能源。

从 1978 年改革开放后，特别是 2002 年以后，随着我国消费升级，贵州进入工业化过程中重化工业加速发展时期，依赖于丰富的矿产资源和煤炭资源，贵州加快发展钢铁、有色金属，以及磷化工等高耗能的资源型产业。但是，在产业体系高速发展的同时，能源消耗大幅增加，产业体系能源消耗强度居高不下。贵州在工业化过程中其能源强度表现出的特征在许多方面与全国存在差异，本书通过统计数据，运用实证分析和对比分析，研究贵州能源消费强度的变化特征。

如图 2-26 所示，1978~2019 年，与我国工业化进程相对应，全国三次产业体系的能源强度处于三个不同下降速度的阶段。在这三个下降阶段，第一阶段下降速度最高，第二阶段下降速度其次，而第三个下降阶段下降速度最慢。其主要原因在于，在工业化不同阶段转换时期，存在产业结构和能源结构的转换。1978～1987年为第一个下降阶段，第一个下降阶段对应我国工业化进程的初期阶段，这时期主要耗能增长较快的产业为工业化初级阶段的食品、烟草、纺织皮革、造纸、日用化工等劳动力密集型的消费品轻工业。该阶段全国能源强度从12.17万吨标准煤/万元GDP下降到8.79万吨标准煤/万元GDP[①]。1988～2009年为第二个下降阶段，第二个下降阶段对应我国工业化进程的中期阶段，这时期主要耗能增长较快的产业为工业化中期的非金属矿产品、黑色金属、有色金属、石油化工、机械制造等资本密集型的生产资料重化工业。该阶段全国能源强度由8.46下降到4.01。值得注意的是2003～2005年，我国产业体系能源强度逆势上升，其原因是，这一时期我国进入重化工业加速发展的阶段，在房地产和汽车等高端消费品的驱动下，钢铁、水泥、有色金属、汽车等产业快速发展直接拉高我国的能源消耗，能源强度上升。2010～2019年为第三个下降阶段，第三个阶段对应我国工业化进程的中后期阶段，这一时期以依靠资本和知识等高级要素驱动的生产性服务业为代表的第三产业快速发展，主要耗能产业为工业中的高加工度制造业。该阶段全国能源强度由3.87下降到2.76。

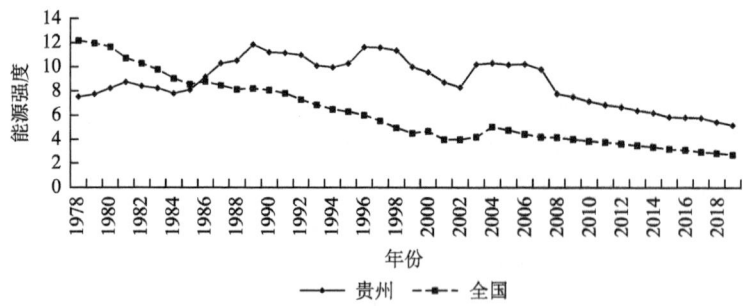

图2-26　贵州与全国三次产业体系能源强度比较

1978～2019年，与全国产业体系的能源强度变化趋势相比，贵州产业体系的能源强度变化趋势存在差异。对应全国产业体系能源强度下降的三个阶段，1978～1987年，贵州产业体系能源强度微升，由7.55上升到10.31。其原因为，在1978年我国改革开放之前，全国在赶超型战略的主导下，重点发展生产资料的重化工产业，产业体系能源消耗多，能源强度居高不下。在1978年后，我国进入工业化初期，重点发展消费资料的轻工业，产业体系能源消耗降低，能源强度不

---

① 能源强度为万吨标准煤/万元GDP，以下同，本书不再标记单位。每年GDP都按1978年的价格进行折算。

断下降。与全国相比，在 1978 年后，贵州轻工业发展速度慢于全国，并且在轻工业快速发展的同时，原材料等重工业也在快速发展，能源消费增加，这使贵州产业体系能源强度上升。1978～1985 年，全国产业体系能源强度高于贵州，在贵州能源结构低能效下，这表明贵州产业体系结构的能耗程度低于全国。1988～2009 年，贵州产业体系能源强度总体上由 10.5 下降到 8.15，其过程呈现三段"脉冲上升—逐渐下降"的过程。在国家刺激经济发展的关键年份（1989 年、1996 年和 2003 年）能源强度迅速上升到高点，随后逐年下降，这表明国家的经济刺激政策对提高贵州产业体系产出的增长，能源消费的增加，进而提高产业体系的能源强度具有水平效应。2010～2019 年，贵州产业体系能源强度由 7.85 下降到 5.20，与全国相比，下降趋势一致。1986～2019 年，贵州产业体系能源强度高于全国，在贵州能源结构低能效下，这表明贵州产业体系结构的能耗程度高于全国。1988～2009 年，这时期对应我国工业化进程的中期阶段，贵州产业体系结构的碳排放程度高于全国，这说明在我国工业化进程中，贵州产业体系演进缓慢，滞留于工业化中期前半阶段，即重化工业发展阶段，致使高耗能产业不断发展，产业体系能源消耗较大。

2.3.2　第一产业能源强度

第一产业包括农、林、牧、渔和水利业，在三次产业体系中，产出占比和能源消费占比不足 10%，对于产业体系能源强度的影响甚微。由于第一产业能源消耗结构和产业结构相对稳定①，因此第一产业能源强度的变化可以反映第一产业生产技术水平和经营管理水平的变化。如图 2-27 所示，1978～2019 年，全国第一产业的能源强度处于三个下降阶段。1978～1985 年为第一个下降阶段，该阶段全国能源强度由 4.27 下降到 3.51。1986～2007 年为第二个下降阶段，该阶段全国能源强度由 2.57 下降到 2.19。2008～2019 年为第三个下降阶段，该阶段全国能源强度由 1.51 下降到 1.07。从以上三个阶段能源强度的变化趋势可以看出，全国第一产业的能源强度在第一阶段下降明显，而进入第二和第三阶段后，能源强度下降幅度较小。对照我国工业化进程，第一阶段对应我国工业化进程的初期，在这一时期，第一产业产出和能耗占比迅速下降，并且随着第一产业生产技术和管理效率的提高，第一产业能源强度明显下降，而第二和第三阶段对应我国工业化进程的中期，在这一时期，第一产业产出和能耗占比缓慢下降，并且第一产业生产技术和管理效率保持稳定，第一产业能源强度缓慢下降。

---

① 通过统计数据可以发现，我国第一产业的能源消耗主要限于石油油品和电力，能源消耗结构相对稳定。

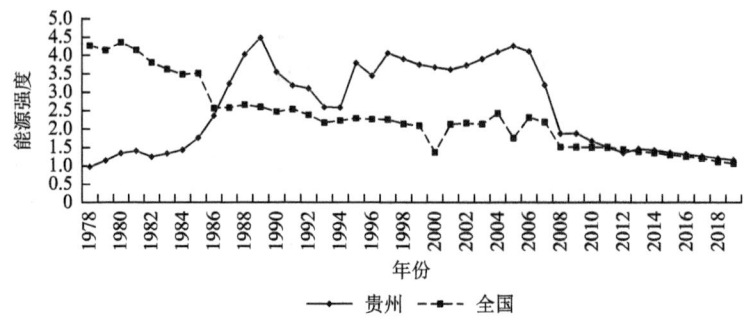

图 2-27　贵州与全国第一产业能源强度比较

1978～2019 年，与全国第一产业的能源强度变化趋势相比，贵州第一产业的能源强度变化趋势存在差异。1978～1989 年，贵州第一产业能源强度上升，由 0.97 上升到 4.49。其原因为，在 1978 年我国改革开放之前，贵州第一产业的生产方式较为落后，机械化水平和电力化水平较低，能源消耗较少。在 1978 年以后，随着我国工业化进程推进，国内外技术的引进，贵州第一产业的电力化和机械化水平不断提高，这也使能源消耗不断增长，能源强度上升。1990～2007 年，贵州第一产业能源强度总体上由 3.54 微降到 3.20，其过程呈现"先下降后上升再下降"的波动形状。其成因在于，1990～1994 年，机械化和电力化水平的不断提高，第一产业生产经营管理水平相应提升，致使贵州第一产业在产出快速增加的同时，能源消耗没有快速上升，能源强度下降；1995～1998 年，贵州第一产业处在电力化和机械化快速发展过程中，其生产技术水平和管理水平相对滞后，能源强度上升；1999～2007 年，随着生产技术水平和管理水平上升，能源强度下降。2008～2019 年，贵州第一产业能源强度由 1.88 下降到 1.16，并收敛于全国第一产业能源强度变化趋势。这说明，经过 40 多年改革开放和工业化，贵州第一产业的机械化和电力化水平，以及生产经营管理水平接近全国的水平，能源强度收敛于全国水平。

2.3.3　第二产业能源强度

第二产业包括工业和建筑业，在我国的三次产业体系中，产出占比高达 50%，能源消费占比高达 75%。在第二产业中，工业的能源消耗结构和产业结构变化较大，并决定整个产业体系的能源强度变化趋势，考察工业能源强度的变化，可以反映第二产业乃至三次产业体系的能源强度变化趋势。如图 2-28 所示，1978～2019 年，与我国工业化进程相对应，全国工业的能源强度处于三个不同的下降阶段。1978～1987 年为第一个下降阶段，第一个下降阶段对应我国工业化进程的初期阶段，这时期，食品、烟草、纺织皮革、造纸、日用化工等劳动力密集型的消费品轻工业发展较快，这些产业的能源消耗增长较慢，抵消一部分重化工产业的能源高消耗，致使该阶段全国工业能源强度由 21.65 下降到 15.13。1988～2009 年为第二个下降阶段，第二个下降阶段对应我国工业化进程的中期阶段，这时期，非金属矿产品、黑色金属、有色金属、石油化工、机械制造等资本密集型的生产资料重化工业发展较快，生产技术水平和管理效率提高，与重化工产业高产出相比，这些产业的能源消耗增长慢，并且能源结构不断高效化，致使全国能源强度大幅下降。值得注意的是 2003～2005 年，我国工业能源强度逆势上升。其原因是，2003～2005 年，我国进入重化工业加速发展的阶段，在房地产和汽车等高端消费品的驱动下，钢铁、水泥、有色金属、汽车等产业快速发展直接拉高我国的能源消耗，能源强度上升。2010～2019 年为第三个下降阶段，第三个阶段对应我国工业化进程的后期阶段，这一时期以依靠资本和知识等高级要素驱动的生产性服务业为代表的第三产业快速发展，主要耗能产业为工业中的高加工度制造业。该阶段全国工业能源强度呈现下降趋势。

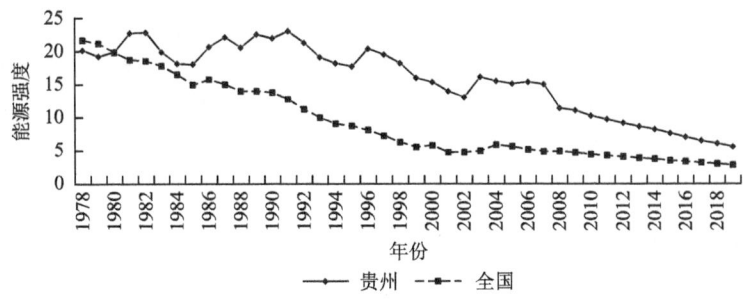

图 2-28 贵州与全国工业能源强度比较

1978～2019 年，与全国工业的能源强度变化趋势相比，贵州工业的能源强度变化趋势存在差异。对应全国产业体系能源强度下降的三个阶段，1978～1987 年，贵州工业能源强度微升，由 20.14 上升到 22.12。其原因在于，与全国相比，在 1978 年后贵州轻工业发展速度慢于全国，并且在轻工业快速发展的同时，原材料等重工业也在快速发展，能源消费增加，这使贵州工业能源强度上升。1988～2009 年，贵州工业能源强度总体上由 20.57 大幅下降到 10.57，其过程呈现三段"脉冲上升—逐渐下降"的过程。2010～2019 年，贵州工业能源强度由 10.22 下降到 5.57，与全国相比，下降趋势一致。1981～2019 年，贵州工业能源强度高于全国，但在贵州工业能源结构低能效下，这表明贵州工业结构的能耗程度高于全国。

2.3.4　工业中主要行业能源强度

当前贵州正处在工业化中期重化工业化加速发展的阶段，重化工产业的产出占比和能源消耗占比迅速提高，并决定贵州产业体系的能源强度变化趋势。从工业化的过程演变得知，进入工业化中期，重化工产业加速发展。在工业化中期的前半段，生产技术和产品技术较低，重化工产业通过消耗大量矿产资源和能源生产初级的资源类产品，导致产业的附加值较低，而能源消耗较高，致使能源强度较高。进入工业化中期的后半段，生产技术和产品技术提高，重化工产业改变消耗大量矿产资源和能源的发展模式，生产中高级的深加工产品，产业的附加值不断提高，而能源消耗不断降低，使得能源强度不断降低。贵州依靠自身丰富的矿产资源，大力发展资源型产业，其产业体系属于资源型的产业体系。在贵州工业中，以自然资源型为基础资源型产品制造业占有较大比例，如冶金工业、电力工业、煤炭及炼焦工业、化学工业、建材工业、食品工业，另外，20 世纪 50～60 年代，贵州作为国家重要的三线建设基地，从省外迁入大量的军工企业，这些军工企业属于机械和电子信息行业，经过几十年的发展，这些机械电子类的军工企业促进贵州产业体系的不断演进。本书将对贵州以上行业的能源强度变化趋势进行分析[①]，并与全国产业体系中相应行业能源强度的变化趋势进行对比，研究贵州工业中主要行业的能源强度变化的主要原因。

1. 冶金工业能源强度

冶金工业是指对金属矿物的勘探、开采、精选、冶炼，以及轧制成材的工业部门。包括黑色冶金工业（即钢铁工业）和有色冶金工业两大类。冶金工业是重要的原材料工业部门，为国民经济各部门提供金属材料，也是经济发展的物质基础。在 2019 年贵州的工业产值中，冶金工业产值占比只有 7%，而能源消耗占比却高达 41%，对贵州工业能源强度变化产生较大影响。

如图 2-29 所示，1983～2019 年，全国冶金工业的能源强度变化趋势可以分为两个阶段。1983～1996 年，我国工业化处于工业化的前期和中期的前半段，冶金工业的发展主要通过资本和资源驱动实现低端的金属类资源产品的产量扩张，这时期通过引进设备和技术，进行技术改造提高能源效率，能源强度在波动中趋于下降。1997～2019 年，我国工业化处于工业化中期的后半段，冶金工业的发展改变了过去资本＋资源驱动型的发展模式，通过引进先进技术和自主

---

① 由于贵州工业中各个行业 1983 年之前的能源数据无法获得，因此，在分析贵州工业中各个行业能源强度变化趋势时，从 1983 年开始。各个行业的能源强度中工业产值折算为 1983 年的价格。

创新实现技术和产品的升级，生产的能源效率上升，产品附加值提高，能源强度大幅度下降。

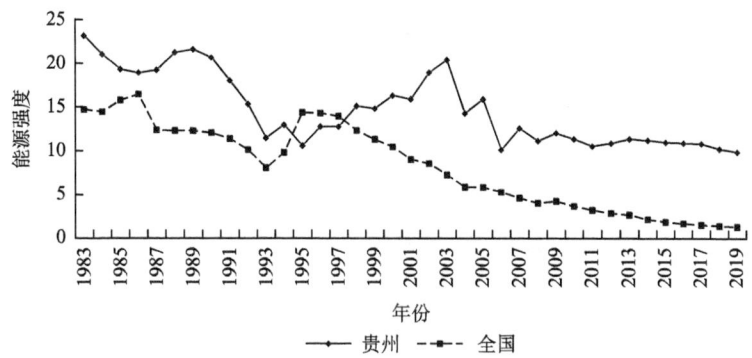

图 2-29　贵州与全国冶金工业能源强度比较

1983～2019 年，与全国冶金工业的能源强度变化趋势相比，贵州冶金工业的能源强度变化趋势存在差异。对应全国冶金产业能源强度下降的两个阶段，1983～1996 年，尽管贵州冶金工业能源强度波动幅度较大，但是贵州冶金工业能源强度总体下降趋势在 1994 年前与全国较为一致。这说明，贵州冶金工业与全国一样，其发展主要通过资本驱动，引进生产技术和设备，实现低端产品的产量扩张，这一时期通过引进设备和技术，提高生产和能源效率，能源强度逐渐下降。1997～2019 年，贵州冶金工业发展没有有效地改变过去的资本＋资源驱动型的发展模式，技术升级和产品创新驱动冶金工业的转型升级不明显，这使生产的能源效率没有实现有效提升，产品附加值依然不高，与第一阶段相比，能源强度下降不明显，该阶段贵州冶金工业的能源强度几乎没有下降。

2. 电力工业能源强度

电力工业是将石油、天然气、煤炭等不可再生的化石能源，以及生物质能、水能、海洋能、风能、太阳能、核能等可再生的清洁能源经发电设施转换成电能，再通过输电、变电与配电系统供给用户作为能源的工业部门（方琦，2011）。它为工业和国民经济其他部门提供基本动力，是国民经济发展的先行部门。凭借贵州丰富的煤炭和水资源，贵州电力工业自 1983 年后得到快速发展。从 2005 年起，电力工业成为贵州的第一大支柱产业，在 2019 年贵州的工业产值中，其占比高达 16%，能源消耗占比 10%，电力工业对贵州工业能源强度变化具有重要的影响。

如图 2-30 所示，1983～2019 年，全国电力工业的能源强度变化趋势可以分为两个阶段。1983～1996 年，我国处于工业化的前期和中期的前半段，重化工产业的快速发展拉动电力工业发展，但是我国的发电技术，特别是大型火电机组的技术水平不高[①]，致使火力发电的能源强度较高。尽管通过大规模投资＋能源资源投入实现了装机规模的扩张，获得了电力工业的规模效应，但是受技术的限制，在这一阶段我国电力工业能源效率并未提高，能源强度微升。1997～2019 年，我国处于工业化中期的后半段，重化工产业电力需求依然强劲，拉动电力工业不断发展。在这一时期，我国通过科技攻关，突破了大型火电机组的技术瓶颈，改变了电力工业资本＋资源驱动的发展模式，实现了电力工业的规模效应和技术进步效应，致使我国电力工业的能源效率大幅度提升，能源强度快速下降。

图 2-30　贵州与全国电力工业能源强度比较

1983～2019 年，与全国电力工业的能源强度变化趋势相比，贵州电力工业的能源强度变化趋势存在一定的差异。对应全国电力工业能源强度下降的两个阶段，1983～1996 年，与全国电力工业能源强度微升的趋势不同，贵州电力工业能源强度呈现较大上升幅度。这主要是规模较小和技术水平较低双重作用所致。在 1997 年之前，由于国家对贵州电力工业投入资本的限制，以及火电技术受到制约，贵州电力工业发展缓慢，能源效率较低，能源强度不断上升。1997～2019 年，随着国家"西电东送"战略的实施，以及大型火电机组发电技术的突破，贵州电力工业发展在资本和技术的驱动下，规模效应和技术进步的效应得以实现，能源效率大幅度提升，能源强度快速下降，并收敛于全国电力工业的能源强度。

3. 煤炭及炼焦工业能源强度

煤炭及炼焦工业包括煤炭开采和洗选业，以及煤炭炼焦业。贵州煤炭资源比

---

① 在我国电力工业中，火电占比高达 80% 以上，贵州更是高达 85% 以上，火电能源强度决定我国电力工业的能源强度。

较丰富，煤炭及炼焦工业一直是贵州的支柱产业。在 2019 年贵州的工业产值中，其占比高达 19%，能源消耗占比 13%，煤炭及炼焦工业对贵州工业能源强度变化具有重要的影响。

如图 2-31 所示，1983～2019 年，全国煤炭及炼焦工业的能源强度变化趋势可以分为两个阶段。1983～1997 年，我国处于工业化的前期和中期的前半段，煤炭及炼焦工业的发展主要通过分散化的资本扩张及进行资源大量开采和初级加工，实现了原煤和低端煤炭粗加工产品的产量增长，获取了一定的规模效应，但是规模化采煤和煤炭焦化的技术水平不高，抵消了规模效应，致使我国煤炭及炼焦工业的能源效率没有有效提高，能源强度较高。1998～2019 年，我国处于工业化中期的后半段，煤炭及炼焦工业的发展改变了过去分散资本＋大量资源驱动型的发展模式，通过引进和创新先进规模化采煤和煤炭焦化的技术，实现高效率的煤炭开采和煤焦化，生产的能源效率上升，能源强度大幅度下降。

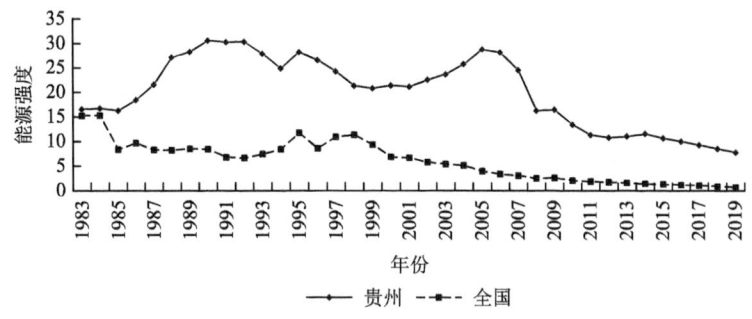

图 2-31　贵州与全国煤炭及炼焦工业能源强度比较

1983～2019 年，与全国煤炭及炼焦工业的能源强度变化趋势相比，贵州煤炭及炼焦工业的能源强度变化趋势存在差异。对应全国煤炭及炼焦工业能源强度下降的两个阶段，1983～1997 年，贵州煤炭及炼焦工业能源强度总体趋势上升，但是变化过程波动幅度较大。这说明，贵州煤炭及炼焦工业与全国一样，其发展主要通过分散资本投资，大量开采煤炭资源和煤炭初级加工方式实现，但是受规模和技术水平的限制，贵州煤炭及炼焦工业的能源效率没有有效提高，能源强度较高。1998～2019 年，贵州煤炭及炼焦工业发展在一定程度上改变了过去的发展模式，通过规模化的投资，提高规模生产效应和生产技术水平，能源效率上升，能源强度下降。

4. 化学工业能源强度

随着科学技术的发展，化学工业日益成为知识和资金密集型的行业，由最初只生产少数几种无机产品（如纯碱、硫酸等）和主要从植物中提取有机物（如茜素）制成染料的有机产品，逐步发展为一个多品种、多行业的生产部门，出现了一大批综合利用资源的大型化的多品种化工产品生产企业。

与其他制造类行业相比，化学工业具有生产技术复杂、原料品种较多、生产过程连续、能源消耗高、规模经济和范围经济显著的特点。这些特点说明，要提高化学工业能源效率必须重视技术在生产中的作用，提高技术水平；珍惜化学资源，搞好综合利用；注意节约能源；搞好生产的组织工作，保持生产的长期运转，不断提高经济效益。贵州具有丰富的化学工业的原料资源，发展化学工业具有资源的比较优势，化学工业一直是贵州的支柱产业。在 2019 年贵州的工业产值中，其占比高达 18%，能源消耗占比 21%，化学工业对贵州工业能源强度变化具有重要的影响。

如图 2-32 所示，1983～2019 年，全国化学工业的能源强度变化趋势可以分为两个阶段。1983～1996 年，我国处于工业化的前期和中期的前半段，化学工业的发展主要通过大规模投资扩大初级化工产品规模，实现初级化工产品的产量增长，获取规模经济和多产品生产的范围经济效应，但是规模化生产和多产品生产的技术水平不高，在一定程度上抵消了规模经济和范围效应，致使我国化学工业的能源效率没有有效提高，能源强度较高。1997～2019 年，我国处于工业化中期的后半段，化学工业的发展改变过去的资本投资＋初级产品驱动的发展模式，通过引进和创新先进规模化和多产品生产的技术，以及产品本土化创新，实现高效率的化工产品的生产，生产的能源效率上升，能源强度大幅度下降。

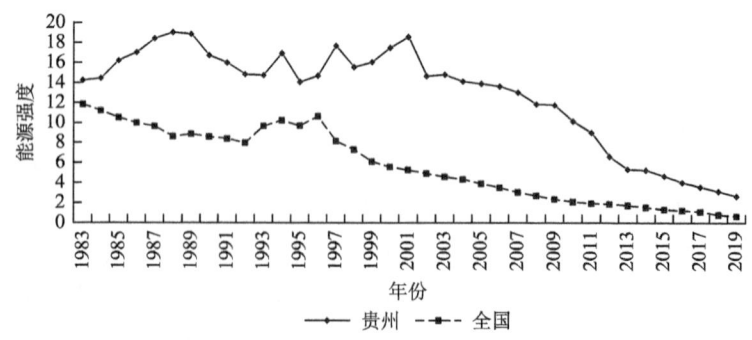

图 2-32　贵州与全国化学工业能源强度比较

1983～2019 年，与全国化学工业的能源强度变化趋势相比，贵州化学工业的能源强度变化趋势存在差异。与全国化学工业一样，贵州化学工业能源强度变化经历两个阶段，但是两个阶段的分界点和变化趋势有所不同。1983～2002 年为第一个阶段，在此阶段，贵州化学工业能源强度波动上升，并且变化过程幅度较大。这说明，贵州化学工业与全国一样，其发展主要通过资本投资以及大量生产化工初级产品方式实现，但是受规模和技术水平的限制，贵州化学工业的能源效率没有有效提高，能源强度较高，并且贵州的工业化进程滞后，投资驱动型的发展模式持续到 2002 年，在此期间贵州化学工业能源强度依然较高。2003～2019 年，贵州化学工业发展在一定程度上改变了过去的发展模式，通过引进和创新先进规模化和多产品生产的技术，以及产品本土化创新，提高规模经济和范围经济效应，生产的能源效率上升，能源强度大幅度下降。

5. 机械与电子信息工业能源强度

机械工业是制造机械产品的工业部门，主要包括农业机械、矿山设备、冶金设备、动力设备、化工设备及工作母机等制造工业。机械工业是工业的心脏，它为工业、农业、交通运输业、国防等提供技术装备。电子信息工业是生产电子设备及各种电子元件、器件、仪器、仪表的工业，由广播电视设备、通信导航设备、雷达设备、电子计算机、电子元器件、电子仪器仪表和其他电子专用设备等生产行业组成。机械与电子信息工业具有产品结构复杂、零部件多、技术性强，以及生产的专门化、标准化和自动化的特征。机械与电子信息工业是整个国民经济和国防现代化的物质技术基础，它的发展水平是衡量一个国家工业化程度的重要标志。贵州机械电子信息产业发展起源于 20 世纪 50～60 年代国家三线建设的军工企业，经过几十年，在这些军工企业的推动下贵州机械电子信息产业取得较大发展。在 2019 年贵州的工业产值中，其占比达 11%，能源消耗仅占 1.2%，机械电子工业并不是贵州的支柱产业，但是它代表贵州产业体系的发展方向，对于贵州目前资源型产业体系转型升级，提高能源效率，降低能源强度，实现可持续发展具有重要的意义。

如图 2-33 所示，1983～2019 年，全国机械电子工业的能源强度变化趋势可以分为两个下降阶段。1983～1996 年为第一阶段，该阶段下降速度较快；1997～2019 年为第二阶段，该阶段下降相对较慢。1983～1996 年，我国处于工业化的前期和中期的前半段，机械电子工业的发展主要通过大规模投资扩大低加工度型初级产品规模，实现低加工产品的产量增长，获取规模经济，随着规模快速扩张，生产效率和能源效率不断提高，能源强度快速下降。1997～2019 年，我国处于工业化中期的后半段，机械电子工业的发展改变过去的资本驱动扩大产量的发展模式，通过引进和创新实现技术进步和产品提升，技术复杂度和产品加工度上升，但是规模扩张不及第一阶段，部分抵消了技术进步和产品创新带来的能源效率的提升，能源强度下降较慢。

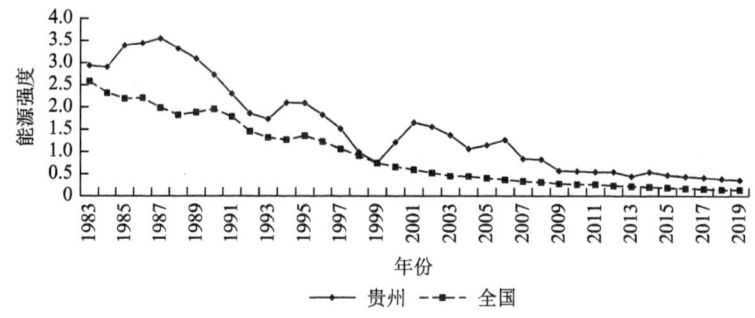

图 2-33　贵州与全国机械与电子信息工业能源强度比较

1983～2019 年，与全国机械电子工业的能源强度变化趋势相比，贵州机械电子工业的能源强度变化趋势存在差异。与全国机械电子工业一样，贵州机械电子工业能源强度变化经历两个下降阶段，但是两个阶段的分界点和变化趋势有所不同。1983～1999 年为第一个下降阶段，该阶段下降速度较快；2000～2019 年为第二阶段，该阶段下降相对较慢。在第一阶段，贵州机械电子工业能源强度波动下降，并且幅度较大。这说明，贵州机械电子工业与全国一样，其发展主要通过资本投资，大量生产低加工度型初级产品的方式实现，但是受规模变化的影响，贵州机械电子工业的能源效率下降变化的波动幅度较大，能源强度快速波动下降，并且贵州工业化进程滞后，资本驱动产量增加的发展模式持续到 1999 年。在第二个下降阶段，贵州机械电子工业发展在一定程度上改变过去的资本驱动规模扩张的发展模式，通过引进和创新提高技术复杂度和产品加工度，提升产品的附加值和能源效率，但是规模扩张不及第一阶段，部分抵消了技术进步和产品创新带来的能源效率的提升，能源强度下降较慢。

6. 建材工业能源强度

建材工业是我国重要的基础原材料工业，它是生产建筑材料的工业部门的总称，包括建筑材料及制品、非金属矿及制品、无机非金属新材料三大门类。我国已经是世界上最大的建筑材料生产国和消费国，主要建材产品水泥、平板玻璃、建筑卫生陶瓷、石材和墙体材料等产量多年居世界第一位。近年来，我国建材产品质量不断提高，能源和原材料消耗逐年下降，各种新型建材不断涌现，建材产品不断升级换代。

贵州省非金属矿产资源丰富，经过多年努力，贵州省建材工业得到了长足发展。"十三五"期间，建材工业抓住中央深入实施西部大开发战略的机遇，围绕交通、水利等基础设施建设，以及工业化和城市化进程的快速推进，依托资源优势，进一步加快发展，总量不断扩大，结构不断优化，满足了国民经济和社会发展对建材产品的需求。与此同时，进一步加强节能降耗和污染防治，转变发展方式，发挥建材工业消纳固体废物能力强的特点，加大资源综合利用力度，为发展循环经济做出积极贡献。在 2019 年贵州的工业产值中，其占比达 8.7%，能源消耗仅占 5.88%，建材工业对贵州工业能源强度变化具有重要的影响。

如图 2-34 所示，1983～2019 年，全国建材工业的能源强度变化趋势总体表现为匀速下降。在此期间，我国处于工业化的前期和中期阶段，工业化高速发展带动城市化快速推进，这极大地拉动了我国建材工业的需求。在高需求的驱动下，通过大规模投资和矿产资源的开采扩大建材产品的规模，获取规模经济，与此同时，随着工业化和城市化的不断推进，通过技术引进和产品创新，不断满足城市化和居民居住升级需求，我国建材工业不断获取技术进步和产品升级效应。在规模经济、技术进步和产品升级的共同作用下，我国建材工业生产的能源效率不断提升，能源强度不断下降。

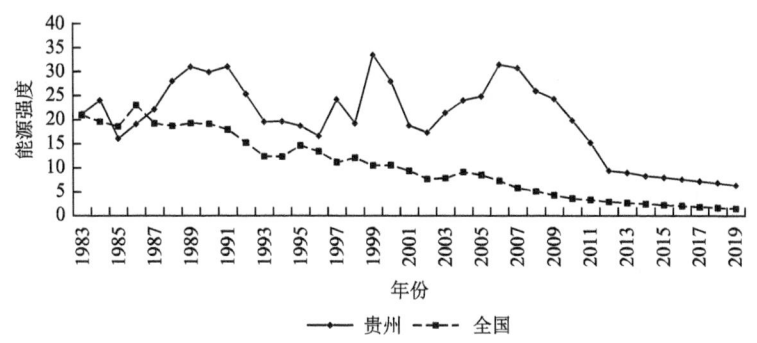

图 2-34　贵州与全国建材工业能源强度比较

1983～2019 年，与全国建材工业的能源强度变化趋势一样，贵州建材工业的能源强度变化趋势总体上呈现下降趋势，但是变化过程波动幅度较大，并且大部分时期，贵州建材工业能源强度高于全国。这说明，贵州建材工业与全国一样，其发展主要通过资本投资以及扩大生产规模的方式实现，但是受生产规模、技术水平和产品升级的影响，贵州建材工业生产的能源效率和能源强度大幅波动。

7. 食品工业能源强度

食品工业指主要以农业、渔业、畜牧业、林业或化学工业的成品或半成品为原料，制造、提取、加工成食品或半成品，具有连续而有组织的经济活动工业体系。从行业属性来看，食品行业为完全竞争行业，中小企业比例高，企业规模小，集中度较低，技术水平不高，产品需求单一，同质化严重，价格竞争激烈，利润空间狭小。随着行业成熟度的提高，大型龙头企业不断整合行业资源，这使利润迅速向大企业集中。当前我国食品工业还是以农副食品原料的初加工为主，精细加工的程度比较低，正处于产业的成长期。与其他重化工产业相比，食品工业能源强度较低，能源消耗少。但是，其产值占比较高，对产业体系能源强度变化具有一定的影响。依赖于丰富的农产品资源，食品工业已经发展成为贵州重要的支柱产业，近年来贵州食品工业年均增速均在 20% 以上，2019 年其产值占比高达 18%，而能源消耗仅占 3.8%，食品工业对贵州工业能源强度变化具有重要的影响。

如图 2-35 所示，1983～2019 年，全国食品工业的能源强度变化趋势可以分为两个下降阶段。1983～1997 年为第一阶段，该阶段下降速度较慢；1998～2019 年为第二阶段，该阶段下降相对较快。1983～1997 年，我国处于工业化的前期和中期的前半段，食品工业在需求快速增长的条件下，其发展主要通过增加劳动力扩大生产规模，实现初级产品产量高增长的方式进行，这时期由于技术水平的限制，生产效率和能源效率提升缓慢，能源强度下降缓慢，保持较高水平。1998～2019 年，我国处于工业化中期的后半段，食品工业的发展改变过去的劳动力驱动扩大产量的发展模式，通过引进和创新实现技术进步和产品提升，技术水平和产品加工度上升，并通过规模扩张获取规模经济，提高生产的能源效率，能源强度快速下降。

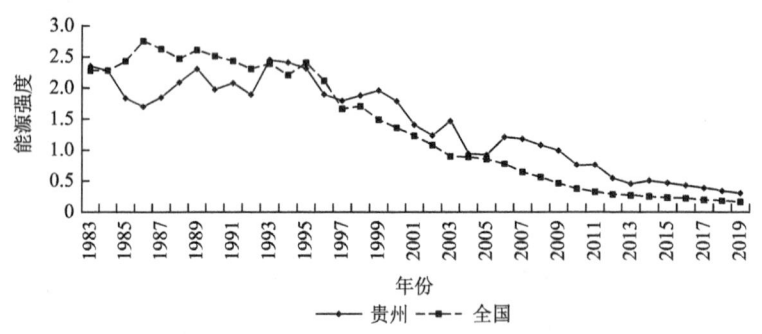

图 2-35　贵州与全国食品工业能源强度比较

1983～2019 年，贵州食品工业能源强度变化趋势与全国食品工业的总体趋势相同。1983～1996 年为第一个下降阶段，该阶段下降速度较慢；1997～2019 年为第二阶段，该阶段下降相对较快。在第一阶段，贵州食品工业能源强度波动下降，但是变化过程波动较大，并且能源强度食品低于全国水平。这说明，贵州食品工业与全国一样，其发展主要通过劳动力驱动，以及大量生产低加工度型初级产品的方式实现，但是受技术水平限制，贵州食品工业生产的能源效率上升较慢，能源强度缓慢下降，并且贵州食品工业机械化程度较低，能源消耗较低，其能源强度总体水平低于全国食品工业水平。在第二个下降阶段，贵州食品工业发展改变了过去劳动力驱动规模扩张的发展模式，通过引进和创新提高技术水平和产品加工度，提升产品的附加值和能源效率，并通过规模扩张提高生产的能源效率，能源强度快速下降。

8. 高耗能工业能源强度

高耗能产业是指生产过程中，所消耗的一次能源或二次能源比例比较高，能源成本在产值中占比较高的产业，也可以称为消耗能源密集型的产业。我国高耗能工业包括化学原料及化学制品制造业、非金属矿物制品业、黑色金属冶炼及压延加工业、有色金属冶炼及压延加工业、石油加工炼焦及核燃料加工业、电力热力的生产和供应业 6 大高耗能工业。随着我国工业化的推进，我国工业化进程已经进入高耗能的重化工业的工业化中期。贵州矿产资源和煤炭等能源资源较为丰富，经过多年发展，高耗能工业取得了长足发展，目前已经成为贵州的支柱产业。在 2019 年贵州工业产值中占比高达 67%，能源消耗占比 92%，高耗能工业对贵州工业能源强度变化具有决定性的影响。

如图 2-36 所示，1983～2019 年，全国高耗能工业的能源强度变化趋势可以分为两个下降阶段。1983～1996 年，我国处于工业化的前期和中期的前半段，高耗能的重化工业的发展主要通过大规模投资扩大初级产品规模，实现初级产品的产量增长，获取规模经济和范围经济效应，但是生产的技术水平不高，一定程度上抵消了规模经济和范围经济效应，我国高耗能工业的能源效率没有有效提高，能源强度较高。1997～2019 年，我国处于工业化中期的后半段，高耗能工业的发展改变过去的资本投资＋初级产品驱动的发展模式，通过引进和创新先进生产的技术，以及产品本土化创新，实现高效率的产品生产，生产的能源效率上升，能源强度大幅度下降。

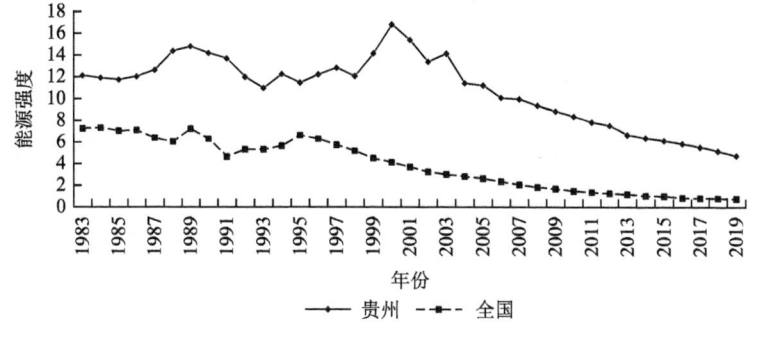

图 2-36　贵州与全国高耗能工业能源强度比较

1983～2019 年，与全国高耗能工业的能源强度变化趋势相比，贵州高耗能工业的能源强度变化趋势存在差异。与全国高耗能工业一样，贵州高耗能工业能源强度变化经历两个阶段，但是两个阶段的分界点和变化趋势有所不同。1983～2003 年为第一个阶段，在此阶段，贵州高耗能工业能源强度波动上升，并且变化过程波动幅度较大。这说明贵州高耗能工业与全国一样，其发展主要通过资本投资扩大初级产品的生产，但是受规模和技术水平的限制，贵州高耗能工业的能源效率没有有效提高，能源强度较高，并且贵州的工业化进程滞后，投资驱动型的发展模式持续到 2003 年，在此期间贵州高耗能工业能源强度依然较高。2004～2019 年，贵州高耗能工业发展在一定程度上改变了过去的发展模式，通过引进和创新生产技术，以及产品本土化创新，提高规模经济和范围经济效应，生产的能源效率上升，能源强度大幅度下降。

当前，我国产业体系整体上处于工业化中期后半阶段，重化工产业正通过提高技术水平和产品的加工度提高附加值，降低能源消耗，降低能源强度，实现产业的转型升级。目前贵州工业化进程滞后，贵州产业体系正处在工业化中期的前半阶段，资源类高能耗的重化工产业发展迅速，其产出占比和能源消耗占比较高，但是生产技术水平和产品加工度低，致使行业的附加值较低，而能源消耗较高，能源强度较高。

2.3.5　贵州省工业能源强度变动的因素分解[①]

目前，贵州正在实施工业强省战略，通过工业化实现跨越式发展，实现高质量发展的目标。从近年来工业经济发展的指标来看，贵州工业经济增速在全国 31 个省区市（不含港澳台）名列前茅。能源强度较高的重化工产业在贵州工业经济中的比例较大，因此高速增长的工业经济不断地推动能源使用量的快速攀升，进而导致大量的碳排放损害环境，这个问题日益成为贵州工业经济发展的瓶颈。

2010～2019 年，贵州工业年均增长 13.12%，2019 年整个工业产出在三次产业中占比居第一位，在 GDP 中的比例上升至 47%。而与此同时，作为能源消费大户的第二产业，尤其是工业，2010～2019 年，能源消费占比上升至 75%左右，由此可见，工业部门将不可避免地成为降低能耗、提高能效的首要对象。另外，在我国产业体系中，工业的能源消耗量和碳排放量占比高达 75%，工业能源消耗量和能源强度决定整个产业体系的碳排放量和碳排放强度。因此，分析贵州工业能

---

① 本部分参考本书作者两篇论文《基于 LMDI 的长三角都市圈工业能源强度变动的因素分解——对长三角都市圈 1996～2008 年工业部门数据的实证分析》（发表于 2011 年第 5 期《产业经济研究》）与《基于 LMDI 的我国工业能源强度变动的因素分解——对我国 1994—2007 年工业部门数据的实证分析》（发表于 2012 年第 9 期《管理评论》）中的分析方法研究完成。

源消费量变化的趋势及其影响因素，找出降低工业能源强度的措施，对于实现贵州产业体系节能降耗和碳减排具有重要的现实意义。本书运用对数平均迪氏指数（logarithmic mean Divisia index，LMDI）方法考察贵州产业体系工业能源强度的变动趋势及其影响因素，目的是从贵州产业体系节能减排的目标出发，提出有价值的研究结论和政策建议。

自 20 世纪 70 年代的石油危机之后，Sun（1998）、Ang 和 Choi（1997）、Ang 等（1998）、Ang 和 Liu（2001）等对不同时段、不同国家或地区的能源强度进行了大量的研究。他们设计和改进了能源消费的因素分解方法，将能源消耗强度的变化分解为结构效应和效率效应，并测量和分析了结构效应和效率效应的大小。国内学者也对我国的能源强度从结构效应和效率效应方面进行了很多有益的研究（史丹和张金隆，2003；王玉潜，2003；韩智勇等，2004；吴宗鑫等，2005；吴巧生等，2005；齐志新等，2007；高振宇和王益，2007；余甫功，2007；刘凤朝等，2007）。对我国工业能源消费强度的研究，主要集中应用因素分解法分析自 20 世纪改革开放以来我国工业能源消费强度的变化原因（齐志新等，2007；施凤丹，2008；李力和王凤，2008；董会忠等，2009；Sinton and Levine，1994；Zhang，2003；Liao et al.，2007；Zha et al.，2009）。目前，在我国工业能源强度因素分解的研究中存在一些不足，主要表现在：一是因素分解没有将能源结构效应纳入研究范围，只是局限于传统的产业结构效应和部门内能源强度效应；二是由于统计部门数据统计口径不一致，以及数据收集和运算存在难度，因此没有进行时间序列的因素分解，现有的研究大多只取几个时间截面进行因素分解。

为此，本书以贵州省 9 个地州市为研究对象，在对 Ma 和 Stern（2008）提出的四层完全分解法改造的基础上，运用 LMDI 方法分解贵州工业体系的影响因素：一是运用 LMDI 模型构建三层完全分解法，将各个地州市内工业能源消费结构纳入分析框架，对 1996~2019 年[①]贵州省 9 个地州市[②]的工业能源消费强度的影响因素进行分解；二是在此基础上，实证研究该时期贵州省工业能源强度的影响因素。

本书运用三层完全分解法，把贵州省工业能源消费强度分解为贵州省 9 个地州市工业能源消费强度，并进一步地分解各个地州市中的石油、汽油、柴油、煤油、燃料油、原煤、洗精煤、焦炭、焦炉煤气、高炉煤气、天然气、热力、电力等多种能源的消费占比。由于能源种类过多，本书运用张伟等（2013）的方法，根据每种能源单位发热量值，将过多的能源种类进行了归总，把石油、汽油、柴油、煤油、燃料油、焦炉煤气、高炉煤气、天然气八种能源归并为石油制品，把

---

① 由于 1996 年之前贵州省各个地州市的工业能源数据不全，存在遗漏，且难以获得，因此本书只能分析 1996~2019 年贵州省工业能源强度的影响因素。

② 包括贵阳市、遵义市、安顺市、毕节市、六盘水市、铜仁市、黔东南州、黔西南州、黔南州。

原煤、洗精煤、焦炭三种能源归并为煤炭，电力和热力由于与其他种类的能源差异大，并且消耗量大，单独列出，不进行归并。最终把能源消费划分为石油制品、煤炭、电力和热力四个类型进行能源消费强度的分析。用模型表示如下：

$$E = \sum_i \sum_m \frac{E_{im}}{E_i} \times \frac{E_i}{O_i} \times \frac{O_i}{O} \times O \quad (2\text{-}1)$$

其中，E 为工业能源消费总计；E_{im} 为第 i 个地州市工业所消费的第 m 种能源；E_i 为第 i 个地州市工业所消费的能源总量；O_i 为第 i 个地州市工业产值；O 为 9 个地州市工业产值总和。以上等式中的 $i = 1, 2, \cdots, 9$，分别为贵州省 9 个地州市贵阳市、遵义市、安顺市、毕节市、黔东南州、黔西南州、黔南州、铜仁地区、六盘水市；$m = 1, 2, 3, 4$，分别为各个城市消费的煤炭、石油制品、热力和电力。

对（1）式两边除以 O 得到

$$I = \sum_i \sum_m F_{im} \cdot I_i \cdot S_i \quad (2\text{-}2)$$

其中，I 为整个工业的能源消费强度；F_{im} 为第 i 个地州市的工业消费第 m 种能源的占比；I_i 为第 i 个地州市工业的能源消费强度；S_i 为第 i 个地州市工业产值占贵州省 9 个地州市工业产值之和的比例。

对式（2-2）进行数学处理，可以得到具有对数平均权重的贵州工业能源消费强度的变化值[①]：

$$\Delta I_{\text{tot}} = \sum_i \sum_m L(w_{im,0}, w_{im,T}) \cdot \ln\left(\frac{F_{im,T}}{F_{im,0}}\right) + \sum_i \sum_m L(w_{im,0}, w_{im,T}) \cdot \ln\left(\frac{I_{i,T}}{I_{i,0}}\right)$$
$$+ \sum_i \sum_m L(w_{im,0}, w_{im,T}) \cdot \ln\left(\frac{S_{i,T}}{S_{i,0}}\right) = \Delta I_{\text{fs}} + \Delta I_{\text{tec}} + \Delta I_{\text{str}} \quad (2\text{-}3)$$

其中，ΔI_{tot}、ΔI_{fs}、ΔI_{tec}、ΔI_{str} 分别为贵州省 9 个地州市工业部门的能源消费强度变化、能源消费品种结构变化所导致的能源消费强度变化、能源消费技术变化所导致的能源消费强度变化、产出变化所导致的能源消费强度变化。式（2-3）的含义是，贵州省工业能源消费强度的变化可以分解为 9 个地州市能源消费结构变化、能源消费技术变化，以及产出变化。

本书使用工业增加值计算能源强度，以解决能源强度计算中总产出中固有的双倍计量问题。为消除价格因素的影响，按照工业产值指数，统一将各个地州市工业的增加值，折算成 1996 年不变价的增加值。各个地州市中工业行业消费的能源消费主要包括 13 种：石油、汽油、柴油、煤油、燃料油、焦炉煤气、高炉煤气、天然气、原煤、洗精煤、焦炭、热力、电力。这 13 种能源按照各自的技术参数折算成标准煤，并按它们的发热值划分为四类：煤炭、石油制品、热力和电力。

---

① 基于 LMDI 的数学处理方法目前已比较成熟，在此不列出具体的数学推导过程。

各个地州市工业增加值和工业能源消费的原始数据来自 1996~2020 年的贵州省 9 个地州市的历年《统计年鉴》。运用基于 LMDI 模型的三层完全分解法对贵州省 9 个地州市工业 1996~2019 年能源消费的影响因素进行分解，其结果见表 2-1。

表 2-1 贵州省工业能源消耗强度变化的影响因素分解（1996~2019 年）

年份	ΔI_{fs}	ΔI_{fs} 贡献率	ΔI_{tec}	ΔI_{tec} 贡献率	ΔI_{str}	ΔI_{str} 贡献率	ΔI_{tot}
1996~1997	-6.17×10^{-3}	4.72×10^{-2}	-1.33×10^{-1}	1.01	8.10×10^{-3}	-6.19×10^{-2}	-1.31×10^{-1}
1997~1998	-5.87×10^{-3}	8.31×10^{-2}	-6.65×10^{-2}	9.41×10^{-1}	1.70×10^{-3}	-2.41×10^{-2}	-7.07×10^{-2}
1998~1999	-5.91×10^{-4}	1.75×10^{-2}	-3.37×10^{-2}	9.97×10^{-1}	5.00×10^{-4}	-1.48×10^{-2}	-3.38×10^{-2}
1999~2000	-7.58×10^{-5}	2.07×10^{-3}	-4.19×10^{-2}	1.14	5.30×10^{-3}	-1.45×10^{-1}	-3.67×10^{-2}
2000~2001	-3.27×10^{-5}	5.62×10^{-4}	-5.89×10^{-2}	1.01	7.00×10^{-4}	-1.20×10^{-2}	-5.82×10^{-2}
2001~2002	-4.31×10^{-4}	5.60×10^{-3}	-7.72×10^{-2}	1.00	6.00×10^{-4}	-7.79×10^{-3}	-7.70×10^{-2}
2002~2003	-3.37×10^{-4}	6.75×10^{-3}	-5.19×10^{-2}	1.04	2.30×10^{-3}	-4.61×10^{-2}	-4.99×10^{-2}
2003~2004	7.53×10^{-5}	9.00×10^{-4}	7.63×10^{-2}	9.12×10^{-1}	7.30×10^{-3}	8.72×10^{-2}	8.37×10^{-2}
2004~2005	6.67×10^{-4}	1.70×10^{-2}	3.18×10^{-2}	8.12×10^{-1}	6.70×10^{-3}	1.71×10^{-1}	3.92×10^{-2}
2005~2006	-3.21×10^{-4}	-1.26×10^{-2}	2.29×10^{-2}	8.99×10^{-1}	2.90×10^{-3}	1.14×10^{-1}	2.55×10^{-2}
2006~2007	-1.17×10^{-3}	1.85×10^{-2}	-6.79×10^{-2}	1.07	5.80×10^{-3}	-9.17×10^{-2}	-6.33×10^{-2}
2007~2008	-5.07×10^{-4}	1.82×10^{-2}	-3.17×10^{-2}	1.14	4.30×10^{-3}	-1.54×10^{-1}	-2.79×10^{-2}
2008~2009	-3.29×10^{-4}	4.75×10^{-2}	-1.03×10^{-2}	1.49	3.70×10^{-3}	-5.34×10^{-1}	-6.93×10^{-3}
2009~2010	-4.18×10^{-4}	2.18×10^{-2}	-2.39×10^{-2}	1.24	5.10×10^{-3}	-2.65×10^{-1}	-1.92×10^{-2}
2010~2011	-2.27×10^{-3}	9.20×10^{-2}	-2.79×10^{-2}	1.13	5.50×10^{-3}	-2.23×10^{-1}	-2.47×10^{-2}
2011~2012	-3.75×10^{-3}	9.48×10^{-2}	-4.31×10^{-2}	1.09	7.30×10^{-3}	-1.85×10^{-1}	-3.96×10^{-2}
2012~2013	-5.11×10^{-3}	9.41×10^{-2}	-5.77×10^{-2}	1.06	8.50×10^{-3}	-1.57×10^{-1}	-5.43×10^{-2}
2013~2014	-4.66×10^{-3}	9.14×10^{-2}	-5.28×10^{-2}	1.04	6.50×10^{-3}	-1.28×10^{-1}	-5.10×10^{-2}
2014~2015	-3.98×10^{-3}	8.75×10^{-2}	-4.85×10^{-2}	1.07	7.00×10^{-3}	-1.54×10^{-1}	-4.55×10^{-2}
2015~2016	-2.73×10^{-3}	7.45×10^{-2}	-4.07×10^{-2}	1.11	6.80×10^{-3}	-1.86×10^{-1}	-3.66×10^{-2}
2016~2017	-3.11×10^{-3}	8.81×10^{-2}	-3.95×10^{-2}	1.12	7.30×10^{-3}	-2.07×10^{-1}	-3.53×10^{-2}
2017~2018	-2.93×10^{-3}	6.68×10^{-2}	-4.81×10^{-2}	1.10	7.20×10^{-3}	-1.64×10^{-1}	-4.38×10^{-2}
2018~2019	-3.59×10^{-3}	7.62×10^{-2}	-5.02×10^{-2}	1.07	6.70×10^{-3}	-1.42×10^{-1}	-4.71×10^{-2}
1996~2019	-4.76×10^{-2}	1.04	-8.74×10^{-1}	2.45	1.18×10^{-1}	-2.53	-8.04×10^{-1}

资料来源：运用基于 LMDI 模型的三层完全分解法计算而得。统计数据来自 1997~2020 贵州省 9 个地州市的《统计年鉴》；负值表示能源强度降低

如表 2-1 所示，1996~2019 年，在能源消费技术、产出结构和能源消费结构 3 个因素中，能源消费结构对能源消费强度的影响比较小，这主要是贵州省 9 个地

州市工业部门能源消费结构改变甚微所致。1996～2019 年，在贵州省 9 个地州市能源消费结构中，煤炭占比较大，变化较小。能源消费结构对此期间工业能源消耗强度的降低贡献度较小。

从表 2-1 可以看出，1996～2019 年，贵州省 9 个地州市工业的总产出中所占比例（本部分把它界定为工业产出的区域结构）的变动提高了整个工业的能源消耗强度，整个期间所占比例的变动提高了整个工业能源消耗强度 0.098 万吨标准煤/万元 GDP，对此期间工业能源消耗强度的贡献率为–253%。其中的主要原因在于，自 20 世纪 90 年代末，特别是 2005 年以来，贵州省进入工业化中期重化工业化阶段，黑色金属、有色金属、煤炭化工、化学工业、机械电子、电力等高耗能的重化工产业快速发展。1996～2019 年，以重化工产业快速发展为特征的贵阳、遵义、毕节、六盘水的工业产出的占比在 9 个地州市工业总产出中所占比例不断上升，加之这四个城市工业能源消费在 9 个地州市中占比不断增大，结果导致在此期间贵州省工业产出的区域结构变化推高本区域内的工业能源强度，区域结构对于工业能源强度的贡献率为负。

如表 2-1 所示，1996～2019 年，由于 9 个地州市能源消费技术的进步，贵州省整个工业能源消耗强度不断下降，能源消费技术的提高对工业能源消耗强度下降的贡献率为 245%。其主要原因是，自 20 世纪 90 年代末以来，贵州进入重化工产业快速发展阶段，但是重化工产业发展质量不高。在一些能源消费技术水平较低的冶金、石油、化工、机械、电子电器等高耗能的重化工产业快速发展的同时，能源消耗和污染物排放增加迅速。到了 2007 年，面对国内外节能减排的压力，通过设备的节能改造和引进先进的节能减排技术，贵州省重化工行业节能减排的技术水平得到了提高。虽然 9 个地州市重化工产业由能源消费技术提高导致能耗下降幅度不一样，但是提高能源消费技术降低能耗的趋势一直在持续。在影响工业能源消耗强度的因素中，能源消费技术已经成为决定性的因素。

在工业生产过程中，作为一种生产要素，能源自身不能带来任何产出，必须与资本和劳动等其他生产要素相互配合才能生产产品。鉴于此，目前使用较多的以能源与产出比值作为测度能源效率的一个指标存在很大的局限性，这是一个单要素能源密度指标，无法描述出真实能源效率的变动情况。因此，本书将能源作为多种投入的一种，基于全要素生产率的角度，考虑生产投入要素的替代性在实现能源效率中的作用（魏楚和沈满洪，2007；杨红亮和史丹，2008；Boyd and Pang，2000），即在给定产出水平下实现能源投入最小化，或者在给定能源投入要素的条件下实现最大产出。在此基础上，通过 ML（Malmquist Luenberger）生产率指数计算技术进步指数和能源消费技术效率，分析技术进步和管理在贵州工业能源效率提升过程中的作用。表 2-2 和表 2-3 是贵州部分工业产值高和能源消费多的城市能源消费技术效率和技术进步指数。为了全面反映研究期间技术进步程度和技术效率增长程度，表 2-2 和表 2-3 中的技术效率增长率和技术进步指数是累加值，即以研究的初始年 1996 年为基准，分别计算相对 1996 年的累积技术进步增长率和累积技术效率增长率。从表中可以看出，技术效率和技术进步的提高促进了该时期工业能源效率的提升或能源密度的降低。

表 2-2　贵州省 9 个地州市工业能源技术效率变化率（1996～2019 年）

年份	贵阳	遵义	毕节	六盘水	安顺	黔东南	黔西南	黔南	铜仁
1996	1.0000	1.0000	1.0000	1.0000	1.0000	1.0000	1.0000	1.0000	1.0000
1997	1.1159	1.0648	0.9510	0.9924	1.0569	1.0161	0.8961	0.9860	1.1015
1998	1.1255	1.0691	0.9273	0.9970	1.0491	1.0618	0.9015	0.9781	1.1065
1999	1.1361	1.1340	0.9264	0.9954	1.1389	1.1260	0.9759	0.9736	1.0865
2000	1.1610	1.2234	0.9282	0.9891	1.1682	1.1577	0.9612	0.9661	1.1116
2001	1.1761	1.1906	0.9018	0.9711	1.1933	1.1807	0.9426	0.9507	1.0647
2002	1.2198	1.1856	0.8704	0.9362	1.1286	1.2275	0.9451	0.9388	1.0565
2003	1.2227	1.1146	0.8692	0.9236	1.0695	1.1587	0.9706	0.9190	1.0848
2004	1.1931	1.1209	0.7960	0.9090	1.0693	1.1788	0.9845	0.9000	1.0900
2005	1.2141	1.1105	0.7969	0.9179	1.1105	1.0838	0.9781	0.9517	1.0999
2006	1.1636	1.1185	0.7738	0.9287	1.0551	0.9974	0.9880	0.9408	1.0899
2007	1.0937	1.1478	0.8002	0.9662	1.0994	1.0297	0.9845	0.9408	1.1561
2008	1.1383	1.1588	0.8042	0.8977	1.0408	1.0113	0.9725	0.9385	1.1182
2009	1.1697	1.1325	0.8365	0.9015	1.0569	1.0311	1.0123	1.0469	1.1036
2010	1.2347	1.1639	0.9135	0.9657	1.1037	1.0638	1.0359	1.0697	1.1563
2011	1.1867	1.2016	0.9775	1.0369	1.0657	1.1237	1.1130	1.1398	1.1756
2012	1.2679	1.2219	1.0368	1.1369	1.1221	1.0969	1.1315	1.1671	1.1638
2013	1.2733	1.1983	1.0931	1.2791	1.2131	1.1549	1.2016	1.2059	1.2019
2014	1.3419	1.2538	1.1968	1.2439	1.1965	1.2031	1.1963	1.2539	1.2169
2015	1.3219	1.3061	1.2279	1.2762	1.2369	1.2116	1.2017	1.2613	1.2439
2016	1.3022	1.2916	1.2358	1.2837	1.2411	1.2166	1.2133	1.2756	1.2319
2017	1.2897	1.2879	1.2387	1.2886	1.2468	1.2238	1.2287	1.2789	1.2457
2018	1.2791	1.2826	1.2435	1.2716	1.2517	1.2318	1.231	1.2811	1.2563
2019	1.2758	1.2713	1.2570	1.2797	1.2613	1.2428	1.2416	1.2768	1.2687

资料来源：运用 ML 生产率指数公式计算得到上下年间效率，并以研究的初始年 1996 年为基准，计算相对于 1996 年的累积的技术效率增长率。统计数据来源于 1997～2020 年贵州省 9 个地州市《统计年鉴》

表 2-3　贵州省 9 个地州市工业能源技术进步变化率（1996～2019 年）

年份	贵阳	遵义	毕节	六盘水	安顺	黔东南	黔西南	黔南	铜仁
1996	1.0000	1.0000	1.0000	1.0000	1.0000	1.0000	1.0000	1.0000	1.0000
1997	1.0405	0.9943	1.0967	1.0756	1.0276	1.0182	1.0153	0.9333	0.9472
1998	1.0754	1.0161	0.9930	1.0254	0.8521	1.0184	1.0167	0.8082	0.9426
1999	1.1068	1.0247	1.0312	1.0720	0.8907	0.9763	1.0217	0.8524	0.9491
2000	1.1951	1.1130	1.0702	1.1282	0.9273	1.0147	1.0470	0.9139	0.9485
2001	1.3407	1.3776	1.2261	1.1817	0.9682	1.2249	1.1176	0.9931	1.0135
2002	1.3954	1.3825	1.2420	1.2199	1.0226	1.1217	1.1482	1.0227	1.0398
2003	1.4583	1.3645	1.2425	1.2635	1.0522	1.1417	1.1586	1.0593	1.0577
2004	1.5596	1.4164	1.2622	1.2979	1.0185	1.1161	1.2160	1.0635	1.0694
2005	1.6151	1.4692	1.2359	1.2914	1.0452	1.1586	1.2424	1.1176	1.0821
2006	1.6916	1.6341	1.3030	1.3330	1.1087	1.2535	1.2789	1.1580	1.1107
2007	1.7205	1.4430	1.3148	1.3545	1.0915	1.1853	1.3113	1.1647	1.1243
2008	1.7674	1.4566	1.3174	1.3765	1.1802	1.1854	1.3477	1.1897	1.1668
2009	1.8028	1.5003	1.3437	1.4178	1.2038	1.2091	1.3747	1.2135	1.2018
2010	1.8388	1.5453	1.3706	1.4603	1.2279	1.2333	1.4022	1.2378	1.2378
2011	1.8756	1.5916	1.3980	1.5041	1.2524	1.2580	1.4302	1.2625	1.2750
2012	1.9131	1.6394	1.4260	1.5493	1.2775	1.2831	1.4588	1.2878	1.3132
2013	1.9514	1.6886	1.4545	1.5957	1.3030	1.3088	1.4880	1.3135	1.3526
2014	1.9904	1.7392	1.4836	1.6436	1.3291	1.3350	1.5178	1.3398	1.3932
2015	2.0302	1.7914	1.5133	1.6929	1.3557	1.3617	1.5481	1.3666	1.4350
2016	2.1121	1.8032	1.5206	1.7026	1.3613	1.3789	1.5568	1.3768	1.4389
2017	1.9657	1.8137	1.5268	1.7138	1.3721	1.3868	1.5697	1.3868	1.4501
2018	2.0896	1.8368	1.5367	1.7689	1.3729	1.3927	1.5713	1.3921	1.4538
2019	1.9876	1.9237	1.5469	1.8631	1.3839	1.4238	1.5897	1.3899	1.4619

资料来源：运用 ML 生产率指数公式计算得到上下年间效率，并以研究的初始年 1996 年为基准，计算相对于 1996 年的累积的技术进步增长率。统计数据来源于 1997～2020 年贵州省 9 个地州市《统计年鉴》

前面分解了影响贵州省 9 个地州市工业能源消费强度的能源消费结构、能源消费技术和产出结构三个因素。为了清楚地表明贵州省 9 个地州市工业的能源强度下降对降低贵州省工业总体能源消费强度的贡献，本书还对这 9 个地州市 1996～2019 年工业能源消费强度逐年的变动程度进行了计算。从表 2-4 可以看出，1996～2019 年的工业能源消耗强度的变动值 ΔI_{tot} 中，贵阳、遵义、毕节、六盘水四个地州市成为贵州省工业降低能源消耗强度的主要力量，而安顺、黔西南、黔东南、黔南和铜仁五个地州市 1996～2019 年的工业能源消耗强度下降较小，对贵州省工业降低能源消耗强度贡献不大。

表 2-4　贵州省 9 个地州市工业能源消耗强度变化的分解（1996~2019 年）

年份	贵阳	遵义	毕节	六盘水	安顺	黔东南	黔西南	黔南	铜仁	ΔI_{tot}
1996~1997	-3.44×10^{-2}	-2.95×10^{-2}	-1.97×10^{-2}	-1.47×10^{-2}	-6.55×10^{-3}	-3.28×10^{-3}	-4.91×10^{-3}	-1.31×10^{-2}	-9.83×10^{-3}	-1.36×10^{-1}
1997~1998	-1.86×10^{-2}	-1.59×10^{-2}	-1.06×10^{-2}	-7.95×10^{-3}	-3.54×10^{-3}	-1.77×10^{-3}	-2.65×10^{-3}	-7.07×10^{-3}	-5.30×10^{-3}	-7.34×10^{-2}
1998~1999	-8.87×10^{-3}	-7.61×10^{-3}	-5.07×10^{-3}	-3.80×10^{-3}	-1.69×10^{-3}	-8.45×10^{-4}	-1.27×10^{-3}	-3.38×10^{-3}	-2.54×10^{-3}	-3.51×10^{-2}
1999~2000	-9.63×10^{-3}	-8.26×10^{-3}	-5.51×10^{-3}	-4.13×10^{-3}	-1.84×10^{-3}	-9.18×10^{-4}	-1.38×10^{-3}	-3.67×10^{-3}	-2.75×10^{-3}	-3.81×10^{-2}
2000~2001	-1.53×10^{-2}	-1.31×10^{-2}	-8.73×10^{-3}	-6.55×10^{-3}	-2.91×10^{-3}	-1.46×10^{-3}	-2.18×10^{-3}	-5.82×10^{-3}	-4.37×10^{-3}	-6.04×10^{-2}
2001~2002	-2.02×10^{-2}	-1.73×10^{-2}	-1.16×10^{-2}	-8.66×10^{-3}	-3.85×10^{-3}	-1.93×10^{-3}	-2.89×10^{-3}	-7.70×10^{-3}	-5.78×10^{-3}	-7.99×10^{-2}
2002~2003	-1.31×10^{-2}	-1.12×10^{-2}	-7.49×10^{-3}	-5.61×10^{-3}	-2.50×10^{-3}	-1.25×10^{-3}	-1.87×10^{-3}	-4.99×10^{-3}	-3.74×10^{-3}	-5.18×10^{-2}
2003~2004	2.20×10^{-2}	1.88×10^{-2}	1.26×10^{-2}	9.42×10^{-3}	4.19×10^{-3}	2.09×10^{-3}	3.14×10^{-3}	8.37×10^{-3}	6.28×10^{-3}	8.69×10^{-2}
2004~2005	1.03×10^{-2}	8.82×10^{-3}	5.88×10^{-3}	4.41×10^{-3}	1.96×10^{-3}	9.80×10^{-4}	1.47×10^{-3}	3.92×10^{-3}	2.94×10^{-3}	4.07×10^{-2}
2005~2006	6.69×10^{-3}	5.74×10^{-3}	3.83×10^{-3}	2.87×10^{-3}	1.28×10^{-3}	6.38×10^{-4}	9.56×10^{-4}	2.55×10^{-3}	1.91×10^{-3}	2.65×10^{-2}
2006~2007	-1.66×10^{-2}	-1.42×10^{-2}	-9.50×10^{-3}	-7.12×10^{-3}	-3.17×10^{-3}	-1.58×10^{-3}	-2.37×10^{-3}	-6.33×10^{-3}	-4.75×10^{-3}	-6.56×10^{-2}
2007~2008	-7.32×10^{-3}	-6.28×10^{-3}	-4.19×10^{-3}	-3.14×10^{-3}	-1.40×10^{-3}	-6.98×10^{-4}	-1.05×10^{-3}	-2.79×10^{-3}	-2.09×10^{-3}	-2.90×10^{-2}
2008~2009	-1.82×10^{-2}	-1.56×10^{-2}	-1.04×10^{-2}	-7.80×10^{-3}	-3.47×10^{-3}	-1.73×10^{-3}	-2.60×10^{-3}	-6.93×10^{-3}	-5.20×10^{-3}	-7.19×10^{-2}
2009~2010	-5.04×10^{-3}	-4.32×10^{-3}	-2.88×10^{-3}	-2.16×10^{-3}	-9.60×10^{-4}	-4.80×10^{-4}	-7.20×10^{-4}	-1.92×10^{-3}	-1.44×10^{-3}	-1.99×10^{-2}
2010~2011	-6.48×10^{-3}	-5.56×10^{-3}	-3.71×10^{-3}	-2.78×10^{-3}	-1.24×10^{-3}	-6.18×10^{-4}	-9.26×10^{-4}	-2.47×10^{-3}	-1.85×10^{-3}	-2.56×10^{-2}
2011~2012	-1.04×10^{-2}	-8.91×10^{-3}	-5.94×10^{-3}	-4.46×10^{-3}	-1.98×10^{-3}	-9.90×10^{-4}	-1.49×10^{-3}	-3.96×10^{-3}	-2.97×10^{-3}	-4.11×10^{-2}
2012~2013	-1.43×10^{-2}	-1.22×10^{-2}	-8.15×10^{-3}	-6.11×10^{-3}	-2.72×10^{-3}	-1.36×10^{-3}	-2.04×10^{-3}	-5.43×10^{-3}	-4.07×10^{-3}	-5.64×10^{-2}
2013~2014	-1.40×10^{-2}	-1.25×10^{-2}	-7.65×10^{-3}	-7.18×10^{-3}	-2.89×10^{-3}	-1.39×10^{-3}	-2.17×10^{-3}	-5.67×10^{-3}	-3.87×10^{-3}	-5.73×10^{-2}
2014~2015	-1.38×10^{-2}	-1.31×10^{-2}	-7.92×10^{-3}	-8.11×10^{-3}	-3.72×10^{-3}	-1.53×10^{-3}	-2.56×10^{-3}	-6.05×10^{-3}	-4.12×10^{-3}	-6.09×10^{-2}
2015~2016	-1.32×10^{-2}	-1.33×10^{-2}	-7.96×10^{-3}	-8.18×10^{-3}	-3.68×10^{-3}	-1.55×10^{-3}	-2.59×10^{-3}	-6.11×10^{-3}	-4.09×10^{-3}	-6.07×10^{-2}
2016~2017	-1.30×10^{-2}	-1.27×10^{-2}	-7.91×10^{-3}	-8.03×10^{-3}	-3.75×10^{-3}	-1.52×10^{-3}	-2.61×10^{-3}	-6.08×10^{-3}	-4.01×10^{-3}	-5.96×10^{-2}
2017~2018	-1.37×10^{-2}	-1.29×10^{-2}	-7.86×10^{-3}	-7.89×10^{-3}	-3.71×10^{-3}	-1.50×10^{-3}	-2.51×10^{-3}	-5.93×10^{-3}	-4.15×10^{-3}	-6.02×10^{-2}
2018~2019	-1.41×10^{-2}	-1.30×10^{-2}	-7.81×10^{-3}	-7.69×10^{-3}	-3.73×10^{-3}	-1.47×10^{-3}	-2.48×10^{-3}	-5.98×10^{-3}	-4.18×10^{-3}	-6.04×10^{-2}
1996~2019	-1.43×10^{-2}	-1.32×10^{-2}	-7.98×10^{-3}	-8.23×10^{-3}	-3.77×10^{-3}	-1.56×10^{-3}	-2.60×10^{-3}	-6.15×10^{-3}	-4.16×10^{-3}	-6.20×10^{-2}

资料来源：运用式（2-3）计算而得。统计数据来源于 1996~2020 年贵州省 9 个地州市《统计年鉴》；负值表示能源强度降低。

2.3.6　贵州省工业能源强度影响因素的计量分析

由 2.3.5 节的分析可以看出，1996～2019 年，能源使用技术、产出结构和能源消费结构对贵州省 9 个地州市的工业能源消耗强度产生不同的影响。能源效率和能源强度互为倒数，它们的影响因素是一样的，但是影响方向和程度不同。国内外学者普遍对能源效率的影响因素进行计量研究并得出结论。目前，国内外学者主要从能源技术进步和产业结构调整两个方面，对能源效率的影响因素进行了深入的研究。主要观点有：第一，技术进步提高能源效率，降低能源强度（Garbaccio et al.，1999；Azomahou et al.，2003；Smulders and de Nooij，2003；André et al.，2004；周勇和李廉水，2006；吴滨和李为人，2007；陈军和徐士元，2008；史丹等，2008）。第二，产业结构的调整对能源效率和能源强度产生较大影响（Hang and Tu，2007；史丹和张金隆，2003；韩智勇等，2004；周勇和李廉水，2006；吴滨和李为人，2007；魏楚和沈满洪，2008；袁晓玲和屈小娥，2009）。

本书根据 LMDI 模型分解的能源强度影响因素，以及前人对能源效率影响因素的相关研究，在考虑数据的可得性后确定影响贵州省工业能源效率变动的因素，基于 1996～2019 年贵州省 9 个地州市的相关面板数据，对影响该区间贵州省工业能源效率变化的因素进行计量分析。

1. 变量及数据说明

第一，工业发展水平。尽管贵州省 9 个地州市地域接近，但是工业发展水平存在差距，这势必影响它们的工业能源强度。本书发展水平用不变价人均工业产值的对数（Perindustry）表示，即工业人均增加值。

第二，工业生产要素禀赋水平。根据生产函数，一个地区基本的生产要素决定其生产率的高低，这些生产要素包括劳动力、资本和能源。贵州 9 个地州市工业发展水平差异较大，劳动力、资本和能源的禀赋水平存在较大差异，这影响它们的工业生产率水平和能源效率水平。本书用资本/劳动力的对数[Percapital = ln(K / L)]，即工业人均资本和工业人均能源消费量（Perenergy）代表贵州省各个地州市的工业生产要素禀赋水平。

第三，工业结构。贵州省各个地州市处于工业化的不同阶段，工业结构存在较大差异，这势必影响工业的能源效率，本书用各个地州市重化工产业产值占整个工业产值的份额（Hindusstr），即工业人均产值表示贵州省各个地州市的工业结构。

第四，工业能源消耗技术的变化。技术进步与效率对贵州省各个地州市工业的能源效率影响较大。本书用能源技术进步指数和技术效率来表示各个地州市工业能源消耗技术的变化，以 Ieffch 和 Itech 分别表示能源技术进步指数和技术效率。

第五，工业能源消费结构。1996～2019 年，贵州省 9 个地州市工业的能源消费包括煤炭、石油制品、热力和电力。本书用工业中煤炭消费量/能源消费量（Coal）、石油制品消费量/能源消费量（Oil）、电力消费量/能源消费量（Electricity）表示工业能源消费结构。由于热力在各个地州市工业能源消费中占比较小，因此在工业能源效率的计量分析中不考虑热力消费的影响。

以上各影响因素的数据，工业人均增加值、工业人均资本、工业人均能源消费量、工业结构、工业能源消耗技术的变化、能源消费结构数据来源于贵州省 9 个地州市的《统计年鉴》（1997～2020 年），以 1996 年不变价计算；工业能源消耗技术的变化来源于运用 ML 生产率指数公式计算得到的贵州省 9 个地州市能源消费技术效率和技术进步指数。

2. 计量模型

由于计量模型的数据具有空间和时间两种特性，因此为了有效检验工业能源消耗强度和影响因素的关系，用以下的面板数据计量模型进行回归：

$$\begin{aligned}
\text{IndusEE}_{k,t} = {} & \alpha + \beta_1 \text{Perindustry}_{k,t} + \beta_2 \text{Percapital}_{k,t} + \beta_3 \text{Perenergy}_{k,t} \\
& + \beta_4 \text{Hindusstr}_{k,t} + \beta_5 \text{Ieffch}_{k,t} + \beta_6 \text{Itech}_{k,t} + \beta_7 \text{Coal}_{k,t} + \beta_8 \text{Oil}_{k,t} \quad (2\text{-}4) \\
& + \beta_9 \text{Electricity}_{k,t} + \varepsilon_{k,t}
\end{aligned}$$

$\text{IndusEE}_{k,t}$ 为工业能源效率（因变量），$\text{Perindustry}_{k,t}$、$\text{Percapital}_{k,t}$、$\text{Perenergy}_{k,t}$、$\text{Hindusstr}_{k,t}$、$\text{Ieffch}_{k,t}$、$\text{Itech}_{k,t}$、$\text{Coal}_{k,t}$、$\text{Oil}_{k,t}$、$\text{Electricity}_{k,t}$ 为影响工业能源效率的因素（解释变量），其中，k、t 分别为不同时期不同城市的对应值；β_i 为被估计参数；$\varepsilon_{k,t}$ 为随机误差项，服从正态分布。为了减少误差项中存在的异方差性和序列相关性的影响，本部分使用可行广义最小二乘法（feasible generalized least squares，FGLS）对以上计量模型进行参数估计。

3. 计量结果

如表 2-5 所示，计量模型式（2-4）分别在固定效应（fixed effect，FE）和随机效应（random effect，RE）两种情况下进行回归分析。通过 Hausman 检验，确定选择 FE 模型对工业能源效率进行回归分析。结果表明，第一，工业人均增加值、工业人均资本对工业能源效率有显著的正影响。这反映生产要素禀赋水平的人均资本的提升和工业结构重化工趋势提高工业能源效率。1996～2019 年，贵州省 9 个地州市的工业总体上从基础原材料制造的资本密集型产业向高加工度的资本密集型产业快速转变。与基础原材料制造产业相比，高加工度的资本密集型产业投资更大，附加值更高，并且能源效率相对较高，因此在贵州省工业的资本与劳动力之比上升，以及重化工业产值在工业总产值中的占比不断提高的同时，工业能源效率也在不断提高。第二，工业人均能源消费量对能源效率有显著的负影响。这反映生产要素禀赋水平的人均消耗能源的增加降低工业能源效率，同时说明在资本密集型的高加工度的产业快速发展过程中，可以通过增加劳动力的使用量降低人均能源消耗，达到提高工业能源效率的目的。第三，人均工业产值对工业能源效率有显著的正影响。这反映工业发展水平的上升提高工业能源效率。第四，工业能源消耗技术的变化中技术进步指数和技术效率对工业能源效率有显著的正影响。这反映能源消费技术的进步与效率的上升提高工业能源效率。这与前面 LMDI 模型的分析结果一致，不过从影响系数来看，技术进步对能源效率的提升作用相比于技术效率更大。第五，在能源结构中，煤炭占比对能源效率有显著的负影响，电力占比对能源效率有一定的负影响，但是其估计系数仅仅是在 50% 水平上显著，可信度不高。

表 2-5　工业能源强度影响因素的计量分析

变量	RE 模型		FE 模型	
	β	t-stat	β	t-stat
α	−2.1587**	−2.0185	−1.7897*	−2.1953
Perindustry	2.8973***	6.9572	2.5836***	8.1247
Percapital	1.3227***	8.6810	1.4579***	8.0379
Perenergy	−2.1691****	−27.2166	−1.9789****	−15.3711
Hindusstr	1.8177***	6.4712	1.6709***	5.1098
Ieffch	1.1381***	3.7126	1.2483***	4.6155
Itech	1.2630***	3.5982	2.0875***	4.5123
Coal	−2.1618**	2.2105	−1.6514**	−2.7553
Oil	0.5812*	1.6381	−0.5433	−0.6025
Electricity	−1.8713*	−1.7619	−1.8713*	−1.6177
R^2	0.9789		0.9571	
F-stat	211.8773		235.0179	
D. W. stat	0.8916		1.1368	
Hausman 检验	26.2156			

****表示估计系数在 1% 水平上显著；***表示估计系数在 10% 水平上显著；**表示估计系数在 20% 水平上显著；*表示估计系数在 50% 水平上显著

2.3.7　第三产业能源强度

第三产业包括流通、生产和生活服务、提高科学文化水平和居民素质服务、为社会公共需要服务四个部门，其中流通部门包括交通运输业、邮电通信业、商业饮食业、物资供销和仓储业；生产和生活服务的部门包括金融业、保险业、地质普查业、房地产业、公用事业、居民服务业、旅游业、咨询信息服务业和各类技术服务业等；提高科学文化水平和居民素质服务的部门包括教育、文化、广播电视事业，科学研究事业，卫生、体育和社会福利事业等；为社会公共需要服务的部门包括国家机关、党政机关、社会团体，以及军队和警察部门等。随着工业化进程的推进，在三次产业体系中，依靠知识等高端要素的驱动，第三产业增长速度不断加快，成为工业化后期的主导产业，支撑产业体系不断向高端发展，产出占比越来越高，而同时，与高耗能的工业相比，由于第三产业能源消耗强度较低，其能源消耗占比并未同步增长，因此随着第三产业的增长，产业体系会出现能源强度降低的趋势。如图 2-37 所示，1978~2019 年，全国第三产业的能源强度处于三个下降阶段。1978~1985 年为第一个下降阶段，该阶段全国第三产业能源强度由 4.94 下降到 3.04。1986~2007 年为第二个下降阶段，该阶段全国第三产业能源强度由 3.25 下降到 1.99。2008~2019 年为第三个下降阶段，该阶段全国第三产业能源强度由 2.01 下降到 1.77。从以上三个阶段能源强度的变化趋势可以看出，全国第三产业的能源强度在第一阶段下降明显，而进入第二和第三阶段后，能源强度下降幅度较小。对照我国工业化进程，第一阶段对应我国工业化进程的初期，在这一时期，第二产业高增长拉动交通运输业、邮电通信业、物资供销和仓储业、金融业等第三产业快速发展，这些产业具有产出增长大于能源消耗增长的特征，致使它们的能源强度明显下降，而第二和第三阶段对应我国工业化进程的中期，在这一时期，第二产业产出和能耗较快增长，第三产业产出和能耗保持稳定增长，这导致第三产业能源强度缓慢下降。我国有些工业化程度较高的地区，如北京和上海，已经进入工业化后期。其特征表现为，在第一产业、第二产业协调发展的同时，新兴服务业（如金融、信息、广告、公用事业、咨询服务）等第三产业持续高速增长，并成为区域经济增长的主要力量。这些产业能耗小，产出高，这将进一步降低第三产业的能源强度。

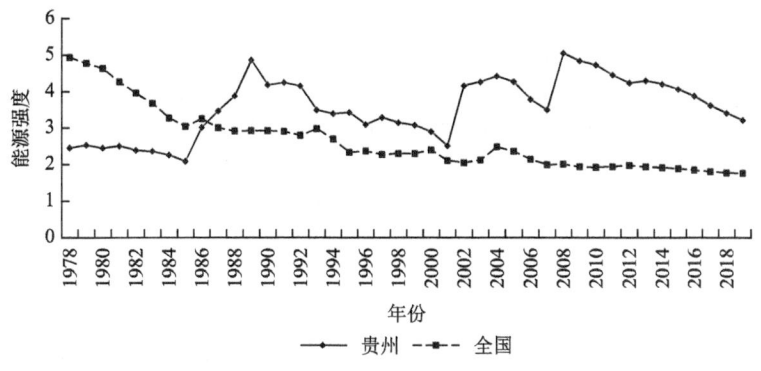

图 2-37　贵州与全国第三产业能源强度比较

如图 2-37 所示，1978～2019 年，与全国第三产业的能源强度变化趋势相比，贵州第三产业的能源强度变化趋势存在差异。对应全国产业体系能源强度下降的三个阶段，1978～1985 年，贵州第三产业能源强度微降，由 2.46 下降到 2.09。其原因在于，与全国相比，在 1978 年后，贵州工业化进程缓慢，第二产业增长拉动交通运输业、邮电通信业、物资供销和仓储业、金融业等第三产业发展的效应较小，第三产业发展慢，导致这些具有规模效应的第三产业的能源强度下降缓慢。

1986～2007 年，贵州第三产业能源强度总体上由 3.02 上升到 3.50，其过程呈现二段"脉冲上升—逐渐下降"的过程。脉冲高点分别为 1989 年的 4.87 和 2004 年的 4.43。这反映贵州第三产业的发展受外部影响冲击较大，1989 年和 2004 年两个经济调控年，导致贵州第三产业发展较慢，能源强度提高，而后随着经济发展加速，第三产业发展提速，能源强度下降。2008～2019 年，贵州第三产业能源强度由 5.06 下降到 3.22，与全国相比，下降趋势较快。1987～2019 年，贵州第三产业能源强度高于全国，这说明贵州第三产业发展较慢。在我国工业化进程的中期阶段，贵州重化工产业发展慢，没有有效拉动第三产业快速发展，致使贵州第三产业能源强度较高。

2.4　贵州省产业体系演进过程中碳排放强度变化趋势

贵州丰富的煤炭资源和省内广泛的空间分布，使贵州资源型的高耗能产业体系普遍以煤炭和火电作为能源。煤炭作为高碳排放的能源，其大量的消耗，将导致产业体系碳排放强度处于高位。

从 1978 年改革开放后，特别是 2002 年以后，随着我国消费升级，贵州进入重化工业加速发展时期，依赖于丰富的矿产资源和煤炭资源，贵州加快发展钢铁、有色金属，以及磷化工等高耗能的资源型产业。但是在产业体系高速发展的同时，以煤炭等高碳排放的能源消耗大幅增加，产业体系碳排放强度居高不下。贵州在工业化过程中其碳排放强度表现出的特征在许多方面与全国存在差异，本书通过统计数据，运用实证分析和对比分析，研究贵州碳排放强度的变化特征。

2.4.1　三次产业体系碳排放强度

如图 2-38 所示，1978～2019 年，与我国工业化进程相对应，全国三次产业体系的碳排放强度处于三个不同的下降阶段，与能源强度三个不同下降阶段基本对应,但是碳排放强度在每个阶段下降速度更趋平缓。其主要原因在于,能源结构的强度效应高于碳减排效应,也就是能源结构变化所带来的能源强度的降低高于能源结构变化所带来的碳排放强度的降低,这说明在我国能源结构变化的方向属性上,即生产技术上更加注重提高能源效率,而不是降低碳排放强度。

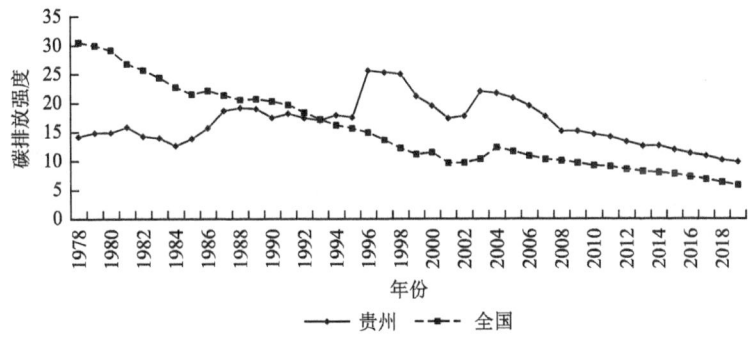

图 2-38　贵州与全国三次产业体系碳排放强度

　　1978~1987 年为第一个下降阶段,第一个下降阶段对应我国工业化进程的初期阶段,这时期主要碳排放增长较快的产业为工业化初级阶段的食品、烟草、纺织皮革、造纸、日用化工等劳动力密集型的消费品轻工业。该阶段全国碳排放强度从 30.52 下降到 21.34[①]。1988~2009 年为第二个下降阶段,第二个下降阶段对应我国工业化进程的中期阶段,这时期主要碳排放增长较快的产业为工业化中期的非金属矿产品、黑色金属、有色金属、石油化工、机械制造等资本密集型的生产资料重化工业。该阶段全国碳排放强度由 20.55 下降到 9.71。值得注意的是,2003~2005 年,我国产业体系碳排放强度逆势上升。其原因是,2003~2005 年,我国进入重化工业加速发展的阶段,在房地产和汽车等高端消费品的驱动下,钢铁、水泥、有色金属等高碳产业快速发展直接拉高我国的碳排放,碳排放强度上升。2010~2019 年为第三个下降阶段,第三个阶段对应我国工业化进程的后期阶段,这一时期以依靠资本和知识等高级要素驱动的生产性服务业为代表的第三产业快速发展,主要碳排放产业为工业中的高加工度制造业,这些产业以电力为能源,随着我国电力能源结构向低碳化方向发展,这些产业的碳排放强度逐渐降低。该阶段全国能源强度由 9.23 下降到 5.89。

　　1978~2019 年,与全国产业体系的碳排放强度变化趋势相比,贵州产业体系的碳排放强度变化趋势存在差异。对应全国产业体系碳排放强度下降的三个阶段,

---

① 碳排放强度为吨碳/万元 GDP,以下同,本书不再添加单位。每年 GDP 都按 1978 年的价格进行折算。

1978～1986 年，与全国产业体系碳排放强度下降不同，贵州产业体系碳排放强度上升，由 14.23 上升到 15.69。其主要原因为，在此期间，贵州轻工业发展速度慢于全国，并且在轻工业快速发展的同时，原材料等重工业也在快速发展，能源消费增加，另外更为显著的是，贵州能源结构中高碳排放的煤炭占比较高，这些因素使贵州产业体系碳排放强度上升。在此期间，全国产业体系能源强度和碳排放强度高于贵州，这更能说明贵州能源结构碳排放程度高于全国。1987～2008 年，贵州产业体系碳排放强度总体上由 18.70 下降到 15.16，其过程呈现两段"脉冲上升—逐渐下降"的过程。在国家刺激经济发展的关键年份（1996 年和 2003 年）碳排放强度迅速上升到高点，随后逐年下降，这表明国家的经济刺激政策对提高贵州产业体系产出的增长，碳排放的增加，进而提高产业体系的碳排放强度具有水平效应。其中的主要原因是，随着经济刺激实施，依靠贵州丰富的煤炭资源推动产出增长，而发展方式和碳减排技术的落后导致碳排放更快增长。2009～2019 年，贵州产业体系能源强度由 15.16 下降到 9.86，与全国相比，下降趋势一致。这说明贵州进入工业化进程中期后，注重改善高碳能源结构和提高碳减排技术水平，在经济高速增长过程中，碳排放并未出现过快增长，碳减排效果明显，但是贵州产业体系碳排放强度仍然高于全国，碳减排任务艰巨。

2.4.2　第一产业碳排放强度

在三次产业体系中，由于第一产业产出占比和能源消费占比较小，因此第一产业的碳排放占比也较小，对于产业体系碳排放强度的影响甚微。但是第一产业能源消耗结构和产业结构相对稳定，因此第一产业碳排放强度的变化可以反映第一产业绿色生产的技术水平和管理水平。如图 2-39 所示，与其能源强度的变化趋势一致，1978～2019 年，全国第一产业的碳排放强度处于三个下降阶段。1978～1985 年为第一个下降阶段，该阶段全国碳排放强度由 10.66 下降到 8.79。1986～2007 年为第二个下降阶段，该阶段全国碳排放强度由 6.44 下降到 5.32。2008～2019 年为第三个下降阶段，该阶段全国碳排放强度由 3.64 下降到 2.54。从以上三个阶段碳排放强度的变化趋势可以看出，全国第一产业的碳排放强度在第一阶段下降明显，而进入第二和第三阶段后，碳排放强度下降幅度较小。对照我国工业化进程，第一阶段对应我国工业化进程的初期，在这一时期，第一产业产出和能耗占比迅速下降，并且随着第一产业绿色生产水平和管理水平的提高，第一产业碳排放强度明显下降，而第二和第三阶段对应我国工业化进程的中期，在这一时期，第一产业产出和能耗占比缓慢下降，并且第一产业绿色生产水平和管理水平保持稳定，这导致第一产业碳排放缓慢下降。

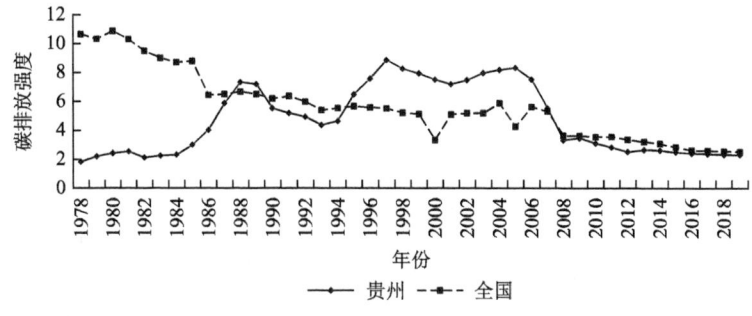

图 2-39　贵州与全国第一产业碳排放强度

1978～2019 年，与全国第一产业的碳排放强度变化趋势相比，贵州第一产业碳排放强度的变化趋势存在差异。1978～1988 年，贵州第一产业碳排放强度上升，由 1.85 上升到 7.34。其原因为，在 1978 年以后，随着我国工业化进程的推进，国内外技术的引进，贵州第一产业的电力化和机械化水平不断提高，这使能源消耗不断增长，碳排放量不断上升，碳排放强度上升。1989～2007 年，贵州第一产业能源强度总体上由 7.20 降到 5.53，其过程呈现 "W" 形的波动形状。其成因在于，1989～1993 年，机械化和电力化水平的不断提高，第一产业绿色生产经营管理水平相应提升，致使贵州第一产业在产出快速增加的同时，能源消耗和碳排放没有快速上升，碳排放强度下降；1994～1997 年，贵州第一产业处在电力化和机械化快速发展过程中，第一产业绿色生产经营管理水平相对滞后，碳排放强度上升；1998～2001 年，随着第一产业绿色生产理念深入实施，管理水平进一步提升，碳排放强度再次下降；2002～2007 年，加入 WTO 后，第一产业生产规模进一步扩大，绿色生产理念有所松动，使得第一产业碳排放强度有所抬升。2008～2019 年，贵州第一产业碳排放强度由 3.47 下降到 2.32，并逐渐收敛于全国第一产业碳排放强度变化趋势。这说明，经过 40 多年改革开放和工业化，贵州第一产业的机械化和电力化水平，以及绿色生产经营管理水平接近全国的水平，碳排放强度收敛于全国水平。

2.4.3　第二产业碳排放强度

在我国的三次产业体系中，第二产业产出占比高达 50%，能源消费和碳排放占比高达 75%。在第二产业中，工业的产出占比、能源占比和碳排放占比高达 85%，并且其能源消耗结构和产业结构变化较大，决定整个产业体系的碳排放强度变化趋势。工业碳排放强度的变化可以反映第二产业乃至三次产业体系的碳排放强度变化趋势。如图 2-40 所示，与全国工业的能源强度变化趋势一致，1978～2019 年，与我国工业化进程相对应，全国工业的碳排放强度处于三个不同的下降阶段。1978～1987 年为第一个下降阶段，该阶段对应我国工业化进程的初期阶段，这时期能源消耗相对较低的劳动力密集型的消费品轻工业发展较快，这些产业的能源消耗和碳排放的增长较慢，抵消一部分重化工产业能源高消耗和碳高排放，致使该阶段全国工业碳排放强度由54.06下降到37.72。1988～2009年为第二个下降阶段，该阶段对应我国工业化进程的中期阶段，这一时期资本密集型的生产资料重化工业发展较快，由于低碳生产技术水平和管理效率的提高，与重化工产业高产出相比，这些产业的能源消耗增长慢，并且能源结构不断低碳化，碳排放强度由35.05大幅下降到11.25。值得注意的是，2003～2005年，我国工业碳排放强度逆势上升。其原因是，2003～2005年，我国进入重化工业加速发展的阶段，在房地产和汽车等高端消费品的驱动下，钢铁、水泥、有色金属、汽车等产业快速发展直接拉高我国的碳排放，碳排放强度上升。2010～2019年为第三个下降阶段，该阶段对应我国工业化进程的后期阶段，这时期以依靠资本和知识等高级要素驱动的生产性服务业为代表的高加工度制造业和第三产业快速发展，这些产业能耗低，碳排放少，并且能耗和碳排放比较稳定。该阶段全国工业碳排放强度由10.64下降到6.92。

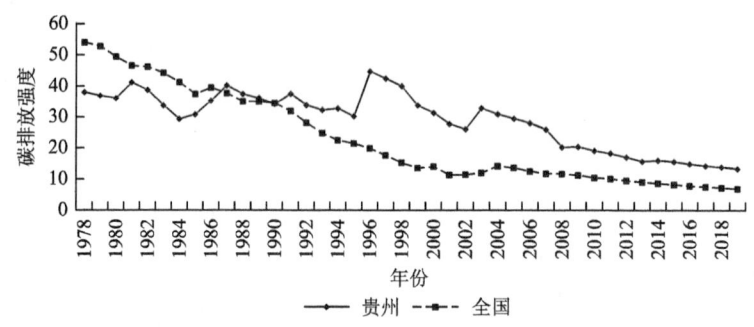

图 2-40　贵州与全国工业碳排放强度比较

1978～2019年，与全国工业的碳排放强度变化趋势相比，贵州工业的碳排放强度变化趋势存在差异。对应全国产业体系碳排放强度下降的三个阶段，1978～1987年，贵州工业碳排放强度微升，由38.00上升到40.16。其原因在于，与全国相比，1978～1986年，贵州轻工业发展速度慢于全国，并且，在轻工业快速发展的同时，原材料等重化工业也在快速发展，能源消费和碳排放增加，这使贵州工业碳排放强度上升。1988～2009年，贵州工业碳排放强度总体上由40.16大幅下降到20.38，其过程呈现二段"脉冲上升—逐渐下降"的过程。2010～2019年，贵州工业碳排放强度由20.23下降到13.36，与全国相比，下降趋势一致。1991～2019年，贵州工业碳排放强度高于全国，这表明贵州工业产出结构和能源结构的碳排放程度高于全国。

2.4.4　第三产业碳排放强度

随着工业化进程的推进，知识等高端要素驱动第三产业不断地快速增长，成为工业化后期的主导产业，其产出占比越来越高，而同时，由于第三产业能源消耗强度较低，因此随着产业快速增长碳排放量并未同步增长。随着第三产业的增长，其碳排放强度不断降低。如图 2-41 所示，1978～2019 年，与全国第三产业的能源强度变动趋势一致，全国第三产业的碳排放强度处于三个下降阶段。1978～1985 年为第一个下降阶段，该阶段全国第三产业碳排放强度由 12.92 下降到 7.97。1986～2008 年为第二个下降阶段，该阶段全国第三产业碳排放强度由 8.46 下降到 5.09。2009～2019 年为第三个下降阶段，该阶段全国第三产业碳排放强度由 4.92 下降到 3.66。

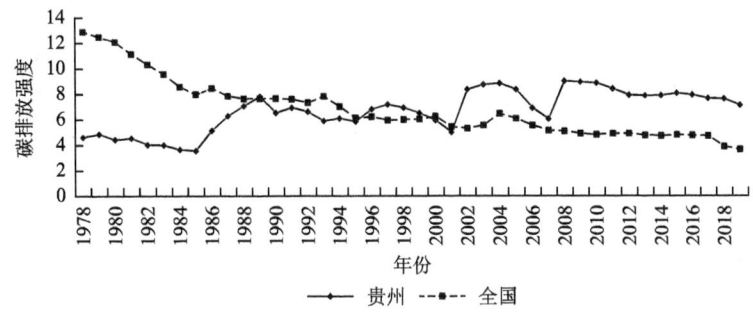

图 2-41　贵州与全国第三产业碳排放强度比较

从以上三个阶段碳排放强度的变化趋势可以看出，全国第三产业的碳排放强度在第一阶段下降明显，而进入第二和第三阶段后，碳排放强度下降幅度较小。对照我国工业化进程，第一阶段对应我国工业化进程的初期，在这一时期，第二产业高增长拉动交通运输业、邮电通信业、物资供销和仓储业、金融业等第三产业快速发展，这些产业能源强度低，致使它们具有产出增长大于碳排放增长的特征，从而导致第三产业能源强度明显下降，而第二和第三阶段对应我国工业化进程的中期，在这一时期，第二产业产出较快增长，而第三产业产出和碳排放保持稳定增长，这导致第三产业碳排放强度缓慢下降。我国有些工业化程度较高的地区，如北京和上海，已经进入工业化后期。其特征表现为，在第一产业、第二产业协调发展的同时，新兴服务业（如金融、信息、广告、公用事业、咨询服务）等第三产业持续高速增长，并成为区域经济增长的主要力量。这些产业碳排放小，产出高，这将进一步降低第三产业的碳排放强度。

　　1978～2019 年，与全国第三产业的碳排放强度变化趋势相比，贵州第三产业的碳排放强度变化趋势存在差异。对应全国产业体系碳排放强度下降的三个阶段，1978～1985 年，贵州工业碳排放强度微降，由 4.63 下降到 3.57。其原因在于，与全国相比，在 1978 年后，贵州工业化进程缓慢，第二产业增长拉动交通运输业、邮电通信业、物资供销和仓储业、金融业等第三产业发展的效应较小，第三产业发展慢，导致这些具有规模效应的第三产业的能源效率较低，碳排放强度下降缓慢。

　　1986～2007 年，贵州第三产业碳排放强度总体上由 5.15 上升到 6.05，其过程呈现二段"脉冲上升—逐渐下降"的过程。脉冲高点分别为 1989 年的 7.81 和 2004 年的 8.84。这反映贵州第三产业的发展受外部影响冲击较大，1989 年和 2004 年两个经济调控年，导致贵州第三产业发展较慢，碳排放强度提高，而后，随着经济发展加速，第三产业发展提速，碳排放强度下降。2008～2019 年，贵州第三产业能源强度由 9.01 下降到 7.12，与全国相比，下降趋势较快。2002～2019 年，贵州第三产业碳排放强度高于全国，这说明贵州第三产业发展较慢，在我国工业化进程中期的后半阶段，贵州重化工产业发展慢，没有有效拉动第三产业快速发展，致使贵州第三产业能源消费规模效应较小，碳排放强度较高。

第3章 贵州省产业体系碳排放评价

贵州省地处我国西南，作为典型的后发地区，在西部大开发的推动下，产业体系发展进入快车道。近年来，为摆脱相对贫困落后的面貌，贵州在中央及其他发达地区的大力支持下，通过实施工业强省战略实现工业的跨越式发展，驱动产业体系的高速发展。但是，随着产业体系的快速发展，能源效率未见提高，能源过度消费和碳排放快速增长导致环境质量下降日益成为贵州产业体系可持续发展的主要瓶颈。

3.1 基于碳排放的全要素能源效率[①]

贵州是我国能源资源和矿产资源较为丰富的地区，随着工业化的快速推进和产业体系的高速发展，碳排放呈现快速上升的态势。根据国内外工业化的经验和教训，在产业体系快速发展过程中改善能源效率能较大地减少能源浪费和碳排放，提高能源使用福利水平，达到节能减排和保护环境的目的，因此提高能源效率对于贵州实现后发赶超和环境保护的双赢目标尤其重要。本书以贵州省能源效率为研究对象，重点分析评价碳排放约束下贵州省全要素能源效率的变动趋势及其影响因素，并提出有价值的节能减排的建议。

3.1.1 文献研究

在人类的生产活动中，能源作为一种生产要素必须和资本、劳动等其他生产要素相结合才能生产出产品，因此经济学家提出了以全要素能源效率来衡量一个地区的能源效率。Hu 和 Wang（2006）综合考虑了资本、劳动和能源等生产投入要素，以及经济产出，以全要素生产率分析框架为基础，运用数据包络分析（data envelopment analysis，DEA）方法定义了全要素能源效率，并测算了我国 29 个省区市的全要素能源效率。但是全要素能源效率仅考虑资本、劳动和能源等生产要素的投入约束，并没有考虑环境的约束，也就是仅仅考虑了合意的经济产出而缺少对使用能源产生的非合意性产出污染物的考察，这会扭曲对使用能源带来的社

---

① 本部分参考作者论文《基于环境绩效的长三角都市圈全要素能源效率研究》（发表于 2011 年第 10 期《经济研究》）中的分析方法研究完成。

会福利变化和经济绩效的评价，从而会误导能源政策，导致过度、低效地使用能源，形成大量的污染，破坏环境。

污染物的产生源于生产技术上的无效率，而污染物减排及其成本决定环境绩效。对污染物减排如何影响产出，Chung 等（1997）提出了基于方向性距离函数（direction distance function，DDF）的环境规制行为模型，污染排放被看作具有负外部性的非期望产出，和期望产出一起引入生产过程，从方法论上第一次比较合理地拟合了环境因素在生产过程中的制约作用，并使捕捉环境规制的真实效应成为可能（陈诗一，2010）。在此基础上，许多学者发展并运用该模型进行了环境约束下生产效率的研究，比较典型的如 Färe 等（2001，2007a）、Boyd 和 Pang（2000）。Färe 等（2007a）基于"多投入—多产出"的分析框架，提出了环境生产函数（environment production function，EPF）和环境方向性距离函数（environment direction distance function，EDDF）用于考察生产过程中环境绩效，以及为达到包含环境绩效的"多投入—多产出"框架下最优生产的要素组合，即实现投入减少、产出扩张及污染物削减的生产途径。本书运用"多投入—多产出"的 DEA 模型，以 Färe 等（2007b）提出的环境生产函数和环境方向性距离函数为基础，将碳排放作为生产过程产生的副产出纳入生产理论，将传统的生产技术扩展为环境生产技术，考察基于环境绩效的贵州省能源效率变动趋势及其影响因素。

随着能源问题和环境问题的日益突出，能源效率越来越受到国际社会的重视。自 20 世纪 80 年代以来，国外学者在面对不断激化的能源供需矛盾和温室气体减排约束的背景下，对能源效率从含义（Ang，2004）、测度指标、区域能效变动趋势、影响因素（Smulders and de Nooij，2003；Azomahou et al.，2003）、分析方法（Hu and Wang，2006；Ma and Stern，2008）等各个方面进行了大量的研究。

改革开放以来，中国的快速发展导致能源消费的巨大增长，引起国外学者的极大兴趣。他们对影响中国能源效率的因素进行了深入的分析（Garbaccio et al.，1999；Sinton and Levine，1994）。与国外学者相同，国内学者把能源效率的提高主要归结为两类因素：一是能源从低生产率的产业流向高生产率的产业，即产业结构的调整，又称结构效率（韩智勇等，2004；周勇和李廉水，2006；魏楚和沈满洪，2007，2008；袁晓玲和屈小娥，2009）。二是通过技术进步提高能源效率（王玉潜，2003；吴巧生等，2005；吴滨和李为人，2007；魏楚和沈满洪，2007，2008；陈军和徐士元，2008）。另外，还有一些自然因素，如地理位置、地形地貌、气温、日照时间等将影响我国及各区域的能源效率（杨红亮和史丹，2008）。

近年来，国内学者运用国外先进的能源消耗影响因素分解方法对我国能源效率进行了深入分析。能源产品进入消费环节后，其效率问题构成能源终端利用效率。国内外主要从投入要素的数量来研究能源终端利用效率。对于单要素能源效率，主要以"有用产出/能源实物投入"来表示。由于能源效率和能源密度互为倒数，两者可相互替代（Ang，2004），因此，目前国内外大多通过能源密度来反映能源效率的变化趋势。目前国内主要应用结构分解法和指数分解法（高振宇和王益，2007；施凤丹，2008）两种能源消耗影响因素分解方法对我国能源效率进行分析。

由于单要素能源效率并未完全度量能源的效率，它只是衡量了能源投入与产出的比例关系（能源生产率）。另外，用结构分解法和指数分解法计算的能源密度，其本身包括了产业结构和能源投入结构等大量的结构因素，这些结构因素的变动都会影响能源密度指标值，但实际上并不表明经济中能源使用的技术效率和配置效率发生了变化，因此难以体现出能源使用的效率因素。另外，单要素能源密度指标只是衡量了能源这一单要素与经济产出的比例关系，没有考虑其他投入要素的影响。能源作为一种生产要素，在生产过程中，必须与资本和劳动等其他生产要素相互配合才能生产产品。因此，将能源与产出比值作为测度能源效率的一个指标还存在很大的局限性，无法描述真实的能源效率变动情况。

由于单要素能源效率不能完全反映能源效率的实际状况，国内外学者跳出传统的能源强度框架，从全要素生产率的角度思考能源效率，即将能源作为多种投入的一种，考虑投入要素替代在实现能源效率中的作用（Chan and Mountain，1990；Conrad，2000；Boyd and Pang，2000；杨红亮和史丹，2008）。在此基础上，Hu和Wang（2006）进一步建立全要素能源效率的分析框架，即在给定能源投入要素的条件下实现最大产出，或者在给定产出水平下实现能源投入最小化的能力，通过测度样本点相对于生产前沿的远近程度来比较相对效率。在测量与前沿的距离上，主要采用基于投入、产出角度的距离函数。由于DEA不涉及参数函数的估计，也不需要假设研究对象在技术上是有效率的，因此它被国内外学者广泛应用于能源效率的研究中。

对比国内外学者所做的研究工作，可以看出国内学者对于我国能源效率的研究取得了一些有价值的成果，这些成果对我们有重要的参考价值。但是从总体上来看，迄今，国内对能源效率的研究存在不足：一是国内现有的能源效率研究大部分没有考虑能源使用对环境质量的影响，即忽略了能源使用与环境可持续发展的问题。而在节能减排的背景下，这一因素对提升我国能源效率和政策抉择将会产生重要影响。二是国内学者在使用全要素能源效率分析方法时大多没有考虑产出多样性的问题，仅考虑了合意性的经济产出而缺少对不合意性产出——污染物的考察，这无法全面反映能源使用所带来的"好产出"与"坏产出"的两面性问题，这将使能源效率的度量产生偏差。

为此，本书将以贵州省9个地州市为研究对象，对以上国内现有的能源效率研究的不足进行拓展：一是运用投入导向的规模报酬不变的DEA模型测度碳排放约束下贵州省9个地州市1996~2019年的全要素能源效率。二是基于环境方向性距离函数，运用 ML 生产率指数测度贵州省 9 个地州市 1996~2019 年的碳排放约束下全要素能源效率增长率及其成分。三是对影响碳排放约束下全要素能源效率增长率的因素进行实证研究。

3.1.2 研究方法

1. DEA 方法

DEA 是用数学规划模型评价相同类型的决策单元（decision making unit, DMU）是否技术有效的一种非参数统计方法。其目的是构建出一条非参数的包络前沿面，有效点位于生产前沿面上，无效点处于前沿面下方。运用 DEA 方法测度贵州 9 个地州市（DMU）的全要素能源效率的相对有效性时，将对每个 DMU 进行优化，所得相对效率是最大值，权重也最优，并且对于非有效单元，利用投影原理能指出指标调整方向和调整量。由于关注生产要素的投入，因此本书将运用投入导向规模报酬不变的 DEA 方法测度无碳排放约束下和碳排放约束下贵州 9 个地州市 1996~2019 年的全要素能源效率。这里采用基于投入导向的 CRS 的 DEA 模型：

$$\text{Min}_{\theta,\lambda}\theta, \text{s.t.(Subject to)} -y_i + Y\lambda \geq 0 ; \quad -u_i + U\lambda = 0 ; \quad \theta x_i - X\lambda \geq 0, \lambda \geq 0$$

其中，X 为 $K \times N$ 投入矩阵，N 为 DMU 数，K 为每一个 DMU 投入的生产要素数目；Y 为 $M \times N$ 产出矩阵，M 为每一个 DMU "好产出" 种类数目；U 为 $I \times N$ 产出矩阵，I 为每一个 DMU "坏产出" 种类数目；i 为 DMU 标识；θ 为标量，是 DMU_i 的效率值；λ 为 $N \times 1$ 的常数向量。

用传统 DEA 模型评价 DMU 效率时，结果可能出现多个 DMU 同处于前沿面而相对都有效的情况，从而陷入对这些相对有效单元无法做出进一步评价与比较的困境（袁晓玲和屈小娥，2009）。因此，为克服这一困境，本书以 Andersen 和 Petersen（1993）建立的超效率 DEA 模型为基础，通过将 DMU 排除在 DMU 参与集之外的方法，分无碳排放约束和碳排放约束两种情形对贵州省 9 个地州市的全要素能源效率进行测算。

2. 环境生产函数和环境方向性距离函数

把贵州省 9 个地州市中的每一个看作一个生产决策单位来构造每一个时期贵州省生产的最佳实践边界。为了将环境纳入生产率分析框架中，本部分用环境生产技术来构造一个既包括合意性产出，又包括非合意性产出的贵州省 9 个地州市的生产可能性集，即环境技术。假设每一个地州市使用 N 种投入 $x = (x^1, x^2, \cdots, x^N) \in R_+^N$，合意性产出为 M 种 "好产出" $y = (y^1, y^2, \cdots, y^M) \in R_+^M$，以及非合意性产出为 L 种

"坏产出" $b = (b^1, b^2, \cdots, b^L) \in R_+^L$，非合意性产出由排放的污染物构成。则"多投入—多产出"的生产可行集为 $P(x) = \{(y,b) : x \text{ 能够生产 } (y,b)\}$。$P(x)$ 为一个闭集和有界集。当 $P(x)$ 满足以下条件时，则可定义为"环境技术产出集"，见图 3-1。

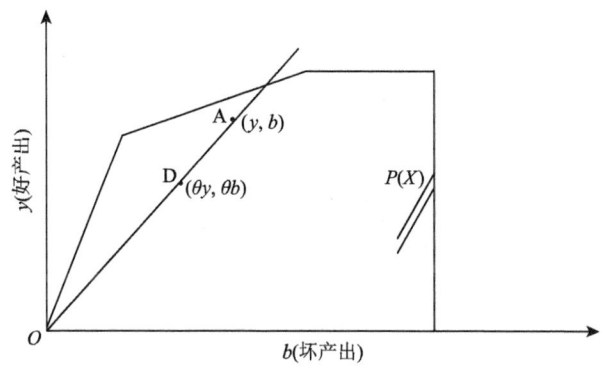

图 3-1 环境技术产出集

第一，投入要素 x 具有自由可处置性。可表述为 $x' \geqslant x$，则 $P(x') \supseteq P(x)$。

第二，产出的弱可处置性，可表述为 $(y,b) \in P(x)$，且 $0 \leqslant \theta \leqslant 1$，则 $(\theta y, \theta b) \in P(x)$。其含义是任意比例地缩小合意性产出和非合意性产出都是可行的，但是缩小非合意性产出将会同比例带来合意性产出的缩减，这也是非合意性产出带来的成本。这不同于非合意性产出"自由处置"的情形，缩减非合意性产出不会带来产出的下降。

第三，合意性产出与非合意性产出的联合生产性，可表述为 $(y,b) \in P(x)$，且 $b = 0$，则 $y = 0$。其含义是合意性产出与非合意性产出是共生的，即只要有合意性产出，则非合意性产出一定随之而产生，没有非合意性产出也就意味着生产停止，合意性产出为零。

第四，合意性产出的强可处置性。可表述为 $(y,b) \in P(x)$，且 $y' \leqslant y$，则 $(y',b) \in P(x)$。其含义，即合意性产出的降低不需要非合意性产出的同时降低。满足以上条件的环境技术产出集如图 3-1 所示。

设每一个时期 $t(1996,1997,\cdots,2019)$，第 $k(1,2,\cdots,9)$ 个地州市的投入和产出值为 (x_k^t, y_k^t, b_k^t)，在每一期固定报酬的条件下，运用 DEA 方法，可得满足以上条件的贵州省环境技术产出集（图 3-1）：

$$P^t(x^t) = \left\{ \begin{array}{ll} \sum_{k=1}^{9} z_k^t y_{k,m}^t \geqslant y_{k^*,m}^t, m = 1,2,\cdots,M, z_k^t \geqslant 0; & \sum_{k=1}^{9} z_k^t b_{k,l}^t = b_{k^*,l}^t, \quad l = 1,2,\cdots,L \\ \sum_{k=1}^{9} z_k^t x_{k,n}^t \leqslant x_{k^*,n}^t, n = 1,2,\cdots,N, z_k^t \geqslant 0; & \sum_{l=1}^{L} b_{k,l}^t > 0, \quad k = 1,2,\cdots,9 \end{array} \right\} \quad (3-1)$$

以上的环境技术集给出了贵州省产业体系在给定投入 x_k^t 情形下，最大合意性产出，最小非合意性产出的集合，即环境产出的可能前沿。$\sum_{k=1}^{9} z_k^t b_{k,l}^t = b_{k^*,l}^t$ 中非合意性产出的等式设定赋予其弱可处置性；$\sum_{k=1}^{9} z_k^t x_{k,n}^t \leqslant x_{k^*,n}^t$ 中投入要素的不等式设定说明投入是强处置的；$\sum_{l=1}^{L} b_{k,l}^t > 0$ 和 $\sum_{k=1}^{9} z_k^t b_{k,l}^t > 0$ 说明合意性产出与非合意性产出的联合生产性。

以 Färe 等（2007b）提出的环境生产函数为基础，设定只有一个合意性产出[①]，并且生产技术无效率所产生的非合意性产出被限制（即给定非合意性产出），则可以得到满足上述环境技术集条件的环境生产函数模型：

$$y_{k^*}^t = F(x_{k^*}^t; b_{k^*}^t) = \text{Max} \sum_{k=1}^{9} z_k^t y_k^t \tag{3-2}$$

$$\text{s.t.} \quad \sum_{k=1}^{9} z_k^t b_{k,l}^t = b_{k^*,l}^t, \quad l = 1,2,\cdots,L \tag{3-3}$$

$$\sum_{k=1}^{9} z_k^t x_{k,n}^t \leqslant x_{k^*,n}^t, \quad n = 1,2,\cdots,N \tag{3-4}$$

$$z_k^t \geqslant 0, \quad k = 1,2,\cdots,9 \tag{3-5}$$

$$\sum_{l=1}^{L} b_{k,l}^t > 0, \quad k = 1,2,\cdots,9 \tag{3-6}$$

$$\sum_{k=1}^{9} b_{k,l}^t > 0, \quad l = 1,2,\cdots,L \tag{3-7}$$

$$t = 1996,1997,\cdots,2019$$

z_k 为强度变量，即对于 $1,2,\cdots,9$ 个观测中每个观测所赋予的权重，这些权重决定生产可能性边界。式（3-2）目标函数为基于生产可能性边界上的合意性产出。式（3-3）中非合意性产出的等式设定赋予其弱可处置性；式（3-4）中投入要素的不等式设定说明投入是强处置的；式（3-6）和式（3-7）说明合意性产出与非合意性产出的联合生产性。以上模型给出了在给定投入 $x_{k,t}$ 的情况下，最大好产出，给定非合意性产出的集合。

从环境生产函数模型可以看出，环境生产函数仅仅是在环境技术集中求取最大化的合意性产出，而并没有减少非合意性的产出。为此，引用 Färe 等（2007b）提出的方向性距离函数作为长三角都市圈环境方向性产出距离函数，以达到扩大合意性产出，同时又减少非合意性产出的目的。图3-2表达了环境方向性产出距

[①] 根据研究需要，本部分设定一个合意性产出（GDP）和一个非合意性产出（碳排放量）。

离函数的原理，与传统环境生产函数产出向量由 A 点移至 D 点（图 3-1）合意性产出和非合意性产出同时增加不同，环境方向性产出距离函数可以沿着 ABC 方向（图 3-2）同时拟合合意性产出增加和非合意性产出减少的行为。设方向向量 $g_k^t = g(g_{k,y}^t, g_{k,b}^t)$，根据短缺函数（shortage function）和 Chung 等（1997）提出的方向距离函数（directional distance function）的方法构造了贵州省产业体系环境方向性产出距离函数：

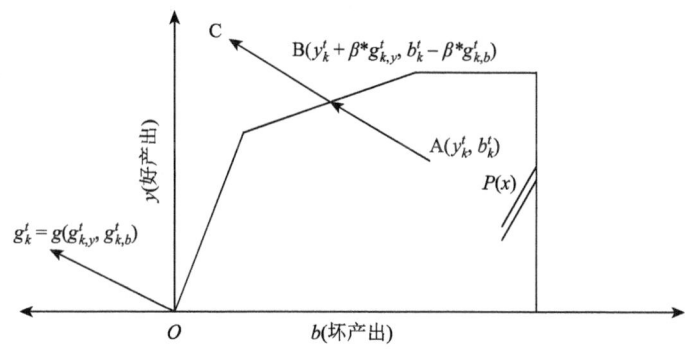

图 3-2　环境方向性产出距离函数（一）

$$\vec{D}_0(x_k^t, y_k^t, b_k^t; g_{k,y}^t, g_{k,b}^t) = Max[\beta : (y_k^t + \beta g_{k,y}^t, b_k^t - \beta g_{k,b}^t) \in P(x_k^t)] \qquad (3\text{-}8)$$

在这里，合意性产出和非合意性产出没有被一致对待，对于给定投入 x_k^t，当合意性产出 y_k^t 沿着 $g_{k,y}^t$ 进行扩张和非合意性产出 b_k^t 沿着 $g_{k,b}^t$ 进行收缩时，β 就是合意性产出 y_k^t 增长和非合意性产出 b_k^t 减少的最大可能数量。见图 3-2，$(y_k^t + \beta^* g_{k,y}^t, b_k^t - \beta^* g_{k,b}^t)$，$\beta^* = \vec{D}_0(x_k^t, y_k^t, b_k^t; g_{k,y}^t, g_{k,b}^t)$。由式（3-8）可知，贵州省产业体系环境方向性产出距离函数取决于投入产出值 (x_k^t, y_k^t, b_k^t) 和 g_k^t。方向向量 g_k^t 的确定具有一定的主观性（涂正革，2008），它是外生设定的，取决于研究目的和非合意性产出的危害性。另外，非合意性产出表现出的强弱可处置性制约方向向量选择（Färe et al., 2005）。基于本书的研究目的[①]，采用 Chung 等（1997）定义的 ML 生产率指数方法将方向向量设定为 $g_k^t = g(y_k^t, b_k^t)$，其含义就是合意性产出在现有基础进行 1∶1 比例性增加，而非合意性产出在现有基础进行 1∶1 比例性缩减。在此基础上，生产单元 $k^*(x_{k^*}^t, y_{k^*}^t, b_{k^*}^t)$ 满足上述环境技术集条件的贵州省产业体系环境方向性产出距离函数模型为

$$\vec{D}_0^t(x_{k^*}^t, y_{k^*}^t, b_{k^*}^t; y_{k^*}^t, b_{k^*}^t) = Max[\beta : (y_{k^*}^t + \beta y_{k^*}^t, b_{k^*}^t - \beta b_{k^*}^t) \in P(x_{k^*}^t)] \qquad (3\text{-}9)$$

$$\text{s.t.} \quad \sum_{k=1}^{9} z_k^t y_k^t \geq (1+\beta) y_{k^*}^t. \quad \text{（设定只有一个合意性产出）} \qquad (3\text{-}10)$$

[①] 本部分研究目的：增加合意性产出（GDP），减少非合意性产出（废气排放量）。

$$\sum_{k=1}^{9} z_k^t b_{k,l}^t \geq (1-\beta) b_{k^*,l}^t, \quad l=1,2,\cdots,L \tag{3-11}$$

$$\sum_{k=1}^{9} z_k^t x_{k,n}^t \leq x_{k^*,n}^t, \quad n=1,2,\cdots,N \tag{3-12}$$

$$z_k^t \geq 0, \quad k=1,2,\cdots,9 \tag{3-13}$$

$$\sum_{l=1}^{L} b_{k,l}^t > 0, \quad k=1,2,\cdots,9 \tag{3-14}$$

$$\sum_{k=1}^{9} b_{k,l}^t > 0, \quad l=1,2,\cdots,L \tag{3-15}$$

$$t=1996,1997,\cdots,2019$$

对以上环境方向性产出距离函数模型，可以采用非参数线性规划技术进行求解。本书运用 DEA 方法求解以上线性规划模型。根据本书的研究目的，基于以上的环境方向性距离函数，将分别对无碳排放约束和碳排放约束两种情形下的全要素能源效率、全要素能源效率增长率及其成分进行研究。碳排放约束下的模型即为式（3-9）～式（3-15）的线性规划模型。对于无碳排放约束下的情形，可以通过选择不同的方向向量和构建不同的环境技术集，构建其线性规划模型。在无碳排放约束下的情形下，非合意性产出不受限制，因此方向向量选择为 $g_k^t = g(y_k^t, 0)$，环境技术集中将不存在式（3-11）中非合意性产出的给定和缩小的限制。

3. ML 生产率指数

式（3-9）～式（3-15）环境方向性产出距离函数模型模拟了贵州省 9 个地州市合意性产出增加和非合意性产出减少的行为，可以基于该环境方向性产出距离函数值，通过构建 ML 生产率指数来度量考虑了能源使用和环境约束因素后的贵州省 9 个地州市的环境全要素能源效率变化。

Färe 等（2005）在一个非参数模型的框架中计算 Malmquist 生产率指数，并在生产率的测度中考虑了技术的无效率，提出了一个可以将全要素生产率增长分解为效率变化和技术进步两个成分的 Malmquist 生产率指数。之后，非参数的 Malmquist 生产率指数被广泛地运用在各种不同的领域中。Chung 等（1997）在考虑了非合意性产出之后，将非参数的 Malmquist 生产率指数扩展为测度包含环境约束条件下的 ML 生产率指数，即测度了合意性产出提高和非合意性产出同时减少情况下的 ML 生产率指数。

根据 Chung 等（1997），以环境方向性距离函数为基础，基于投入的 t 期贵州省产业体系的全要素能源效率指数 ML 为：

$$\mathrm{ML}_k^t = [1 + \vec{D}_0^t(x_k^t, y_k^t, b_k^t; g_{k,y}^t, g_{k,b}^t)] / [1 + \vec{D}_0^t(x_k^{t+1}, y_k^{t+1}, b_k^{t+1}; g_{k,y}^{t+1}, g_{k,b}^{t+1})] \tag{3-16}$$

这个指数测度了在时期 t 的技术条件下，每个城市从时期 t 到 $t+1$ 的技术效率变化。同样地，基于投入的 $t+1$ 期的全要素能源效率指数 ML 为

$$\text{ML}_k^{t+1} = [1 + \vec{D}_0^{t+1}(x_k^t, y_k^t, b_k^t; g_{k,y}^t, g_{k,b}^t)] / [1 + \vec{D}_0^{t+1}(x_k^{t+1}, y_k^{t+1}, b_k^{t+1}; g_{k,y}^{t+1}, g_{k,b}^{t+1})] \quad (3\text{-}17)$$

这个指数测度了在时期 $t+1$ 的技术条件下，每个地州市从时期 t 到 $t+1$ 的技术效率变化。

根据式（3-16）和式（3-17），用两个 ML 全要素能源效率指数的几何平均值来计算全要素能源效率的变化：

$$\text{ML}_t^{t+1} = \left\{ \frac{[1 + \vec{D}_0^t(x_k^t, y_k^t, b_k^t; g_{k,y}^t, g_{k,b}^t)]}{[1 + \vec{D}_0^t(x_k^{t+1}, y_k^{t+1}, b_k^{t+1}; g_{k,y}^{t+1}, g_{k,b}^{t+1})]} \times \frac{[1 + \vec{D}_0^{t+1}(x_k^t, y_k^t, b_k^t; g_{k,y}^t, g_{k,b}^t)]}{[1 + \vec{D}_0^{t+1}(x_k^{t+1}, y_k^{t+1}, b_k^{t+1}; g_{k,y}^{t+1}, g_{k,b}^{t+1})]} \right\}^{1/2}$$

$$(3\text{-}18)$$

ML_t^{t+1} 可以进一步地拆分为技术进步指数（TECH）和技术效率变化指数（EFFCH）两个部分：

$$\text{ML}_t^{t+1} = \text{EFFCH}_t^{t+1} \times \text{TECH}_t^{t+1} \quad (3\text{-}19)$$

$$\text{EFFCH}_t^{t+1} = \frac{1 + \vec{D}_0^t(x_k^t, y_k^t, b_k^t; g_{k,y}^t, g_{k,b}^t)}{1 + \vec{D}_0^{t+1}(x_k^{t+1}, y_k^{t+1}, b_k^{t+1}; g_{k,y}^{t+1}, g_{k,b}^{t+1})} \quad (3\text{-}20)$$

$$\text{TECH}_t^{t+1} = \left\{ \frac{[1 + \vec{D}_0^{t+1}(x_k^t, y_k^t, b_k^t; g_{k,y}^t, g_{k,b}^t)]}{[1 + \vec{D}_0^t(x_k^t, y_k^t, b_k^t; g_{k,y}^t, g_{k,b}^t)]} \times \frac{[1 + \vec{D}_0^{t+1}(x_k^{t+1}, y_k^{t+1}, b_k^{t+1}; g_{k,y}^{t+1}, g_{k,b}^{t+1})]}{[1 + \vec{D}_0^t(x_k^{t+1}, y_k^{t+1}, b_k^{t+1}; g_{k,y}^{t+1}, g_{k,b}^{t+1})]} \right\}^{1/2}$$

$$(3\text{-}21)$$

式（3-20）中的 EFFCH_t^{t+1} 为投入要素自由处置且规模报酬不变的情形下全要素能源效率变化指数，它测度了从时期 t 到 $t+1$ 每个地州市到前沿生产面的追赶程度。式（3-21）中，TECH_t^{t+1} 为技术进步指数，它测度每个地州市技术边界从时期 t 到 $t+1$ 的移动程度。ML、EFFCH 和 TECH 为环比发展指数形式，它们大于（或小于）1 分别表明碳排放全要素能源效率跨期增长（或下降），以及技术跨期进步（或退步），技术效率跨期提高（或降低）。根据式（3-9）～式（3-15），在无碳排放约束和碳排放约束每种情形下，全要素能源效率变化的计算需要求解四个方向性距离函数的线性规划模型。

3.1.3　变量与数据说明

根据前面的理论模型，采用年度面板数据，样本区间为 1996～2019 年。假定生产过程中需要三种生产要素：资本存量、劳动力、能源，产出由合意性产出和非合意性产出组成，合意性产出为 GDP，非合意性产出为碳排放。

（1）资本存量。目前常用永续盘存法来估算按可比价格计算的每年的资本存

量，计算方法为 $K_{i,t} = I_{i,t} + (1-\delta_{i,t})K_{i,t-1}$，其中，$K_{i,t}$ 为地区 i 第 t 年的资本存量；$I_{i,t}$ 为地区 i 第 t 年的投资；$\delta_{i,t}$ 为地区 i 第 t 年的固定资产折旧率。选择固定资本形成总额作为每一个地州市当年投资，以各个地州市每年的固定资产投资指数和当年的固定资产形成总额为基础，折算得到以 1996 年为不变价格的各个地州市的实际投资序列数据。由于投资数据可获得性的限制，以 1978 年作为各个地州市资本存量形成的起始年，1978 年时的资本存量以 1978 年的资本形成总额除于 0.1 的值得到。由于贵州省 9 个地州市地域接近，劳动生产率和设备利用率相对来说较为接近，因此对 9 个地州市采用统一的折旧率 0.04。计算资本存量的数据来自贵州省 9 个地州市 1997～2020 年的《统计年鉴》。

（2）劳动力。在衡量劳动力投入时，劳动力素质和劳动时间是影响劳动力投入的重要因素，由于这两方面的数据较难获得，因此仅以各个地州市历年的从业人数作为劳动力投入量指标。劳动力的数据来自贵州省 9 个地州市 1997～2020 年的《统计年鉴》。

（3）能源。使用各个地州市每年的能源消耗量作为能源投入，由于各个地州市的能源消费种类不一，所以统计上把煤炭、石油制品、热力、电力等能源的消费量转换成统一单位"吨标准煤"。由于煤炭中将有一部分转化为二次能源电力、热力等，因此煤炭消费量排除了煤炭中用于生产二次能源的数量。能源消费的数据主要来自贵州省各个地州市 1997～2020 年的《统计年鉴》。

（4）合意性产出。合意性产出以贵州省 9 个地州市每年的 GDP 表示。各个地州市每年的 GDP 采用的是以 1996 年的不变价格计算的实际 GDP，原始数据来源于 1997～2020 年贵州省各个地州市的《统计年鉴》。

（5）非合意性产出。由于能源消费的污染主要是大气污染，空气中约 70%的碳排放、90%的 SO_2 排放和 67%的 NO_x 排放来自化石燃料的使用，因此基于研究的目的和相关数据的可获得性，选取贵州省 9 个地州市 1996～2019 年碳排放量指标作为污染排放的衡量指标。9 个地州市 1996～2019 年的污染排放原始数据来自各个地州市 1997～2020 年的《统计年鉴》。

3.1.4　实证结果分析

运用 3.1.2 节介绍的方法和 3.1.3 节的样本数据，我们构造了 1996～2019 每一年贵州省 9 个地州市碳排放约束下的最佳生产边界，并将每个地州市碳排放约束下的最优生产效率与这个边界比较。本部分选取基于投入导向的规模报酬不变的 DEA 模型，以每个地州市每年的资本存量、劳动力和能源消耗为投入变量，每年的 GDP 为合意性产出变量，碳排放量指标为非合意性产出变量，运用 EMS 软件计算并分析贵州省 9 个地州市碳排放全要素能源效率，这里的碳排放全要素能源效率是基于超效率 DEA 模型计算得到。为了全面地分析 9 个地州市的环境全要素能源效率的变化趋势及其根源,本部分将分析贵州省 9 个地州市逐年无碳排放约束和碳排放约束两种情形下的全要素能源效率、全要素能源效率指数及其成分变化的结果。

1. 无碳排放约束下的全要素能源效率

在这种情况下,将不考虑碳排放对全要素能源效率的影响。仅考虑资本、劳动力和能源的投入及 GDP 产出。运用 EMS 软件,计算得到贵州省 9 个地州市 1996～2019 年的能源效率,结果见表 3-1。

表 3-1　贵州省 9 个地州市无碳排放约束下全要素能源效率(1996～2019 年)

年份	贵阳	遵义	毕节	六盘水	安顺	黔东南	黔西南	黔南	铜仁
1996	0.96	0.93	0.75	0.81	1.07	1.02	0.91	0.89	0.92
1997	0.98	0.91	0.78	0.79	1.11	1.05	0.93	0.86	0.93
1998	1.01	0.95	0.77	0.82	1.09	1.03	0.91	0.88	0.97
1999	1.03	0.97	0.75	0.83	1.03	1.01	0.93	0.91	0.95
2000	1.02	0.96	0.79	0.85	1.05	1.03	0.95	0.92	0.96
2001	1.07	0.98	0.82	0.83	1.11	1.05	0.94	0.96	0.98
2002	1.09	0.97	0.81	0.85	1.12	1.07	0.96	0.95	1.01
2003	1.06	0.95	0.86	0.88	1.09	1.03	0.92	0.93	1.05
2004	1.08	1.01	0.87	0.83	1.07	1.01	0.95	0.94	1.08
2005	1.10	1.03	0.88	0.87	1.11	1.05	0.97	0.95	1.07
2006	1.09	0.98	0.91	0.88	1.09	1.03	0.95	0.93	1.09
2007	1.08	1.00	0.93	0.90	1.10	1.07	0.98	0.95	1.12
2008	1.04	1.02	0.96	0.91	1.12	1.08	0.97	0.96	1.08
2009	1.05	0.99	0.93	0.89	1.09	1.11	0.96	0.95	1.10
2010	1.07	1.02	0.89	0.87	1.06	1.08	0.97	0.93	1.06
2011	1.06	1.01	0.87	0.88	1.07	1.05	0.95	0.92	1.05
2012	1.03	0.98	0.89	0.87	1.05	1.03	0.93	0.93	1.03
2013	1.05	1.01	0.95	0.93	1.06	1.05	0.95	0.95	1.04
2014	1.02	0.99	0.97	0.89	1.05	1.03	0.94	0.95	1.05
2015	1.05	1.02	1.01	0.96	1.03	1.04	0.95	0.98	1.03
2016	1.03	1.01	0.98	0.98	1.02	1.05	0.95	0.95	1.02
2017	1.06	1.03	1.01	1.02	1.03	1.02	0.97	0.98	1.01
2018	1.07	1.02	0.98	1.01	1.01	1.03	0.98	0.96	1.02
2019	1.05	1.01	0.93	0.92	1.05	1.04	0.96	0.96	1.04
平均	1.05	0.99	0.89	0.89	1.07	1.04	0.95	0.94	1.03

资料来源:运用 EMS 计算而得。平均指 9 个地州市 1996～2019 年的全要素能源效率值的平均值,由于原始数据四舍五入,与直接计算得到的有些许误差,余同

由表 3-1，根据 1996～2019 年全要素能源效率平均值可以看出，贵州省 9 个地州市在此期间年全要素能源效率变动规律特征如下：第一，能源效率最高的为安顺，1996～2019 年均处于前沿面上，贵阳、遵义、毕节、六盘水、黔东南、铜仁在此区间也有若干年处于前沿面上；能源效率较低的地州市分别为毕节、六盘水和黔南，1996～2019 年它们的能源效率平均值低于 0.95。第二，从能源效率的变化趋势来看，9 个地州市中大部分能源效率呈"1996～2006 年上升，2006～2019 年下降"的趋势。从表 3-1 可以看出，9 个地州市能源效率值呈现不断收敛的趋势，并且在研究期间，能源效率值处于前沿面的地州市越来越多，从 1996 年的 2 个增加到 2019 年的 5 个。第三，地州市的能源效率存在一定差异，具有一定的节能潜力。对于一直处于前沿面上的安顺和黔东南来说，研究期间两地的能源效率值呈现上下波动的趋势，它们的能源效率提升空间不大；而对于能源效率较低的毕节、六盘水和黔南来说，毕节能源效率从 0.75 提高到 1.01，六盘水能源效率从 0.81 提高到 1.02，黔南能源效率从 0.89 左右提高到 0.98；对于全部 9 个地州市来讲，研究期间能源效率值的标准差为 0.37，年均能源效率高低相差最大 0.18，波动幅度大，即能源效率值地州市的个体差异大，能源效率提升有一定空间。因此，对比处于前沿面上和不处于前沿面上的地州市能源效率值的变动趋势，可以看出，提升贵州省 9 个地州市能源效率的重点在于那些能源效率低的区域，如毕节、六盘水、黔南，它们还有一定的提升空间。

2. 碳排放约束下的全要素能源效率

在这种情况下，将要考虑碳排放对全要素能源效率的影响。考虑资本、劳动力和能源的投入及合意性产出 GDP 和非合意性产出碳排放。运用 EMS 软件，计算得到贵州省 9 个地州市 1996～2019 年的能源效率，结果见表 3-2。

表 3-2　贵州省 9 个地州市碳排放约束下全要素能源效率（1996～2019 年）

年份	贵阳	遵义	毕节	六盘水	安顺	黔东南	黔西南	黔南	铜仁
1996	1.2311	1.1321	0.8317	0.8526	1.0526	0.9111	0.9552	0.9213	1.0557
1997	1.3109	1.1731	0.8622	0.8737	1.0233	0.9357	0.9316	0.8831	1.0126
1998	1.2586	1.1232	0.8766	0.9131	1.0120	0.9416	0.9227	0.8735	1.0228
1999	1.2311	1.1053	0.8922	0.8837	1.0326	0.9758	0.9561	0.9122	1.0328
2000	1.2109	1.0817	0.8821	0.9152	1.0491	0.9327	0.9211	0.8926	1.0627
2001	1.2618	1.1531	0.9225	0.9208	1.0219	0.9538	0.9325	0.9137	1.0719
2002	1.2331	1.1233	0.9322	0.9457	1.0561	0.9427	0.9209	0.9368	1.1108
2003	1.2721	1.1316	0.9456	0.9238	1.0623	0.9619	0.9329	0.8917	1.0922
2004	1.3109	1.1726	0.9313	0.9555	1.0957	0.9715	0.9129	0.9218	1.1212
2005	1.2936	1.1985	0.9625	0.9536	1.0709	0.9532	0.9458	0.9347	1.1513

续表

年份	贵阳	遵义	毕节	六盘水	安顺	黔东南	黔西南	黔南	铜仁
2006	1.2522	1.1536	0.9548	0.9789	1.0308	0.9459	0.9569	0.9367	1.1319
2007	1.2128	1.1265	0.9655	0.9809	1.0209	0.9787	0.9456	0.8913	1.0908
2008	1.1811	1.1108	0.9758	0.9612	1.0309	0.9611	0.9328	0.9227	1.0617
2009	1.1317	1.0667	0.9578	0.9623	1.0418	0.9728	0.9411	0.9333	1.0378
2010	1.1256	1.0768	0.9871	0.9217	1.0209	0.9818	0.9567	0.9131	1.0228
2011	1.0938	1.0628	0.9719	0.9833	1.0356	0.9646	0.9728	0.9356	1.0123
2012	1.0728	1.0313	0.9822	0.9913	1.0323	0.9717	0.9828	0.9458	1.0219
2013	1.0587	1.0178	0.9777	0.9858	1.0117	0.9856	0.9829	0.9619	1.0209
2014	1.0718	1.0255	0.9868	0.9766	1.0388	0.9918	1.0113	0.9728	1.0138
2015	1.0828	1.0558	0.9728	0.9613	1.0167	1.0197	1.0312	0.9925	1.0356
2016	1.0638	1.0312	0.9833	0.9757	1.0238	0.9829	1.0208	1.0289	1.0238
2017	1.0618	1.0367	0.9731	0.9528	1.0138	1.0129	1.0159	1.0158	1.0691
2018	1.0711	1.0428	0.9633	0.9697	1.0314	1.0228	0.9838	1.0128	1.0287
2019	1.0889	1.0497	0.9455	0.9788	1.0372	1.0156	1.0273	1.0359	1.0387
平均	1.1713	1.0908	0.9458	0.9489	1.0399	0.9757	0.9646	0.9399	1.0557

资料来源：运用 EMS 计算而得。平均指 9 个地州市在 1996～2019 年的全要素能源效率值的平均值

从表 3-2 可以看出，碳排放约束下贵州省 9 个地州市 1996～2019 年全要素能源效率变动规律特征：第一，1996～2019 年，处于前沿面上的地州市有贵阳、遵义、安顺、铜仁。能源效率较低的分别为毕节、六盘水和黔南，它们的能源效率平均值低于 0.95。第二，从能源效率的变化趋势来看，9 个地州市 1996～2019 年能源效率整体呈现先上升后下降的趋势。从表 3-2 可以看出，9 个地州市能源效率值呈现不断收敛的趋势。第三，地州市的能源效率存在一定差异，具有一定的节能潜力。对于一直处于前沿面上的贵阳、遵义、安顺和铜仁来说，研究期间能源效率值先上升又下降，它们能源效率提升空间不大；而对于能源效率较低的毕节、六盘水、黔西南和黔南，从 0.83～0.96 提高到 0.94～1.04；对于全部 9 个地州市来讲，研究期间能源效率值的标准差为 0.48，年均能源效率高低相差最大约为 0.23，波动幅度大，即能源效率值地州市的个体差异大，能源效率提升有一定空间。因此，对比处于前沿面上和不处于前沿面上的地州市能源效率值的变动趋势，可以看出，提升贵州省 9 个地州市能源效率的重点在于那些能源效率低的地州市，如毕节、六盘水、黔南、黔东南和黔西南，它们还有一定的提升空间。

3. ML 生产率指数

运用 EMS 软件，本书计算了贵州省 9 个地州市 1996～2019 年的 ML 生产率

指数，结果见表 3-3。在这里，ML 生产率指数测量的是贵州省 9 个地州市 1996～2019 年全要素能源效率的变化率，而在前 2 个部分，我们计算的是全要素能源效率。根据两者的含义，全要素能源效率测度的是既定时期各个地州市与生产边界的相对关系，它是一种静态分析。而全要素能源效率变化率分析的是每个地州市与生产边界的相对位置变化（效率变化），以及生产边界的移动（技术进步），它是一种动态分析（王兵等，2010）。表 3-3 是 1996～2019 年贵州省 9 个地州市无碳排放约束下和碳排放约束下全要素能源效率变化率及其成分的增长率，即能源技术效率和能源技术进步的增长率。

表 3-3　1996～2019 年贵州省 9 个地州市全要素能源效率增长率分解

地州市	无碳排放约束下			碳排放约束下		
	能源效率增长率	能源技术效率增长率	能源技术进步增长率	能源效率增长率	能源技术效率增长率	能源技术进步增长率
贵阳	87.65%	11.26%	75.32%	58.73%	9.21%	48.13%
遵义	83.29%	9.95%	72.17%	55.91%	8.16%	48.11%
毕节	58.17%	7.42%	50.18%	42.73%	6.89%	35.72%
六盘水	53.45%	5.38%	47.29%	41.27%	5.51%	37.11%
安顺	76.79%	8.86%	68.83%	53.79%	7.93%	68.79%
黔东南	65.79%	14.37%	52.19%	48.93%	3.13%	45.18%
黔西南	61.89%	11.71%	50.18%	46.82%	2.75%	45.21%
黔南	65.42%	21.97%	45.13%	55.18%	13.65%	32.18%
铜仁	78.61%	15.51%	63.18%	57.81%	11.13%	47.12%
平均	70.12%	11.83%	58.27%	51.24%	7.60%	45.28%

资料来源：运用 EMS 计算而得。平均指 9 个地州市在 1996～2019 年的增长率值的平均值，由于原始数据四舍五入，与直接计算得到的有些许误差，余同

从表 3-3 可以看出：第一，在无碳排放约束下，1996～2019 年贵州省 9 个地州市全要素能源效率增长率大幅度提高，提升幅度最低的六盘水为 53.45%，最高的贵阳达到 87.65%，9 个地州市平均提升 70.12%，能源技术效率和技术进步都对全要素能源效率增长率大幅提高做出了贡献。第二，在碳排放约束下，1996～2019 年 9 个地州市平均全要素能源效率增长率为 51.24%，低于无碳排放约束下全部地州市全要素能源效率增长率。第三，在碳排放约束下，1996～2019 年贵州省全部 9 个地州市的平均全要素能源效率增长率低于无碳排放约束下的平均全要素能源效率增长率，这说明能源的过度使用和环境污染阻碍了贵州省 9 个地州市全要素能源效率的增长，对全要素能源效率造成损失。

为了清楚地反映贵州省 9 个地州市 1996～2019 年全要素能源效率增长率的变动趋势，本书进一步地测算了 9 个地州市 1996～2019 年全要素能源效率指数、技术效率指数和技术进步指数。但是限于篇幅的关系，仅对 1996～2019 年相邻两年 9 个地州市平均全要素能源效率增长率及其分解展开分析。表 3-4 是 1996～2019 年相邻两年贵州省 9 个地州市无碳排放约束下和碳排放约束下全要素能源效率变化率及其成分（能源技术效率和能源技术进步的增长率）的平均值。

表 3-4　1996～2019 年贵州省 9 个地州市全要素能源效率增长率及其成分的平均值

年份	无碳排放约束下			碳排放约束下		
	能源效率增长率	能源技术效率增长率	能源技术进步增长率	能源效率增长率	能源技术效率增长率	能源技术进步增长率
1996～1997	1.53%	0.59%	1.36%	0.56%	0.26%	0.33%
1997～1998	1.79%	0.47%	1.53%	0.65%	0.21%	0.48%
1998～1999	3.61%	0.20%	2.39%	1.27%	0.18%	1.57%
1999～2000	4.06%	0.34%	3.47%	3.57%	0.41%	3.45%
2000～2001	3.79%	0.79%	3.59%	3.88%	0.67%	5.38%
2001～2002	3.88%	−0.53%	4.62%	2.36%	−0.76%	2.28%
2002～2003	2.47%	−0.87%	3.63%	2.41%	0.85%	1.79%
2003～2004	2.78%	0.59%	4.01%	1.32%	−0.89%	1.75%
2004～2005	3.17%	0.76%	3.52%	2.58%	−0.32%	2.73%
2005～2006	3.69%	0.27%	4.73%	3.79%	−0.53%	4.63%
2006～2007	3.72%	0.87%	3.39%	1.92%	0.37%	1.72%
2007～2008	2.86%	−0.72%	3.53%	2.01%	−0.68%	2.78%
2008～2009	2.98%	0.39%	3.17%	1.98%	−0.32%	2.57%
2009～2010	3.76%	0.45%	3.48%	2.15%	0.48%	1.89%
2010～2011	3.82%	0.63%	3.62%	2.36%	0.53%	1.97%
2011～2012	4.11%	0.54%	3.71%	2.47%	0.41%	2.29%
2012～2013	4.23%	0.61%	3.92%	3.15%	0.35%	2.13%
2013～2014	4.57%	0.73%	4.39%	3.97%	0.49%	3.08%
2014～2015	5.01%	0.92%	5.16%	4.35%	0.72%	4.19%
2015～2016	6.11%	0.85%	6.23%	5.11%	0.76%	5.21%
2016～2017	5.17%	0.86%	5.67%	4.55%	0.68%	5.38%
2017～2018	6.21%	0.90%	6.36%	4.72%	0.75%	5.20%
2018～2019	5.57%	0.93%	5.78%	4.81%	0.76%	5.33%
1996～2019	93.27%	41.17%	58.18%	62.83%	30.18%	51.97%

资料来源：运用 EMS 计算而得

从表 3-4 可以看出：第一，在无碳排放约束下，1996～2019 年，贵州省 9 个地州市相邻两年平均全要素能源效率增长率都有不同幅度的提高，最低的提升幅度在 1996～1997 年为 1.53%，最高的在 2017～2018 年达到 6.21%。从能源技术效率和能源技术进步对全要素能源效率增长率的贡献来看，1996～2019 年，能源技术进步对该期间全要素能源效率的提高起了较大的作用，而在此期间，能源技术效率改善甚微，阻碍了全要素能源效率的提高。第二，在碳排放约束下，1996～2019 年，贵州省 9 个地州市大部分相邻两年的平均全要素能源效率增长率低于无碳排放约束下的平均全要素能源效率增长率。总体上，1996～2019 年贵州省 9 个地州市全要素能源效率增长率平均值为 62.83%，低于无碳排放约束下的全要素能源效率增长率。这说明能源的过度使用和碳大量排放阻碍了贵州省全部地州市全要素能源效率的增长，对全要素能源效率造成损失。

进一步将全要素能源效率增长率分解为能源技术效率增长率和技术进步增长率，结果见图 3-3、图 3-4 和图 3-5。从它们的趋势线可以看出，碳排放约束下的技术效率增长率在 1996～2019 年低于无碳排放约束下的技术效率增长率，这说明在此期间能源的过度使用所造成的碳排放污染抵消了一部分规模生产的效应，2006 年后，这种抵消作用得到一定的控制；碳排放约束下的技术进步增长率在 1996～2019 年整体低于无碳排放约束下技术进步增长率，这说明在此期间使用能源进行生产的技术进步并未有效降低碳排放。第三，1996～2019 年，无碳排放约束下全要素能源效率的增长率总体上要高于碳排放约束下全要素能源效率的增长率。有无碳排放约束两种情形下的全要素能源效率变化趋势的不一致，说明贵州省在

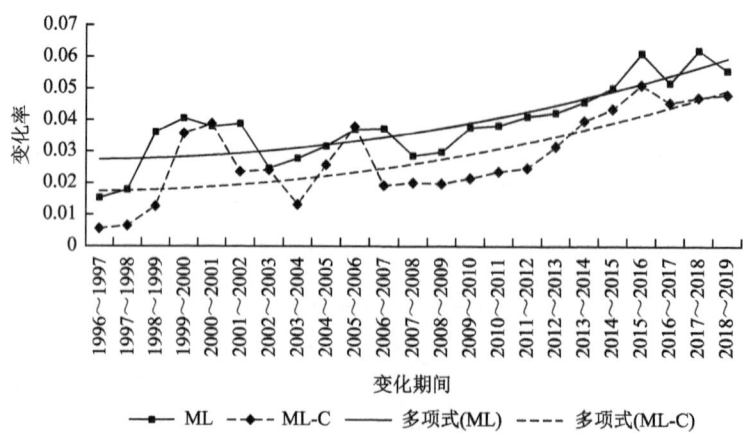

图 3-3　1996～2019 年贵州省 9 个地州市全要素能源效率增长率平均值变动趋势

由表 3-4 数据而得，ML 为无碳排放约束下贵州省 9 个地州市 1996～2019 年的能源效率增长率平均值；ML-C 为碳排放约束下贵州省 9 个地州市 1996～2019 年能源效率增长率平均值；多项式为拟合曲线方程

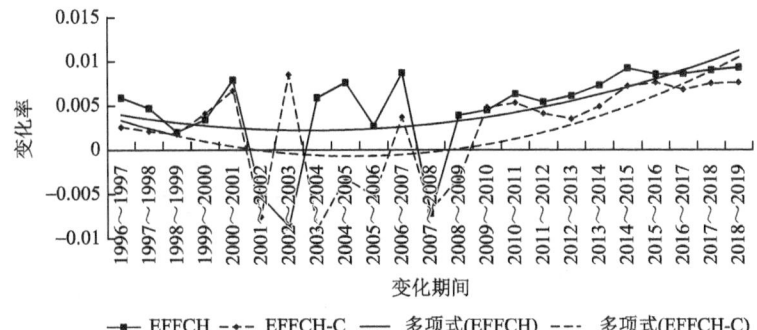

图 3-4　1996~2019 年贵州省 9 个地州市能源技术效率增长率平均值变动趋势

由表 3-4 数据而得，EFFCH 为无碳排放约束下贵州省 9 个地州市 1996~2019 年的能源技术效率增长率平均值；
EFFCH-C 为碳排放约束下贵州省 9 个地州市 1996~2019 年能源技术效率增长率平均值

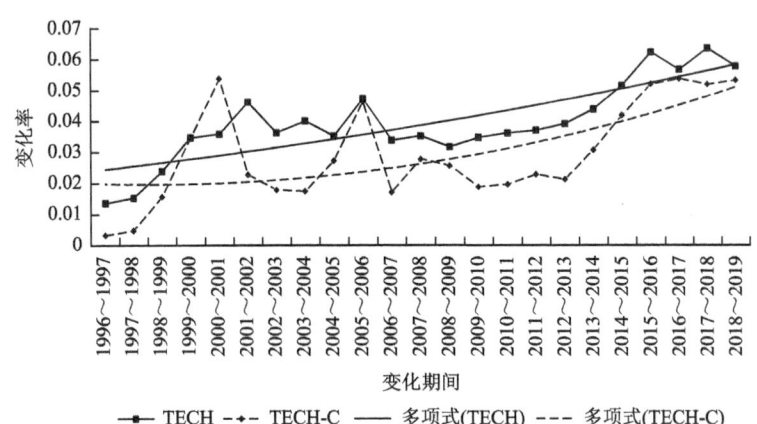

图 3-5　1996~2019 年贵州省 9 个地州市能源技术进步增长率平均值变动趋势

由表 3-4 数据而得，TECH 为无碳排放约束下贵州省 9 个地州市 1996~2019 年的能源技术进步增长率
平均值；TECH-C 为碳排放约束下贵州省 9 个地州市 1996~2019 年能源技术进步增长率平均值

1996~2019 年节能显著而减排不显著，碳污染排放影响了全要素能源效率的提高。根据作者测算，从实际情况来看，按照 2019 年的不变价格计算，1996~2019 年贵州省全部地州市能源效率从 0.77 升高到 1.67，大幅度上升 116.88%。1996~2019 年，贵州省全部地州市碳排放强度从 13 吨碳/万元 GDP 下降到 6 吨碳/万元 GDP，仅降低 53.85%。从这组数据可以看出，贵州省全部地州市单位能耗 GDP 产出率与单位能耗碳排放量的变化趋势存在不一致性，能源效率的提高并没有完全带来碳排放量的减少，这进一步地说明了贵州省节能显著而减排不显著。

　　为了更好地识别 1996~2019 年贵州省 9 个地州市全要素能源效率增长率及其分解项能源技术效率增长率和能源技术进步增长率的变动趋势，依据表 3-4 数据分别绘制了三者的变动趋势图。从图3-3可以看出，1996~2019年，无碳排放约束和碳排放约束两种情形下，全要素能源效率增长率呈上升趋势，无碳排放约束下的上升速度高于碳排放约束下的上升速度。从图3-4可以看出，1996~2006年，无碳排放约束和碳排放约束两种情形下能源技术效率增长率呈下降趋势，后者的下降速度较快；2007~2019年，无碳排放约束和碳排放约束两种情形下能源技术效率增长率在不断上升，后者的上升速度较快。从图3-5可以看出，1996~2006年，无碳排放约束和碳排放约束两种情形下，前者的能源技术进步增长率在上升，后者波动较大；2007~2019年，无碳排放约束和碳排放约束两种情形下的能源技术进步增长率在上升。三个图显示了贵州省全部地州市在1996~2019年全要素能源效率增长率的变动模式：在2006年之前，无碳排放约束和碳排放约束两种情形下，技术进步一直在提速，由于管理效率跟不上技术进步的速度，能源技术效率未完全发挥，制约能源效率的上升。2006年之后，在无碳排放约束和碳排放约束两种情形下，技术进步一直在降速，但是管理效率不断提高，促进技术效率得到提升。

以上从增长率的视角分析了1996~2019年贵州省9个地州市全要素能源效率平均值的变动趋势。同样，也可以从9个地州市ML、EFFCH、TECH三个指数的逐年平均数的累积值来分析9个地州市全要素能源效率、能源技术效率和能源技术进步的平均变动趋势（以1996年为1），结果如图3-6、图3-7和图3-8所示。

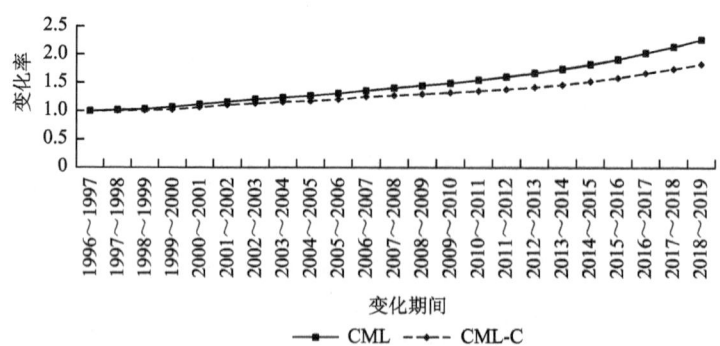

图3-6　1996~2019年贵州省9个地州市全要素能源效率累积增长率变动趋势

由表3-4数据而得，CML和CML-C分别为无碳排放约束下和碳排放约束下贵州省9个地州市1996~2019年的能源效率平均值的累积值

从图3-6可以看出，1996~2019年，在无碳排放约束和碳排放约束两种情形下，全要素能源效率增长率不断上升，但是在2004~2006年后，无碳排放约束下

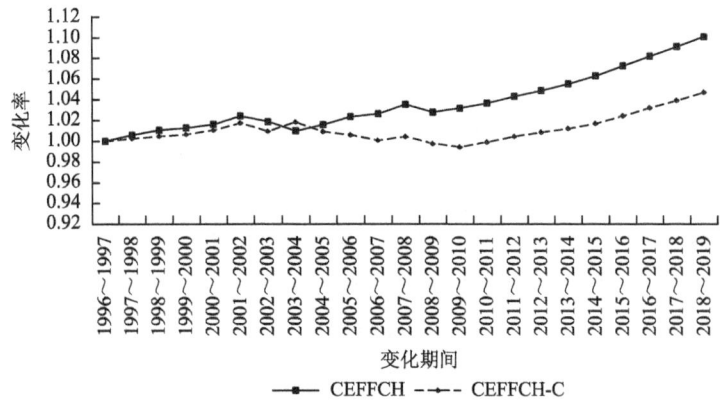

图 3-7　1996～2019 年贵州省 9 个地州市全要素能源技术效率累积增长率变动趋势

由表 3-4 数据而得，CEFFCH 和 CEFFCH-C 分别为无碳排放约束下和碳排放约束下贵州省 9 个
地州市 1996～2019 年的能源技术效率平均值的累积值

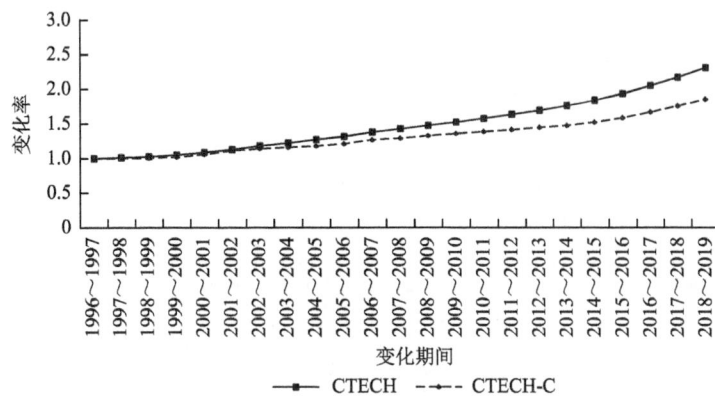

图 3-8　1996～2019 年贵州省 9 个地州市全要素能源技术进步累积增长率变动趋势

由表 3-4 数据而得，CTECH 和 CTECH-C 分别为无碳排放约束下和碳排放约束下贵州省 9 个
地州市 1996～2019 年的能源技术进步增长率的累积值

的全要素能源效率增长率上升速度高于碳排放约束下的上升速度。从图 3-7 可以
看出，1996～2004 年，在无碳排放约束和碳排放约束两种情形下能源技术效率上
下波动变化；2005～2009 年，碳排放约束下能源技术效率增长率趋于下降，而无
碳排放约束下能源技术效率增长率趋于上升。从图 3-8 可以看出，1996～2019 年，
无碳排放约束和碳排放约束两种情形下的能源技术进步增长率一直上升，并且在
2004 年后，无碳排放约束下的能源技术进步增长率高于碳排放约束下的技术进步
增长率。三个图显示了贵州省 9 个地州市 1996～2019 年全要素能源效率增长率
的变动模式：在无碳排放约束下，技术进步增长率一直在提升，但是管理效率跟

不上技术进步的速度，能源技术效率未完全发挥，与技术水平上升相比，能源技术效率上升速度减缓；在碳排放约束下，1996～2019 年，能源技术增长率整体在提升，但是同时涉及环境和生产的管理效率远跟不上技术进步的速度，严重影响能源技术效率的提升。

我们也可以从贵州省 9 个地州市逐年累积的 ML、EFFCH、TECH 来分析全要素能源效率、能源技术效率和技术进步率的变动趋势（以 1996 年为 1），结果见表 3-5～表 3-10。在无碳排放和碳排放约束下，1996～2019 年，贵阳、遵义、黔东南、铜仁 4 个地州市全要素能源效率和技术进步率的提升幅度较大；与全要素能源效率和技术进步率相比，9 个地州市能源技术效率提升幅度较小，对于此期间贵州全要素能源效率提高的贡献不大；无碳排放约束下全要素能源效率和技术进步率的提升幅度明显高于碳排放约束。这表明贵州产业体系管理效率导致其能源使用技术进步的效果没有得到有效发挥，阻碍全要素能源效率的提高；碳排放削弱全要素能源效率的提升，应当进一步提高能源技术进步和技术效率，以及碳减排的技术进步和技术效率，促进全要素能源效率的提升；促进提升幅度较小的毕节、六盘水、黔西南和黔南 4 个地州市全要素能源效率的提高，带动贵州产业体系全要素能源效率的提升。

表 3-5　1996～2019 年无碳排放约束下贵州全要素能源效率累积增长率变动趋势

年份	贵阳	遵义	毕节	六盘水	安顺	黔东南	黔西南	黔南	铜仁
1997	1.0184	1.0176	1.0135	1.0136	1.0161	1.0164	1.0141	1.0139	1.0171
1998	1.0402	1.0385	1.0294	1.0298	1.0352	1.0358	1.0308	1.0304	1.0375
1999	1.0853	1.0817	1.0621	1.0629	1.0744	1.0758	1.065	1.0643	1.0795
2000	1.1382	1.1322	1.1001	1.1013	1.1202	1.1226	1.1048	1.1036	1.1286
2001	1.1899	1.1815	1.1368	1.1384	1.1648	1.1681	1.1433	1.1417	1.1765
2002	1.2453	1.2342	1.1756	1.1777	1.2122	1.2166	1.1841	1.1820	1.2276
2003	1.2823	1.2693	1.2011	1.2036	1.2437	1.2488	1.2110	1.2086	1.2616
2004	1.3250	1.3099	1.2305	1.2334	1.2800	1.2859	1.2420	1.2391	1.3008
2005	1.3754	1.3576	1.2648	1.2682	1.3226	1.3295	1.2782	1.2749	1.3470
2006	1.4363	1.4152	1.3059	1.3098	1.3738	1.3820	1.3216	1.3177	1.4027
2007	1.5005	1.4758	1.3487	1.3532	1.4275	1.4370	1.3669	1.3623	1.4611
2008	1.5520	1.5243	1.3826	1.3876	1.4704	1.4810	1.4028	1.3977	1.5079
2009	1.6074	1.5765	1.4189	1.4244	1.5164	1.5282	1.4413	1.4356	1.5583
2010	1.6800	1.6447	1.4658	1.4721	1.5762	1.5897	1.4911	1.4848	1.6239
2011	1.7570	1.7170	1.5151	1.5222	1.6394	1.6547	1.5435	1.5364	1.6934

续表

年份	贵阳	遵义	毕节	六盘水	安顺	黔东南	黔西南	黔南	铜仁
2012	1.8436	1.7981	1.5699	1.5778	1.7102	1.7275	1.6019	1.5938	1.7713
2013	1.9372	1.8856	1.6283	1.6372	1.7862	1.8056	1.6642	1.6552	1.8552
2014	1.9506	1.9011	1.6519	1.6587	1.8136	1.8216	1.6935	1.6789	1.8638
2015	1.9821	1.9205	1.6795	1.6729	1.8506	1.8509	1.7358	1.7139	1.8967
2016	2.0327	1.9368	1.7033	1.6931	1.8865	1.8768	1.7697	1.7538	1.9237
2017	2.0679	1.9561	1.7236	1.7206	1.9038	1.8963	1.7916	1.7688	1.9406
2018	2.1132	1.9731	1.7506	1.7399	1.9316	1.9239	1.8238	1.7932	1.9628
2019	2.1568	2.0128	1.7798	1.7618	1.9576	1.9503	1.8501	1.8121	1.9869

注：运用 EMS 计算逐年无碳排放约束下的 ML 生产率指数，然后进行逐年累积而得

表 3-6 1996～2019 年碳排放约束下贵州全要素能源效率累积增长率变动趋势

年份	贵阳	遵义	毕节	六盘水	安顺	黔东南	黔西南	黔南	铜仁
1997	1.0067	1.0064	1.0049	1.0050	1.0059	1.0060	1.0052	1.0051	1.0063
1998	1.0146	1.0140	1.0107	1.0108	1.0127	1.0130	1.0112	1.0110	1.0136
1999	1.0300	1.0288	1.0220	1.0222	1.0263	1.0268	1.0230	1.0227	1.0280
2000	1.0742	1.0710	1.0541	1.0547	1.0647	1.0660	1.0566	1.0560	1.0691
2001	1.1242	1.1188	1.0901	1.0911	1.1081	1.1102	1.0943	1.0932	1.1156
2002	1.1560	1.1492	1.1127	1.1140	1.1356	1.1383	1.1181	1.1167	1.1451
2003	1.1894	1.1810	1.1363	1.1379	1.1643	1.1676	1.1428	1.1412	1.176
2004	1.2083	1.1989	1.1495	1.1513	1.1804	1.1841	1.1567	1.1549	1.1934
2005	1.2457	1.2345	1.1756	1.1777	1.2124	1.2168	1.1842	1.1820	1.2278
2006	1.3023	1.2883	1.2148	1.2175	1.2607	1.2661	1.2255	1.2228	1.2800
2007	1.3324	1.3168	1.2353	1.2383	1.2861	1.2922	1.2471	1.2442	1.3075
2008	1.3645	1.3472	1.2572	1.2604	1.3132	1.3199	1.2702	1.2669	1.3369
2009	1.3969	1.3779	1.2791	1.2826	1.3405	1.3479	1.2933	1.2897	1.3666
2010	1.4329	1.4119	1.3033	1.3072	1.3708	1.3789	1.3189	1.3150	1.3995
2011	1.4735	1.4503	1.3304	1.3346	1.4047	1.4137	1.3475	1.3432	1.4365
2012	1.5172	1.4915	1.3593	1.3640	1.4412	1.4511	1.3781	1.3734	1.4762
2013	1.5746	1.5455	1.3970	1.4022	1.4888	1.5000	1.4181	1.4128	1.5283
2014	1.6089	1.5639	1.4298	1.4219	1.5297	1.5469	1.4587	1.4398	1.5569
2015	1.6357	1.6037	1.4597	1.4617	1.5568	1.5897	1.4906	1.4768	1.5805
2016	1.6511	1.6387	1.4769	1.4968	1.5821	1.6127	1.6310	1.5123	1.6105
2017	1.6739	1.6597	1.4902	1.5309	1.6038	1.6388	1.6732	1.5339	1.6398
2018	1.6909	1.6805	1.5196	1.5633	1.6379	1.6639	1.6989	1.5798	1.6759
2019	1.7215	1.7089	1.5387	1.5916	1.6697	1.6937	1.7328	1.6139	1.7089

注：运用 EMS 计算逐年碳排放约束下的 ML 生产率指数，然后进行逐年累积而得

表 3-7 1996～2019 年无碳排放约束下贵州全要素能源技术效率累积增长率变动趋势

年份	贵阳	遵义	毕节	六盘水	安顺	黔东南	黔西南	黔南	铜仁
1997	1.0071	1.0068	1.0052	1.0053	1.0062	1.0063	1.0054	1.0054	1.0066
1998	1.0128	1.0122	1.0093	1.0095	1.0112	1.0114	1.0098	1.0097	1.0119
1999	1.0152	1.0146	1.0111	1.0113	1.0133	1.0135	1.0116	1.0115	1.0142
2000	1.0193	1.0185	1.0142	1.0143	1.0169	1.0172	1.0148	1.0146	1.0180
2001	1.0290	1.0278	1.0212	1.0214	1.0253	1.0258	1.0222	1.0219	1.0270
2002	1.0225	1.0215	1.0164	1.0166	1.0196	1.0200	1.0172	1.017	1.0209
2003	1.0118	1.0113	1.0087	1.0088	1.0103	1.0105	1.0090	1.0090	1.0110
2004	1.0189	1.0182	1.0139	1.0141	1.0166	1.0169	1.0145	1.0144	1.0177
2005	1.0282	1.0271	1.0207	1.0209	1.0247	1.0252	1.0216	1.0214	1.0263
2006	1.0316	1.0302	1.0231	1.0234	1.0276	1.0281	1.0242	1.0239	1.0294
2007	1.0423	1.0405	1.0309	1.0313	1.0370	1.0377	1.0324	1.0320	1.0395
2008	1.0333	1.0319	1.0244	1.0247	1.0291	1.0297	1.0255	1.0252	1.0311
2009	1.0382	1.0366	1.0279	1.0282	1.0334	1.0340	1.0292	1.0289	1.0356
2010	1.0438	1.0419	1.0320	1.0324	1.0382	1.0390	1.0335	1.0331	1.0408
2011	1.0517	1.0495	1.0377	1.0381	1.0451	1.0460	1.0394	1.0390	1.0482
2012	1.0585	1.0560	1.0426	1.0431	1.0510	1.0520	1.0446	1.0441	1.0545
2013	1.0662	1.0634	1.0482	1.0488	1.0578	1.0589	1.0505	1.0499	1.0617
2014	1.0816	1.0756	1.0597	1.0533	1.0687	1.0697	1.0617	1.0598	1.0716
2015	1.1123	1.0901	1.0721	1.0611	1.0897	1.0805	1.0769	1.0703	1.0809
2016	1.1396	1.1103	1.0865	1.0798	1.1031	1.0989	1.0863	1.0931	1.1021
2017	1.1523	1.1402	1.1023	1.0988	1.1256	1.1103	1.0998	1.1120	1.1298
2018	1.1789	1.1598	1.1198	1.1168	1.1531	1.1365	1.1268	1.1397	1.1563
2019	1.2038	1.1803	1.1305	1.1327	1.1688	1.1602	1.1468	1.1503	1.1699

注：运用 EMS 计算逐年无碳排放约束下的 EFFCH 指数，然后进行逐年累积而得

表 3-8 1996～2019 年碳排放约束下贵州全要素能源技术效率累积增长率变动趋势

年份	贵阳	遵义	毕节	六盘水	安顺	黔东南	黔西南	黔南	铜仁
1997	1.0031	1.0030	1.0023	1.0023	1.0027	1.0028	1.0024	1.0024	1.0029
1998	1.0056	1.0054	1.0041	1.0042	1.0049	1.0050	1.0043	1.0043	1.0053
1999	1.0078	1.0075	1.0057	1.0058	1.0068	1.0070	1.0060	1.0059	1.0073
2000	1.0128	1.0122	1.0094	1.0095	1.0112	1.0114	1.0098	1.0097	1.0119
2001	1.0209	1.0200	1.0153	1.0155	1.0183	1.0186	1.0160	1.0158	1.0195
2002	1.0116	1.0111	1.0085	1.0086	1.0102	1.0104	1.0089	1.0088	1.0108
2003	1.0219	1.0210	1.0161	1.0162	1.0192	1.0195	1.0168	1.0166	1.0205

续表

年份	贵阳	遵义	毕节	六盘水	安顺	黔东南	黔西南	黔南	铜仁
2004	1.0110	1.0106	1.0081	1.0082	1.0097	1.0098	1.0085	1.0084	1.0103
2005	1.0071	1.0068	1.0053	1.0053	1.0063	1.0064	1.0055	1.0054	1.0067
2006	1.0007	1.0007	1.0006	1.0006	1.0007	1.0007	1.0006	1.0006	1.0007
2007	1.0052	1.0050	1.0038	1.0039	1.0045	1.0046	1.0040	1.0040	1.0048
2008	0.9970	0.9971	0.9978	0.9978	0.9974	0.9973	0.9977	0.9978	0.9972
2009	0.9931	0.9934	0.9950	0.9950	0.9940	0.9939	0.9948	0.9948	0.9936
2010	0.9989	0.9989	0.9992	0.9992	0.9990	0.9990	0.9992	0.9992	0.9990
2011	1.0052	1.0050	1.0039	1.0039	1.0046	1.0047	1.0041	1.0040	1.0049
2012	1.0102	1.0097	1.0075	1.0076	1.0089	1.0091	1.0078	1.0078	1.0095
2013	1.0144	1.0138	1.0106	1.0107	1.0126	1.0129	1.0111	1.0110	1.0135
2014	1.0197	1.0189	1.0168	1.0169	1.0169	1.0186	1.0166	1.0169	1.0166
2015	1.0288	1.0277	1.0211	1.0216	1.0231	1.0209	1.0198	1.0216	1.0195
2016	1.0397	1.0381	1.0328	1.0322	1.0352	1.0312	1.0301	1.0328	1.0305
2017	1.0511	1.0498	1.0468	1.0438	1.0472	1.0431	1.0412	1.0406	1.0413
2018	1.0627	1.0611	1.0598	1.0539	1.0598	1.0563	1.0508	1.0517	1.0522
2019	1.0718	1.0702	1.0688	1.0673	1.0706	1.0637	1.0621	1.0651	1.0633

注：运用 EMS 计算逐年碳排放约束下的 EFFCH 指数，然后进行逐年累积而得

表 3-9　1996～2019 年无碳排放约束下贵州全要素能源技术进步累积增长率变动趋势

年份	贵阳	遵义	毕节	六盘水	安顺	黔东南	黔西南	黔南	铜仁
1997	1.0163	1.0156	1.0120	1.0121	1.0143	1.0146	1.0125	1.0124	1.0152
1998	1.0350	1.0335	1.0256	1.0259	1.0306	1.0312	1.0268	1.0265	1.0326
1999	1.0647	1.0619	1.0472	1.0477	1.0564	1.0575	1.0493	1.0488	1.0603
2000	1.1090	1.1043	1.0791	1.0801	1.0949	1.0968	1.0828	1.0819	1.1015
2001	1.1568	1.1499	1.1132	1.1146	1.1362	1.1389	1.1186	1.1173	1.1458
2002	1.2209	1.2110	1.1585	1.1604	1.1913	1.1952	1.1661	1.1642	1.2051
2003	1.2741	1.2615	1.1955	1.1979	1.2367	1.2417	1.2051	1.2027	1.2540
2004	1.3354	1.3197	1.2377	1.2406	1.2888	1.2949	1.2496	1.2466	1.3104
2005	1.3918	1.3731	1.2760	1.2795	1.3364	1.3437	1.2900	1.2865	1.3620
2006	1.4708	1.4478	1.3291	1.3334	1.4028	1.4117	1.3462	1.3419	1.4342
2007	1.5306	1.5043	1.3688	1.3736	1.4527	1.4629	1.3881	1.3833	1.4886
2008	1.5955	1.5653	1.4113	1.4168	1.5066	1.5182	1.4332	1.4277	1.5475
2009	1.6562	1.6224	1.4507	1.4567	1.5567	1.5697	1.4750	1.4689	1.6024
2010	1.7253	1.6873	1.4951	1.5018	1.6136	1.6281	1.5222	1.5154	1.6649

续表

年份	贵阳	遵义	毕节	六盘水	安顺	黔东南	黔西南	黔南	铜仁
2011	1.8003	1.7576	1.5427	1.5502	1.6749	1.6912	1.5729	1.5653	1.7324
2012	1.8804	1.8325	1.5931	1.6014	1.7402	1.7583	1.6266	1.6182	1.8044
2013	1.9689	1.9152	1.6481	1.6573	1.8118	1.8321	1.6853	1.6759	1.8836
2014	2.0236	1.9811	1.7123	1.7032	1.8213	1.8659	1.7219	1.7515	1.9169
2015	2.0519	2.0317	1.7965	1.7659	1.8631	1.9031	1.8123	1.7962	1.9365
2016	2.0713	2.0568	1.8623	1.8231	1.9011	1.9512	1.8815	1.8327	1.9568
2017	2.0916	2.0788	1.8839	1.8597	1.9369	1.9852	1.9328	1.8688	1.9761
2018	2.1097	2.0989	1.9127	1.8856	1.9588	2.0328	1.9687	1.9031	1.9923
2019	2.1302	2.1298	1.9389	1.9102	1.9815	2.0703	2.0238	1.9568	2.0367

注：运用 EMS 计算逐年无碳排放约束下的 TECH 指数，然后进行逐年累积而得

表 3-10　1996～2019 年碳排放约束下贵州全要素能源技术进步累积增长率变动趋势

年份	贵阳	遵义	毕节	六盘水	安顺	黔东南	黔西南	黔南	铜仁
1997	1.0040	1.0038	1.0029	1.0029	1.0035	1.0035	1.0030	1.0030	1.0037
1998	1.0097	1.0093	1.0071	1.0072	1.0085	1.0087	1.0075	1.0074	1.0091
1999	1.0288	1.0276	1.0211	1.0213	1.0251	1.0256	1.0220	1.0218	1.0268
2000	1.0714	1.0683	1.0521	1.0527	1.0623	1.0635	1.0545	1.0539	1.0665
2001	1.1405	1.1344	1.1019	1.1031	1.1223	1.1247	1.1066	1.1054	1.1308
2002	1.1717	1.1642	1.1240	1.1254	1.1492	1.1522	1.1299	1.1284	1.1597
2003	1.1969	1.1881	1.1417	1.1434	1.1708	1.1742	1.1485	1.1468	1.1829
2004	1.2220	1.2120	1.1593	1.1612	1.1923	1.1962	1.1670	1.1650	1.2061
2005	1.2621	1.2501	1.1871	1.1894	1.2264	1.2311	1.1963	1.1940	1.2430
2006	1.3322	1.3167	1.2355	1.2384	1.2861	1.2921	1.2472	1.2443	1.3074
2007	1.3597	1.3427	1.2542	1.2574	1.3093	1.3159	1.2670	1.2638	1.3326
2008	1.4050	1.3856	1.2849	1.2885	1.3475	1.3551	1.2994	1.2957	1.3741
2009	1.4484	1.4266	1.3139	1.3179	1.3839	1.3923	1.3301	1.326	1.4136
2010	1.4812	1.4576	1.3358	1.3401	1.4113	1.4205	1.3532	1.3488	1.4436
2011	1.5162	1.4906	1.3589	1.3636	1.4405	1.4504	1.3777	1.3730	1.4754
2012	1.5579	1.5299	1.3863	1.3914	1.4752	1.4860	1.4068	1.4016	1.5133
2013	1.5977	1.5673	1.4123	1.4178	1.5082	1.5198	1.4343	1.4288	1.5494
2014	1.6238	1.6127	1.4502	1.4517	1.5398	1.5569	1.4698	1.4697	1.5697
2015	1.6719	1.6509	1.4968	1.5139	1.5803	1.5905	1.5167	1.5069	1.6058
2016	1.7126	1.6897	1.5367	1.5523	1.6297	1.6398	1.5601	1.5433	1.6389
2017	1.7598	1.7132	1.5698	1.5897	1.6698	1.6802	1.5969	1.6011	1.6753
2018	1.7869	1.7562	1.5967	1.6389	1.7103	1.7238	1.6387	1.6431	1.7032
2019	1.8305	1.7968	1.6402	1.6727	1.7503	1.7589	1.6708	1.6628	1.7331

注：运用 EMS 计算逐年碳排放约束下的 TECH 指数，然后进行逐年累积而得

3.1.5　计量分析

对 1996~2019 年贵州省 9 个地州市全要素能源效率和全要素能源效率增长率
的影响因素进行计量分析,以掌握该区间内贵州产业体系全要素能源静态和动态
效率变化趋势的影响因素。

1. 全要素能源效率影响因素的计量分析

从 3.1.4 节计算出的结果分析可以看出,贵州省 9 个地州市全要素能源效率
及其变动趋势,以及全要素能源效率指数及其变动趋势差异较大,而且碳排放
约束对它们产生较大影响。本部分将分析影响贵州省 9 个地州市全要素能源效
率和全要素能源效率指数的因素,这样有助于我们更好地理解一个类似于贵州
省 9 个地州市一样经济联系比较紧密的后发区域中经济发展、能源消费和碳排
放的关系和作用机理,并在此基础上寻求实现可持续发展的可行途径,以达到
经济发展、能源效率提高和碳排放污染强度降低的多赢结果。因此,分析哪些
因素影响碳排放约束下的全要素能源效率和全要素能源效率指数的变化趋势就
显得非常重要。

1) 变量及数据说明

根据已有的国内外的全要素能源效率和全要素能源效率指数的相关文献,以
及贵州省经济发展的现实状况和各个地州市产业发展的特点来确定这些因素。

第一,经济发展水平。史丹等(2008)认为经济发展水平与能源效率高度相
关,将经济发展水平作为影响环境全要素生产率的因素。尽管贵州省 9 个地州市
临近,但是经济发展水平存在差距,这势必影响它们的能源效率。本书用不变价
人均 GDP 的对数 [ln(pergdp)] 表示经济发展水平。

第二,生产要素禀赋水平。资本、劳动力和能源是一个地区基本的生产要素,
它们决定一个地区生产率的高低。贵州省各个地州市的资本、劳动力和能源的禀
赋水平存在较大差异,这势必会影响它们的生产率水平,进而影响全要素能源效
率水平。本书用资本/劳动比的对数,即人均资本 [percapital = ln(K / L)] 和人均能
源消费量(perenergy)表示贵州省各个地州市的生产要素禀赋水平。

第三,产业结构。韩智勇等(2004)、吴滨和李为人(2007)、袁晓玲和屈小
娥(2009)认为产业结构对能源效率有着重要的影响。考虑到贵州省 9 个地州市
处于工业化中期的状况,具有工业比例高的特点,本书用各个地州市第二产业总
产值占 GDP 的份额(indusstr)表示产业结构。

第四,能源结构。各种能源的热效率相差较大,能源结构对能源效率有重要

影响。考虑到贵州省各个地州市能源结构存在差异，并且煤炭消费占比大的特点，本书用各个地州市煤炭在能源终端消费中的占比（energystr）表示能源结构。

第五，累积的能源技术进步增长率与累积的能源技术效率增长率。从 3.1.4 节的分析可以看出，技术进步和技术效率对全要素能源效率影响较大，并且在有无碳排放约束两种情形下，它们对全要素能源效率的影响是不同的。由前面知道，技术进步增长率（tech）和技术效率增长率（effch）仅表示相对于上年来说，技术进步和技术效率的增长幅度。本书以研究的初始年 1996 年为基准，分别计算相对于1996 年的累积的能源技术进步增长率（techcumu）和累积的能源技术效率增长率（effchcumu），这样有助于全面反映研究期间技术进步程度和技术效率的增长程度。

以上各影响因素的数据，人均 GDP（pergdp）、人均资本（percapital）、人均能源消费量（perenergy）、第二产业总产值占 GDP 的份额（indusstr）数据来自贵州省 9 个地州市《统计年鉴》（1997~2014 年），以 2015 年不变价计算；累积的能源技术进步增长率（techcumu）和累积的能源技术效率增长率（effchcumu）来自 3.1.4 节计算的结果。

2）计量模型

计量模型的数据具有空间和时间两种特性，为了检验能源效率和影响其因素的关系，用面板数据计量模型进行回归。面板数据的模型估计方法主要包括聚合最小二乘法、FE、RE 和 FGLS，在实际应用中往往根据所研究的问题特点和具体数据特征来决定。由于面板数据来自研究总体，即数据中所包含的个体成员是研究总体的所有单位，个体成员单位的差异可以被看作回归系数的参数变动，因此对全要素能源效率影响因素的回归分析选择 FE 模型。

$$\text{EE}_{k,t} = \alpha + \beta_1 \ln(\text{pergdp}_{k,t}) + \beta_2 \ln(\text{percapital}_{k,t}) + \beta_3 \text{perenergy}_{k,t} + \beta_4 \text{indusstr}_{k,t}$$
$$+ \beta_5 \text{energystr}_{k,t} + \beta_6 \text{effchcumu}_{k,t} + \beta_7 \text{techcumu}_{k,t} + \varepsilon_{k,t}$$

$$(3\text{-}22)$$

$\text{EE}_{k,t}$ 为全要素能源效率（因变量），分无碳排放约束和碳排放约束两种情况；$\ln(\text{pergdp}_{k,t})$、$\ln(\text{percapital}_{k,t})$、$\text{perenergy}_{k,t}$、$\text{indusstr}_{k,t}$、$\text{energystr}_{k,t}$、$\text{effchcumu}_{k,t}$、$\text{techcumu}_{k,t}$ 为影响全要素能源效率的因素（解释变量），其中，k、t 分别为不同时期不同城市的对应值；β_i 为被估计参数；$\varepsilon_{k,t}$ 为随机误差项，服从正态分布。为了减少误差项中存在的异方差性和序列相关性的影响，使用 FGLS 对式（3-22）进行参数估计。

表 3-11 给出了式（3-22）对贵州 9 个地州市产业体系 1996~2019 年全要素能源效率及其影响因素进行回归所得到的解释变量系数估计值。回归分无碳排放约束和碳排放约束两种情形进行，并且在每一种情形下，给出了 FE 和 RE 两种情况下的回归结果。从 Hausman 检验的结果来看，在无碳排放约束和碳排放约束下

全要素能源效率的回归分析应当选择 FE 模型。另外，在 ML 生产率指数计算中，ML = effch × tech，尽管在式（3-22）中用累积值 effchcumu 和 techcumu 作为解释变量，但式（3-22）仍可能存在多重共线性问题。为此，我们进行了多重共线性检验，经检验解释变量的相关系数都小于 0.37，变量之间存在多重共线性的可能性小。

表 3-11　全要素能源效率影响因素的计量分析

变量	无碳排放约束下			碳排放约束下		
	FE（FGLS）	RE（FGLS）	FE（2SLS）	FE（FGLS）	RE（FGLS）	FE（2SLS）
α	−0.8751**** (−7.7189)	−1.0792*** (−5.6315)	−0.6891** (2.3782)	−1.2817**** (−5.1927)	−1.1331**** (−7.8093)	−1.3578**** (−6.6073)
ln(pergdp)	0.0115** (2.3113)	0.0173 (0.4127)	0.0498** (2.4171)	0.0071*** (3.8115)	0.0118*** (4.2709)	0.00218*** (3.6790)
ln(percapital)	0.0015** (1.9119)	0.0031 (0.6063)	0.0033** (2.0136)	−0.0027* (−1.2175)	−0.0071** (−2.4760)	−0.0058* (1.5891)
perenergy	−0.0241**** (−4.5971)	−0.0152** (2.1457)	−0.0138*** (−3.5329)	−0.0158** (−2.9129)	0.0021 (0.3981)	−0.0079** (−2.6891)
indusstr	0.3147** (2.1987)	0.7972** (2.6689)	0.3217** (2.5119)	0.6012** (2.6271)	1.1136*** (4.8651)	0.4127** (2.7172)
energystr	−0.0641* (−1.6139)	0.0461 (0.9762)	−0.0719* (−1.4986)	−0.2017 (−0.9127)	−0.5781* (−1.5971)	−0.3883* (−1.7812)
effchcumu	0.5578**** (6.7712)	0.4982**** (5.9913)	0.6358**** (7.0952)	0.4971**** (8.1891)	0.4187**** (7.1367)	0.5683**** (6.8872)
techcumu	1.1763**** (5.8891)	0.8761**** (6.0347)	1.2301**** (7.1901)	−0.8361*** (−4.3679)	−0.3119** (2.5181)	−0.7562*** (−3.6189)
R^2	0.9619	0.7125	0.9561	0.9417	0.6817	0.8726
F-stat	88.1176	43.9896	39.0356	89.7962	53.1896	42.8713
D. W. stat	1.3782	0.7106	1.2193	1.4129	0.5985	0.9863
Hausman 检验	61.1321			83.3897		
Sargan 检验（p 值）	0.5897			0.4793		

注：所有的系数的计算和检验借助 Eviews 6.0 完成；括号内为基于标准差计算的 t 统计量
****表示估计系数在 1%水平上显著；***表示估计系数在 10%水平上显著；**表示估计系数在 20%水平上显著；*表示估计系数在 50%水平上显著

3）解释变量的内生性问题

贵州省产业体系全要素能源效率在本书分析中所存在的内生性问题来源于两个方面：一是模型设定偏误，即由遗漏变量引起的。全要素能源效率作为因变量受许多变量的影响，在实际建模过程中无法将解释变量全部列出。在这样的情况下，遗漏的变量的影响就被纳入了误差项中，在该遗漏变量与其他解释变量相关的情况下，就引起了内生性问题。为了解决因遗漏变量引起的内生性问题，可以利用面板数据的 FE 模型剔除不可观测因素引起的偏误。二是因变量全要素能源效率与解释变量双向交互影响。例如，经济发展水平高的地区，其全要素能源效率高；反过来，全要素能源的高效率也在推升一个地区的经济发展水平。在这种情况下，通常办法是寻找工具变量采用两阶段估计以获得无偏的结果。本书将经济发展水平人均 GDP 的对数、生产要素禀赋水平中的人均能源消费量、产业结构、能源结构、累积的能源技术进步增长率、累积的能源技术效率增长率、外商直接投资设为内生变量，并以这些变量滞后一期作为工具变量。基于 FE 模型，运用两阶段估计方法（two-stages least square，2SLS）进行回归，结果见表 3-11。表 3-11 给出了工具变量的诊断检验值，从检验结果来看第一阶段的 F 统计值较大（10 以上），说明所选择的工具变量与内生解释变量是高度相关的；Sargan 检验的概率值均在 0.1 以上，说明不存在工具变量的过度识别问题，工具变量的选择是有效的。

4）计量结果

表 3-11 给出了式（3-22）对贵州省 9 个地州市 1996～2019 年全要素能源效率及其影响因素进行回归所得到的解释变量系数估计值。基于工具变量的 2SLS 的回归结果，可得以下结论。

第一，在无碳排放约束下，能源使用不会产生碳排放非合意性产出，累积的能源技术进步增长率、累积的能源技术效率增长率对能源效率有显著的正影响，第二产业总产值占 GDP 的份额对能源效率有显著的正影响，而人均 GDP、人均资本对能源效率正向影响不显著，人均能源消费量对能源效率有显著的负影响。这表明，在无碳排放约束下，决定贵州省产业体系能源效率的主要因素是累积的能源技术进步增长率、累积的能源技术效率增长率和第二产业总产值占 GDP 的份额三个因素，总体上看，这是由贵州产业体系走新型工业化，通过提高资源型产品加工度和附加值，大力降低产业体系能耗决定的。另外，与累积的能源技术进步增长率相比，累积的能源技术效率增长率对能源效率的正影响不显著，这表明贵州省产业体系能源效率的提升还主要依靠技术进步的推动，技术效率的作用不显著，产业体系发展主要依靠引进国内外先进技术和创新实现技术进步推动。

第二，在碳排放约束下，能源使用将会产生碳排放非合意性产出，累积的能源技术效率增长率、第二产业总产值占 GDP 的份额对能源效率有显著的正影响，人均 GDP 对能源效率也具有显著的正影响，而累积的能源技术进步增长率和人均能源消费量对能源效率具有显著的负影响。与无碳排放约束情况相比，在碳排放约束下，决定贵州省产业体系能源效率的主要因素是累积的能源技术效率增长率和第二产业总产值占 GDP 的份额。这表明，尽管在无碳排放约束下，贵州产业体系大力发展低能耗和高加工度的制造业，通过新型工业化道路提高了能源效率，但是在碳排放约束下，工业化程度提高并没有对能源效率产生显著的正向影响。人均 GDP 代表地区的经济发展程度，人均 GDP 对能源效率则具有显著正影响，表明随着贵州产业体系发展程度的提高，能源效率将提升。与无碳排放约束相比，碳排放约束下累积的技术进步增长率对能源效率的负影响表明，技术进步大多是为了提高产出，而没有提高与能源使用相关的碳排放技术。

2. 全要素能源效率增长率影响因素的计量分析

1）计量模型

全要素能源效率表达的是静态效率，还不能说明全要素能源效率的动态变化特征。为此，需要进一步对全要素能源效率的增长率及其影响因素进行计量分析：

$$\text{RCEE}_{k,t} = \alpha + \beta_1 \ln(\text{pergdp}_{k,t}) + \beta_2 \ln(\text{percapital}_{k,t}) + \beta_3 \text{perenergy}_{k,t}$$
$$+ \beta_4 \text{indusstr}_{k,t} + \beta_5 \text{energystr}_{k,t} + \beta_6 \text{effch}_{k,t} + \beta_7 \text{tech}_{k,t} + \varepsilon_{k,t} \quad (3\text{-}23)$$

$\text{RCEE}_{k,t}$ 为全要素能源效率增长率（因变量），分无碳排放约束和碳排放约束两种情况，它是通过贵州省各个地州市各个年份序列的 EE 值计算得到全要素能源效率增长率。$\ln(\text{pergdp}_{k,t})$、$\ln(\text{percapital}_{k,t})$、$\text{perenergy}_{k,t}$、$\text{indusstr}_{k,t}$、$\text{energystr}_{k,t}$、$\text{effch}_{k,t}$、$\text{tech}_{k,t}$ 为影响能源效率增长率的因素（解释变量），其中，k、t 分别为不同时期不同地州市的对应值；β_i 为被估计参数；$\varepsilon_{k,t}$ 为随机误差项，服从正态分布。为了减少误差项中存在的异方差性和序列相关性的影响，使用 FGLS 对式（3-23）进行参数估计。

表 3-12 给出了式（3-23）对贵州省 9 个地州市 1996～2019 年全要素能源效率增长率及其影响因素进行回归所得到的解释变量系数估计值。回归分无碳排放约束和碳排放约束两种情形进行，并且在每一种情形下，给出了 FE 和 RE 两种情况下的回归结果。从 Hausman 检验的结果来看，在无碳排放约束和碳排放约束两种情形下全要素能源效率增长率的回归分析应当选择 FE 模型。另外，在 ML 生产率指数计算中，$\text{ML} = \text{effch} \times \text{tech}$，因此式（3-23）可能存在多重共线性问题。为此，我们进行了多重共线性检验，经检验解释变量之间的相关系数都小于 0.43，变量之间存在多重共线性的可能性小。

表 3-12　全要素能源效率增长率影响因素的计量分析

变量	无碳排放约束下			碳排放约束下		
	FE（FGLS）	RE（FGLS）	FE（2SLS）	FE（FGLS）	RE（FGLS）	FE（2SLS）
α	-1.3697^{****} （-6.2683）	-2.2351^{****} （-5.0907）	0.0196^{***} （2.3101）	-0.8756^{****} （-5.6783）	-1.2698^{***} （-3.6142）	-0.5109^{**} （-1.9125）
$\ln(\text{pergdp})$	0.1015^{***} （2.2098）	0.0521^{**} （1.5857）	0.0617^{***} （2.0581）	0.0331^{**} （1.8619）	0.0451^{**} （1.7593）	0.0613^{***} （2.2681）

续表

变量	无碳排放约束下			碳排放约束下		
	FE（FGLS）	RE（FGLS）	FE（2SLS）	FE（FGLS）	RE（FGLS）	FE（2SLS）
ln(percapital)	0.0033***	0.0051*	0.0072*	0.0172*	0.0031	0.0197
	(2.7342)	(1.0263)	(0.9517)	(0.8768)	(0.4798)	(0.5137)
perenergy	−0.0023*	−0.0115**	−0.0130*	−0.0171*	−0.0157*	−0.0227*
	(−1.4773)	(−1.9132)	−1.5892	(−1.4793)	(−1.2671)	(0.9675)
indusstr	0.0389	−0.0507	−0.2817*	−0.2019***	−0.1589***	−0.1995***
	(0.5871)	(−0.4038)	(−1.1618)	(−1.9872)	(−2.4196)	(−2.5189)
energystr	−0.0219	−0.0987**	−0.1328**	−0.0318	−0.0216	−0.0171
	(−0.5709)	(−1.9637)	(−1.6189)	(−0.4987)	(−0.5779)	(−0.6323)
effch	0.5617****	0.6388****	0.7928***	0.6198****	0.7882****	0.8176****
	(8.0428)	(7.7513)	(3.5397)	(5.7803)	(6.0298)	(6.9108)
tech	0.9738****	1.1219****	1.3639***	1.2098****	1.3539****	1.1768****
	(7.6619)	(5.9846)	(3.9809)	(7.8587)	(6.1339)	(5.6519)
R^2	0.7577	0.5298	0.4763	0.6987	0.4791	0.4288
F-stat	48.6719	27.0572	17.7562	31.9817	22.1368	16.8019
D. W. stat	1.7897	2.5851	2.4981	1.9108	1.7718	1.8239
Hausman 检验	31.4563			28.0986		
Sargan 检验(p 值)	0.5142			0.4871		

注：所有的系数的计算和检验借助 Eviews 6.0 完成；括号内为基于标准差计算的 t 统计量

****表示估计系数在 1%水平上显著；***表示估计系数在 10%水平上显著；**表示估计系数在 20%水平上显著；*表示估计系数在 50%水平上显著

2）解释变量的内生性问题

与处理全要素能源效率的内生性问题一样，在处理贵州省产业体系全要素能源效率增长率的内生性问题中，将经济发展水平人均 GDP 的对数、生产要素禀赋水平中的人均能源消费量、产业结构、能源结构、技术进步率增长率、技术效率增长率设为内生变量，并以这些变量滞后一期作为工具变量。基于 FE 模型，运用 2SLS 进行回归，结果如表 3-12 所示。表 3-12 给出了工具变量的诊断检验值，从检验结果来看第一阶段的 F 统计值较大（10 以上），说明所选择的工具变量与内生解释变量是高度相关的；Sargan 检验的概率值均在 0.1 以上，说明不存在工具变量的过度识别问题，工具变量的选择是有效的。

3）计量结果分析

基于工具变量的 2SLS 的回归结果，可得以下结论。

第一，在无碳排放约束下，1996～2019 年，能源技术效率增长率和能源技术进步增长率对全要素能源效率增长率有显著的正影响，人均 GDP 对全要素能源效率增长率同样具有显著的正影响。值得注意的是，第二产业总产值占 GDP 的份额对全要素能源效率增长率具有显著的正向影响，这与前面的分析相一致，第二产业总产值占 GDP 的份额对全要素能源效率有正影响。这说明，在无碳排放约束下，第二产业总产值占 GDP 的份额对全要素能源效率具有长期的增长效应。

第二，在碳排放约束下，1996～2019 年，能源技术效率增长率和能源技术进步增长率对全要素能源效率增长率有显著的正影响，人均 GDP 对全要素能源效率增长率有正影响，第二产业总产值占 GDP 的份额对全要素能源效率增长率有显著的负影响。

综合各个影响因素，我们可以看出各个影响因素对全要素能源效率短期及长期的作用。从表 3-13 可以看出，在无碳排放约束下，七个影响全要素能源效率的因素中，人均资本既有短期的正影响，也有长期的正影响，但是都不显著，这说明无论短期还是长期①，产业体系中资本密集型产业的多少对能源效率的影响并不显著；第二产业总产值占 GDP 的份额占比有一定的短期正影响，但是没有长期影响，这说明长期中第二产业总产值占 GDP 的份额占比提高无助于全要素能源效率的提高，还必须发展能源消耗少而效益好的高端服务业；能源技术效率既有短期显著的正影响，又有长期显著的正影响，这说明无论短期还是长期，能源技术效率的提高始终是全要素能源效率提升的重要来源；能源技术进步短期对全要素能源效率有一定的正影响，而长期有显著的正影响，这说明尽管短期技术进步对能源效率仅有一定的影响而无显著影响，但是长期技术进步将显著地提升能源效率。

表 3-13　影响全要素能源效率短期长期因素对比

影响因素	无碳排放约束		碳排放约束	
	能源效率	能源效率增长率	能源效率	能源效率增长率
ln(pergdp)	0	+	+	+
ln(percapital)	+	+	0	0
perenergy	– –	–	– –	–
indusstr	++	0	++	– –
energystr	–	0	– –	0
effch	+++	+++	+++	+++
tech	++	+++	– –	+++

"0" 表示没有影响；"+" 表示有正影响，但不显著；"++" 表示有一定的正影响；"+++" 表示有显著的正影响；"–" 表示有负影响，但不显著；"——" 表示有一定的负影响

在碳排放约束下，七个影响全要素能源效率的因素中，人均 GDP 短期有正影响，但不显著，长期有正影响，但是不显著，这说明长期来看，经济发展到一定

---

① 全要素能源效率表达的是长期的静态效率，全要素能源效率增长率表达的是短期的动态效率。

程度对能源效率的影响不显著；第二产业总产值占 GDP 的份额占比短期有显著的正影响，长期有显著的负影响，这说明未来要提升能源效率还必须降低工业产值占比，提高服务业的比例；技术效率既有短期显著的正影响，又有长期显著的正影响，这说明无论短期还是长期，能源技术效率的提高始终是全要素能源效率提升的重要来源；技术进步短期有显著的负影响，长期有显著的正影响，这说明在长期，能源技术进步的方向转变，不仅会提高能源使用的生产率，还会提高能源使用的环境效率。

3.2　能源使用、碳排放与贵州省产业体系全要素碳减排效率[①]

碳排放对全球气候变暖的影响越来越受到国内外学者的关注。2007 年中国因消费化石燃料而排放的碳已经超过美国，成为全球第一大碳排放国。作为全球最大的碳排放国，我国日益受到来自国际的减排压力。为此，在 2009 年，我国政府提出，通过转变经济增长方式，实现到 2020 年单位 GDP 碳排放比 2005 年减少 40%～45% 的目标。从总体上看，为实现到 2020 年我国全面建成小康社会的目标，后发的贵州经历了城市化和工业化加速发展的过程。在此过程中，城市化和工业化将驱动高耗能工业的快速发展，由此拉动能源消费的快速增长，碳排放的大量增加。根据林伯强等（2010）的研究，在 2020 年之前我国能源结构以高碳排放的煤为主。对于具有"南方煤都"之称的贵州，2012 年的能源消费总量近 7300 万吨标准煤，其中高碳排放的煤炭的消费量占 75%，而低碳排放的石油和天然气仅占 10% 和 5%。能源消费的快速增长和高碳排放的能源结构决定了贵州产业体系未来碳排放量仍将快速增长，碳减排的任务十分艰巨。

未来贵州如何在促进城市化和工业化的进程中，面对低能效、高能耗、高排放等经济发展的阶段性特征，实现产业发展的低碳转型是贵州完成碳减排目标的关键。面对刚性的高碳产业结构约束，贵州只能通过技术与管理创新促进能源使用技术进步和碳减排技术进步，并提高能源使用技术效率和碳减排技术效率的办法降低碳排放量[②]。为此，如何在充分认识贵州产业体系现阶段能源

---

① 本部分运用作者论文《能源使用、碳排放与我国全要素碳减排效率》（发表在 2013 年第 10 期《经济研究》）中的分析方法研究完成。该论文系本项目"基于产业链的我国后发的西部地区现代产业发展新体系构建研究"（13AZD014）的阶段性研究成果。

② 碳排放主要涉及两个过程，即能源使用和能源使用后碳的排放。因此，碳减排效率由能源节约效率和碳减排效率决定。碳减排技术具体包括减碳技术、零碳化技术、去碳化技术等 3 种技术。减碳，即如何把碳减少，如煤炭的洁净化；零碳化，即尽量使用零排放或者是接近零排放这样一种能源，如风能和太阳能；去碳，即碳的捕获和储存。这里指的碳减排效率用单位 GDP 碳排放量（碳强度）来衡量。

使用技术和碳减排技术发展状况及使用效率基础上制定促进这两种技术进步和提高这两种技术效率的政策，是贵州在面临高碳产业结构约束下的现实选择，这既有利于产业符合规律的健康发展，又有利于碳减排任务的完成，实现产业体系的转型升级。因此，本书研究影响贵州工业化和城市化进程中碳减排效率的技术因素具有重要的现实意义，这有利于贵州从能源消费和碳减排技术及其效率的基本状况出发，明确能源使用技术和碳减排技术的创新方向，以及提高能源使用技术和碳减排技术效率的管理方向，更好地指导碳减排的实践行动。

3.2.1 文献研究

近年来，随着全球气候变暖问题的日益严峻，以及中国碳排放量增长迅速，对全球气候影响日益增加的状况，国内外学者从碳排放总量和部门的碳排放量两个方面对我国碳排放的问题进行了深入研究。在碳排放总量方面，Wang 等（2005）采用时间序列的 LMDI 方法，对我国 1957~2000 年碳排放量的影响因素进行分解研究。Wu 等（2006）运用三层完全分解法，全面深入地分析了中国 1985~1999 年与能源利用有关的碳排放量变化及其潜在的驱动因素，在此基础上，提出综合能源生产、转换和消费过程的新模型，并研究了中国在 1980~2002 年与一次能源供给总量相关的碳排放量变动的潜在驱动因素。Zhou 和 Ang（2008）基于生产理论，运用基于投入的 Shephard 距离函数分解出影响碳排放量的 GDP 变化率、技术进步、技术效率等七大因素。Zhang 等（2009）运用 LMDI 方法，将影响中国 1991~2006 年碳排放量的因素分解为四个：碳强度、能源强度、经济结构和经济总量，其研究表明经济的增长促进了碳排放，而能源强度的降低则抑制了碳排放。宋德勇和卢忠宝（2009）采用两阶段 LMDI 方法，分析中国碳排放的影响因素及其周期性波动。林伯强等（2010）针对中国当前阶段性经济增长和能源消费特征，基于能源消费碳强度、能源强度、人均 GDP、人口数量四个因素，运用 Kaya 恒等式，研究现阶段我国碳排放的影响因素，在此基础上，采用 LMDI 方法将产业结构、城市化水平、能效水平与能源消费结构等因素引入 Kaya 恒等式，进一步更直观地解释碳排放量变动的原因，对我国 2020 年碳排放量进行预测和对影响因素进行分析。

在部门的碳排放量方面，Shrestha 和 Timilsina（1996）运用 Divisia 指数分解法分析了影响中国等亚洲 12 个国家的电力行业碳强度变化的因素，其结论表明燃料强度的变化是影响 1980~1990 年中国电力行业碳强度的主要因素。Ang 等（1998）运用 LMDI 分解法对包括 8 个行业的中国工业部门 1985~1990 年排放的碳进行分析，他们发现，工业部门产出的增加促进了碳的排放，而部门能源强度的下降减少了工业部门碳的排放。在此基础上，Liu 等（2007）运用 LMDI 分解法对包括 36 个行业的中国工业部门 1998～2005 年排放的碳进行分析，其结果表明工业部门产出和工业终端能源强度的增加促进碳排放，工业部门结构变化降低碳的排放。王锋等（2010）基于 Wu 等（2006）的三层完全分解法的思路，运用 LMDI 分解法，对我国 1995～2007 年六大部门碳排放增长的驱动因素进行分析。涂正革（2012）基于优化的 Laspeyres 指数法分析法，采用国民经济八大部门的能源消费与产出数据，根据 16 种能源的碳排放因子，计算出各行业碳的排放数据。

从总体上来看，国内外学者从总量和分部门的角度对我国碳排放进行了广泛的研究，研究方法日趋成熟，得出了具有重要实际价值的结论。但是国内学者并没有对涉及碳减排效率的能源使用和碳排放两种技术的进步与效率如何影响我国碳排放进行系统、深入的研究：一是国内现有的对我国碳排放的研究大部分主要从经济发展、产业结构、能源结构、能源效率、人口数量等较为宏观的方面分析我国碳排放的驱动因素，没有系统、深入地研究能源使用和碳排放两种技术的进步与效率对我国碳排放的影响，在我国经济发展的阶段性特征的约束下，即未来相当一段时间里我国将处于刚性的高碳产业结构约束下，这一因素对提升我国碳减排效率和政策抉择将会产生重要影响。二是国内学者对碳减排效率的研究大多是基于碳排放强度进行的，没有从生产理论的角度对碳减排效率进行研究，缺乏考虑参与生产过程的各种要素情况下对碳减排效率的研究，即缺乏对全要素碳减排效率的研究。三是国内现有的研究缺乏对影响我国碳减排效率因素的计量分析，因此影响我国碳减排效率的趋势性因素及其影响程度难于把握，这将对碳减排政策措施的选择产生影响。

鉴于此，本书以贵州省 9 个地州市为研究对象，在 Färe 等（2007b）提出的环境生产技术函数基础上建立碳减排效率的 DEA 模型，研究贵州产业体系碳减排的效率及其影响因素，对国内现有碳减排效率研究进行拓展：一是以生产理论为基础，运用环境方向性距离函数建立以资本、劳动力和能源为投入要素，以 GDP 和碳排放为产出的分别基于投入导向和产出导向的规模报酬不变的 DEA 模型，分别测度贵州省 9 个地州市产业体系 1996～2019 年能源投入的全要素效率和碳排放的全要素效率。二是运用 Zhou 和 Ang（2008）提出的基于生产理论的碳减排效率因素分解模型，对影响贵州产业体系碳减排效率的因素进行分解，着重分析影响贵州产业体系碳减排效率的能源使用和碳排放两种技术的进步与效率。三是对影响贵州产业体系碳排放的全要素效率的因素进行计量分析，得出各种因素的影响程度。

3.2.2　研究方法

以 Färe 等（2007b）提出的环境生产函数和环境方向性距离函数为基础，将能源消费作为投入要素，碳排放作为生产过程产生的副产出纳入生产理论，并运用"多投入—多产出"的 DEA 模型，考察全要素碳减排效率的变动趋势及其影响因素。

1. 全要素碳减排效率

碳排放主要来自生产过程中能源的使用。能源作为一种生产要素，必须与资本和劳动等生产要素相互配合才能生产产品，创造经济产出（如 GDP）。基于 DEA 的思想，本书提出全要素碳减排效率，即全要素碳减排效率是在全要素生产关系的框架内研究碳减排效率的，它衡量的是在既定生产要素投入（包括能源）下，实际碳排放与最小可能碳排放的比例，或者是在给定产出条件下，碳排放能够减少的程度。这里所得的碳减排效率是在考虑资本（K）、劳动力（L）和能源（E）三种投入要素共同作用下得到的，它是全要素效率，它不仅反映了 GDP 与碳排放的比例关系，而且比较全面地揭示了资源禀赋与 GDP 对碳排放的影响。

在投入导向的规模收益不变的数据包络（CRS-DEA）模型下，求取各个 DMU 的效率值，并运用 Ali 等（1993）提出的效率测量方法计算射线冗余（反映技术无效率）和非射线冗余（生产要素配置无效率）。对碳排放来说，这两部分冗余量就是碳排放可以减少的数量。基于此，某一单元的全要素碳减排效率为

$$全要素碳减排效率 = \frac{实际碳排放量 - 碳排放的冗余量}{实际碳排放量} \times 100\%$$

2. 全要素碳减排效率的计算方法

由于碳排放主要源自生产过程中能源的使用，因此根据 Färe 等（2007b）提出的环境生产技术，以资本 $K = (K_1, K_2, \cdots, K_9)$、劳动力 $L = (L_1, L_2, \cdots, L_9)$ 和能源 $E = (E_1, E_2, \cdots, E_9)$ 为投入要素，以 GDP $Y = (Y_1, Y_2, \cdots, Y_9)$ 为合意性产出和碳排放 $C = (C_1, C_2, \cdots, C_9)$ 为非合意性产出的环境生产技术为

$$T = \{(K, L, E, Y, C) : (K, L, E) 生产 (Y, C)\}$$

T 为环境生产技术集，其满足投入要素自由可处置性、产出弱可处置性、合意性产出与非合意性产出的联合生产性、合意性产出的强可处置性四项条件。根据环境生产技术集，运用 DEA 可以分析贵州省 9 个地州市碳减排效率。在固定报酬的条件下，运用 DEA 方法，可得贵州省 9 个地州市环境生产技术集：

$$T(K,L,E) = \{(Y,C): Y \leqslant F(X;C)\} \tag{3-24}$$

$$\text{s.t.} \left\{ \begin{array}{l} \sum_{i=1}^{9} z_i Y_i \geqslant Y^*; \quad \sum_{i=1}^{9} z_i C_i = C^*; \quad \sum_{i=1}^{9} z_i K_i \leqslant K^*; \quad \sum_{i=1}^{9} z_i K_i \leqslant K^*; \quad \sum_{i=1}^{9} z_i L_i \leqslant L^* \\ \\ \sum_{i=1}^{9} z_i E_i \leqslant E^*; \quad z_i \geqslant 0; \quad C_i > 0; \quad i = 1,2,\cdots,9 \end{array} \right\}$$

$$\tag{3-25}$$

以上的环境技术集给出了贵州省 9 个地州市在给定投入 (K,L,E) 的情形下，最大合意性产出 GDP，最小非合意性产出碳排放的集合，即环境产出的可能前沿。$\sum_{i=1}^{9} z_i C_i = C^*$ 中非合意性产出的等式设定赋予其弱可处置性；$\sum_{i=1}^{9} z_i K_i \leqslant K^*$、$\sum_{i=1}^{9} z_i L_i \leqslant L^*$、$\sum_{i=1}^{9} z_i E_i \leqslant E^*$ 三式中投入要素的不等式设定说明投入是强处置的；$C_i > 0$ 说明合意性产出与非合意性产出的联合生产性。以环境生产技术集为基础，贵州省 9 个地州市环境生产函数为

$$F(K,L,E;C) = \text{Max}[Y:(Y,C) \in T(K,L,E)] \tag{3-26}$$

从环境生产函数模型可以看出，环境生产函数仅仅是在环境技术集中求取最大化的合意性产出 GDP，而并没有减少非合意性的产出碳排放。为此，引用Färe 等（2007b）提出的方向性距离函数作为贵州省 9 个地州市环境方向性产出距离函数，以达到扩大 GDP，同时又减少碳排放的目的。图 3-9 表达了环境方向性产出距离函数的原理，与传统环境生产函数合意性产出和非合意性产出同时增加不同，环境方向性产出距离函数可以沿着 ABC 方向同时拟合合意性产出增加和非合意性产出减少的行为。设方向向量 $g_i = g(g_i^Y, g_i^C)$，根据 Chung 等（1997）方向距离函数的方法构造贵州省 9 个地州市环境方向性产出距离函数：

$$\vec{D}_o(K_i,L_i,E_i,Y_i,C_i;g_i^Y,g_i^C) = \text{Max}[\beta:(Y_i + \beta g_i^Y, C_i - \beta g_i^C) \in T(K_i,L_i,E_i)] \tag{3-27}$$

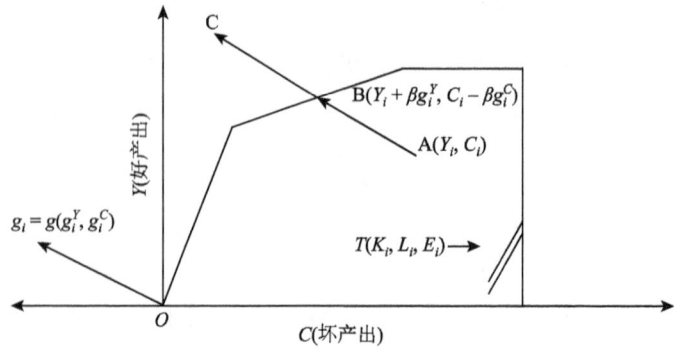

图 3-9　环境方向性产出距离函数（二）

在这里，合意性产出 GDP 和非合意性产出碳排放没有被一致地对待，对于给定投入 (K_i, L_i, E_i)，当合意性产出 Y_i 沿着 g_i^Y 进行扩张和非合意性产出 C_i 沿着 g_i^C 进行收缩时，β 就是合意性产出 Y_i 增长和非合意性产出 C_i 减少的最大可能数量。如图 3-9 所示，$(Y_i + \beta g_i^Y, C_i - \beta g_i^Y)$，$\beta = \vec{D}_o(K_i, L_i, E_i, Y_i, C_i; g_i^Y, g_i^C)$。在式（3-27）中，方向向量 $g_i = g(g_i^Y, g_i^C)$ 的确定具有一定的主观性（涂正革，2008），它是外生设定的，取决于研究目的和非合意性产出的危害性。另外，非合意性产出表现出的强弱可处置性制约方向向量选择（Färe et al.，2005）。基于增加 GDP，减少能源消耗，降低碳排放的研究目的，以及非合意性产出碳排放的弱可处置性，采用 Chung 等（1997）定义 ML 方法，将方向向量设定为 $g_i = g(g_i^Y, g_i^C)$，其含义就是合意性产出在现有基础进行 1：1 比例性增加，而非合意性产出在现有基础进行 1：1 比例性缩减。在此基础上，满足上述环境技术集条件的生产单元 $i^*(K_{i^*}, L_{i^*}, E_{i^*}, Y_{i^*}, C_{i^*})$ 的环境方向性产出距离函数模型为

$$\vec{D}_o(K_{i^*}, L_{i^*}, E_{i^*}, Y_{i^*}, C_{i^*}; g_{i^*}^Y, g_{i^*}^C) = \text{Max}[\beta : (Y_{i^*} + \beta g_{i^*}^Y, C_{i^*} - \beta g_{i^*}^C) \in T(K_{i^*}, L_{i^*}, E_{i^*})]$$

（3-28）

$$\text{s.t.} \left\{ \begin{array}{lll} \sum_{i=1}^{9} z_i Y_i \geqslant (1+\beta)Y_{i^*}; & \sum_{i=1}^{9} z_i C_i = (1-\beta)C_{i^*}; & \sum_{i=1}^{9} z_i K_i \leqslant K_{i^*} \\ \sum_{i=1}^{9} z_i L_i \leqslant L_{i^*}; & \sum_{i=1}^{9} z_i E_i \leqslant E_{i^*}; \ z_i \geqslant 0; \ C_i > 0; \ i=1,2,\cdots,9 \end{array} \right\}$$

（3-29）

对以上环境方向性产出距离函数模型，可以采用非参数线性规划技术进行求解。运用 DEA 方法求解以上线性规划模型。

3. 贵州省 9 个地州市环境方向性距离函数模型

采用 DEA 法分析贵州省 9 个地州市全要素碳减排效率，把贵州省 9 个地州市中的每一个地州市看作一个生产决策单位来构造每一个时期贵州省 9 个地州市生产的最佳实践边界。将运用投入导向的规模报酬不变的 DEA 方法分别测度贵州省 9 个地州市 1996～2019 年全要素能源效率和全要素碳减排效率。基于投入导向的测度全要素能源效率 CRS-DEA 模型为

$$\text{Min}\,\theta = [D_O^s(K_i^t, L_i^t, E_i^t, Y_i^t, C_i^t)]^{-1}$$

$$\text{s.t.} \left\{ \begin{array}{llll} \sum_{i=1}^{9} z_i E_i^s \leqslant E_i^t; & \sum_{i=1}^{9} z_i K_i^s \leqslant K_i^t; & \sum_{i=1}^{9} z_i L_i^s \leqslant L_i^t; & \sum_{i=1}^{9} z_i Y_i^s \geqslant Y_i^t \\ \sum_{i=1}^{9} z_i C_i^s = \theta C_i^t; & z_i \geqslant 0, \ i=1,\cdots,9; & s,t \in \{0,T\} \end{array} \right\}$$

（3-30）

基于投入导向的测度全要素碳减排效率 CRS-DEA 模型为

$$\text{Min}\lambda = [D_I^s(K_i^t, L_i^t, E_i^t, Y_i^t, C_i^t)]^{-1}$$

$$\text{s.t.} \left\{ \begin{array}{l} \sum\limits_{i=1}^{9} z_i E_i^s \leqslant \lambda E_i^t; \quad \sum\limits_{i=1}^{9} z_i K_i^s \leqslant K_i^t; \quad \sum\limits_{i=1}^{9} z_i L_i^s \leqslant L_i^t; \quad \sum\limits_{i=1}^{9} z_i Y_i^s \geqslant Y_i^t \\ \sum\limits_{i=1}^{9} z_i C_i^s = C_i^t; \quad z_k \geqslant 0, \quad i = 1, \cdots, 9; \quad s, t \in \{0, T\} \end{array} \right\} \quad (3\text{-}31)$$

式（3-30）和式（3-31）中 0 为计算全要素效率的初始期；T 为计算全要素效率的目标期；I 为投入导向；O 为产出导向。

在用 CRS-DEA 方法测度全要素能源效率和全要素碳减排效率的过程中，为避免出现多个 DMU 同处于前沿面而相对都有效情况的出现，本书运用 Andersen 和 Petersen（1993）建立的超效率 DEA 模型，通过将 DMU 排除在 DMU 参与集之外的方法，对贵州省 9 个地州市的全要素能源效率和全要素碳减排效率进行测算。

4. ML 生产率指数

式（3-30）的环境方向性产出距离函数模型模拟贵州省 9 个地州市在给定生产技术、合意性产出 GDP 和碳排放的情况下减少能源消耗的行为，式（3-31）的环境方向性产出距离函数模型模拟贵州省 9 个地州市在给定生产技术、合意性产出 GDP 和能源消耗的情况下降低碳排放的行为。我们可以基于式（3-27）的环境方向性产出距离函数值，通过构建 ML 生产率指数来度量贵州省 9 个地州市的全要素能源效率变化 EUPCH_t^{t+1}，并进一步将其分解为技术效率变化（EUTEECH_t^{t+1}）和技术进步变化（ESTECH_t^{t+1}）两个部分；基于式（3-31）的环境方向性产出距离函数值，通过构建 ML 生产率指数来度量贵州省 9 个地州市的全要素碳减排效率变化 CEPCH_t^{t+1}，并进一步将其分解为技术效率变化（CETEECH_t^{t+1}）和技术进步变化（CATECH_t^{t+1}）两个部分。该指数的计算与传统 Malmquist 生产率指数相同。以上这些指数是环比发展指数形式，它们大于（或小于）1 分别表明全要素能源效率和全要素碳减排效率的跨期增长（或下降），以及技术跨期进步（或退步），技术效率跨期提高（或降低）。本书运用当期 DEA 方法计算了贵州省 9 个地州市 1996～2019 年全要素能源效率和全要素碳减排效率指数，以及它们的技术效率变化指数和技术进步指数。

5. 基于能源使用与碳减排技术的我国碳减排效率的因素分解

借鉴 Zhou 和 Ang（2008）提出的碳排放变化的因素分解模型，可对贵州产业体系碳减排效率进行因素分解：

$$D_i = \frac{C_i^T - C_i^0}{C_i^0} = \frac{C_i^T}{C_i^0} - 1 = \left(\frac{C_i^T / E_i^T}{C_i^0 / E_i^0}\right) \times \left(\frac{E_i^T / Y_i^T}{E_i^0 / Y_i^0}\right) \times \frac{Y_i^T}{Y_i^0} - 1$$

$$= \left(\frac{(C_i^T / D_O^0(\text{Tdata}_i)) \cdot (1 / E_i^T)}{(C_i^0 / D_O^0(\text{0data}_i)) \cdot (1 / E_i^0)}\right) \times \left(\frac{(E_i^T / D_I^0(\text{Tdata}_i)) \cdot (1 / Y_i^T)}{(E_i^0 / D_I^0(\text{0data}_i)) \cdot (1 / Y_i^0)}\right) \quad (3\text{-}32)$$

$$\times \left(\frac{Y_i^T}{Y_i^0}\right) \times \left(\frac{D_O^0(\text{Tdata}_i)}{D_O^0(\text{0data}_i)}\right) \times \left(\frac{D_I^0(\text{Tdata}_i)}{D_I^0(\text{0data}_i)}\right) - 1$$

其中，D_i 为 i 地州市目标期 T 时碳排放量与初始期 0 时碳排放量的变化率；$D_O^0(\cdot)$ 为以初始期 0 时的生产技术作为参考技术计算得到的基于产出导向的碳排放的全要素效率值；$D_I^0(\cdot)$ 为以初始期 0 时的生产技术作为参考技术计算得到的基于投入导向的能源的全要素效率值。用 Tdata_i 表示 $(K_i^T, L_i^T, E_i^T, Y_i^T, C_i^T)$；$\text{0data}_i$ 表示 $(K_i^0, L_i^0, E_i^0, Y_i^0, C_i^0)$。通过式（3-32），以初始期 0 时生产技术作为参考技术，可将影响贵州产业体系碳排放变化的因素分解为五个因素：潜在的碳排放变化（碳减排技术效率的提高导致的碳减排）、潜在的能源强度变化（能源使用技术效率提高导致的能源强度的降低）、GDP 变化（经济增长导致 GDP 增加）、碳减排技术效率、能源使用技术效率。以上五个因素分别对应于式（3-33）中第一项（PCFCH_i^0）、第二项（PEICH_i^0）、第三项（GDPCH_i^0）、第四项（CEPCH_i^0）、第五项（EUPCH_i^0）。式（3-32）可改写为

$$D_i = \text{PCFCH}_i^0 \times \text{PEICH}_i^0 \times \text{GDPCH}_i^0 \times \text{CEPCH}_i^0 \times \text{EUPCH}_i^0 - 1 \quad (3\text{-}33)$$

式（3-33）是以初始期 0 时生产技术作为参考技术，对贵州省 9 个地州市碳排放变化率影响因素进行分解的公式。同理，将目标期 T 时的生产技术作为参考技术，对贵州省 9 个地州市碳排放变化率影响因素进行分解的公式为

$$D_i = \text{PCFCH}_i^T \times \text{PEICH}_i^T \times \text{GDPCH}_i^T \times \text{CEPCH}_i^T \times \text{EUPCH}_i^T - 1 \quad (3\text{-}34)$$

为避免选择参考技术的任意性，可以采用式（3-33）和式（3-34）的几何平均数计算 D_k：

$$D_i = \left(\frac{(C_i^T / (D_O^o(\text{Tdata}_i) \cdot D_O^T(\text{Tdata}_i))^{1/2}) \cdot (1 / E_i^T)}{(C_i^0 / (D_O^0(\text{0data}_i) \cdot D_O^T(\text{0data}_i))^{1/2}) \cdot (1 / E_i^0)}\right)$$

$$\times \left(\frac{(E_i^T / (D_I^o(\text{Tdata}_i) \cdot D_I^T(\text{Tdata}_i))^{1/2}) \cdot (1 / Y_i^T)}{(E_i^0 / (D_I^0(\text{0data}_i) \cdot D_I^T(\text{0data}_i))^{1/2}) \cdot (1 / Y_i^0)}\right) \times \left(\frac{Y_i^T}{Y_i^0}\right) \quad (3\text{-}35)$$

$$\times \left(\left(\frac{D_O^0(\text{Tdata}_i)}{D_O^0(\text{0data}_i)} \cdot \frac{D_O^T(\text{Tdata}_i)}{D_O^T(\text{0dada}_i)}\right)^{1/2}\right) \times \left(\left(\frac{D_I^0(\text{Tdata}_i)}{D_I^0(\text{0data}_i)} \cdot \frac{D_I^T(\text{Tdata}_i)}{D_I^T(\text{0dada}_i)}\right)^{1/2}\right) - 1$$

$$= \text{PCFCH}_i \times \text{PEICH}_i \times \text{GDPCH}_i \times \text{CEPCH}_i \times \text{EUPCH}_i - 1$$

在式（3-35）中，$CEPCH_i$ 为基于产出的碳排放 Malmquist 生产率指数；$EUPCH_i$ 为基于投入的能源使用的 Malmquist 生产率指数。根据 Färe 等（2005）对 Malmquist 生产率指数的定义及分析，我们可将贵州省 9 个地州市的 $CEPCH_i$ 和 $EUPCH_i$ 进一步分解为

$$CEPCH_i = \left(\frac{D_O^T(\text{Tdata}_i)}{D_O^0(\text{0data}_i)}\right) \times \left(\left(\frac{D_O^0(\text{Tdata}_i)}{D_O^T(\text{Tdata}_i)} \cdot \frac{D_O^0(\text{0data}_i)}{D_O^T(\text{0dada}_i)}\right)^{1/2}\right) \quad (3-36)$$

$$EUPCH_i = \left(\frac{D_I^T(\text{Tdata}_i)}{D_I^0(\text{0data}_i)}\right) \times \left(\left(\frac{D_I^0(\text{Tdata}_i)}{D_I^T(\text{Tdata}_i)} \cdot \frac{D_I^0(\text{0data}_i)}{D_I^T(\text{0dada}_i)}\right)^{1/2}\right) \quad (3-37)$$

在式（3-36）中，右边第一项为 i 地州市从初始期 0 时到目标期 T 时碳排放技术效率的变化（$CETEECH_i$）；第二项为 0 时到 T 时碳减排技术进步（$CATECH_i$）。式（3-37）中右边第一项为 i 地州市从初始期 0 时到目标期 T 时能源节约技术效率的变化（$EUTEECH_i$）；第二项为 0 时到 T 能源节约技术进步（$ESTECH_i$）。将式（3-36）和式（3-37）带入式（3-35），可得 i 地州市从初始期 0 时到目标期 T 时碳排放的变化率为

$$\begin{aligned} D_i &= PCFCH_i \times PEICH_i \times GDPCH_i \times CETEECH_i \times CATECH_i \\ &\quad \times EUTEECH_i \times ESTECH_i - 1 \end{aligned} \quad (3-38)$$

从式（3-38）可以看出，影响贵州省 9 个地州市碳排放变化率的因素有 7 个。由于在基于产出的生产理论 $D_O(K, L, E, Y, C) = \sup\{\theta : (K, L, E, Y, C/\theta) \in T\}$ 中，碳减排变化率直接影响全要素碳减排效率，因此影响碳排放变化率的因素也同样影响贵州省 9 个地州市全要素碳减排效率。这 7 个因素中除 $GDPCH_i$ 外，其余 6 个因素实质上都是技术因素，$PCFCH_i$ 为碳排放技术效率；$PEICH_i$ 为能源节约技术效率；$CETEECH_i$ 为碳排放技术效率的变化；$CATECH_i$ 为碳减排技术进步；$EUTEECH_i$ 为能源节约技术效率的变化；$ESTECH_i$ 为能源节约技术进步。利用式（3-38），可以对能源使用技术和碳减排技术影响贵州 9 个地州市全要素碳排放效率的程度进行分析。

基于式（3-30）和式（3-31）计算得到的效率值，运用式（3-36）和式（3-37）可以计算得到基于产出导向和投入导向的 Malmquist 生产率指数（M 指数），它们分别表示全要素碳减排效率的变化率和全要素能源效率的变化率，并分别将它们进一步分解为碳减排技术效率变化（CATEECH）和碳减排技术进步变化（CATECH），以及能源使用技术效率变化（EUTEECH）和能源使用技术进步变化（EUTECH）。

按照 CRS-DEA，CATEECH 和 EUTEECH 为技术效率的变化指数，它们测度了从初始期 0 时到目标期 T 时每个地州市到前沿生产面的追赶程度。CATECH

和 EUTECH 为技术进步指数，它们测度每个地州市技术边界从初始期 0 时到目标期 T 时的移动程度。M、CATEECH 和 EUTEECH、CATECH 和 EUTECH 为环比发展指数形式，它们大于（或小于）1 分别表明全要素碳减排效率和全要素能源效率跨期增长（或下降），碳减排技术效率和能源使用技术效率跨期提高（或降低），碳减排技术和能源使用技术跨期进步（或退步）。本书运用当期 DEA 方法计算贵州省 9 个地州市 1996～2019 年全要素碳减排效率和全要素能源效率、碳减排技术和能源使用技术效率变化指数、碳减排技术和能源使用技术进步指数。

3.2.3　实证结果分析

　　基于纳入能源消费和碳排放的生产理论，运用 3.2.2 节介绍的方法和 3.1.3 节的样本数据，本书构造了 1996～2019 年每一年贵州省 9 个地州市最佳生产边界，并将每个地州市的最优生产效率与这个边界比较。选取基于投入导向的规模报酬不变的超效率 DEA 模型，以每个地州市每年的资本存量、劳动力和能源消耗为投入变量，每年的 GDP 为合意性产出变量，每年碳排放为非合意性产出变量，运用 EMS 软件计算分析贵州 9 个地州市全要素能源效率和全要素碳减排效率。
　　（1）全要素能源效率。以资本、劳动力和能源作为投入要素，GDP 作为合意性产出，碳排放作为非合意性产出，基于投入的超效率 DEA 模型，运用 EMS 软件，计算得到贵州省 9 个地州市 1996～2019 年的全要素能源效率，结果见 3.1.4 节的表 3-4。
　　（2）全要素碳减排效率。以资本、劳动力和能源作为投入要素，GDP 作为合意性产出，碳排放作为非合意性产出，基于产出的超效率 DEA 模型，运用 EMS 软件，计算得到贵州省 9 个地州市 1996～2019 年的全要素碳减排效率[①]，如表 3-14 所示。

表 3-14　贵州省 9 个地州市全要素碳减排效率（1996～2019 年）

年份	贵阳	遵义	毕节	六盘水	安顺	黔东南	黔西南	黔南	铜仁
1996	1.1912	1.0733	0.9335	0.8928	1.0768	1.0668	1.0378	0.9833	1.1589
1997	1.1855	1.1123	0.9468	0.9321	0.9813	0.9800	1.0123	1.0122	1.1533
1998	1.2467	1.1125	0.9487	0.9138	0.9912	1.0237	1.0128	0.9918	1.1467

---

　　① 设基于产出的超效率 DEA 模型计算得到的效率值为 φ，$\varphi-1$ 为包括碳排放在内的产出的提高比例。由于碳排放越少，其效率值越高，因此，$\varphi-1$ 越高表明全要素碳减排效率越高。鉴于此，在这里我们用 $2-\varphi$ 表示全要素碳减排效率，用 $2-\varphi$ 表示主要是考虑将效率值用正数表示。

续表

年份	贵阳	遵义	毕节	六盘水	安顺	黔东南	黔西南	黔南	铜仁
1999	1.2113	1.1038	0.9338	0.9428	1.0902	1.0138	1.0881	0.9927	1.1537
2000	1.2321	1.0897	0.9313	0.9455	1.0612	1.0156	1.0489	0.9723	1.1356
2001	1.1468	1.0787	0.9211	0.8755	1.1289	1.0132	1.0278	0.9657	1.1319
2002	1.1288	1.0918	0.9333	0.8378	1.1197	1.0728	0.9857	0.9668	1.1239
2003	1.0358	1.0961	0.9232	0.8555	1.1718	1.0637	0.9727	0.9618	1.1597
2004	1.0188	1.0828	0.9427	0.8934	1.1712	1.0456	0.9365	0.9578	1.1687
2005	1.0297	1.0787	0.9355	0.8867	1.2127	1.0327	0.9378	0.9627	1.1519
2006	1.0271	1.0908	0.9428	0.8656	1.1213	1.0131	0.8911	0.9612	1.0708
2007	1.0212	1.0821	0.9631	0.8522	1.1512	1.0303	0.9821	0.9717	1.0813
2008	1.0312	1.0705	0.9712	0.9272	1.1510	1.0633	0.9871	0.9811	1.0727
2009	1.0557	1.0312	0.9731	0.8612	1.1613	1.0307	0.9567	0.9823	1.1103
2010	1.0308	1.0222	0.9733	0.8818	1.1812	1.0612	0.9355	1.0113	1.1131
2011	1.0528	1.0412	0.9713	0.9131	1.0228	1.0120	0.9312	0.9931	1.0715
2012	1.0403	1.0108	0.9513	0.9215	1.0227	0.9822	0.9210	1.0133	1.0111
2013	1.0308	1.0205	0.9713	0.9531	1.0512	0.9707	0.9322	1.0023	1.0657
2014	1.0512	1.0321	0.9811	0.9633	1.0307	0.9821	0.9512	1.0155	1.0717
2015	1.0303	1.0508	1.0108	0.9713	1.0422	1.0213	0.9633	0.9907	1.0515
2016	1.0522	1.0337	0.9851	0.9812	1.0527	1.0131	0.9327	1.0109	1.0612
2017	1.0611	1.0433	1.0255	0.9717	1.0321	1.0323	0.9751	0.9822	1.0503
2018	1.0308	1.0607	0.9911	0.9136	1.0428	1.0358	0.9812	0.9755	1.0313
2019	1.0408	1.1217	1.0123	0.9311	1.0607	1.0156	0.9622	0.9932	1.0812
平均	1.0812	1.0532	0.9612	0.9133	1.0907	1.0213	0.9613	0.9821	1.1015

注：运用 EMS 计算而得。平均指 9 个地州市 1996～2019 年的全要素能源效率的平均值

　　由表 3-14，根据 1996～2016 年全要素碳减排效率平均值，贵州省 9 个地州市在此期间变动规律为：第一，1996～2019 年，最高为铜仁，除铜仁外，安顺、贵阳、遵义和黔东南的全要素碳减排效率都处于前沿面之上；较低的为六盘水、毕节、黔西南和黔南，在此期间它们的全要素碳减排效率处于前沿面之下。第二，从每个年份各个地州市全要素碳减排效率来看，9 个地州市全要素碳减排效率呈现不断收敛的趋势，随着时间变化，各地州市全要素碳减排效率的差距不断缩小。第三，地州市全要素碳减排效率存在较大差异，具有不同的减排潜力。对于全部 9 个地州市来讲，研究期间碳减排效率值的标准差为 0.1329，年均全要素碳排放效率高低相差最大 0.1882，波动幅度大，即各个地州市全要素碳减排效率值的个

体差异大，对于那些碳排放效率较低的地州市，如毕节、六盘水和黔西南，它们的全要素碳排放效率提升有一定空间。

（3）Malmquist 生产率指数。运用 EMS 软件，计算了贵州省 9 个地州市 1996～2019 年 Malmquist 生产率指数，结果如表 3-15 所示。

表 3-15　贵州省 9 个地州市全要素碳减排效率增长率分解（1996～2019 年）

地州市	碳减排 效率增长率	碳减排技术 效率增长率	碳减排技术 进步增长率	能源使用技术 效率增长率	能源使用技术 进步增长率
贵阳	36.72%	12.57%	131.29%	16.79%	69.83%
遵义	32.97%	15.18%	109.82%	11.18%	71.26%
毕节	13.78%	4.39%	30.71%	1.83%	32.18%
六盘水	11.87%	5.34%	50.17%	3.19%	21.89%
安顺	35.79%	13.48%	118.79%	15.68%	79.82%
黔东南	27.81%	11.78%	129.36%	9.27%	83.52%
黔西南	16.11%	10.27%	68.25%	8.13%	41.27%
黔南	15.38%	8.65%	71.21%	7.29%	50.69%
铜仁	38.75%	9.07%	152.31%	17.81%	52.19%
平均	25.46%	10.97%	95.77%	10.13%	59.18%

注：第二列至第六列运用 EMS 计算而得；平均指 9 个地州市 1996～2019 年的平均值。第二列碳减排效率增长率是指 1996～2019 年单位能源碳排放效率的变化率

根据前面的分析，Malmquist 生产率指数包括 CEPCH 和 EUPCH，它们分别测量的是碳减排效率的变化率和能源效率的变化率。3.2.3 节的（1）和（2）部分计算的是全要素能源效率和全要素碳减排效率。根据两者的含义，全要素能源效率测度的是既定时期各个地州市与生产边界的相对关系，它是一种静态分析。而全要素能源效率变化率（包括碳减排和能源使用）分析的是每个地州市与生产边界的相对位置变化（效率变化），以及生产边界的移动（技术进步），它是一种动态分析（王兵等，2010）。表 3-15 是 1996～2019 年贵州省 9 个地州市全要素能源效率变化率及其成分的增长率，即碳减排技术效率和减排技术进步增长率，以及能源技术效率和能源技术进步的增长率。

由表 3-15 可以看出：第一，1996～2019 年贵州省 9 个地州市单位能源碳排放强度下降，最大的下降幅度为铜仁，达到 38.75%，最低的下降幅度为六盘水，只有 11.87%。9 个地州市平均单位能源碳排放强度降低 25.46%。第二，从平均变化趋势来看，碳减排技术进步增长率和能源使用技术进步增长率对加快降低单位能源碳排放强度做出较大贡献，而在此期间，碳减排技术效率增长率和能

源使用技术效率增长率速度呈下降趋势，影响了单位能源碳排放强度降低的速度。第三，从地州市的变化趋势来看，工业化发展程度较高的地州市，如贵阳、遵义、安顺等地区，它们的碳减排技术进步增长率和能源使用技术进步增长率都较高，技术进步加快成为这些地区碳减排效率增长率提高的重要因素。这说明这些地区在产业转型升级过程中，注重碳减排技术和能源使用技术的引进和革新，依靠技术进步推动碳减排。而一些工业化程度较低的地区，如毕节、六盘水、黔西南等地区，它们的碳减排技术进步增长率和能源使用技术进步增长率较低，技术进步减慢成为这些地区碳减排效率增长率降低的重要因素。这说明这些地区在工业化加速过程中，对碳减排技术和能源使用技术的进步重视不够，注重产出增加。

3.2.4　计量分析

对 1996～2019 年贵州省 9 个地州市全要素碳减排效率及其增长率的影响因素进行计量分析，以掌握该区间内贵州产业体系碳减排静态和动态效率变化趋势的影响因素。

1. 全要素碳减排效率影响因素的计量分析

从 3.2.3 节计算出的 1996～2019 年贵州省 9 个地州市全要素碳减排效率及其变动趋势，以及全要素碳减排效率指数及其变动趋势的结果可以看出，各地州市全要素碳减排效率和全要素碳减排效率指数差异较大。本书对影响贵州省 9 个地州市全要素碳减排效率和全要素碳减排效率指数的因素进行计量分析，以更好地理解贵州省 9 个地州市经济发展、能源消费和碳排放的关系和作用机理，在此基础上寻求实现经济低碳可持续发展的途径，以达到经济发展、能源效率提高和碳减排的多赢结果。

1）变量数据说明

根据已有的国内外对碳排放量及碳排放强度研究的相关文献，以及贵州省 9 个地州市经济发展水平、产业发展状况和能源使用特点来确定影响贵州产业体系全要素碳减排效率的因素。

第一，经济发展水平。贵州省 9 个地州市经济发展水平存在差距，这势必影响它们的碳排放量和碳排放强度。本书用人均 GDP 的对数[ln(PERGDP)]表示经济发展水平。

第二，生产要素禀赋水平。资本、劳动力和能源是一个地区基本的生产要素，它们决定一个地区生产率的高低。贵州省 9 个地州市的资本、劳动力和能源的禀赋水平存在较大差异，这势必会影响它们的生产率水平，进而影响全要素碳排放效率水平。本书用资本/劳动比的对数,即人均资本[PERCAPITAL = ln(K / L)]和人均能源消费量(PERENERGY)表示贵州省 9 个地州市的生产要素禀赋水平。

第三,产业结构。由于产业结构对能源的使用效率有重要的影响(魏楚和沈满洪,2008;袁晓玲和屈小娥,2009),因此产业结构会影响能源的使用量,进而对碳排放效率产生影响。考虑到贵州省进入工业化中期的状况,以及各个地州市工业比例上升较快且较高的特点,本书用各个省第二产业总产值占 GDP 的份额(INDUSSTR)表示产业结构。

第四,能源结构。由于各种能源不仅热效率相差大,而且碳排放因子和碳氧化率也有较大的差别,因此能源结构对能源效率和能源的碳排放率有重要影响。考虑到贵州省 9 个地州市能源结构存在差异,并且煤炭消费占比大的特点,本书用各个地州市中煤炭在能源终端消费中的占比表示能源结构(ENERGYSTR)。

第五,累积的能源使用技术进步增长率与累积的能源使用技术效率增长率。由于碳排放涉及能源使用和能源使用后的碳排放两个过程,因此能源使用技术对碳排放会产生影响。从 3.2.3 节的分析可以看出,能源使用技术进步增长率及其技术效率增长率对碳减排效率有影响。由 3.2.2 节的分析知道,能源使用技术进步增长率 ESTECH 及其效率增长率 EUTEECH 仅表示相对于上年来说,能源使用技术进步及其效率的增长幅度。本书以研究的初始年 1996 年为基准,分别计算相对于 1996 年的累积的能源使用技术进步增长率和累积的能源使用技术效率增长率,并分别用 ESTECUMU 和 EUTEECUMU 表示,这样有助于全面反映研究期间能源使用技术进步程度及其效率增长的程度。

第六,累积的碳减排技术进步增长率及其效率增长率。从 3.2.3 节的分析可以看出,碳减排技术进步及其效率对碳排放效率有影响。由 3.2.2 节的分析知道,碳减排技术进步增长率 CATECH 及其效率增长率 CETEECH 仅表示相对于上年来说,碳减排技术进步及其效率的增长幅度。本书以研究的初始年 1996 年为基准,分别计算相对于 1996 年累积的碳减排技术进步增长率和累积的碳减排技术效率的增长率,并分别用 CATECUMU 和 CETEECUMU 表示,这样有助于全面反映研究期间碳减排技术进步程度及其效率增长的程度。

以上各影响因素的数据中,人均 GDP(PERGDP)、人均资本(PERCAPITAL)、人均能源消费量(PERENERGY)、第二产业总产值占 GDP 的份额(INDUSSTR)表示产业结构、能源结构(ENERGYSTR)这五项数据来源见 3.2.2 节,其中人均 GDP 和人均资本以 1996 年不变价计算,两种技术进步及其效率增长率数据来自 3.2.3 节。

2)计量模型

计量模型的数据具有空间和时间两种特性,为了检验全要素碳减排效率及其影响因素的关系,用面板数据计量模型进行回归:

$$
\begin{aligned}
\text{CABE}_{i,t} = {} & \alpha + \beta_1 \ln(\text{PERGDP}_{i,t}) + \beta_2 \ln(\text{PERCAPITAL}_{i,t}) \\
& + \beta_3 \text{PERENERGY}_{i,t} + \beta_4 \text{INDUSSTR}_{i,t} + \beta_5 \text{ENERGYSTR}_{i,t} \\
& + \beta_6 \text{CETEECUMU}_{i,t} + \beta_7 \text{CATECUMU}_{i,t} + \beta_8 \text{EUTEECUMU}_{i,t} \\
& + \beta_9 \text{ESTECUMU}_{i,t} + \varepsilon_{i,t}
\end{aligned} \tag{3-39}
$$

$\text{CABE}_{i,t}$ 为全要素碳减排效率（因变量），$\ln(\text{PERGDP}_{i,t})$、$\ln(\text{PERCAPITAL}_{i,t})$、$\text{PERENERGY}_{i,t}$、$\text{INDUSSTR}_{i,t}$、$\text{ENERGYSTR}_{i,t}$、$\text{CETEECUMU}_{i,t}$、$\text{CATECUMU}_{i,t}$、$\text{EUTEECUMU}_{i,t}$、$\text{ESTECUMU}_{i,t}$ 为影响全要素碳减排效率的解释变量，其中，i、t 分别为不同时期不同省区的对应值；β_j 为被估计参数；$\varepsilon_{i,t}$ 为随机误差项，服从正态分布。为了减少误差项中存在的异方差性和序列相关性的影响，使用 FGLS 对式（3-39）进行参数估计。

表 3-16 给出了式（3-39）对贵州省 9 个地州市 1996～2019 年全要素碳减排效率及其影响因素进行回归所得到的解释变量系数估计值。回归分析给出了 FE 和 RE 两种情况下的结果。从 Hausman 检验的结果来看，全要素碳减排效率的回归分析应当选择 FE 模型。另外，由于在 Malmquist 指数计算中，Malmquist 指数＝技术效率变化率值×技术进步变化率值，因此尽管在式（3-39）中用累积值作为解释变量，回归模型仍可能存在多重共线性问题。为此，我们进行了多重共线性检验，经检验解释变量之间的相关系数都小于 0.47，变量之间存在多重共线性的可能性小。

3）解释变量的内生性问题

贵州省 9 个地州市全要素碳减排效率计量模型的内生性问题来源于两个方面：一是模型设定偏误，即由遗漏变量引起。全要素碳减排效率作为因变量受许多变量的影响，在实际建模过程中无法将解释变量全部列出。在这样的情况下，遗漏的变量的影响就被纳入了误差项中，在该遗漏变量与其他解释变量相关的情况下，就引起了内生性问题。为了解决因遗漏变量而引起的内生性问题，可以利用面板数据的 FE 模型剔除不可观测因素引起的偏误。二是因变量全要素碳减排效率与解释变量双向交互影响。例如，人均 GDP、人均能源消费量与全要素碳减排效率存在双向交互影响。在这种情况下，通常办法是寻找工具变量采用两阶段估计以获得无偏的结果。本书将经济发展水平人均 GDP 的对数、生产要素禀赋水平中的人均能源消费量、产业结构、能源结构设为内生变量，并以这些变量滞后一期作为工具变量。基于 FE 模型，运用 2SLS 进行回归，结果见表 3-16。表 3-16 给出了工具变量的诊断检验值，从检验结果来看第一阶段的 F 统计值较大（10 以上），说明所选择的工具变量与内生解释变量是高度相关的；Sargan 检验的概率值均在 0.1 以上，说明不存在工具变量的过度识别问题，工具变量的选择是有效的。

表 3-16　全要素碳减排效率影响因素的计量分析

变量	FE	RE	FE（2SLS）
α	−1.6712**** （7.9728）	1.3175**** （6.5125）	−1.8891**** （−6.3358）
ln(PERGDP)	−0.0169* （−1.3362）	0.0181*** （3.6629）	0.2981*** （2.8166）
ln(PERCAPITAL)	−0.0062 （−0.6789）	−0.0095* （−1.2183）	−0.3179**** （−6.8527）
PERENERGY	0.0011 （0.5629）	−0.0041 （−0.3889）	0.0045* （0.8127）
INDUSSTR	0.0312* （1.3197）	0.0051 （0.4219）	−0.3591** （−2.6689）
ENERGYSTR	−0.0611**** （−4.0168）	−0.0592**** （−5.8189）	−0.2109**** （−7.0352）
CATECUMU	0.1319**** （5.3309）	0.1073**** （4.8762）	0.4892**** （7.8817）
CETEECUMU	0.3319**** （5.6892）	0.3167**** （5.0987）	1.1986**** （6.6095）
EUTEECUMU	−0.5515**** （−6.1986）	0.0499**** （5.6626）	0.8183**** （5.1097）
ESTECUMU	0.0706**** （5.3429）	0.0769**** （4.9812）	0.3195**** （6.0298）
R^2	0.9562	0.8973	0.7719
F-stat	197.8517	131.9703	88.0986
D. W. stat	0.5519	0.4518	0.4217
Hausman 检验		43.8719	
Sargan 检验（p 值）		0.4318	

注：所有的系数的计算和检验借助 Eviews 6.0 完成；括号内为基于标准差计算的 t 统计量

****表示估计系数在 1%水平上显著；***表示估计系数在 10%水平上显著；**表示估计系数在 20%水平上显著；*表示估计系数在 50%水平上显著

4）计量结果分析

根据工具变量的 2SLS 的回归结果，可得如下结论：从整体上看，1996～2019 年，贵州省 9 个地州市的技术因素，累积的碳减排技术进步增长率、累积的碳减排技术效率增长率、累积的能源使用技术进步增长率和累积的能源使用技术效率增长率这四个因素对碳减排效率有较强的正影响。人均 GDP 和能源结构对碳减排效率有显著正影响，而人均资本和产业结构对碳减排效率有显著的负影响。人均能源消费量对碳减排效率有显著的正影响，但是其估计系数仅仅是在 50%水平上显著，可信度不高。以上结论有三点值得注意：一是累积的碳减排技术效率增长率对碳减排效率的影响度远高于累积的碳减排技术进步增长率，这说明贵州省 9 个地州市碳减排技术对碳减排的贡献主要还是依赖于减排技术效率的提高，属于技术引进消化后扩大碳减排规模所致，而属于技术创新所推动的技术进步对碳减排效率提升的作用不显著。二是累积的能源使用技术效率增长率对碳减排效率的影响度远高于累积的能源使用技术进步增长率，这说明贵州省 9 个地州市能源使用技术对碳减排的贡献主要还是依赖于能源使用技术效率的提高，属于技术引进消化后扩大能源使用规模所致，而属于技术创新所推动的技术进步对碳减排效率提升的作用不显著。三是能源使用结构对碳减排效率产生负影响。这说明，高碳排放的煤炭将降低贵州省 9 个地州市产业体系的碳减排效率，针对贵州产业体系能源以煤炭为主的现实状况，未来贵州应当通过提高煤炭洁净化，以及使用煤炭后碳排放和回收利用的技术水平和效率水平，提高碳减排效率。

2. 全要素碳减排效率增长率影响因素的计量分析

全要素碳减排效率仅仅表达的是静态效率，还不能说明全要素碳减排效率的动态变化特征。鉴于此，进一步对表达动态变化特征的全要素能源效率增长率的影响因素进行计量分析。

1）计量模型

贵州省 9 个地州市全要素碳减排效率的增长率及其影响因素的计量模型：

$$
\begin{aligned}
\mathrm{IRCABE}_{i,t} = {} & \alpha + \beta_1 \ln(\mathrm{PERGDP}_{i,t}) + \beta_2 \ln(\mathrm{PERCAPITAL}_{i,t}) + \beta_3 \mathrm{PERENERGY}_{i,t} \\
& + \beta_4 \mathrm{INDUSSTR}_{i,t} + \beta_5 \mathrm{ENERGYSTR}_{i,t} + \beta_6 \mathrm{CETEECH}_{i,t} + \beta_7 \mathrm{CATECH}_{i,t} \\
& + \beta_8 \mathrm{EUTEECH}_{i,t} + \beta_9 \mathrm{ESTECH}_{i,t} + \varepsilon_{i,t}
\end{aligned}
$$

$$(3\text{-}40)$$

$\mathrm{IRCABE}_{i,t}$ 为全要素碳减排效率的增长率（因变量），它是通过各个地州市年份序列的值计算得到全要素碳减排效率的增长率。$\ln(\mathrm{PERGDP}_{i,t})$、$\ln(\mathrm{PERCAPITAL}_{i,t})$、$\mathrm{PERENERGY}_{i,t}$、$\mathrm{INDUSSTR}_{i,t}$、$\mathrm{ENERGYSTR}_{i,t}$、$\mathrm{CETEECH}_{i,t}$、$\mathrm{CATECH}_{i,t}$、$\mathrm{EUTEECH}_{i,t}$、$\mathrm{ESTECH}_{i,t}$ 为影响全要素碳减排效率增长率的因素（解释变量），其中，i、t 分别为不同时期不同地州市的对应值；β_j 为被估计参数；$\varepsilon_{i,t}$ 为随机误差项，服从正态分布。为了减少误差项中存在的异方差性和序列相关性的影响，本节使用 FGLS 对式（3-40）进行参数估计。

表 3-17 给出了式（3-40）对贵州省 9 个地州市 1996～2019 年全要素碳减排效率的增长率及其影响因素进行回归所得到的解释变量系数估计值。回归分析给出了 FE 和 RE 两种情况下的回归结果。从 Hausman 检验的结果来看，回归分析应当选择 FE 模型。另外，在 Malmquist 指数计算中，Malmquist 指数＝技术效率变化率值×技术进步变化率值，因此，回归模型可能存在多重共线性问题。为此，

我们进行了多重共线性检验，经检验解释变量之间的相关系数都小于 0.48，变量之间存在多重共线性的可能性小。

2）解释变量的内生性问题

与处理全要素碳减排效率的内生性问题一样，在处理贵州省 9 个地州市全要素碳减排效率增长率的内生性问题中，本书将经济发展水平人均 GDP 的对数、生产要素禀赋水平中的人均能源消费量、产业结构、能源结构设为内生变量，并以这些变量滞后一期作为工具变量。基于 FE 模型，运用 2SLS 进行回归，结果见表 3-17。表 3-17 给出了工具变量的诊断检验值，从检验结果来看第一阶段的 F 统计值较大（10 以上），说明所选择的工具变量与内生解释变量是高度相关的；Sargan 检验的概率值均在 0.1 以上，说明不存在工具变量的过度识别问题，工具变量的选择是有效的。

表 3-17　全要素碳减排效率增长率影响因素的计量分析

变量	FE	RE	FE（2SLS）
α	−1.7122** (−2.3206)	−1.1168** (−2.1381)	−2.1296** (−2.2965)
ln(PERGDP)	0.0109* (1.1286)	0.0302** (1.9197)	0.3185**** (4.1723)
ln(PERCAPITAL)	−0.0278* (−1.0129)	0.0147** (1.7189)	−0.1819**** (−5.1827)
PERENERGY	0.0033* (0.7652)	0.0039* (0.6971)	0.0202* (0.7912)
INDUSSTR	0.0151** (2.1458)	0.0799** (1.8973)	−0.2101** (−2.2789)
ENERGYSTR	0.0701* (1.1891)	0.0507** (1.9127)	0.1817**** (4.2187)
CATECH	0.3987**** (3.5179)	0.4086**** (4.1982)	0.5209**** (5.1992)
CETEECH	0.8713*** (1.9709)	0.7198**** (2.4129)	1.1187**** (4.8762)
EUTEECH	0.1289**** (3.9119)	0.1596*** (2.9708)	0.2897**** (4.5231)
ESTECH	0.2819**** (3.7892)	0.4157**** (5.0121)	0.3319**** (4.2567)
R^2	0.8798	0.8548	0.7679
F-stat	155.2098	95.1186	87.0279
D. W. stat	1.5903	1.5719	0.9802
Hausman 检验	40.0176		
Sargan 检验（p 值）	0.5518		

注：所有系数的计算和检验借助 Eviews6.0 完成

****表示估计系数在 1%水平上显著；***表示估计系数在 10%水平上显著；**表示估计系数在 20%水平上显著；*表示估计系数在 50%水平上显著

3）计量结果分析

根据工具变量的 2SLS 的回归结果，可得如下结论：从整体上看，1996～2019 年，贵州省 9 个地州市的技术因素，碳减排技术进步增长率、碳减排技术效率增长率、能源使用技术进步增长率和能源使用技术效率增长率这四个因素对碳减排效率的变化率有较强的正影响。人均 GDP、人均能源消费量和能源结构对碳减排效率的变化率有显著的正影响，而人均资本和产业结构对碳减排效率的变化率有显著的负影响。人均能源消费量对碳减排效率有显著的正影响，但是其估计系数仅仅是在 50% 水平上显著，可信度不高。以上结论有三点值得注意：一是碳减排技术效率的变化率对碳减排效率变化率的影响度远高于减排技术进步的变化率，这说明在短期内我国 30 个省区市（不含西藏和港澳台）通过减排技术创新提高碳减排效率的效果不及引进消化碳减排技术。二是能源使用技术效率的变化率对碳减排效率变化率的影响度低于能源使用技术进步变化率，这说明在短期内贵州省 9 个地州市通过引进消化能源使用技术提高碳减排效率的效果不及能源使用技术创新。三是能源结构对碳减排效率变化率产生负影响，这说明高碳排放的煤炭将降低贵州省 9 个地州市产业体系的碳减排效率，针对贵州产业体系能源以煤炭为主的现实状况，贵州应当及时地通过提高煤炭洁净化，以及使用煤炭后碳排放和回收利用的技术水平和效率水平，提高碳减排效率。

综合各影响因素可以看出，各影响因素对全要素碳减排效率短期及长期的作用。从表 3-18 可以看出，在 9 个影响全要素碳减排效率的因素中，人均 GDP 长短期都有正影响，但是不显著；人均资本也是经济发展水平的一个指标，从表 3-18 看，人均资本长短期有负影响，但不显著。这说明，无论短期还是长期，经济发展到一定水平，产业结构、能源结构和碳减排技术的变动趋缓，对碳减排效率的影响不显著。人均能源消费量在长短期对碳减排没有影响，这从一个侧面表明贵州产业体系个人能源消费水平还不高，对贵州产业体系总体碳减排的影响不大。产业结构对贵州产业体系碳减排效率有负影响，但不显著，并且长期影响的程度高于短期，具有累积效应，未来要提升碳减排效率还必须降低工业产值占比，提高服务业的比例；能源结构对贵州产业体系碳减排效率有正影响，并且长期影响的程度高于短期，具有累积效应，未来要提升碳减排效率还必须大规模进行煤炭洁净化，以及使用煤炭后碳排放、回收利用；碳减排技术进步增长率在长短期对贵州产业体系碳减排效率有一定的正影响，碳减排技术效率增长率在长短期对贵州产业体系碳减排效率有显著的正影响，未来要提升碳减排效率还需加大碳减排技术创新程度；能源使用技术进步增长率在长短期对贵州产业体系碳减排效率有正影响，但是不显著，这说明贵州产业体系能源利用技术创新不够，未来还需加大能源利用技术的创新；能源使用技术效率增长率在长短期对贵州产业体系碳减排效率有显著的正影响。

表 3-18 影响全要素碳减排效率短期长期因素对比

影响因素	碳减排效率	碳减排效率的增长率
ln(PERGDP)	+	+
ln(PERCAPITAL)	–	–
PERENERGY	0	0
INDUSSTR	–	–
ENERGYSTR	+	++
CATECH	++	++
CETEECH	+++	+++
EUTEECH	+++	+++
ESTECH	+	+

"0"表示没有影响；"+"表示有正影响，但不显著；"++"表示有一定的正影响；"+++"表示有显著的正影响；"–"表示有负影响，但不显著

3.3 产业结构升级、能源碳排放密度和能源强度降低与产业体系低碳化发展[①]

我国提出，以加快形成新的经济发展方式，提高发展的质量和效益为总体目标，构建以开放带动、创新驱动、结构优化、技术先进、绿色低碳、附加值高、就业率高为特征的我国现代产业发展新体系。现代产业发展新体系的一个重要特点就是在全球低碳经济背景下，针对我国环境日益恶化的趋势，构建我国绿色低碳的现代产业发展新体系。贵州省地域辽阔，各个地区因资源禀赋，以及技术、资本、劳动力、能源等生产要素禀赋的不同，产业体系的发展具有差异。在此基础上，各个地州市异质性的产业体系因为能源使用强度、能源消费结构、用能方式，以及碳减排技术等因素的不同，进一步使各个地区产业体系的低碳化发展具有差异性。分析贵州省各个地州市异质性产业体系低碳化发展趋势及其影响因素，对于促进贵州产业体系实现低碳化发展具有重要的意义。

对于一个产业体系来说，在产出结构、能源结构、能源技术和碳排放技术一定的情况下，其碳排放量由产出增长和能源消费决定，产出增长推动能源消费，并进一步驱动产业体系碳排放量的增加。决定产业体系低碳化发展趋势的关键因素在于碳排放强度的变化趋势。产业体系碳排放强度的变化趋势由产业体系的能源碳排放密度、能源消费强度和产出结构三个因素决定，能源碳排放密度和能源消费强度下降，以及产出结构升级驱动碳排放强度的降低。从产业体系的视角来

① 本部分运用本项目阶段性成果《产业结构升级、能源结构优化与产业体系低碳化发展》(发表在 2016 年第 12 期《经济研究》)中的分析方法。

看，在这三个决定因素之中，产出结构升级是产业体系低碳化发展的根本驱动力，通过产业结构升级，优化产业结构和调整能源结构，降低能源碳排放密度和能源消费强度，进而减少产业体系的能源碳排放强度，实现产业体系低碳化发展。这凸显了产业之间有效的技术经济联系、不断深化的产业分工，以及生产要素和产业结构升级对于产业体系碳减排的重要影响。严格的理论分析表明，在决定产业体系碳排放强度变化趋势的三个因素中，产业体系的能源碳排放密度由能源结构、三次产业能源消费占比和碳排放技术决定，能源消费强度由能源结构、能源技术和产出结构决定，产业结构升级由技术升级、资本升级和劳动力升级决定。贵州省产业体系由 9 个复杂多变的地州市产业体系构成，其碳排放强度的变化趋势不仅受贵州省产业体系三次产业能源碳排放密度、能源强度和产业结构的影响，而且会受到各个地州市产业结构、能源结构、三次产业能源消费占比、能源技术水平和碳排放技术水平的影响。因此，贵州省产业体系低碳化发展，不仅应着力于贵州省总体层面的碳排放强度分析，更迫切地需要向各个地州市异质性产业体系三次产业延伸，侧重分析各个地州市三次产业及其相关变量对贵州省产业体系碳排放强度变动趋势的影响。

国内外研究区域和产业碳排放强度及其影响因素的文献非常丰富，但是很少有成果供给侧的视角系统研究产业结构升级对产业体系低碳化发展的影响，以及通过建立产业体系低碳化发展模型，系统地对贵州省各个地州市异质性产业体系的低碳化发展进行实证研究和计量分析。为弥补这些不足，本书通过产业体系碳排放因素分解，采用产出结构升级模型，构建产业体系碳排放模型来讨论产业结构升级、能源碳排放密度和能源强度降低对于贵州省产业体系低碳化发展的影响程度及其作用机理。本部分的创新和贡献：一是从产业体系的视角，分析产业体系结构升级，以及生产技术、资本和劳动力等生产要素升级对产业体系低碳化发展的影响。二是借助 kaya 恒等式对产业体系的碳排放量进行因素分解，以此为基础构建产业体系碳排放模型。三是运用新的产业体系碳排放模型，研究贵州省各个地州市产业结构升级、能源碳排放密度和能源强度下降与产业体系低碳化发展的关系，特别是系统分析贵州省各个地州市三次产业相关变量对于贵州省产业体系碳排放强度变动趋势的影响。四是从短期和长期检验贵州省产业体系能源碳排放密度、能源强度与产业体系碳排放强度的作用关系，能源结构、产业能源消费占比与产业体系能源碳排放密度的作用关系，以及能源结构、能源技术与产业体系能源强度的作用关系。

3.3.1　文献综述

近年来，国内外学者主要从碳排放强度的影响因素和低碳化发展模式研究产业低碳化发展。在传统的产业发展模式下,产业的发展有赖于能源消耗的增长,而能源消耗助推产业的碳排放。处于不同发展阶段的国家和地区,其产业碳排放强度受多重因素影响。Shrestha 和 Timilsina(1996)运用 Divisia 指数分解法分析了影响亚洲 12 个国家电力行业碳强度变化的因素,其结论表明燃料强度的变化是影响 1980~1990 年中国电力行业碳强度的主要因素。Davis 等(2003)运用指数分解法对美国 1996~2000 年碳排放强度影响因素进行分析后发现,暖和气候是碳排放强度下降的主要因素。Enevoldsen 等(2007)认为,能源税,特别是碳排放税促进斯堪的纳维亚半岛国家的能源密集型产业增长与碳排放强度的脱钩。Giblin 和 McNabola(2008)研究显示,在 2008 年,通过征收车辆碳排放税,爱尔兰碳排放强度下降 3.6%~3.8%。Schmitz 等(2011)分析 8 个发达经济体和 2 个发展中经济体 1973~2007 年碳排放强度短期和长期的决定因素,研究显示,在短期碳排放强度受暂时性外部冲击和商业周期波动的影响,而在长期碳排放强度受生产率、能源结构和石油价格的影响。

我国在 2009 年 11 月哥本哈根气候会议之前,提出 2020 年碳强度比 2005 年下降 40%~45%,学界对于我国碳强度的影响因素进行研究。Zhang(2009)认为,生产方式转变,特别是能源强度下降是我国 1992~2002 年碳强度降低的主要作用因素。张友国(2010)研究发现,能源强度和能源结构驱动碳强度下降,而三次产业结构、三次产业内结构和制造业内结构则驱动碳强度上升。陈诗一(2010)发现,我国改革开放以来工业碳强度波动性下降的主要影响因素是能源强度、能源结构和工业结构,其中能源强度降低是决定因素。王锋等(2013)认为,各个省碳强度、能源强度、能源结构、产值份额和碳排放份额共同决定全国碳强度。Cao 和 Karplus(2014)研究发现,在"十一五"和"十二五"期间,煤炭使用的降低(包括作为能源直接使用和电力部门发电使用)是我国碳强度下降的主要驱动因素。Su 和 Ang(2015)运用投入—产出分析框架,引入四个乘法分解模型分析我国碳强度变化的驱动力,研究发现排放强度效应、里昂惕夫结构效应和最终需求结构效应是我国 2007~2010 年碳强度变化的驱动力。Yu 等(2015)认为,到 2020 年,我国大多数省区市由第三产业占比提高导致的产业体系碳强度下降的潜力高于人均 GDP 提高导致的产业体系碳强度下降的潜力。Chang K 和 Chang H(2016)从碳减排能力、责任、潜力,以及能源效率四个方面综合考量,提出我国 30 个省区市碳强度下降的策略。Wang 等(2016)发现,经济总量、第二产业占比、城市化、外商直接投资、能源结构等因素对我国不同经济发展区域碳强度的影响程度存在差异。

针对不同国家和地区产业碳排放的影响因素,国外学者分析了产业低碳化发展的模式。Diakoulaki 和 Mandaraka(2007)认为,1990~2003 年,欧盟国家中爱尔兰、瑞典和法国将可持续发展的理念整合进工业发展的战略中,在制造业快速增长的同时，碳排放强度并没有出现较大的提升，实现了制造业发展与碳排放的脱钩。Sheinbaum 等（2011）研究表明，1990～2006 年，阿根廷、巴西、哥伦比亚、墨西哥和委内瑞拉充分利用京都会议清洁发展机制，通过提高水电和风电的比例降低产业的能源使用强度和碳排放强度，实现产业低碳化发展。Pao 和 Tsai（2010）认为，金砖四国及新兴国家应当转变外资规模扩张和产出高速增长的高碳发展模式：提高外资的质量，采取税收手段控制外资的碳排放，新兴国家应当与外国公司进行技术交流和共享，避免资源过度消耗和环境更大程度的破坏。

　　针对我国产业碳排放的影响因素，国内外学者分析了产业低碳化发展的模式。Wu 等（2006）提出，1980～2002 年，中国通过技术创新和关闭小型的能源密集型企业进行产业低碳化发展模式的改革，实现了低碳化发展。Ang（2009）提出，中国应当鼓励碳减排生产技术的创新，以及积极吸收其他国家和地区的绿色前沿技术，促进产业低碳化的发展。吴力波（2010）提出，充分利用我国现有的优势资源，积极参与制造业国际分工，吸引先进低碳产业，运用先进的低碳技术改造高碳产业促进制造业低碳化。林伯强和孙传旺（2011）认为，中国现阶段的低碳经济转型战略应该是以节能为主，发展清洁能源为辅。中国社会科学院工业经济研究所课题组（2010）提出，通过建立涵盖环境规制、节能减排机制、绿色技术研发和产业化应用机制、国际协调机制的综合性、开放式绿色转型机制创新体系促进我国工业绿色转型。Zhou 和 Ang（2008）研究显示，产业结构调整是发展低碳经济的重要因素，一个有效降低区域碳排放的方法就是通过技术进步促进产业结构优化升级。张友国和郑玉歆（2014）提出更多地注重煤炭开采、使用方式的改变，大力发展洁净煤技术，加快煤地下气化产业化，尽早走上"绿煤"之路的低碳化发展模式。马丽梅和张晓（2014）提出治理雾霾，区域间联防联控势在必行，从长期看，改变能源消费结构及优化产业结构是治理雾霾的关键，而短期看，减少劣质煤的使用是较为有效的途径。胡鞍钢等（2015）认为，节能减排治理应当从"谁排放，谁负责"的生产导向模式向行业间共同而有区别责任的综合产业链模式转变。

　　上述文献聚焦于国外不同区域，以及我国全国和各省碳排放强度的影响因素分析，并根据产业的低碳化发展影响因素分析发展模式。例如，通过产业的技术进步、产业结构升级、能源结构调整、产业发展模式转变，以及环境规制和绿色转型机制等实现产业低碳化发展。但是，现有研究缺乏从产业体系的视角分析产业结构升级，以及生产技术、资本和劳动力等生产要素升级对产业体系低碳化发展的影响。现有的研究并未建立区域产业体系低碳化发展的模型，无法系统、深入地分析区域产业体系低碳化发展的驱动因素和实现途径。针对我国区域产业体系低碳化研究，没有系统研究我国不同区域中异质性产业体系三次产业的低碳化发展对区域产业体系碳排放强度变动趋势的影响。

3.3.2　理论分析与研究设计

基于 kaya 恒等式，对产业体系的碳排放量进行因素分解，构建产业体系碳排放模型，厘清产业体系中产出结构、能源消费占比、能源结构、技术水平与碳排放的关系和作用机理，探讨产业体系低碳化发展的模式。

1. 产业体系碳排放因素分解模型

1）碳排放强度因素分解

产业体系碳排放总量是各个产业排放量之和，借助 kaya 恒等式对产业体系各个时期的碳排放量进行因素分解：

$$C^t = \sum_i \frac{C_i^t}{E_i^t} \times \frac{E_i^t}{G_i^t} \times \frac{G_i^t}{G^t} \times G^t = \sum_i \text{CD}_i^t \times \text{EI}_i^t \times \text{IS}_i^t \times G^t \tag{3-41}$$

其中，i 为产业；t 为时期；C^t 为产业体系 t 时期碳排放量；C_i^t 为产业 i 在 t 时期的碳排放量；E_i^t 为产业 i 在 t 时期的能源消费量；G_i^t 为产业 i 在 t 时期的产出值；G^t 为产业体系在 t 时期的产出总值；$\text{CD}_i^t = C_i^t / E_i^t$ 为产业 i 在 t 时期的能源碳排放密度；$\text{EI}_i^t = E_i^t / G_i^t$ 为产业 i 在 t 时期的能源强度；$\text{IS}_i^t = G_i^t / G^t$ 为产业 i 在 t 时期的产出值占比。由式（3-41）可得

$$\text{CI}^t = \frac{C^t}{G^t} \sum_i \text{CD}_i^t \times \text{EI}_i^t \times \text{IS}_i^t \tag{3-42}$$

其中，CI^t 为产业体系在 t 时期的碳排放强度，其倒数为产业体系在 t 时期的碳排放效率。对式（3-42）两边求时期 t 的导数，可以得到产业体系碳排放强度的增长率：

$$\dot{\text{CI}} = \sum_i \dot{\text{CD}}_i \times \text{EI}_i \times \text{IS}_i + \sum_i \text{CD}_i \times \dot{\text{EI}}_i \times \text{IS}_i + \sum_i \text{CD}_i \times \text{EI}_i \times \dot{\text{IS}}_i \tag{3-43}$$

令 $w_i = \text{CD}_i \times \text{EI}_i \times \text{IS}_i$ 代入式（3-43）得到

$$\dot{\text{CI}} = \sum_i w_i \times \frac{\dot{\text{CD}}_i}{\text{CD}_i} + \sum_i w_i \times \frac{\dot{\text{EI}}_i}{\text{EI}_i} + \sum_i w_i \times \frac{\dot{\text{IS}}_i}{\text{IS}_i} \tag{3-44}$$

对式（3-44）两边求时间积分，可得

$$\Delta\text{CI} = \sum_i \int_0^T w_i \times \frac{\dot{\text{CD}}_i}{\text{CD}_i} \times \mathrm{d}t + \sum_i \int_0^T w_i \times \frac{\dot{\text{EI}}_i}{\text{EI}_i} \times \mathrm{d}t + \sum_i \int_0^T w_i \times \frac{\dot{\text{IS}}_i}{\text{IS}_i} \times \mathrm{d}t \tag{3-45}$$

为了求式（3-45）积分，我们必须得到权重 w_i。可以用以下对数平均函数作为权重函数：

$$L(x,y) = \begin{cases} (y-x)/\ln(y/x), & x \neq y \\ x, & x = y \\ 0, & x = y = 0 \end{cases}$$

在式（3-45）中有 w_i^T 和 w_i^0，权重值为

$$L(w_i^0, w_i^T) = (w_i^T - w_i^0)/\ln(w_i^T/w_i^0) \tag{3-46}$$

根据式（3-45）和式（3-46），可以得到具有对数平均权重的产业体系碳排放强度的变化值：

$$
\begin{aligned}
\Delta \mathrm{CI}_{\mathrm{total}} &= \sum_i L(w_i^0, w_i^T) \times \ln\left(\frac{\mathrm{CD}_i^T}{\mathrm{CD}_i^0}\right) + \sum_i L(w_i^0, w_i^T) \times \ln\left(\frac{\mathrm{EI}_i^T}{\mathrm{EI}_i^0}\right) \\
&+ \sum_i L(w_i^0, w_i^T) \times \ln\left(\frac{\mathrm{IS}_i^T}{\mathrm{IS}_i^0}\right) = \Delta \mathrm{CI}_{\mathrm{CD}} + \Delta \mathrm{CI}_{\mathrm{EI}} + \Delta \mathrm{CI}_{\mathrm{IS}}
\end{aligned}
\tag{3-47}
$$

其中，$\Delta \mathrm{CI}_{\mathrm{total}}$、$\Delta \mathrm{CI}_{\mathrm{CD}}$、$\Delta \mathrm{CI}_{\mathrm{EI}}$、$\Delta \mathrm{CI}_{\mathrm{IS}}$ 分别为产业体系总的碳排放强度的变化、能源碳排放密度变化导致的产业体系碳排放强度的变化、能源使用强度变化导致的产业体系碳排放强度的变化、产业体系产出结构变化导致的产业体系碳排放强度的变化。因此，产业体系碳排放强度变化由产业体系的能源碳排放密度、能源消费强度和产业体系产出结构三个因素决定：

$$\Delta \mathrm{CI} = \varphi(\Delta \mathrm{CD}, \Delta \mathrm{EI}, \Delta \mathrm{IS}) \tag{3-48}$$

其中，$\Delta \mathrm{CI}$、$\Delta \mathrm{CD}$、$\Delta \mathrm{EI}$、$\Delta \mathrm{IS}$ 分别为产业体系的碳排放强度变化值、能源碳排放密度变化值、能源强度变化值、产出结构变化值。对式（3-48）两边取自然对数，并对时间求导数，可得碳排放强度的变化率：

$$\Delta \dot{\mathrm{CI}} = \varepsilon_{\mathrm{CD}}(\Delta \dot{\mathrm{CD}}) + \varepsilon_{\mathrm{EI}}(\Delta \dot{\mathrm{EI}}) + \varepsilon_{\mathrm{IS}}(\Delta \dot{\mathrm{IS}}) \tag{3-49}$$

其中 $\varepsilon_{\mathrm{CD}}$、$\varepsilon_{\mathrm{EI}}$ 和 $\varepsilon_{\mathrm{IS}}$ 分别为能源碳排放密度变化、能源强度变化和产出结构变化的碳排放弹性；$\Delta \dot{\mathrm{CD}}$、$\Delta \dot{\mathrm{EI}}$ 和 $\Delta \dot{\mathrm{IS}}$ 分别为能源碳排放密度、能源强度和产出结构的变化率。由此可见，能源碳排放密度等三个因素的变化率影响产业体系的碳排放强度的变化率，其程度由它们的碳排放弹性决定。

2）能源碳排放密度因素分解

借助 kaya 恒等式，对产业体系各个时期的碳排放量进行因素分解：

$$C^t = \sum_i \sum_m \frac{C_{i,m}^t}{E_{i,m}^t} \times \frac{E_{i,m}^t}{E_i^t} \times \frac{E_i^t}{E^t} \times E^t = \sum_i \sum_m \mathrm{CD}_{i,m}^t \times \mathrm{ES}_{i,m}^t \times \mathrm{EP}_i^t \times E^t \tag{3-50}$$

其中，m 为 i 产业中所消费的能源种类；$C_{i,m}^t$ 为在 t 时期产业 i 消费 m 种能源的碳

排放量；$E_{i,m}^t$ 为在 t 时期产业 i 所消费 m 种能源的数量；$CD_{i,m}^t = C_{i,m}^t / E_{i,m}^t$ 为在 t 时期产业 i 所消费的 m 种能源所排放的碳强度，其大小说明产业 i 所消费的 m 种能源的碳减排技术水平；$ES_{i,m}^t = E_{i,m}^t / E_i^t$ 为在 t 时期产业 i 所消费的能源中的 m 种能源的占比；EP_i^t 为在 t 时期产业 i 所消费的能源在产业体系中的占比。由式（3-50）可得

$$CD^t = \frac{C^t}{E^t} \sum_i \sum_m CD_{i,m}^t \times ES_{i,m}^t \times EP_i^t \qquad (3\text{-}51)$$

其中，CD^t 为产业体系 t 时期的能源碳排放密度，其倒数表示产业体系 t 时期的能源碳排放效率。对式（3-51）两边求时期 t 的导数，可以得到产业体系能源碳排放密度的增长率：

$$\dot{CD} = \sum_i \sum_m \dot{CD}_{i,m} \times ES_{i,m} \times EP_i + \sum_i \sum_m CD_{i,m} \times \dot{ES}_{i,m} \times EP_i$$
$$+ \sum_i \sum_m CD_{i,m} \times ES_{i,m} \times \dot{EP}_i \qquad (3\text{-}52)$$

根据推导 ΔCI_{total} 的方法，可得

$$\Delta CD_{total} = \sum_i \sum_m L(w_{i,m}^0, w_{i,m}^T) \times \ln\left(\frac{CD_{i,m}^T}{CD_{i,m}^0}\right) + \sum_i \sum_m L(w_{i,m}^0, w_{i,m}^T) \times \ln\left(\frac{ES_{i,m}^T}{ES_{i,m}^0}\right)$$
$$+ \sum_i \sum_m L(w_{i,m}^0, w_{i,m}^T) \times \ln\left(\frac{EP_i^T}{EP_i^0}\right) \qquad (3\text{-}53)$$
$$= \Delta CD_{cd} + \Delta CD_{ES} + \Delta CD_{EP}$$

其中，ΔCD_{total}、ΔCD_{cd}、ΔCD_{ES}、ΔCD_{EP} 分别为产业体系总的能源碳排放密度变化、产业体系中不同产业能源碳排放密度变化导致的产业体系能源碳排放密度变化、产业体系中不同产业能源结构变化导致的产业体系能源碳排放密度变化、产业体系中不同产业所消费能源在产业体系中占比变化导致的产业体系能源碳排放密度的变化。其中，产业体系中不同产业能源碳排放密度可以表示该产业碳排放技术水平，因此，ΔCD_{cd} 可以表示不同产业碳排放技术水平变化导致的产业体系能源碳排放密度的变化。综上可知，产业体系碳排放强度变化由产业体系不同产业的能源消费结构（ΔES）、不同产业的能源消费占比（ΔEP），以及不同产业碳排放技术水平（Δcd）三个因素决定：

$$\Delta CD = \phi(\Delta ES, \Delta EP, \Delta cd) \qquad (3\text{-}54)$$

其中，ΔCD、ΔES、ΔEP、Δcd 分别为产业体系的能源碳排放密度变化值、能源结构变化值、不同产业能源消费占比变化值、碳排放技术水平变化值。对式（3-54）两边取自然对数，并对时间求导，可得二氧化能源碳排放密度的变化率：

$$\Delta \dot{CD} = \varepsilon_{ES}(\Delta \dot{ES}) + \varepsilon_{EP}(\Delta \dot{EP}) + \varepsilon_{cd}(\Delta \dot{cd}) \qquad (3\text{-}55)$$

其中 ε_{ES}、ε_{EP} 和 ε_{cd} 分别为能源结构变化、不同产业能源占比变化和碳排放技术水平变化的碳排放弹性；ΔES、ΔEP 和 Δcd 分别为能源结构、不同产业能源占比和碳排放技术水平的变化率。由此可见，能源结构等三个因素的变化率影响产业体系的能源碳排放密度的变化率，其程度由它们的碳排放弹性决定。

3）能源强度因素分解

借助 kaya 恒等式，对产业体系各个时期的能源消费进行因素分解：

$$E^t = \sum_i \sum_m \frac{E_{i,m}^t}{E_i^t} \times \frac{E_i^t}{G_i^t} \times \frac{G_i^t}{G^t} \times G^t = \sum_i \sum_m ES_{i,m}^t \times EI_i^t \times IS_i^t \times G^t \tag{3-56}$$

其中，$EI_i^t = E_i^t / G_i^t$ 为在 t 时期产业 i 的能源强度。由式（3-56）可得

$$EI^t = \frac{E^t}{G^t} \sum_i \sum_m ES_{i,m}^t \times EI_i^t \times IS_i^t \tag{3-57}$$

其中，EI^t 为产业体系 t 时期的能源消费强度，其倒数表示产业体系 t 时期的能源效率。对式（3-57）两边求时期 t 的导数，可以得到产业体系能源消费强度的增长率：

$$\dot{EI} = \sum_i \sum_m \dot{ES}_{i,m} \times EI_i \times IS_i + \sum_i \sum_m ES_{i,m} \times \dot{EI}_i \times IS_i + \sum_i \sum_m ES_{i,m} \times EI_{i,m} \times \dot{IS}_i$$

根据推导 ΔCI_{total} 的方法，同样可得

$$\Delta EI_{total} = \sum_i \sum_m L(w_{i,m}^0, w_{i,m}^T) \times \ln\left(\frac{ES_{i,m}^T}{ES_{i,m}^0}\right) + \sum_i \sum_m L(w_{i,m}^0, w_{i,m}^T) \times \ln\left(\frac{EI_i^T}{EI_i^0}\right) \\ + \sum_i \sum_m L(w_{i,m}^0, w_{i,m}^T) \times \ln\left(\frac{IS_i^T}{IS_i^0}\right) = \Delta EI_{ES} + \Delta EI_{ei} + \Delta EI_{IS} \tag{3-58}$$

其中，ΔEI_{total}、ΔEI_{ES}、ΔEI_{ei}、ΔEI_{IS} 分别为产业体系的能源消费强度变化、不同产业各种能源消费变化导致的产业体系能源消费强度的变化、不同产业能源消费强度变化导致的产业体系能源消费强度的变化、产出结构变化导致的产业体系能源消费强度的变化。其中，不同产业能源消费强度的大小可以表示不同产业能源消费技术水平的高低，因此，ΔEI_{ei} 可以表示产业体系的能源消费技术水平变化（ΔET）导致的产业体系能源消费强度的变化。因此，产业体系的能源消费强度变化由不同产业中各种能源消费占比、不同产业的能源消费技术水平，以及各个产业产出占比三个因素决定：

$$\Delta EI = \eta(\Delta ES, \Delta ET, \Delta IS) \tag{3-59}$$

其中，ΔEI、ΔES、ΔET、ΔIS 分别为产业体系的能源强度变化值、能源结构变化值、能源技术水平变化值、产业结构变化值。对式（3-59）两边取自然对数，并对时间求导数，可得能源强度的变化率：

$$\Delta \dot{EI} = \varepsilon_{ES}(\Delta \dot{ES}) + \varepsilon_{ET}(\Delta \dot{ET}) + \varepsilon_{IS}(\Delta \dot{IS}) \tag{3-60}$$

其中，ε_{ES}、ε_{ET} 和 ε_{IS} 分别为能源结构变化、能源技术水平变化和产业结构变化的能源消费弹性；ΔES、ΔET 和 ΔIS 分别为能源结构、能源技术和产业结构的变化率。由此可见，能源结构等三个因素的变化率影响产业体系能源强度的变化率，其程度由它们的能源消费弹性决定。

2. 产业体系产出结构升级模型

产业体系的升级主要表现在产出结构的升级上，而其实质是生产要素的升级。在完全的市场体系中，生产要素充分流动，它决定产业体系产出结构。随着生产要素的升级，产业体系产出结构不断升级。从产出结构和生产要素两个方面，可将产业体系由低到高划分为：资源与劳动力密集的资源加工混合型产业体系、资本密集型的中加工度型产业体系，以及技术知识密集型的高加工度型产业体系。设产业体系的生产要素为 A、K、L，分别为产业体系的综合技术水平、资本存量、劳动力数量，可将产业体系产出结构表示为

$$\mathrm{IS} = \mathrm{IS}(A, K, L) \tag{3-61}$$

其中，A 为产业体系的综合技术水平，本书用全要素生产率增长率（$\dot{\mathrm{TFP}}$）衡量产业体系的综合技术水平。考虑到随机前沿生产函数在一定程度上消除了随机因素对前沿生产函数的影响并且允许技术无效率的存在，这比传统的索洛余值法估计 $\dot{\mathrm{TFP}}$ 更加接近生产和经济的实际情况。因此，这里随机前沿生产函数法估计各个省区的 $\dot{\mathrm{TFP}}$：

$$\dot{\mathrm{TFP}} = \dot{y} - \sum \lambda_{it}^{j} \dot{x}_i^j = (\mathrm{RTS} - 1) \sum \lambda_{it}^{j} \dot{x}_i^j + \frac{\partial \ln f}{\partial t} - \frac{\mathrm{d}u_{it}}{\mathrm{d}t} \tag{3-62}$$

其中，λ_{it}^{j} 为要素 j 的产出弹性；$\dot{x}_i^j$ 为要素变化率；$\frac{\partial \ln f}{\partial t}$ 为生产技术进步；$-\frac{\mathrm{d}u_{it}}{\mathrm{d}t}$ 为生产技术效率变化率。该生产函数的规模报酬为 $\mathrm{RTS} = \sum \varepsilon_{it}^{j}$，设 $\lambda_{it}^{j} = \frac{\varepsilon_{it}^{j}}{\sum \varepsilon_{it}^{j}}$，带入式（3-62），可得 $\dot{y} = (\mathrm{RTS} - 1) \sum \lambda_{it}^{j} \dot{x}_i^j + \frac{\partial \ln f}{\partial t} - \frac{\mathrm{d}u_{it}}{\mathrm{d}t} + \sum \lambda_{it}^{j} \dot{x}_i^j$。由此可知，区域产业体系产出变化率（即全要素生产率变化率 $\dot{\mathrm{TFP}}$）由规模效率变化率（SE）、生产技术进步率（TC）和生产技术效率变化率（$\dot{\mathrm{TEC}}$）决定。

随着生产要素的变化，产业体系的产出结构发生变化，可表示为

$$\Delta \mathrm{IS} = \mathrm{IS}(\Delta A, \Delta K, \Delta L) \tag{3-63}$$

产业体系的升级始于各种生产要素的升级，引入变量 u，为产业体系各方参与者对生产要素升级所做的努力程度，则式（3-63）可表示为

$$\mathrm{IS} = \mathrm{IS}(A(u), K(u), L(u)) \tag{3-64}$$

对式（3-64）两边求 u 的微分可得

$$\frac{d(IS)}{du} = \frac{\partial(IS)}{\partial A} \times \frac{dA}{du} + \frac{\partial(IS)}{\partial K} \times \frac{dK}{du} + \frac{\partial(IS)}{\partial L} \times \frac{dL}{du} = IS_A \dot{A} + IS_K \dot{K} + IS_L \dot{L} \quad （3-65）$$

由式（3-65）可知，产业体系产出结构升级由 $IS_A \dot{A}$、$IS_K \dot{K}$、$IS_L \dot{L}$ 三个因素决定。在式（3-65）中，$IS_A \dot{A}$ 为产业体系各方参与者通过升级产业体系技术提高产业体系综合技术水平，进而促进产业体系结构升级的贡献度。$IS_K \dot{K}$ 为产业体系各方参与者通过提升产业体系资本存量提高资本生产率，进而促进产业体系结构升级的贡献度。随着产业体系产出规模的扩张，以及技术复杂度的提高，产业体系参与各方需要固定资本投资以提高产业体系的生产能力和生产效率。$IS_L \dot{L}$ 为产业体系各方参与者通过提高产业体系劳动力数量提高劳动生产率，进而促进产业体系结构升级的贡献度。随着产业体系技术复杂度的提高、产出规模的扩张，以及资本有机构成的提高，产业体系参与各方需要劳动力投资以提高产业体系的生产能力和生产效率。

3. 产业体系碳排放模型

综合以上产业体系碳排放因素分解模型和产出结构升级模型，得到以下产业体系碳排放模型。如图 3-10 所示，产业体系碳排放强度由产业体系能源碳排放密度、产业体系能源强度和产业体系产出结构三个因素决定，而产业体系能源碳排放密度由三次产业能源结构、三次产业能源消费占比、三次产业碳排放技术水平决定，产业体系能源强度由三次产业能源结构、三次产业能源技术水平、三次产业产出占比决定，产出体系产出结构由产业体系技术升级、产业体系资本升级、产业体系劳动力升级决定。根据产业体系碳排放模型，本部分将对贵州省 9 个地州市产业体系碳排放强度、能源碳排放密度和能源强度的影响因素进行实证分解研究，并进行计量分析。

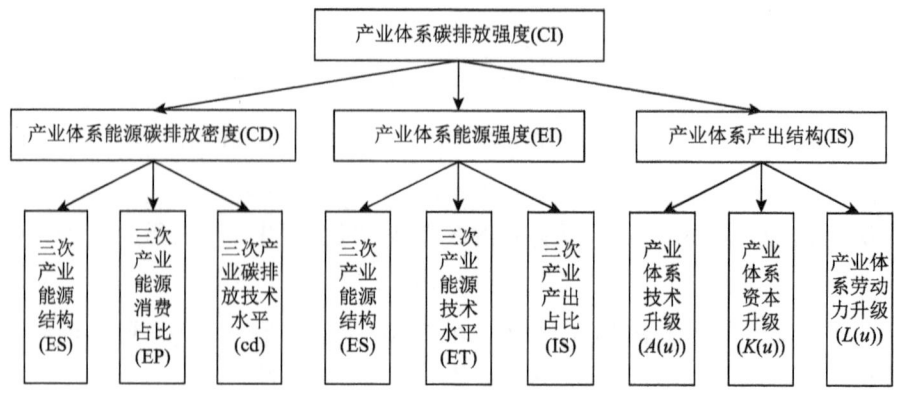

图 3-10　产业体系碳排放模型

3.3.3　变量与实证结果分析

1. 变量与数据说明

根据前面的理论模型，本书采用年度面板数据，样本区间为 1995～2019 年。涉及的基本变量包括：地区生产总值、固定资产投资、大专及以上高素质劳动力、商品出口额、三次产业各种能源终端消费量、三次产业各种消费能源碳排放量。

第一，各个地州市的地区生产总值。各个地州市每年的地区生产总值采用的是以 1995 年的不变价格计算的实际地区生产总值，计算数据来自 9 个地州市 1996～2020 年的《统计年鉴》。

第二，资本存量。采用永续盘存法来估算按可比价格计算的每年的资本存量。计算数据来自 9 个地州市 1996～2020 年的《统计年鉴》。

第三，劳动力。在衡量劳动力投入时，劳动力素质和劳动时间是影响劳动力投入的重要因素，但是这两方面的数据较难获得，因此仅以各个地州市历年的从业人数作为劳动力投入量指标。计算数据来自 9 个地州市 1996～2020 年的《统计年鉴》。

第四，新增固定资产投资。各个地州市每年的新增固定资产投资采用的是以 1994 年的不变价格计算的实际固定资产投资，计算数据来自 9 个地州市 1996～2020 年的《统计年鉴》。

第五，大专及以上高素质劳动力。各个地州市每年大专以上高素质劳动力计算数据来自 9 个地州市 1996～2020 年的《统计年鉴》。

第六，三次产业各种能源终端消费量。贵州各个地州市三次产业各种能源终端消费量计算数据来自 1996～2020 年各个地州市的《统计年鉴》。

第七，三次产业各种消费能源碳排放量。本书根据 9 个地州市各种能源消费量，并利用这些消费能源的碳排放因子和碳氧化比率估算出各个地州市 1995～2019 年的碳排放量。计算碳排放量的原始数据来自 1996～2020 年各个地州市的《统计年鉴》。

2. 实证结果

根据产业体系碳排放因素分解模型，运用 3.3.2 节的方法计算了 1995～2019 年贵州省 9 个地州市产业体系及其三次产业的碳排放强度、能源碳排放密度、能源使用强度，以及每一个地州市三次产业所占产业体系产出占比，以此为基础，分析贵州省 9 个地州市产业体系在此期间碳排放变化的趋势及其驱动因素。

1）产业体系碳排放强度：总体与区域趋势

分析贵州省产业体系碳排放强度，不仅要分析贵州省产业体系碳排放强度的总体变化趋势，还要分析贵州省9个地州市产业体系及其三次产业的碳排放强度的变化趋势和特点。

从全省来看，1995～2019年，由9个地州市组成的贵州省总体产业体系碳排放强度从1995年的7.32下降到2019年的3.96，减少近46%，碳排放强度年均降幅1.9%。其中，第一产业的碳排放强度从1995年到2019年减少7.5%；第二产业的碳排放强度从1995年到2019年减少46%；第三产业的碳排放强度从1995年到2019年减少5.3%。分阶段来看，1995～2006年，贵州三次产业体系碳排放强度下降35%；2007～2011年，贵州产业体系碳排放强度不降反升，上升15%；2012～2019年，随着重化工业发展的降速，贵州产业体系碳排放强度下降27%。

从区域来看，如图3-11所示。1995～2019年，9个地州市中贵阳、遵义、安顺、黔南4个地州市产业体系碳排放强度降幅高于贵州省总体产业体系，而其余5个地州市低于贵州省总体产业体系碳排放强度降幅。2007～2011年，毕节、六盘水、黔西南三个地州市碳排放强度大幅度上升，增幅在20%以上。在三次产业中，9个地州市的第一产业的碳排放强度降低幅度与贵州省总体程度相当；第二产业的碳排放强度降低幅度高于贵州省总体水平的有贵阳、遵义、六盘水、黔南4个地州市；第三产业的碳排放强度降低幅度与贵州省总体程度相当，幅度较小。

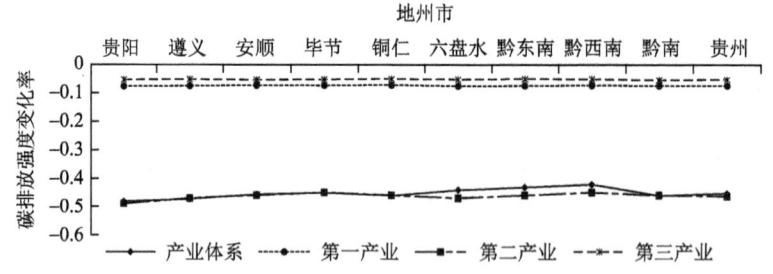

图3-11　1995～2019年贵州省9个地州市三次产业碳排放强度变化率

以上贵州省9个地州市产业体系及其三次产业碳排放强度不同的变化趋势，其产生的原因：一是经过改革开放四十多年，特别是2005年后贵州重化工化的高速发展，使贵州省9个地州市第二产业的产出占比、能源消费占比和碳排放占比快速上升，对贵州产业体系的碳排放强度变化起到重要的决定作用。1995～2019年，第二产业的碳排放强度下降决定产业体系碳排放强度的下降趋势。二是随着贵州经济的高速发展，贵州各地州市第三产业产出占比、能源消费占比和碳排放占比不断上升，对贵州产业体系的碳排放强度变化具有一定的影响，但是，第三产业中高能耗和高碳排放部门的快速增长，使贵州第三产业 1995～2019 年碳排放强度下降幅度较小，对贵州产业体系碳排放强度下降的贡献不大。三是随着贵州经济的高速发展，第一产业的产出占比、能源消费占比和碳排放占比不断下降，对贵州产业体系碳排放强度影响较小。四是 1995～2019 年，由于能源结构和部门产出结构的变化，与第二产业相比，贵州各地州市第一产业和第三产业的碳排放强度变动幅度较大。下文将基于产业体系碳排放因素分解模型和产出结构升级模型的结果，分析以上各种因素对产业体系碳排放强度的影响程度。

2）产业体系碳排放密度：能源结构和三次产业能源消费占比的影响

碳排放密度反映产业体系能源碳减排效率，能源碳排放密度下降说明消耗单位能源所排放的碳降低。由式（3-60）可知，碳减排技术水平的提高、能源结构的低碳化，以及不同产业能源消费占比的变化可以推动产业体系碳排放密度的下降。

在我国有关碳排放的统计数据中，由于缺乏各个省产业体系不同能源的碳排放量数据，因此碳排放数据只能通过计算获得。本书采用《IPCC2006 年国家温室气体排放清单指南》中碳排放的计算方法，根据能源消费中三种主要排放碳的化石能源煤炭、石油和天然气的消费量，并利用这三种不同化石能源的低位热值、碳排放因子和碳氧化比率估算出贵州省各个地州市产业体系的碳排放量。由于体现碳排放的不同化石能源的低位热值、碳排放因子和碳氧化比率相对稳定，因此这样处理就意味着各种化石能源的碳排放技术稳定。为此，贵州省各个地州市产业体系碳排放强度变化就由产业体系不同产业的能源消费结构、不同产业的能源消费占比两个因素决定：

$$\Delta CD = \phi(\Delta ES, \Delta EP)$$

自改革开放，特别是自 20 世纪 90 年代中期以来，随着以重化工业高速发展为特征的工业化的推进，贵州省的产业体系，特别是第二产业的碳排放增长迅速。贵州省的碳减排压力日益增大。为此，近年来，贵州通过转变经济增长方式，引进消化和自主创新碳减排技术，降低高碳的能源结构，促进碳排放密度的下降。

从全省来看，1995～2019 年，由于能源结构升级缓慢，贵州省产业体系总体的碳密度在 2.38～2.53 吨碳/万吨标煤。其中，第一产业的碳密度在 2.62～2.75 吨碳/万吨标煤，第二产业的碳密度在 2.36～2.53 吨碳/万吨标煤，第三产业的碳密度在 2.33～2.47 吨碳/万吨标煤。分阶段来看，贵州省产业体系总体的碳密度表现为：1995～2001 年，在 2.53～2.39 吨碳/万吨标煤；2002～2010 年，在 2.39～2.47 吨碳/万吨标煤；2011～2019 年，在 2.47～2.39 吨碳/万吨标煤。

从区域来看，如图3-12所示。1995～2019年，贵阳、遵义、安顺、黔东南4个地州市产业体系二氧化能源碳排放密度下降幅度高于贵州省总体产业体系碳排放强度降幅3.36%，而其余5个地州市低于贵州省总体产业体系二氧化能源碳排放密度降幅。在三次产业中，第一产业的碳排放密度强度下降幅度高于贵州省总体产业体系的有贵阳、毕节、六盘水、黔西南4个地州市；第二产业的碳排放密度强度下降幅度高于贵州省总体产业体系的有贵阳、毕节、六盘水、黔西南4个地州市；第三产业的碳排放密度强度下降的幅度高于贵州省总体产业体系的有安顺、毕节、铜仁、六盘水4个地州市。

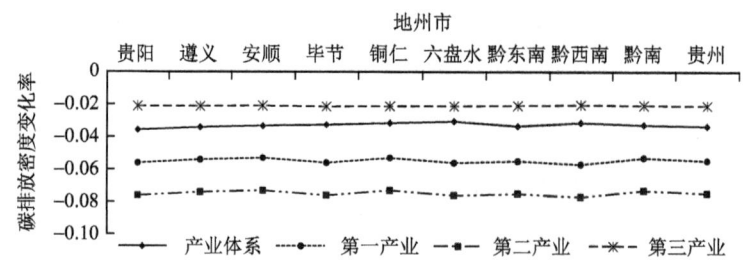

图3-12　1995～2019年贵州省9个地州市三次产业能源碳排放密度变化率

针对以上贵州省各个地州市产业体系及其三次产业能源碳排放密度不同的变化趋势，本书认为有以下方面的原因：一是在贵州省各个地州市的产业体系能源消费结构中，高碳能源占比较高。1995～2019年，各个地州市电能和石油制品占比逐年上升，煤炭占比下降缓慢。由于贵州的电能中火电占比较高（70%），并且火电转换效率低，因此消耗大量的煤炭，排放大量的碳。石油制品属于高碳能源，大量消耗石油制品导致碳排放快速增长。近年来，尽管各个地州市都在降低煤炭的直接消耗，但是煤炭占比依然较高，这极大地影响了贵州省各个地州市产业体系低碳化发展。二是在贵州省各个地州市的产业体系中，第二产业能源消费占比和碳排放占比较高，其能源碳排放密度变化对产业体系的能源碳排放密度起到关键作用。1995～2019年，第二产业对产业体系能源消费变化的贡献度平均在47%，对产业体系碳排放变化的贡献度平均在87%，对产业体系能源碳排放密度变化的贡献度平均在81%，由于第二产业能源消费结构并未出现明显的低碳化趋势，高碳的化石能源占比较高，因此其能源碳排放密度较高，这就决定在此期间贵州省各个地州市产业体系的能源密度未有明显的下降趋势。三是随着经济的发展，贵州省各个地州市第三产业产出占比不断提升，但是与第二产业相比，第三产业能源消费占比和碳排放占比不高，其能源碳排放密度变化对产业体系的能源碳排放密度影响不大。1995～2019年，第三产业对产业体系能源消费变化的贡献度平均在 31%，对于产业体系碳排放变化的贡献度平均在 4.2%，对产业体系能源碳排放密度变化的贡献度平均在 11%。尽管第三产业能源消费结构出现明显的高碳化趋势，高碳的化石能源占比较高，但是对贵州省各个地州市产业体系能源密度变化作用不大。四是随着经济的发展，贵州省各个地州市第一产业的产出占比、能源消费占比不断下降，第一产业对贵州省产业体系能源碳排放密度影响较小。1995～2019 年，第一产业对产业体系能源消费变化的贡献度平均在 13%，对于产业体系碳排放变化的贡献度平均在 1.1%，对产业体系能源碳排放密度的贡献度平均仅为 8%，并且其能源消费结构变化不大，其能源碳排放密度对产业体系能源碳排放密度影响甚微。

　　3）产业体系能源强度：不同产业的能源结构、能源技术、产出结构的影响

　　能源强度反映产业体系的能源效率，能源强度下降说明单位生产总值所耗费的能源降低，这表明产业体系的能源效率和生产技术水平提高。改革开放以来，通过引进和自主创新，贵州省各个地州市的产业体系，特别是第二产业的生产技术水平获得了较大的进步，这不仅提高了生产效率，而且降低了能源的消费强度。

　　从全省来看，1995～2019 年，贵州省产业体系总体的能源消费强度从 1995 年的 2.89 下降到 2015 年的 1.51，下降 48%。其中，第一产业的能源消费强度从 1995 年到 2019 年下降 78%；第二产业的能源消费强度从 1995 年到 2019 年下降 47%；第三产业的碳排放强度从 1995 年到 2019 年下降 50%。分阶段来看，1995～2005 年，贵州三次产业体系能源消费强度下降 38%；2006～2010 年，贵州产业体系能源消费强度不降反升，上升 7.7%；2011～2019 年，贵州产业体系能源消费强度下降 33%。

　　从区域来看，如图 3-13 所示。1995～2019 年，贵阳、遵义、铜仁、黔东南4 个地州市能源消费强度下降程度高于贵州总体产业体系能源消费强度下降48%。在三次产业中，第一产业能源消费强度下降的幅度高于贵州总体产业

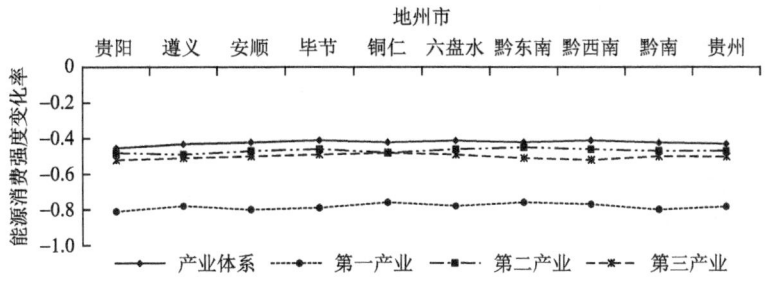

图 3-13　1995～2019 年贵州省 9 个地州市三次产业能源消费强度变化率

体系的有贵阳、安顺、毕节、黔南 4 个地州市；第二产业能源消费强度下降幅度高于贵州总体产业体系的有贵阳、遵义、铜仁、黔南 4 个地州市；第三产业能源消费强度下降幅度高于贵州总体产业体系的有贵阳、遵义、黔东南、黔西南 4 个地州市。

针对以上贵州各个地州市产业体系及其三次产业能源消费强度不同的变化趋势，本书认为有以下方面的原因：一是在贵州各个地州市的产业体系中，第二产业产出占比与能源消费占比较高，其能源消费强度变化对产业体系的能源消费强度起到关键作用，1995～2019 年，第二产业对于产业体系生产总值变化的贡献度平均在 45%，对于产业体系能源消费变化的贡献度平均在 57%。1995～2005 年和 2006～2019 年，由于第二产业生产技术水平的提高，在生产总值快速增长时，能源消费并未出现同步的快速增长。这使贵州各个地州市第二产业的能源消费强度下降，能源效率提高，这也决定了在此期间贵州各个地州市产业体系能源消费强度的下降趋势。2005～2010 年，由于第二产业中重化工产业的快速增长，并且生产技术水平提高缓慢，第二产业在生产总值快速增长时，能源消费出现同步的快速增长，能源强度并未下降。这也决定在此期间贵州各个地州市产业体系能源消费强度上下波动的趋势。二是随着经济的发展，贵州各个地州市第三产业产出占比不断提升，尽管与第二产业相比，第三产业能源消费占比不高，但是其能源消费强度对产业体系的能源消费强度影响不大，1995～2019 年，第三产业对于产业体系生产总值变化贡献度平均在 43%，对于产业体系能源消费变化的贡献度平均在 30%。三是随着经济的发展，贵州各个地州市第一产业的产出占比、能源消费占比不断下降，其对贵州省产业体系能源消费强度影响较小，1995～2019 年，第一产业对于产业体系生产总值变化贡献度平均在 8%，对于产业体系能源消费变化的贡献度平均在 7.3%。

4）产业体系产业结构：结构升级的作用

由于三次产业的能源消费强度、能源消费结构，以及能源碳排放密度的不同，产业结构的升级将影响产业体系的碳排放强度。改革开放以来，特别是 2010 年工业强省战略以来，贵州省进入工业化高速发展阶段，由于产业体系生产总值及三次产业增长速度的差异，全省及各地州市结构升级加速。

从全省来看，1995～2019 年，贵州省产业体系总体的结构从 1995 年的第一产业占比 36%、第二产业占比 38%、第三产业占比 26%升级为第一产业占比 9%、第二产业占比 45%、第三产业占比 46%；第一产业占比下降 27 个百分点，第二产业占比上升 7 个百分点，第三产业占比上升 20 个百分点。分产业分阶段来看，第一产业在 1995～2019 年由 36%下降到 9%；第二产业在 1995～2005 年保持在 36%左右，2006～2010 年由 36%上升到 38%，2011～2019 年保持在 46%左右；第三产业在 1995～2005 年由 26%上升到 35%，2006～2019 年保持在 46%左右。1995～

2014 年，产业结构变化导致能源消费增加 8.6%，碳排放增加 9.2%。但是生产总值增加较快，使能源消费强度和能源碳排放密度降低。

　　从区域来看，如图 3-14 所示。1995～2019 年，第一产业占比下降幅度超过贵州省总体产业体系的有贵阳、毕节；第二产业占比下降幅度超过贵州总体产业体系的有安顺、黔西南、毕节。第三产业占比下降幅度超过贵州省总体产业体系的有贵阳、遵义。

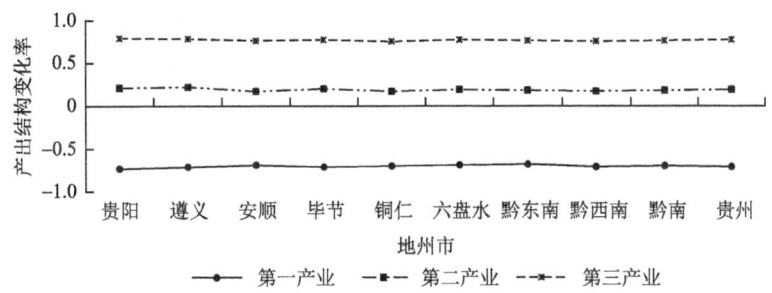

图 3-14　1995～2019 年贵州省 9 个地州市三次产业产出结构变化率

　　针对以上贵州省各个地州市产业结构不同的变化趋势，本书认为有以下方面的原因：一是自 20 世纪 90 年代中期以来，特别是 2010 年贵州进入重化工业加速发展的工业化快速发展阶段，在工业化和城镇化的推动下，贵州省各个地州市第二和第三产业发展迅速，比例不断上升，处于产业体系的主导地位，而第一产业发展缓慢，比例不断下降，处于产业体系的次要地位。二是 2006～2011 年，贵州消费结构升级、城市化进程加快、基础设施投资规模扩大，钢铁、水泥等高耗能产业快速发展推动我国制造业较快发展，以此带动整个第二产业的高速发展，第二产业占比上升，而与第二产业相比，第三产业发展较慢，其占比停滞不前。三是 2012～2019 年，在全球金融危机和资源环境约束日益增强的作用下，高耗能的资源型产业发展减速，第二产业高速发展的势头减弱，其占比稳步不前，与第二产业相比，第三产业发展速度加快，其占比提高。

　　5）产业体系碳排放强度及其 kaya 恒等式分解因素

　　由式（3-48）、式（3-55）和式（3-60）可知，区域的碳排放强度变化由能源碳排放密度、能源强度和产业结构三个因素驱动；能源碳排放密度变化由能源结构和不同产业能源消费占比两个因素驱动；能源强度变化由能源结构、能源技术和产业结构三个因素驱动。综合以上实证分析结果，可以看出，1995～2019 年，由于产出、能源消费和碳排放在三次产业中的占比较高，第二和第三产业主导着各个省能源碳排放密度和能源强度的变化趋势，并进一步决定着各个省碳排放强度的变化趋势。第二和第三产业主导着各个地州市能源结构和不同产业能源消费占比的变化趋势，并进一步决定着各个地州市能源碳排放密度的变化趋势；第二和第三产业主导着各个地州市能源结构、能源技术和产业结构的变化趋势，并进一步决定着各个地州市能源强度的变化趋势。

3.3.4 贵州省产业体系低碳化发展影响因素计量分析

通过 3.3.3 节实证分析可以看出，1995～2019 年，贵州省各个地州市产业体系碳排放强度的变化趋势由产业体系的产出结构、能源碳排放密度、能源消费强度三个因素驱动。其中，产出结构由产业体系的综合技术水平、资本存量、劳动力数量决定，能源碳排放密度由不同产业的能源消费结构和能源消费占比决定，能源消费强度由不同产业中各种能源消费占比、不同产业的能源消费技术水平，以及各个产业产出占比三个因素决定。本书将进一步地对贵州省各个地州市产业体系碳排放强度的影响因素及其作用程度进行计量分析，这样有助于我们更好地从宏观上理解贵州省产业体系中，产出增长、结构变化、能源消费和碳排放的关系和作用机理，并在此基础上，寻求实现贵州省产业体系低碳化发展的可行途径，以达到产出增长、结构升级、能源效率提升和碳减排的多赢结果，实现产业体系的可持续发展。

1. 变量

1）影响产业体系碳排放强度及其变化率的变量

根据式（3-48）和式（3-49），可得 $\Delta \dot{CI} = \varepsilon_{CD}(\Delta \dot{CD}) + \varepsilon_{EI}(\Delta \dot{EI}) + \varepsilon_{IS}(IS_A \dot{A} + IS_K \dot{K} + IS_L \dot{L})$，据此可确定影响我国各省产业体系碳排放强度及其变化率的因素。

第一，产业体系能源碳排放效率及其变化率。能源碳排放效率与能源碳排放密度互为倒数，它是产业体系中不同产业能源消费结构和能源消费占比的综合反映，直接影响产业体系的碳排放数量。在我国不同省，不同产业能源消费结构和能源消费占比存在较大差异，这导致不同地州市产业体系碳排放效率的不同。ecs 和 ecsrc 分别为产业体系能源碳排放效率及其变化率，产业体系能源碳排放效率（ecs）通过能源碳排放密度 CD 的倒数获取。

第二，产业体系能源效率及其变化率。能源效率与能源强度互为倒数，它是产业体系中不同产业的能源消费结构、能源消费技术水平，以及各个产业产出占比的综合反映，直接影响产业体系能源消费和碳排放的数量。在贵州省不同地州市，产业体系中不同产业的能源消费结构、能源消费技术水平和产业体系产出结构存在较大差异，这导致不同地州市产业体系能源消费强度及其变化率的不同。用 ee 和 eerc 分别表示产业体系能源效率及其变化率。产业体系能源效率（ee）通过能源强度 EI 的倒数获取。

第三，综合技术水平及其变化率。对于一个产业体系来说，其综合技术水平影响产业结构变化。在贵州省不同地州市，产业体系的综合技术水平存在差异，这导致不同地州市产业结构变化趋势的不同。用全要素生产率变化率（TFP）衡量产业体系的综合技术水平（tl），其变化率用 tlrc 表示。TFP 通过式（3-62）计算得到。

第四，固定资本升级及其变化率。作为生产的基本要素，固定资本的变化将直接影响产业结构的变化。在贵州省不同地州市，由于产业体系发展程度的不同，产业体系的新增固定资本存在较大的差异，这使不同地州市产业结构变化趋势不同。用新增固定资本与资本存量之比表示固定资本升级（fcup），其变化率用 fcuprc 表示。

第五，劳动力升级及其变化率。作为生产的基本要素，劳动力数量的变化影响产业结构的变化趋势。在贵州省不同地州市，经济发展程度、教育培训，以及劳动力流向不同，产业体系的新增劳动力存在较大的差异，这使不同地州市产业结构变化呈现不同的趋势。用大专及以上就业人口与总就业人口之比表示劳动力升级（lqup），其变化率用 lquprc 表示。

2）影响产业体系能源碳排放密度及其变化率的变量

根据式（3-55），确定影响贵州省不同地州市产业体系能源碳排放密度及其变化率的因素。由于在贵州省不同地州市的产业体系中，第二产业和第三产业的能源消费占比，以及碳排放占比较大，因此选择第二产业和第三产业的相关变量作为影响产业体系能源碳排放密度及其变化率的变量。

第一，第二产业和第三产业煤制品和石油制品消费占比及其变化率。煤炭制品和石油制品是贵州省不同地州市第二产业和第三产业的重要能源，1995～2019 年，它们的占比较大，对产业体系的能源碳排放密度影响较大。用 secc 和 seccrc 分别表示第二产业煤炭制品消费占比及其变化率；用 secp 和 secprc 分别表示第二产业石油制品消费占比及其变化率；用 thic 和 thicrc 分别表示第三产业的煤制品消费占比及其变化率；用 thip 和 thiprc 分别表示第三产业的石油制品消费占比及其变化率。

第二，第二产业和第三产业能源消费占比及其变化率。由于第二产业和第三产业在产业体系产出中占比较高，并且第二产业的能耗较高，因此在 1995～2019 年，它们的能源消费占比较大，对产业体系的能源碳排放密度影响较大。用 secpro 和 thipro 分别表示第二产业和第三产业的能源消费占比；用 secprorc 和 thiprorc 分别表示第二产业和第三产业的能源消费占比变化率。

3）影响产业体系能源消费强度及其变化率的变量

根据式（3-60），确定影响贵州省不同地州市产业体系能源消费强度及其变化率的因素。由于在贵州省不同地州市的产业体系中，第二产业和第三产业的产出占比，以及能源消费占比较大，因此选择第二产业和第三产业的相关变量作为影响产业体系能源消费强度及其变化率的变量，除了前面的secc、seccrc、secp、secprc、thip 和 thiprc 的因素外，还有以下影响因素。

第一，第二产业和第三产业能源技术及其变化率。1995～2019 年，由于第二产业和第三产业的产业体系产出占比、能源消费占比较高，因此它们的能源技术水平对产业体系的能源消费强度影响较大。用第二产业能源效率（secet）和第三产业的能源效率（thiet）分别代表它们的能源技术水平，用第二产业能源效率变化率（secetrc）和第三产业的能源效率变化率（thietrc）分别代表它们的能源技术水平的变化率。

第二，第二产业和第三产业产出占比及其变化率。1995～2019 年，第二产业和第三产业在产业体系产出中占比较高，对产业体系的能源消费强度影响较大。用 secis 和 thiis 分别表示第二产业和第三产业的产出占比，用 secisrc 和 thiisrc 分别表示第二产业和第三产业的产出占比变化率。

2. 产业体系碳排放强度、能源碳排放密度和能源消费强度的计量分析

1）计量模型

本书计量模型的数据具有空间和时间两种特性，采用面板数据模型进行回归分析。根据式（3-48）、式（3-49）、式（3-55）、式（3-60），分别确定影响贵州省 9 个地州市产业体系碳排放强度、能源碳排放密度和能源消费强度的计量模型：

$$CI_{it} = \alpha_0 + \alpha_1 ecs_{it} + \alpha_2 ee_{it} + \alpha_3 fcup_{it} + \alpha_4 lqup_{it} + \alpha_5 tl_{it} + c_i + \mu_{it} \quad (3\text{-}66)$$

$$CD_{it} = \beta_0 + \beta_1 secc_{it} + \beta_2 secp_{it} + \beta_3 thic_{it} + \beta_4 thip_{it} + \beta_5 secpro_{it} \\ + \beta_6 thipro_{it} + d_i + \gamma_{it} \quad (3\text{-}67)$$

$$EI_{it} = \delta_0 + \delta_1 secc_{it} + \delta_2 secp_{it} + \delta_3 thic_{it} + \delta_4 thip_{it} + \delta_5 secet_{it} + \delta_6 thiet_{it} \\ + \delta_7 secis_{it} + \delta_8 thiis_{it} + e_i + \xi_{it} \quad (3\text{-}68)$$

在以上计量模型中，因变量 CI_{it}、CD_{it}、EI_{it} 分别为产业体系碳排放强度、能源碳排放密度、能源消费强度，解释变量 ecs_{it}、ee_{it}、$fcup_{it}$、$lqup_{it}$、tl_{it}、$secc_{it}$、$secp_{it}$、$thic_{it}$、$thip_{it}$、$secpro_{it}$、$thipro_{it}$、$secet_{it}$、$thiet_{it}$、$secis_{it}$、$thiis_{it}$ 为影响因素，其中 i 和 t 分别为不同地州市不同年份的对应值，$i=1,2,\cdots,9$ 个地州市，$t=1995,1996,\cdots,2019$ 年；c_i、d_i 和 e_i 为个体效应，分别为各个地州市特有的不随时间而变化的未观察到的影响 CI、CD 和 EI 的因素；μ_{it}、γ_{it} 和 ξ_{it} 为残差，表示影响 CI、CD 和 EI 的其他因素；α_i、β_i 和 δ_i 为被估计参数。

2）计量模型形式的设定检验

对计量模型（3-66）、模型（3-67）和模型（3-68）进行 F 检验，结果表明三个计量模型存在显著的个体效应。进一步地对以上三个模型进行 Hausman 检验，结果显示，三个模型适用于 FE 模型。F 检验和 Hausman 检验的估计结果列入表 3-19。计量模型（3-66）、模型（3-67）和模型（3-68）考虑了残差的影响，运用 Wooldridge 检验法分别对这三个模型各种情况进行检验，结果为 χ^2 的统计量伴随概率较小，这表明以上三个模型的各种情况都存在系列相关。另外，对计量模型（3-66）、模型（3-67）和模型（3-68）进行多重共线性检验，经检验解释变量之间的相关系数小于 0.4，解释变量的方差膨胀因子小于 10，这表明三个模型中变量存在多重共线性的可能性较小。

表 3-19　FE 模型及个体效应的检验

模型	Hausman 检验	概率	F 检验	概率
模型（3-66）	57.8817	0.0023	5.7892	0.0018
模型（3-67）	63.1598	0.0011	7.1697	0.0012
模型（3-68）	65.0896	0.0021	9.9968	0.0005

在计量模型（3-66）、模型（3-67）和模型（3-68）中，模型变量存在内生性，其来源：一是模型设定偏误，即存在遗漏变量。产业体系碳排放强度、能源碳排放密度和能源消费强度作为因变量受到许多变量的影响，在实际建模过程中无法将解释变量全部列出。在这种情况下，遗漏变量的影响被纳入误差项中，在该遗漏变量与其他解释变量相关的情况下，就引起内生性问题。二是因变量产业体系的碳排放强度、能源碳排放密度和能源消费强度存在自回归，并且与它们的解释变量存在双向相互影响。例如，当期产业体系的碳排放强度、能源碳排放密度和能源消费强度可能影响以后若干期产业体系的碳排放强度、能源碳排放密度和能源消费强度；另外，产业体系的碳减排效率、能源效率、产业体系综合技术水平的提高不仅可能促进产业体系低碳化发展，而且可能是产业体系低碳化发展的结果，因为产业体系的低碳化发展程度与一定的碳减排效率、能源效率、产业体系综合技术水平相适应。同理，第二产业和第三产业煤制品与石油制品消费占比、第二产业和第三产业能源消费占比与产业体系的能源碳排放密度、第二产业和第三产业煤制品与石油制品消费占比、第二产业和第三产业能源消费占比，以及第二产业和第三产业能源技术与产业体系的能源消费强度存在双向影响。以上分析说明模型（3-66）、模型（3-67）和模型（3-68）中的模型变量存在内生性，静态模型得不到无偏、有效、一致的估计结果。

鉴于存在序列相关性和内生性，模型（3-66）、模型（3-67）和模型（3-68）适用动态面板进行估计，将静态面板的模型（3-66）、模型（3-67）和模型（3-68）

修正为包含滞后一阶的因变量的动态模型（3-69）、模型（3-70）和模型（3-71）：

$$\mathrm{CI}_{it} = \alpha_0 + \alpha \mathrm{CI}_{it-1} + \alpha_1 \mathrm{ecs}_{it} + \alpha_2 \mathrm{ee}_{it} + \alpha_3 \mathrm{fcup}_{it} + \alpha_4 \mathrm{lqup}_{it} + \alpha_5 \mathrm{tl}_{it} + c_i + \mu_{it} \quad (3\text{-}69)$$

$$\mathrm{CD}_{it} = \beta_0 + \beta \mathrm{CD}_{it-1} + \beta_1 \mathrm{secc}_{it} + \beta_2 \mathrm{secp}_{it} + \beta_3 \mathrm{thic}_{it} + \beta_4 \mathrm{thip}_{it} + \beta_5 \mathrm{secpro}_{it}$$
$$+ \beta_6 \mathrm{thipro}_{it} + d_i + \gamma_{it} \quad (3\text{-}70)$$

$$\mathrm{EI}_{it} = \delta_0 + \delta \mathrm{EI}_{it-1} + \delta_1 \mathrm{secc}_{it} + \delta_2 \mathrm{secp}_{it} + \delta_3 \mathrm{thic}_{it} + \delta_4 \mathrm{thip}_{it} + \delta_5 \mathrm{secet}_{it}$$
$$+ \delta_6 \mathrm{thiet}_{it} + \delta_7 \mathrm{secis}_{it} + \delta_8 \mathrm{thiis}_{it} + e_i + \xi_{it} \quad (3\text{-}71)$$

3）计量结果分析

（1）估计方法及其结果。采用两步稳健系统并选择 collapse 减少矩条件数对模型进行估计，由于共线性检验排除了解释变量的关联，广义矩估计（generalized method of moments，GMM）能消除解释变量与个体效应的联系，仅选择滞后一阶被解释变量的滞后值作为工具变量。模型（3-69）、模型（3-70）和模型（3-71）估计结果列入表 3-20。从表 3-20 中可以看出，这些模型没有拒绝不存在二阶自相关的原假设，过度识别的 Sargan 检验和 Hansen 检验均没有拒绝原假设，说明所有模型 GMM 估计的工具变量是有效的，模型设定是合理的。

表 3-20　碳排放强度、能源碳排放密度和能源消费强度影响因素的 GMM 估计结果

碳排放强度 CI 模型（3-69）		能源碳排放密度 CD 模型（3-70）		能源消费强度 EI 模型（3-71）	
解释变量	系数	解释变量	系数	解释变量	系数
ecs	−3.0128*** (0.4072)	secc	0.4106*** (0.0796)	secc	0.9012*** (0.2038)
ee	−1.721*** (0.3697)	secp	−0.0489 (0.0639)	secp	−0.3539** (0.0299)
fcup	−0.4103** (0.0789)	thic	0.2971** (0.0539)	thic	0.2518* (0.0371)
lqup	0.0521** (0.0198)	thip	0.0523* (0.0582)	thip	−0.2015* (0.0210)
tl	−0.2561* (0.0921)	secpro	0.2735** (0.0796)	secet	−0.4897** (0.1269)
		thipro	−0.2369*** (0.0669)	thiet	−0.1796 (0.1531)
				secis	0.2589* (0.059)
				thiis	−0.2697* (0.0412)
因变量滞后一阶	0.5016*** (0.0468)		0.5697*** (0.0312)		0.5113*** (0.029)
一阶自相关	−1.2968 (0.3396)		−0.8978 (0.3893)		−1.2531 (0.0891)

续表

碳排放强度 CI 模型 (3-69)		能源碳排放密度 CD 模型 (3-70)		能源消费强度 EI 模型 (3-71)	
解释变量	系数	解释变量	系数	解释变量	系数
二阶自相关	0.9138 (0.4028)		0.6759 (0.3225)		0.5692 (0.2339)
Sargan 检验	0.4238		0.2692		0.3011
Hansen 检验	0.3867		0.3018		0.3119

注：括号内为稳健标准差；模型（3-69）、模型（3-70）和模型（3-71）中因变量滞后一阶分别为 CI(−1)、CD(−1) 和 EI(−1)

***、**和*分别表示估计系数在 1%、5%和 10%统计水平上显著

（2）面板残差的平稳性检验。对于动态面板数据模型，其估计的前提条件是面板数据必须平稳，否则可能导致伪回归。为此需要对面板数据的残差进行单位根检验，检验估计参数的稳健性，以诊断结果是否平稳。运用 Im-Pesaran-Shin（IPS）面板单位根检验和 Breitung 面板单位根检验两种方法，对模型（3-69）、模型（3-70）和模型（3-71）GMM 估计的残差进行单位根检验。检验结果显示，在 1%的显著性水平下，残差是平稳的，这表明动态面板数据平稳，GMM 估计有效，相关估计结果列入表 3-21。

表 3-21　动态面板数据模型的单位根检验（一）

模型	IPS 检验	概率	Breitung 检验	概率
模型（3-69）	−3.3328	0.0013	−4.2238	0.0029
模型（3-70）	−2.6298	0.0005	−3.5697	0.0033
模型（3-71）	−2.3597	0.0007	−2.6987	0.0023

（3）估计结果分析。表 3-21 给出了模型（3-69）、模型（3-70）和模型（3-71）对贵州省 9 个地州市产业体系 1995～2019 年碳排放强度、能源碳排放密度和能源消费强度，以及它们的影响因素进行回归所得到的解释变量系数估计值。从估计结果看，1995～2019 年，贵州省 9 个地州市产业体系的碳排放强度的影响因素及其程度：能源碳减排效率和能源效率具有较强的负影响；固定资本升级和综合技术水平具有一定的负影响；而劳动力升级具有一定的正影响，但是不显著，这主要是贵州省劳动力资源配置效率低所致。能源碳排放密度的影响因素及其程度：第二产业和第三产业能源消费中煤炭占比、第二产业能源消费占比具有一定的正影响；第三产业能源消费占比具有一定的负影响。能源消费强度的影响因素及其程度：第二产业能源消费中煤炭占比、第二产业产出占比具有

一定的正影响；第二产业和第三产业能源消费中石油制品占比、第二产业能源消费技术、第三产业产出占比具有一定的负影响。

综合以上结果，可以得出以下结论：一是 1995～2019 年，贵州省 9 个地州市产业体系能源碳减排效率和能源效率对产业体系碳排放强度下降的作用远高于产业体系升级中固定资本升级和综合技术水平提高，而能源碳减排效率和能源效率的提高主要依赖于产业体系能源结构升级。这说明贵州省产业体系低碳化发展并未建立在加速产业体系升级的基础上，而是由能源结构变化驱动，属于能源结构变化型。二是第二产业能源消费中煤炭占比对产业体系能源碳排放密度上升的推动作用高于第二产业能源消费占比；第三产业能源消费中煤炭占比对产业体系能源碳排放密度上升的推动作用高于第三产业中能源消费占比对产业体系能源碳排放密度下降的作用。这说明贵州省产业体系能源碳排放密度上升，即能源碳减排效率的下降，主要由产业能源结构高碳化，大量使用高碳排放的煤炭导致。三是第二产业的产出占比、能源结构、能源使用技术对产业体系能源消费强度影响程度高于第三产业。这说明贵州省产业体系能源消费强度，即能源效率主要受第二产业的影响，通过提高第三产业占比实现产业体系升级降低产业体系能源消费强度的作用还不显著。

3. 产业体系碳排放强度、能源碳排放密度和能源消费强度的变化率的计量分析

1）计量模型

碳排放强度、能源碳排放密度和能源消费强度仅仅表达的是静态效率，还不能说明它们的动态变化特征。鉴于此，对贵州省 9 个地州市碳排放强度、能源碳排放密度和能源消费强度的变化率及其影响因素进行计量分析。根据模型（3-66）、模型（3-67）和模型（3-68），可得碳排放强度、能源碳排放密度和能源消费强度的变化率影响因素的计量模型：

$$\text{CIrc}_{it} = \varphi_0 + \varphi_1 \text{ecsrc}_{it} + \varphi_2 \text{eerc}_{it} + \varphi_3 \text{fcuprc}_{it} + \varphi_4 \text{lquprc}_{it} + \varphi_5 \text{tlrc}_{it} + f_i + \rho_{it} \quad (3\text{-}72)$$

$$\begin{aligned}\text{CDrc}_{it} = {}& \lambda_0 + \lambda_1 \text{seccrc}_{it} + \lambda_2 \text{secprc}_{it} + \lambda_3 \text{thicrc}_{it} + \lambda_4 \text{thiprc}_{it} + \lambda_5 \text{secprorc}_{it} \\ & + \lambda_6 \text{thiprorc}_{it} + g_i + \tau_{it}\end{aligned} \quad (3\text{-}73)$$

$$\begin{aligned}\text{EIrc}_{it} = {}& \omega_0 + \omega_1 \text{seccrc}_{it} + \omega_2 \text{secprc}_{it} + \omega_3 \text{thicrc}_{it} + \omega_4 \text{thiprc}_{it} + \omega_5 \text{secetrc}_{it} \\ & + \omega_6 \text{thietrc}_{it} + \omega_7 \text{secisrc}_{it} + \omega_8 \text{thiisrc}_{it} + h_i + \phi_{it}\end{aligned} \quad (3\text{-}74)$$

在以上计量模型中，因变量 CIrc_{it}、CDrc_{it}、EIrc_{it} 分别为产业体系碳排放强度、能源碳排放密度、能源消费强度三个因变量的变化率；解释变量 ecsrc_{it}、eerc_{it}、fcuprc_{it}、lquprc_{it}、tlrc_{it}、seccrc_{it}、secprc_{it}、thicrc_{it}、thiprc_{it}、secprorc_{it}、thiprorc_{it}、secetrc_{it}、thietrc_{it}、secisrc_{it}、thiisrc_{it} 为影响因素，其中 i 和 t 分别为不同地州市不同年份的对应值，$i = 1, 2, \cdots, 9$ 个地州市，$t = 1995, 1996, \cdots, 2019$ 年。f_i、g_i 和 h_i

为个体效应，表示各个地州市特有的不随时间而变化的未观察到的影响 CIrc、CDrc 和 EIrc 的因素；ρ_{it}、τ_{it} 和 ϕ_{it} 为残差，表示影响 CIrc、CDrc 和 EIrc 的其他因素；φ_i、λ_i 和 ω_i 为被估计参数。

2）计量模型形式的设定检验

通过对计量模型（3-72）、模型（3-73）和模型（3-74）进行 F 检验和 Hausman 检验（估计结果列入表 3-22），结果表明三个模型存在个体效应。进一步运用 Wooldridge 检验法对这三个模型各种情况进行检验，结果为 χ^2 的统计量伴随概率较小，这表明三个模型在各种情况下存在系列相关。与产业体系碳排放强度、能源碳排放密度和能源消费强度计量模型一样，计量模型（3-72）、模型（3-73）和模型（3-74）的变量存在内生性。另外，对计量模型（3-72）、模型（3-73）和模型（3-74）进行多重共线性检验，经检验解释变量之间的相关系数小于 0.4，解释变量的方差膨胀因子小于 10，这表明三个模型中变量之间存在多重共线性的可能性较小。

表 3-22　FE 模型及个体效应的检验

模型	Hausman 检验	概率	F 检验	概率
模型（3-72）	36.0129	0.0009	4.2987	0.0003
模型（3-73）	42.3987	0.0003	5.6987	0.0001
模型（3-74）	48.0698	0.0001	7.0398	0.0003

鉴于存在序列相关性和内生性，计量模型（3-72）、模型（3-73）和模型（3-74）适用动态面板进行估计，将静态面板的计量模型修正为包含滞后一阶的因变量的动态模型（3-75）、模型（3-76）和模型（3-77）：

$$\mathrm{CIrc}_{it} = \varphi_0 + \varphi \mathrm{CIrc}_{it-1} + \varphi_1 \mathrm{ecsrc}_{it} + \varphi_2 \mathrm{eerc}_{it} + \varphi_3 \mathrm{fcuprc}_{it} + \varphi_4 \mathrm{lquprc}_{it} \\ + \varphi_5 \mathrm{tlrc}_{it} + f_i + \rho_{it} \quad (3\text{-}75)$$

$$\mathrm{CDrc}_{it} = \lambda_0 + \lambda \mathrm{CDrc}_{it-1} + \lambda_1 \mathrm{seccrc}_{it} + \lambda_2 \mathrm{secprc}_{it} + \lambda_3 \mathrm{thicrc}_{it} + \lambda_4 \mathrm{thiprc}_{it} \\ + \lambda_5 \mathrm{secprorc}_{it} + \lambda_6 \mathrm{thiprorc}_{it} + g_i + \tau_{it} \quad (3\text{-}76)$$

$$\mathrm{EIrc}_{it} = \omega_0 + \omega \mathrm{EIrc}_{it-1} + \omega_1 \mathrm{seccrc}_{it} + \omega_2 \mathrm{secprc}_{it} + \omega_3 \mathrm{thicrc}_{it} + \omega_4 \mathrm{thiprc}_{it} + \omega_5 \mathrm{secetrc}_{it} \\ + \omega_6 \mathrm{thietrc}_{it} + \omega_7 \mathrm{secisrc}_{it} + \omega_8 \mathrm{thiisrc}_{it} + h_i + \phi_{it}$$

$$(3\text{-}77)$$

3）计量结果分析

（1）估计方法及其结果。采用两步稳健系统并选择 collapse 减少矩条件数对模型进行估计，由于共线性检验排除了解释变量之间的关联，GMM 估计能消除解释变量与个体效应的联系，仅选择滞后一阶被解释变量的滞后值作为工具变量。

模型（3-75）、模型（3-76）和模型（3-77）估计结果列入表3-23。从表3-23中可以看出，这些模型没有拒绝不存在二阶自相关的原假设，过度识别的Sargan检验和Hansen检验均没有拒绝原假设，这说明所有模型GMM估计的工具变量是有效的，模型设定是合理的。

表3-23　碳排放强度、能源碳排放密度和能源消费强度的变化率的影响因素的GMM估计结果

碳排放强度变化率		能源碳排放密度变化率		能源消费强度变化率	
解释变量	系数	解释变量	系数	解释变量	系数
ecsrc	−1.5968*** （0.0365）	seccrc	0.0271*** （0.0072）	seccrc	0.0261* （0.0046）
eerc	−0.9123*** （0.0315）	secprc	−0.0235* （0.0063）	secprc	0.0269 （0.0052）
fcuprc	−0.4011** （0.0896）	thicrc	0.0258*** （0.0048）	thicrc	0.0189** （0.0329）
lquprc	0.0281** （0.0132）	thiprc	0.0612* （0.0048）	thiprc	−0.0312* （0.0313）
tlrc	−0.0186* （0.0031）	secprorc	0.0610** （0.0237）	secetrc	−0.4569*** （0.0211）
		thiprorc	−0.0369*** （0.0058）	thietrc	−0.0311 （0.0059）
				secisrc	0.5019*** （0.0713）
				thiisrc	−0.0782** （0.1865）
因变量滞后一阶	−0.0462*** （0.0268）		−0.1813*** （0.0465）		0.0433*** （0.0059）
一阶自相关	−1.6578 （0.1406）		−1.3109 （0.2832）		−0.8965 （0.0963）
二阶自相关	0.8029 （0.3019）		0.6697 （0.2569）		0.5211 （0.1369）
Sargan检验	0.4119		0.3359		0.3116
Hansen检验	0.5029		0.3786		0.3986

注：括号内为稳健标准差；模型（3-75）、模型（3-76）和模型（3-77）中因变量滞后一阶分别为CIrc(−1)、CDrc(−1)和EIrc(−1)

***、**和*分别表示估计系数在1%、5%和10%统计水平上显著

（2）面板残差的平稳性检验。运用IPS和Breitung两种方法，对模型（3-75）、模型（3-76）和模型（3-77）GMM估计的残差进行单位根检验。检验结果显示，

在 1%的显著性水平下，残差是平稳的，这表明动态面板数据平稳，GMM 方法估
计有效，相关估计结果列入表 3-24。

表 3-24　动态面板数据模型的单位根检验（二）

模型	IPS 检验	概率	Breitung 检验	概率
模型（3-75）	−2.3236	0.0015	−4.1896	0.0022
模型（3-76）	−3.6987	0.0009	−2.9867	0.0019
模型（3-77）	−2.7796	0.0011	−3.1169	0.0018

　　（3）估计结果分析。表 3-23 给出了模型（3-75）、模型（3-76）和模型（3-77）
对贵州省 9 个地州市产业体系 1995～2019 年碳排放强度、能源碳排放密度和能源
消费强度的变化率，以及对它们的影响因素进行回归所得到的解释变量系数的估
计值。从估计结果来看，1995～2019 年，贵州省 9 个地州市产业体系的碳排放强
度变化率的影响因素及其程度：能源碳减排效率和能源效率的变化率具有较强的
负影响；固定资本升级具有一定的负影响；综合技术水平具有负影响，但不显著；
劳动力升级具有正影响，但不显著。能源碳排放密度变化率的影响因素及其程度：
第二产业和第三产业能源消费中煤炭占比、第二产业能源消费占比的变化率具有
不显著的正影响；第三产业能源消费占比变化率具有不显著的负影响。能源消费
强度变化率的影响因素及其程度：第二产业能源消费技术和产出占比的变化率具
有一定的负影响；第二产业和第三产业能源消费中煤炭占比的变化率具有正影响，
但不显著；第三产业能源消费中石油制品占比、第三产业产出占比的变化率具有
负影响，但不显著。

　　综合以上结果，有三点值得注意：一是与长期的特征相比，短期内贵州省 9 个
地州市产业体系的低碳化发展由能源结构变化驱动，属于能源结构变化型，还未
有效通过产业体系升级推动产业体系低碳化发展。二是与长期的特征相比，短期
内贵州省 9 个地州市产业体系能源碳排放密度变化主要由产业能源消费占比决
定。短期内实现产业体系的低能源碳排放密度必须降低第二产业能源消费占比，
提高第三产业消费占比。三是与长期的特征相比，短期内贵州省 9 个地州市能源
消费强度变化主要由第二产业能源消费技术和产出占比决定。

　　根据以上结论，提出在长期内和短期内促进贵州省 9 个地州市产业体系低碳
化发展的建议。在长期：第一，实现产业体系低碳化发展，不能仅仅依靠能源结
构的变化，还需要通过加速产业体系升级而实现。第二，降低产业体系能源碳排
放密度需要降低第二产业和第三产业煤炭使用量，并且由于第三产业属性限制，
其能源使用中高碳能源占比相对较低，因此提高第三产业产出占比，进而提高第

三产业能源消费占比可以有效降低我国产业体系能源碳排放密度。第三，在能源消费及其结构变动约束不断趋紧的趋势下，实现产业体系能源消费高效率必须转变产业体系高碳化的发展方式，通过产业结构升级实现能源消费减量化和能源结构的低碳化，提高产业体系能源消费的效率。在短期：第一，促进技术水平提升和固定资本升级实现产业体系升级，有效推动产业体系低碳化发展。第二，促进第三产业发展，实现产业结构升级，提高第二产业能源效率将有利于产业体系降低能源碳排放密度。第三，提高第二产业能源消费技术水平，降低第二产业产出占比，可以有效降低产业体系的能源消费强度。

第4章 贵州省绿色低碳的现代产业发展新体系的功能和建设目标

绿色低碳的现代产业发展新体系是在外部市场需求拉动和内部生产要素的驱动下，由传统的产业体系经过长期的发展演变而来的。它与传统的产业体系既存在联系，又相互区别，这种区别来自产业体系外部市场需求和内部生产要素的变化，以及由此导致的产业体系组织生产的方式和发展模式的转变。绿色低碳的现代产业发展新体系是与绿色低碳的现代产业活动相适应的产业体系，它与传统的产业体系相比，具有不同的特征和构成。贵州省产业体系经过长期发展，具有完整、合理的产业体系，已经具备建设绿色低碳的现代产业发展新体系的条件。为此，贵州省应当根据国内外产业体系发展的绿色低碳化的新趋势，面对国内外市场需求的变化，基于自身产业体系发展过程及其碳排放的状况，建设符合绿色低碳发展趋势的现代产业发展新体系。

4.1 贵州省绿色低碳的现代产业发展新体系的功能

近年来，为适应国内外经济形势新变化，我国不断推进构建以开放带动、创新驱动、结构优化、技术先进、绿色低碳、附加值高、就业率高为特征的我国现代产业发展新体系。现代产业发展新体系的一个重要特点就是在全球低碳经济背景下，针对我国环境日益恶化的趋势，提出构建我国绿色低碳的现代产业发展新体系。绿色低碳的现代产业发展新体系是与绿色低碳的现代产业活动相适应的产业体系。随着消费者教育程度、环保意识和收入水平的提高，以及资源环境约束不断趋紧，市场对绿色产品的需求持续增长。另外，随着具有技术创新和知识创造能力的人力资本等高端生产要素的形成，传统产业体系的发展方式将向绿色低碳的现代产业发展新体系的发展方式转变。

我们的经济发展已经进入了一个新的阶段，处于一个新的转折点，也就是说，新时期的战略机遇期不是过去40多年的复制，而是有它的新特征、新变化，长达40多年的两位数的高速增长阶段即将结束，而7%到8%的中速发展阶段将成为常态。目前的经济增速下滑，也不主要是经济周期波动变化的影响，而主要是经济发展的内外部环境深刻变化，以及长期积累的深层次矛盾影响而形成的，我国经济已经到了必须科学发展、转型升级的新阶段。新常态下，贵州产业发展面对更加严格的资源环境约束，以及外部需求和内部生产要素的变化，贵州现有的依赖资源环境、劳动力和资本的高消耗和高排放的产业体系必须向充分利用人力资本和知识等高端生产要素的低消耗和低排放的现代产业发展新体系转变，实现产业体系发展方式转变，以克服低端要素对于产业体系发展的约束。

4.1.1 外部市场需求和内部生产要素的变化

对于一个产业体系来说，外部市场需求和内部的生产要素的变化决定其发展方式，进而影响其特征。随着外部市场需求的绿色化趋势日益发展，以及内部人力资本等高端生产要素供给的形成，贵州现有的传统产业体系将向绿色低碳的现代产业发展新体系转变。

1. 外部市场需求的绿色化趋势

21世纪是一个"绿色"的世纪，各国都把实现当代人、后代人与自然和谐发展的可持续发展作为全球经济和社会长期共同发展的战略。在此战略引领下，各国政府从消费需求和生产供给两个方面采取大规模的实质性行动，通过绿色化行动实现可持续发展。在消费需求方面主要推广绿色产品，提高绿色产品的消费比例实现消费的可持续发展。绿色产品是指生产过程及其本身节能、节水、低污染、低毒、可再生、可回收的一类产品，其对环境危害较小或者无害，并且有利于资源回收利用和再生的产品。绿色产品主要包括绿色汽车、绿色冰箱、绿色电脑、绿色食品、绿色建筑，以及由自然纤维、棉、麻和丝绸等天然作物制作而成的自然生态服装等。从产品的层次来说，绿色产品不仅满足消费者所需的传统核心功能，而且满足消费者的环保需求功能。对企业而言，若在开设原有核心产品的基础上，根据产品特点并结合绿色市场趋势，开发新的绿色核心产品，满足现有的或即将出现的绿色需求。例如，在传统意义上，汽车的核心功能是满足位移的需求，而绿色汽车增加减少排污的功能，其绿色核心产品还包括满足绿色消费者为环保尽力的需求。

与传统产品相比，绿色产品符合环境保护要求，具有改善环境和社会生活品质的功能。主要体现于产品的设计、生产和使用等方面：①产品总体设计符合产品形体及售后服务节约资源及保护环境的要求。②产品设计和制造使用无公害、养护型的新能源和资源选择等绿色资源，产品原料选择考虑产品在使用过程中安全和节能的要求，符合无毒、无害、易分解的要求。③产品生产符合清洁生产的要求。采用少废、无废的工艺和高效的设备，使产品生产满足物料在企业内外再循环使用，节约原料和能源的要求；产品的使用易于回收、再生和复用，具有节能、节水、节电、节油及降噪声的功能，达到不危害人体健康和生态环境的要求。

④产品的包装符合节约和无害的要求。采用单纯化和简单化的包装，避免过度包装，降低原材料消耗；采用无毒害、少公害、易分解处理的节料少废材料，如组合型和复用型的纸质材料。⑤产品的售后服务符合绿色化要求。通过提供相应服务实现产品的功能延伸和再利用，废弃物的回收和处理，减少环境污染的无意破坏。从以上五个方面可以看出，由于在设计、原材料、生产技术、包装、售后服务等方面的多样性，以及消费者对环保需求层次和种类的不同，绿色产品的品种也具有多样化的特点。面对外部市场需求的绿色化趋势所带来的产品品种多样化，厂商应当针对不同层次和种类的环保需求，从设计、原材料、生产技术、包装、售后服务等五个方面提高产品的绿色化程度，以柔性化的生产满足消费者小批量多样化的绿色需求。

自改革开放以来，经过 40 多年的经济发展，我国人均收入水平迅速提高，出现了以数量为特征的基本消费品的满足，形成了消费层次不断上升、品种多样化的市场需求变化趋势。其中一个重要变化是通过增加绿色产品的消费实现不断提升的环境需求。2012 年杜邦中国绿色生活调查结果显示，中国城市消费者越来越了解并接受绿色产品，70%接受调查的消费者相信绿色产品具有名副其实的环保功能。调查结果反映了绿色产品在中国拥有巨大潜力，人们对绿色产品的需求将有助于中国实现可持续发展的目标。面对需求层次的提高，贵州产业体系应当通过绿色产品的创新激发市场需求，寻找新的产品市场。但是，环境需求及产品绿色化的多样性将使绿色产品的生命周期大大缩短，产品转换频率加快，这将给贵州传统产业体系资源消耗大、产品品种少、技术变动缓慢、厂商之间技术联系固定的数量型生产方式带来巨大的挑战。

2. 内部生产要素的高端化趋势

从生产要素、产业分工与产业体系的关系来看，生产要素驱动产业分工，产业分工决定产业体系的演进。随着产业体系的变化，其生产要素禀赋也在发生变化，并进一步地驱动产业分工，形成新的产业体系，生产要素禀赋正是在这样的循环变化过程中实现升级。从改革开放以来的经济发展过程看，在专业化收益增加和分工环节交易费用降低的驱动下，贵州产业体系与国际产业体系的分工演进经历产业间分工、产业内分工和产品内分工。随着产业分工的发展，我国贵州产业体系不断演变，其生产要素也在不断地变化，由资源和劳动力具有比较优势的初级要素向知识和人力资本具有比较优势的高级要素升级（张伟和胡剑波，2014）。

在改革开放初期，贵州具有比较优势的生产要素主要为自然资源和劳动力，在这两种要素的驱动下，贵州产业体系与国际产业体系的分工主要表现为产业间分工。根据生产要素的比较优势，贵州主要从事资源密集型和劳动密集型产业，生产资源类的劳动密集型产品，并通过扩大生产规模获取规模经济的竞争优势而发展，积累了一定的资本和技术。在改革开放中期，随着产业间分工的推进，产业体系的演变，一方面，贵州资源和劳动力要素禀赋不断降低导致其分工收益下降。另一方面，由于技术、资本和管理的制约，发达国家从事全产业产品生产活动的产业间分工收益也在不断下降。在第二次世界大战后第三次科技革命的带动下，发达国家众多产业技术上的突破使发达国家和新兴国家的同一产业不同产品实现了差异化分工，具体表现为发达国家和新兴国家根据自身的技术和资本等生产要素的比较优势从事制造行业内不同产品的生产，相互进行差异化产品的贸易。在此背景下，贵州在产业升级诉求，以及产业资本追逐更大利益的驱动下，通过引进发达国家的生产技术进入工业品制造行业，实现了产业升级，并与发达国家产业体系形成产业内分工。由此而生，通过引进资本和技术，贵州产业体系生产要素禀赋由资源和劳动力具有比较优势的初级要素向资本和技术具有比较优势的中级要素升级。

随着产业内分工的推进，伴随以信息技术和生产专业化技术为代表的科学技术的快速发展、全球一体化的经济运行体制和快速便捷的物流体系的建立，以及全球范围内各个国家或地区生产要素差异化和集聚化趋势加强，为谋求更高的分工收益，以跨国公司为代表的全球生产组织分解产品价值链，根据全球各个国家或地区生产要素的比较优势布局产品价值链环节，通过地点分散化进行片段化生产获取产品的竞争优势。这种产品内的分工形式是 20 世纪 80 年代以后国际分工的主要形式，具体表现为具有知识和人力资本等高级生产要素的发达国家的跨国公司从事研发、销售和核心部件生产等附加值高的环节，具有资本和技术等中级生产要素的新兴国家企业从事重要部件的批量生产等中附加值环节，而具有自然资源和劳动力资源等初级生产要素的发展中国家企业从事普通零部件、辅助零配件的制造和安装等低附加值环节。我国是一个发展中的大国，利用生产要素的多元性，进入全球价值链，从事重要部件的批量生产等中附加值环节，以及普通零部件、辅助零配件的制造和安装等低附加值环节。在此过程中，通过知识的积累，形成知识和人力资本等高级生产要素禀赋的竞争优势，实现我国产业体系生产要素禀赋由资源和劳动力具有比较优势的初级要素，以及资本和技术具有比较优势的中级要素向知识和人力资本具有比较优势的高级要素升级。

4.1.2　产业体系发展方式的绿色化

产业体系的发展方式是指在一定时期内产业体系发展的方法、手段和模式，其中不仅包括产业体系中产业增长方式，而且包括产业结构、产业效益、环境保护等发展质量方面的内容。产业体系发展方式的绿色化，目的在于转变产业体系数量型扩张的发展方式，实现结构优化、效益提升、保护环境的可持续性质量型发展。绿色化市场需求和高端化的生产要素作为产业体系演进变化的双轮，驱动着产业体系发展方式的绿色化。

贵州传统的产业体系是在产品品种相对固定而产品需求不断扩张的驱动下，通过技术引进，以及大规模投资的形成和发展，其基本特征表现为技术结构稳定，企业之间和产业关联关系稳定，以及产业体系中产业链稳定，通过数量竞争获取规模经济和范围经济的低成本竞争优势，但是与此相伴，资源、能源和劳动力等低端生产要素消耗较大，碳排放等环境影响较大，产业体系发展不可持续。随着外部市场需求的绿色化和内部生产要素的高端化，传统低端产品缓慢增长的市场需求与快速增长的生产供给导致产品价格下降，贵州现有的传统产业体系逐渐失去数量竞争的低成本优势，转而顺应市场需求绿色化趋势，创新绿色产品激发市场需求，利用高端化的生产要素获取绿色创新的竞争优势，建立起绿色低碳的现代产业发展新体系。随着产业体系竞争方式从产品数量的竞争向产品绿色化创新的竞争转变，产业体系的发展方式将发生根本的变化，创新型的低消耗和低碳排放的发展方式将取代数量型的高消耗和高碳排放的发展方式。

在新的绿色创新竞争方式下，产品柔性生产所要求的产品选择的多样性，以及技术选择的多样性，将使贵州现有产业体系中企业之间稳定的技术经济联系瓦解，取而代之的是企业之间灵活多变的技术经济联系，产业体系中的技术结构和产业链波动易变。这样的产业体系通过绿色化创新获取柔性生产所提供的多品种敏捷供给的竞争优势，并且产业体系通过清洁生产减少资源和能源等低端生产要素的消耗，降低碳排放，产业体系实现可持续的绿色发展。随着数量型的规模化生产方式向绿色柔性化生产方式的转变，稳定技术联系下的传统产业体系结构将向多变技术联系下的灵活变动的产业结构转变，会产生满足外部频繁联系的生产性服务业，第三产业份额快速上升（张耀辉，2010）。这些生产性服务业主要包括交通运输业、现代物流业、金融服务业、信息服务业和商务服务业。它们的成长可以促进产业体系环境的优化，有效地降低产业体系绿色创新和柔性生产的成本，提高绿色创新和柔性生产的效率。

产业体系发展方式的绿色化要求产业体系由劳动密集型技术和资金密集型技术占主导地位的技术结构向由知识密集型技术占主导地位的技术结构转变。实现这一转变的关键因素在于绿色技术创新。绿色技术是指由相关的环保和生态的知识、能力和物质手段构成的能减少污染、降低消耗和改善生态的技术体系，它包括材料技术、生物技术、能源技术、清洁生产技术、环境监测技术、资源回收技术和污染治理技术。在绿色低碳的现代产业发展新体系中，绿色技术创新的主体是企业。在绿色技术经济价值的驱动下，通过外部生产性服务环境，企业之间构建起互补性的创新性网络，推进绿色技术创新，生产绿色产品，获取绿色技术经济价值。这些经济价值主要包括直接和间接的价值，有三个部分：一是内部直接价值，指通过转让绿色技术，以及提高清洁生产设备、环保设备和绿色消费品在市场获得的占有率等方式，绿色技术开发者或产品生产者获得的价值。二是外部直接价值，指使用高炉余热回收装置、油污水分离装置，以及绿色食品等方式，绿色技术使用者和绿色产品消费者获得降低能源消耗，清除水污染，降低发病率的效益。三是外部间接价值，指未直接使用绿色技术（产品）者获得的效益。例如，所有社会成员均能获得的效益（如干净的水、清新的空气），这是绿色技术负载的最高经济价值（杨晓燕和周懿瑾，2006）。

4.1.3　贵州省绿色低碳的现代产业发展新体系的功能特征

未来，贵州绿色低碳的现代产业发展新体系将在绿色化的市场需求和高端化的生产要素驱动下从现有的传统产业体系演变形成。与现有的传统产业体系相比，它在市场需求、竞争方式、生产要素、发展环境、绿色生产等决定产业体系特征的方面存在差异。其特征主要表现为以下几点。

第一，满足绿色化的多样性需求。现代产业体系一个重要的特征就是适应多样性需求和服务于创新竞争。随着我国经济的不断发展，人们对环境需求的层次和品种，以及环境服务内容的多样化要求越发普遍，大量新的潜在环境需求需要不断地被发现和挖掘。

第二，服务绿色创新竞争。通过长期发展，贵州产业体系规模化生产的能力得到了充分的发展，并积累了知识、人力资本等高级生产要素。与此同时，随着经济发展，传统产品需求增长缓慢，限制了产业体系通过数量扩张获取发展的空间。在此背景下，为赢取竞争优势，贵州产业体系应通过构建创新平台保障企业充分利用其外部创新资源，服务高效和低成本的绿色创新，激励和推进企业参与绿色创新，改变企业的盈利模式，实现产业体系发展方式向绿色创新的方向转变。

第三，以产业链方式组织生产。在创新竞争的环境下，鉴于单个企业在市场应对能力、创新能力和生产能力上的不足，产业体系通过产业链的形式整合产业体系中各个企业，实现企业灵活的外部协作和外部规模经济，达到高效、低成本的柔性化生产的目的，以满足快速变化的多样性的绿色化需求。

第四，绿色技术、产品和生产方式等方面的知识驱动产业体系发展。在绿色创新竞争中，绿色技术等方面的知识成为产业体系发展的关键所在，它是企业之间的核心竞争因素，决定着企业在产业链中的竞争优势。产业体系中的每个企业根据自身在产业链中的分工地位，通过创新和引进等方式获取绿色化知识，并通过产业链的知识共享平台和知识协作机制实现各个节点企业之间的知识交流和共享，驱动产业体系发展。

第五，知识型生产性服务业发展充分。知识型生产性服务业指提供与产品研发和生产经营相关的支持和支撑的服务活动，它不直接参与产品研发与加工生产，只提供服务型活动，具有知识要素投入密集、附加值高等特点，主要包括现代金融服务、创意设计服务、商务服务、职业教育服务、物流服务、科技研发服务。在绿色低碳的现代产业发展新体系中，为促进多样性的产品选择和技术选择，实现多品种敏捷供给的竞争优势，产业体系必须拥有发展充分的知识型生产性服务业，以满足企业外部频繁的技术经济联系，降低企业外部协作的交易成本，实现企业灵活的外部协作和外部规模经济。

第六，通过产品内分工形式，以差异化的生产要素参与全球价值链。全球价值链是全球跨国公司主导的全球一体化的价值链体系，它控制着全球生产体系。在经济全球化趋势下，贵州应当根据区域内差异化的生产要素禀赋，通过产品内分工积极融入全球价值链（金京等，2013），利用国际市场和国外高端要素禀赋，推动绿色现代产业体系的形成和发展。具有知识和人力资本等高端生产要素的地区可从事绿色产品研发、销售、核心部件生产等环节，具有技术和资本等中端生产要素的地区可从事绿色产品主要零部件制造等环节，具有劳动力资源等低端生产要素的地区可以辅助零配件制造和组装等环节。

第七，形成节约减排型的发展方式。随着我国经济的不断发展，人们对环境的需求越发普遍。但是，贵州传统的数量扩张型的产业体系的资源、能源和劳动力等低端生产要素消耗较大，碳排放等环境影响较大，其发展不可持续。为顺应市场需求绿色化趋势，贵州应建立起创新型的低消耗和低碳排放的绿色现代产业发展新体系，形成节约减排型的发展方式，使贵州传统产业体系数量型的高消耗和高碳排放的发展方式发生根本的转变。

4.1.4　结论与对策建议

自改革开放以来，通过高投入和高排放的粗放式发展方式，我国经济经历40多年数量扩张型的高速增长。随着收入的增长，产品需求绿色化和生产要素高端化的趋势越发明显，我国经济发展也已经进入了一个新的阶段，处于一个新的转折点，长达40多年的两位数的高速增长阶段将要结束，中速发展将成为常态。新常态下，面对更加严格的资源环境约束，贵州现有的数量扩张型的产业体系必须向绿色化的质量提升型的产业体系转型，实现产业体系发展方式的绿色化转变。本书基于外部市场需求和内部生产要素的变化驱动贵州产业体系发展方式转变的规律，分析贵州绿色低碳的产业发展新体系的特征。通过研究发现：①随着经济发展，外部需求的绿色化和内部生产要素的高端化驱动贵州现有传统的产业体系向绿色低碳的现代产业发展新体系转型，其实质是从数量竞争的产业体系发展方式向绿色创新竞争的发展方式转变。②环境需求和产品绿色化的多样性将使绿色产品的生命周期大大缩短，产品转换频率加快，这将给贵州传统的产业体系的资源消耗大、产品品种少、技术变动缓慢、厂商之间技术联系固定的数量型生产方式带来巨大的挑战，产业体系的生产方式将会发生绿色化的变化，而厂商之间技术联系易变。③贵州产业体系与国际产业体系的分工演进经历产业间分工、产业内分工和产品内分工。随着产业分工的发展，贵州产业体系不断演变，其生产要素也在不断变化，由资源和劳动力具有比较优势的初级要素向知识和人力资本具有比较优势的高级要素升级。这为产业体系绿色化转型创造了基础条件。④在新的绿色创新的竞争方式下，产业体系通过绿色化创新获取柔性生产所提供的多品种敏捷供给的竞争优势，并且产业体系通过清洁生产减少资源和能源等低端生产要素的消耗，降低碳等污染物的排放，产业体系实现可持续的绿色发展。⑤与现有的传统产业体系相比，绿色低碳的现代产业发展新体系在市场需求、竞争方式、生产要素、发展环境、绿色生产等决定产业体系特征的方面存在差异。

基于以上的研究结果，本书提出促进贵州绿色低碳的现代产业发展新体系建设的几点政策建议。

第一，打造良好的绿色消费环境，满足消费者的环境需求。在市场经济条件下，政府的基本职能就是弥补市场调节的不足，从宏观调控、制度性保障、公共品和公共服务等方面为市场的运作创造良好的条件。在建设我国绿色低碳的现代产业发展新体系的过程中，政府应从建立绿色产品的规范和标准、强化消费者绿色消费观念、维护消费者绿色消费权益、建立和完善消费者绿色消费平台、推进生产企业绿色营销等方面打造良好的绿色消费环境，满足消费者的环境需求（刘伯雅，2009）。

第二，创造绿色产品的市场需求，引领市场的绿色消费。纵观世界其他地方绿色产业体系的发展经验，政府通过采购绿色化产品引领市场的绿色消费，规范产业绿色化的发展。我国政府应当建立产品、服务与公共工程全生命周期内适应社会、经济与环境要求的政府采购原则，从环境资源效率、再循环内容、禁止富含危险物质，以及生产过程与产品方法等方面建立绿色采购的具体标准，创造绿色产品的市场需求，引领市场的绿色消费。

第三，开发公共的绿色技术，建立完善的绿色技术创新措施，推动企业绿色技术创新。绿色技术是开展绿色生产，推动绿色产业的重要保证。在建设我国绿色低碳的现代产业发展新体系过程中，政府应当发挥整合科技资源的优势，从宏观角度出发，开发各个企业都能获益的绿色科技，走一条对环境无公害的科技开发之路；大力开发不可再生资源的替代物；开发有限资源的再生及有效利用的技术；为企业提供各种能源和资源循环使用的技术。从产权、税收和科技创新平台等方面建立完善的绿色技术创新措施，使绿色技术的隐性的经济价值显性化、技术创新低成本化和便捷化。

第四，根据生产要素禀赋，融入全球绿色产品价值链，积极培育知识型的生产性服务业，形成配套完善的产业集群，实现柔性化生产。我国幅员辽阔，各个地区生产要素禀赋差异较大。在建设我国绿色低碳的现代产业发展新体系的过程中，政府应当根据各地生产要素禀赋，通过各类政策促进各地企业融入全球绿色产品价值链的相应环节，并积极培育知识型生产性服务业，形成各具竞争优势的产业集群，实现企业灵活的外部协作和外部规模经济，达到高效低成本的柔性化生产目的，以满足快速变化的多样性的绿色化需求。

第五，因地制宜地推进各个地区节约减排型的发展方式的形成。由于规模经济、技术效率和技术进步对于资源密集型、劳动密集型和资本密集型产业的节能减排作用不同（段文斌等，2013），在建设我国绿色低碳的现代产业发展新体系过程中，政府应当根据各个地区的生产要素禀赋，以及生产的绿色产品与所从事的全球价值链环节的生产技术和生产组织的特征，从产业体系的规模经济效应、生产技术效率、生产技术进步等方面出发，因地制宜地制定降低资源、能源和劳动力等低端生产要素消耗，减少碳等污染物排放的生产技术和生产组织措施，促进节约减排型的发展方式的形成。

4.2 贵州省绿色低碳的现代产业发展新体系建设目标

根据贵州省绿色低碳的现代产业发展新体系的功能，结合国内外发达地区绿色低碳的现代产业体系的特征，研究贵州省绿色低碳的现代产业发展新体系的功能目标，并从产业绩效、产业结构、产品绿色化、产业绿色创新、产为链发育、产业体系低碳发展等方面建立指标体系，计算评价绿色低碳的现代产业发展新体系的发展状况。

4.2.1 发达国家或地区绿色低碳的现代产业体系的特征

自 20 世纪 80 年代开始，以服务化、高技术化、融合化和国际化为特征的产业体系在美国等发达国家兴起，开启了现代产业体系发展的序幕。现代产业体系突出表现在以下几个方面：首先，第三产业在产业体系中的比例一般都在 70% 以上，而金融中介服务业、文化信息服务业、生产服务性产业等高端服务业在第三产业中的比例在 50% 以上；其次，第二产业增加值在 GDP 中所占比例不大，但是绝对量不小，产业科技含量非常高，劳动密集型工业基本上都已经转移到其他国家（张明哲，2010）；最后，产业结构向低碳化方向转变，产业体系能源消耗强度降低，碳排放强度下降，产业体系绿色低碳化趋势明显。

发达国家的经验显示，在现代产业体系的发展过程中，服务业的价值链越来越长，不断拓展新的产业体系发展空间，服务业所占比例不断提升将是大势所趋。不仅如此，服务业还不断地融合和渗透产业体系中其他产业部门，促使传统产业实现转型升级，产业结构向低碳化方向转变（张明哲，2010）。因此，从国际视角看，现代产业体系是现代服务业所占比例较大、第二产业科技含量高（陈建军，2008）、产业结构和能源结构低碳化的产业体系。其特征表现为以下几点。

第一，创新性。现代产业体系的发展依赖于创新推动，其创新是在一个开放的系统中完成的，通过知识创新、技术创新、制度创新等多维度的创新来化解产业发展中的瓶颈。但是，与此同时，知识创新、技术创新、制度创新等相关的支持系统发展状况制约现代产业体系的创新。

第二，开放性。开放性是经济全球化和区域经济一体化的内在要求。在全球范围内，产业间分工、产业内分工、产品内分工大大提高了区域间产业体系联结的紧密度，处于不同国家或地区的产业体系形成了相互依赖的整体，区域外的供给和需求结构不断制约着区域内产业体系的升级，这突显了全球区域产业体系的广泛联系和现代产业体系的开放性。

第三，融合性。现代产业发展的一个基本趋势就是产业相互融合。这种融合主要表现为通过信息技术，服务业对第一和第二产业的渗透和融合，并且随着信息技术的不断发展，服务业对第一和第二产业渗透和融合的程度更深，范围更广，层次更高。通过融合，第一和第二产业由独立发展升级到它们与服务业形成的产业链的发展，这样的融合发展不断促进产业结构优化升级，并形成一种必然趋势。其中，现代服务业中的文化产业与第一和第二产业的融合更加明显。当第一和第二产业发展到一定阶段后，投入以文化为基本元素的软资源，使创新获得新的源泉，产业发展获得新的动力，如发展创意产业和提升品牌价值。

第四，集聚性。从空间布局来看，现代产业体系中的专业化供应商、服务供应商、金融机构、相关产业的厂商，以及其他相关机构更加紧密地聚集在一起，以获取成本优势和竞争优势。从空间关系演变来看，现代产业体系就是通过不断调整产业的空间结构、实现产业集聚优化而形成并不断发展起来的。通过产业集聚，便捷信息沟通、扩散技术效应和学习效应、分摊公共设施成本、节约运输成本，从而实现产业聚集的正的外部性，提高现代产业体系的竞争优势。

第五，可持续性。在全球资源环境约束趋紧的条件下，低消耗和低污染，以及高质量和高效益的可持续性特征将成为现代产业体系发展的基本要求。在现代产业体系中，通过绿色创新提升传统产业，发展循环经济，优化产业结构，实现产品和服务在全寿命周期少污染和无污染、资源低消耗及循环利用，用最小的环境资源代价来保证经济的快速发展。

第六，市场适应性。在经济发展过程中，随着需求层次的升级，产业体系发展具有动态性和阶段性。面对市场需求和消费结构的迅速变化，现代产业体系应当高效地适应经济发展新阶段的消费需求的快速变化，通过产品创新、技术创新和管理创新，最大限度减少资源和人力资本的浪费，满足市场需求新潮流，实现高效益和高增长的经济发展。

4.2.2　贵州省绿色低碳的现代产业发展新体系建设目标评价

绿色低碳的现代产业活动决定贵州省现代产业发展新体系的发展方向，与传统的产业体系相比，贵州省现代产业发展新体系具有不同的特征，需要实现不同的建设目标。

1. 贵州省绿色低碳的现代产业发展新体系建设目标特征

第一，产业结构转型升级。当前，我国经济进入新常态，从总体上来说，贵州产业内部资源配置不合理，产能过剩和产能不足，以及资源过度消耗和环境严重损耗并存，多重约束制约着贵州产业体系的发展，需要重组和置换升级产业要素，以提升产业素质，形成新的产业结构，实现产业长远发展的目标。目前，贵州产业体系是生产驱动的资源密集型产业体系，这类产业体系主要包括资源开采业和资源初级加工等低端制造业，中高端制造业和生产性服务业发展程度较低，产业分工程度较低，产业体系较为封闭，产业结构表现为资源和能源高消耗，碳等污染物高排放的资源型产业占比较高，产业素质较低。

第二，产业绩效全面提升。产业绩效表明厂商的经营是否增加了社会的经济福利，是否能满足消费者的需求，是否提升资源配置效率（臧旭恒等，2015）。它是指在一定的市场结构下，厂商行为使某一产业在价格、产量、成本、利润、产品质量、品种及技术进步等方面达到的状态，其实质上反映产业竞争力。

根据生产理论和产业组织理论，某一产业在质量、品种、技术进步、产量、价格、成本、利润等方面的指标不仅反映资源配置效率，而且还是判断市场集中度和进入壁垒存在与否的重要指标。当前，面对全球和国内经济增长放缓，市场需求增长放缓的严峻形势，以初级资源和资源初级加工品为主要产出的贵州资源密集型产业体系的产业绩效不高，资源配置效率偏低，需要通过兼并整合扩大企业规模，提高市场集中度和进入壁垒，促进技术进步等措施全面提高贵州产业体系的产业绩效，优化资源配置效率，实现产业体系长期、健康发展。

第三，通过绿色创新满足绿色化的多样性需求。通过长期发展，贵州产业体系在资源型产品的规模化生产能力提高的同时，积累了一定的人力资本和知识等高级生产要素，但是随着我国经济发展进入新常态，对于传统资源型产品需求不足，这极大地限制了贵州产业体系通过数量扩张获取发展的空间。与此同时，人们对环境需求的层次和品种，以及环境服务内容的多样化要求越发普遍，大量新的潜在环境需求需要不断地被发现和挖掘。在此背景下，为赢取竞争优势，贵州产业体系应通过绿色创新改变企业的盈利模式，实现产业体系发展方式向绿色创新转变，满足消费者绿色化的多样性需求。

第四，改变产业体系发展方式，促进绿色技术、产品和生产方式等方面知识创新和共享，驱动产业体系发展。随着资源环境约束趋紧，贵州产业体系要改变依靠资源和劳动力驱动的发展方式，以知识和人力资本驱动产业体系的发展，实现绿色创新的竞争优势。产业体系中的每个企业根据自身在产业链中的分工地位，通过创新和引进等各种方式获取绿色化知识，并通过产业链知识共享平台和知识协作机制实现各节点企业的知识交流和共享，驱动产业体系发展。在贵州绿色低碳的现代产业发展新体系中，为促进多样性的产品选择和技术选择，实现通过绿色化创新获取柔性生产所提供的多品种敏捷供给的竞争优势，这就要求产业体系拥有发展充分的知识型的生产性服务业，以满足企业外部频繁的技术经济联系，降低企业外部协作的交易成本，实现企业灵活的外部协作和外部规模经济。

第五，以产业链方式组织生产，并通过产品内分工的形式，以差异化的生产要素参与全球价值链。目前，贵州产业体系中产业链发育不完善，产业链较短，附加值不高。在创新竞争的环境下，鉴于单个企业在市场应对能力、创新能力和生产能力上的不足，贵州产业体系应当通过产业链整合产业体系中各个企业，实现企业灵活的外部协作和外部规模经济，达到高效、低成本的柔性化生产的目的，以满足快速变化的多样性的绿色化需求。在经济全球化趋势下，贵州产业体系应当根据生产要素禀赋，通过产品内分工积极融入全球价值链，利用国际市场和国外高端要素禀赋，推动绿色现代产业体系的形成和发展。

第六，能源等资源消耗强度下降。资源消耗强度表示产业单位产值所消耗的资源，它反映产业利用资源的效率。目前，贵州产业体系的能源等资源的消耗强度较高，反映贵州产业体系中能源等资源的利用效率较低。其主要原因：一是能源生产效率和综合利用效率低，造成能源的大量浪费。煤炭在贵州产业体系的生产和消费中占据主体地位，由于技术方面的原因，煤炭的转换效率较低，这导致贵州能源转换的总体效率较低。贵州产业体系能源综合利用效率也较低，大量煤炭在开采、加工转换、储运和终端利用过程中损失，能源浪费现象严重。二是贵州产业体系结构中第二产业占比较高。在三次产业中，第二产业能源消费强度远高于第一产业和第三产业，第二产业占比高必然导致贵州产业体系的能源消耗强度居高不下。三是贵州工业技术水平低，产品档次低。贵州工业技术水平低，产品档次低造成贵州工业增加值率低，这进一步提高产业体系的能源消耗强度。针对能源等资源消耗强度较高的情况，贵州产业体系需要通过提高生产技术水平和能源使用技术水平、调整产业结构和产品结构、实施节能技术标准、发展循环经济提高资源综合利用水平、调整能源供给结构等措施，降低能源消耗强度。

第七，碳排放强度下降。碳排放强度主要是用来衡量一个国家或地区经济增长同碳排放量的关系，如果一个国家或地区经济增长与碳排放强度成反比关系，即经济增长，而碳排放强度却下降，那么说明该国或地区就实现了一个低碳的发展模式。目前，贵州产业体系的碳排放强度较高，其主要原因包括较高的能源强度、高碳的产业结构、高碳的能源结构、较低的碳减排技术，以及较低的生产效率。针对碳排放强度较高的情况，贵州产业体系需要通过降低能源强度、产业结构和能源结构低碳化，提高碳减排技术和生产效率等措施降低碳排放强度。

2. 贵州省绿色低碳的现代产业发展新体系建设目标的评价指标

根据贵州省绿色低碳的现代产业发展新体系的建设目标，从产业绩效、产业结构、产品绿色化、产业绿色创新、产业链发育、产业体系低碳发展等方面建立评价指标，对贵州省绿色低碳的现代产业发展新体系功能目标进行评价。

第一，产业绩效的评价指标。根据市场结构-企业行为-市场绩效理论，产业绩效是市场结构和市场行为作用的结果，反映了资源配置的优劣和市场运行的效率高低。产业绩效包括四个方面的内容：产业盈利能力、市场化能力、资源转化能力，以及技术创新能力。产业盈利能力包括 3 个指标：产业利润总额、产业增加值、生产率；市场化能力包括 2 个指标：市场占有率和显示性比较优势；资源转化能力包括 2 个指标：总资产贡献率和增加值率；技术创新能力包括 2 个指标：新产品销售率、企业拥有专利数。

第二，产业结构转型升级评价指标。产业结构转型升级主要包括产业结构合理化和高度化的优化升级过程。从产业结构优化升级的高度化方面建立评价产业结构转型升级的指标体系。根据产业经济学理论，产业结构不断从较低级状态向高级状态转移推动产业结构高度化。其评价的主要指标有霍夫曼比例指标、制造业加工程度指标、技术密集型集约化程度指标和新兴知识密集型产业产值比例指标。霍夫曼比例系数①反映制造业内部产业结构演进的高度化。制造业加工程度指标反映工业化中由原材料制造业为重心转向以加工组装制造业为重心的演进程

---

① 霍夫曼比例系数 = 消费资料工业净产值/生产资料工业净产值。

度。技术密集型产业产值比例指标[①]反映由劳动密集型、资金密集型向技术密集型制造业的演进程度。知识密集型产业产值比例指标[②]反映当今知识经济时代，知识密集型产业新能源、新材料、电子信息、航天航空、环境保护、生物工程等新兴产业和高新技术产业的发展程度（宋锦剑，2000）。

第三，反映产品绿色化评价指标。绿色化产品具有改善环境和社会生活品质的功能，主要体现在产品总体设计、产品设计和制造、产品生产、产品包装和产品售后服务符合节约资源及保护环境的要求，其评价指标包括可再生资源比例、单位产品原料用量、单位产品能耗、单位产品水耗。

第四，反映产业绿色创新评价指标。相对于一般创新而言，绿色创新不仅具有典型的溢出效应，还会通过减少生产或降低产品的外部环境成本产生外部效应（张钢和张小军，2011）。由于大多数环境问题意味着负外部性，企业很难有动力开发新的环保产品和流程，因此在考虑绿色创新时仅靠市场拉动是不够的，还需要政府实施规制并严格监督企业执行，从而增加环保技术的市场价值。另外，绿色创新意味着企业在原材料、可回收物资利用和废料管理等方面的持续变革，企业能否取得绿色创新成功的关键在于能否与其他企业开展有效的合作。评价产业体系绿色创新的指标包括：研发投入强度、研发人员比例、绿色技术引进消化吸收率、绿色技术改造经费支出、绿色产品与技术专利拥有数、绿色新产品销售收入比率、绿色新产品产值率、绿色新产品开发经费支出等。

第五，反映产业链发育评价指标。从 20 世纪 90 年代以来，随着知识经济的迅猛发展、社会分工的加剧，企业垂直一体化的分解与企业的合作趋势越来越明显，企业比任何时候都更为加强了彼此的合作。新的技术经济条件使企业的竞争优势基础已经从单个企业扩展到产业链，这就迫使企业放弃传统的单打独斗式的竞争模式，而更多地利用产业链所赋予企业的竞争优势与链外的企业进行竞争。产业链是基于产业内分工而形成的链状系统，随着产业内分工的推进，产业链不断发育成长，并推动产业体系向高端发展。评价产业链发育程度的指标包括：产业链的带动力，反映产业链未来的发展趋势和成长空间，体现产业链的市场前景、发展潜力及对产业的带动作用，评价指标包括需求收入弹性和市场规模弹性；产业链的控制力，体现产业链的发展对整个产业的影响，反映在产业链控制资本、渠道和市场等方面，评价指标包括品牌拥有率、市场集中度、产值比例、资本控制率等。产业链的核心竞争力，核心竞争力一般通过技术创新能力衡量，以技术研发的投入及专利和新产品的产出作为评价指标。通常核心竞争力越强，其对产业发展的影响力也会越大。产业链的发展能力主要体现产业

---

① 技术密集型产业产值比例=技术密集型产业产值/地区生产总值。

② 知识密集型产业产值比例=知识密集型产业产值/地区生产总值。

链的成长性，产业链的发展能力越强，对产业产生的影响就会越大。评价指标包括销售利润率、劳动生产率、净资产收益率、资产保值增值率、总资产增长率、销售收入增长率。

第六，反映产业体系低碳发展的评价指标。我国经济发展进入新常态，产业作为经济发展的载体，其发展方式将从过去通过要素驱动的外延扩张型发展向通过创新驱动的内涵式发展转变，产业发展从追求增长速度向注重提高发展质量和效益转变。贵州产业体系经过 40 多年粗放式的高速增长，面对着日益趋紧的能源供给与环境容量的硬约束，贵州应当充分利用新常态下产业发展方式转变的有利时机，通过创新驱动和体制变革实现节能减排，促进产业低碳化发展，提高产业发展的质量。产业体系低碳化发展是产业发展与生态环境保护双赢的一种可持续发展形态。其评价指标包括能源消耗强度、能源消耗弹性、清洁能源比例、碳排放强度、碳排放增长率。

第5章 贵州省产业链的演进及其碳排放

产业链是产业体系的载体，产业体系的发展是在产业链不断演进的基础上进行的，产业链演进模式决定产业体系的发展模式。贵州省要建立绿色低碳的现代产业发展新体系，首先要建立产业链绿色低碳的演进模式，以此驱动贵州省产业体系转变发展模式，促进贵州省绿色低碳的现代产业发展新体系的建立。经过新中国成立以来，特别是40多年来的发展，贵州省产业体系的发展较为完善，区域的各个城市内产业分工明确，经济一体化趋势明显，这些条件促进贵州省产业链的发展，以此促进产业体系的重构。

产业链不断迁回是现代产业发展的突出特点，随着产业链在一个空间不断迁回，并产生了有利于提升产业竞争力的外部经济性时，就形成了产业集群的空间组织形式。本章用产业的集群化来研究产业链的特征，遵循"贵州省产业链的演进过程及其特征、成因、如何评价"的研究思路，采用理论分析、动态分析和定量分析等方法进行研究。

5.1 贵州省产业集群化的演进特征

产业集聚对劳动生产率将产生较大影响。已有的研究显示，改革开放以来我国整体上发生了产业在空间上的转移与集聚，特别是加工制造业向东部沿海地区转移和集聚的程度非常明显。由于劳动力要素流动的束缚得以解除，加工制造业在东部沿海地区集聚，不断地吸引了中西部农村劳动力的流入，反过来又推动了集聚优势在东部沿海地区的循环累积，这使得东部沿海地区加工制造业的集聚程度越来越高（范剑勇，2004），导致了东部沿海地区加工制造业的劳动生产率远高于中西部地区。

贵州拥有丰富的能源和矿产资源，这些资源在贵州产业体系的生产要素中占据主体核心地位，立足于这些资源，形成了大量以能源和矿产资源开发利用为基础的资源和能源密集型产业体系。在贵州资源和能源密集型产业体系中，以资源生产加工为纽带，具有产业内在联系，且在地域上集中的产业群落，如煤炭、钢铁、有色金属冶炼生产基地等，它们是以国有大中型企业为核心的区域性资源和能源密集型产业集群，为国家和区域的发展做出了较大贡献。长期以来，能源和矿产资源的开发是贵州工业化的主要推动力。资源和能源密集型产业是贵州最具产业基础和技术优势的产业部门，对贵州经济具有巨大的牵动作用。但是，就目前来看，总体上来说贵州资源及能源密集型产业行业和地区分割严重、产业链短、产业聚集度低、低水平的规模扩张，以及资源和环境破坏严重的粗放式发展模式并未得到根本改变。因此，还需要加快改进贵州资源和能源密集型产业粗放式的发展模式，打破行业和地区分割，延长产业链，发展产业集群，提高产业的聚集度，实现产业高水平的规模扩张，使资源和环境得到有效的利用和保护。

5.1.1　贵州省产业集群化发展的总体特征

由于贵州资源和能源密集型产业体系依赖于特定自然资源，贵州产业集群在发展过程中呈现以下特征：第一，集群的互补性和网络性程度较低。由于贵州产业集群是大多依托特定自然能源和矿产资源（如煤炭、铝土矿、磷矿石等）发展起来的，产业结构单一，集群内各成员以简单的物流供应形式联系，这样的关系使产业链缩短且限制了与其他产业部门和服务机构间进一步扩展合作关系，使产业集群内各成员间的关系更多地表现为一种直线式关系而不是网状的，其结果是成员之间网络活动关系较差，整个集群表现出较低程度的多样性和活力，缺乏产业集群所应具有的互补性、网络性的特征，而过分表现出专业性的特点，无法获取集群中网络关系所带来的竞争优势。

第二，产业集群缺乏知识交流和共享所形成的外溢效应。由于资源开发和一些重要国防军工产业的战略重要性[1]，在贵州产业体系发展过程中，国家投入大量资金和技术支持相关产业集群的建设和发展。这样使贵州产业集群发展过多依赖政府的支持，导致贵州产业集群内成员间交流较少，知识共享有限，整个集群仅仅吸收集群外的一些必要知识，并不产生新的知识，对周边地区没有造成知识外溢的效应，整个集群较为封闭，集群对区域经济发展的贡献不高。

第三，产业集群中企业的根植性较差。由于得到政府大量资金和技术的支持，政府对贵州产业集群发展干预较多，集群与当地的社会网络联系不紧密，集群内企业缺乏与地方的联系，根植性较差，无法有效地从集群所在区域获取竞争优势，也不能有效地促进当地经济的发展。例如，贵州许多能源和矿产资源丰富的地区，以及一些军工企业聚集的地区，在国家经济分工格局中被定位为能源重化工基地和国防军工基地，政府长期干预这些地区产业集群的发展，致使集群中的企业根植性较差，企业无法有效地获取区域竞争优势，也不能有

---

① 20 世纪 60 年代中期开始的规模宏大的三线建设，是党和国家根据当时的国际形势而做出的一项重大战略决策，是中国生产力布局的一次重大战略调整；贵州地处三线腹地，在战略上具有重要的地位，由此成为三线建设的重点省份之一，其规模仅次于四川、陕西而居全国第三位。贵州三线建设是以国防科技工业为重点，包括其他相关产业等基础设施在内的大规模基本建设。

效地促进区域经济的发展。这些区域经济发展呈现二元特征，集群内经济发展程度明显高于集群外。

要改变贵州产业集群对自然资源和政府干预的过度依赖，就要提高集群的互补性和网络性程度，促进集群内企业知识的交流和共享，加深集群中企业的根植性，使贵州产业集群提高竞争力，并促进区域经济的发展，需要从市场调节、资源的有效利用和可持续发展方面进行深入研究，重点突出市场调节下企业发展与资源的可持续利用、合理利用各种资源优势培养贵州产业集群的竞争力。因此，产业导向和政策应鼓励或支持贵州产业集群的网络化发展，并根植于所在区域，突破贵州产业集群的健康发展所受限制，将各种资源优势转化为经济优势。

5.1.2　贵州省产业集群化现状分析

新中国成立以来，作为我国重要的能源和矿产资源富集区，贵州资源和能源密集型产业取得长足发展。由于贵州能源和矿产资源分布集中，各个相关的资源型企业集中布局形成以贵州自然资源为特征的资源和能源密集型产业集群，比较典型的有黔中地区的磷化工产业集群、六盘水煤炭产业集群、贵阳-遵义铝及铝加工产业集群等。20 世纪 60 年代中期，贵州在国家规模宏大的三线建设的推动下，以国防科技工业为重点，包括其他相关产业取得了高速发展。其中，服务于国防的机械和电子产业中的企业由于布局集中，产品联系紧密逐渐形成以国防军工为特征的机械和电子的产业集群。比较典型的有贵阳-遵义新天电子信息产业集群、贵阳-安顺航空机械产业集群等。

目前，测算产业聚集度主要通过集中度、区位熵、赫芬达尔-赫希曼指数、空间基尼系数。根据产业地理集中度的目的和数据的可获得性，本书运用产业区位熵（也叫地方专业化率）和空间基尼系数分析贵州产业集群化的发展现状，检验贵州产业体系中各个产业在贵州是否具有地方化优势。从严格意义上来说，产业区位熵中的产值区位熵仅仅反映的是产业的地理集中程度。产业地理集中反映产业产值或就业集中在少数地区，但产业地理集中可能是内部规模经济或资源优势导致的少数几个大企业在少数区域的集中，也可能是外部规模经济吸引大量中小企业而导致的地理集聚，即产业集聚（贺灿飞，2009）；而大量相互联系的中小企业地理集聚被称为产业集群。鉴于此，本书除了利用产业产值区位熵检验产业经济活动在贵州的地理集中程度外，还将利用企业分布数量的区位熵检验各个产业的企业在贵州的地理集中程度，通过企业分布数量的区位熵和产值的区位熵这两个指标综合反映贵州产业集群化的现状。但是，区位熵反映的仅仅是产业聚集程度的相对水平，不能反映区域经济发展的差异性，某产业区位熵最大的地区不一定是该产业聚集水平最高的地区。

Krugman 等（1995）用空间基尼系数来测定美国制造业集聚程度，即比较某个地区某一产业的就业人数占该产业总就业人数的比例，以及该地区全部就业人数占总就业人数的情况。其公式为 $G = \sum_i (S_i - x_i)^2$，其中，G 为基尼系数；S_i 为 i 地区某产业就业人数占全国该产业总就业人数的比例；x_i 为该地区就业人数占全国总就业人数的比例。系数越高（最大值为 1），表明集聚值越大，即产业在地理上越集中。该方法的价值在于简便直观（可以很方便地把基尼系数转化成非常直观的图形），但这种方法有缺陷（罗勇和曹丽莉，2005）。空间基尼系数没有考虑到企业规模和地理区域的差异，它大于零并不一定表明有集群现象存在，通过空间基尼系数表示产业的集聚程度时往往含有虚假的成分。为了解决基尼系数失真的问题，我们采用新的集聚指数测定产业的地理集中程度。假设某一个经济体（国家或地区）的某一产业内有 N 个企业，且将该经济体划分为 M 个地理区域，这 N 个企业分布于 M 个区域之中。EG 计算公式为

$$\gamma \equiv \frac{G - \left(1 - \sum_i x_i^2\right) H}{\left(1 - \sum_i x_i^2\right)(1 - H)} \equiv \frac{\sum_{i=1}^{M}(S_i - x_i)^2 - \left(1 - \sum_{i=1}^{M} x_i^2\right)\sum_{j=1}^{N} z_j^2}{\left(1 - \sum_i x_i^2\right)\left(1 - \sum_{j=1}^{N} z_j^2\right)}$$

其中，S_i 为 i 区域某产业就业人数占该产业全部就业人数的比例；x_i 为 i 区域全部就业人数占经济体就业总数的比例。赫芬达尔指数（Herfindahl index）$H = \sum_{j=1}^{N} z_j^2$ 为该产业中以就业人数为标准计算的企业规模分布。

这个地理集中度指数充分考虑了企业规模及区域差异带来的影响，弥补了空间基尼系数的缺陷，使我们能够进行跨产业、跨时间，甚至跨国的比较，这个方法比 Krugman 等（1995）的方法有了改进和完善。目前，更多的经济学家开始使用地理集中指数测定产业的集聚程度。尽管如此，受企业规模数据的限制，本书运用空间基尼系数计算贵州产业的地理集中度，以弥补产业区位熵衡量贵州产业地理集中度的不足。与 Krugman 等（1995）用产业就业数和地区就业数计算空间基尼指数不同的是，本书用产业产值和地区产值，主要考虑产值数更能有效衡量产业和地区的经济规模①。

在计算贵州省各个产业的空间基尼系数时，将贵州省按照行政区域划分为 9 个地州市。与全国相比，贵州产业集群化发展程度较低，且集中在工业领域，主要选择贵州的工业作为贵州产业集群化的研究对象，并与全国工业集群化进行对比，分析贵州产业体系集群化的演变趋势，以此说明贵州产业链的演进。根据贵州工

---

① 在中国由于存在隐性失业，用就业数标的生产规模存在较大偏差。

业发展现状，选取煤炭采选业，黑色金属矿采选业，有色金属矿采选业，建筑材料及其他非金属矿采选业，食品制造业，烟草加工业，纺织工业，皮革、毛皮及其制品业，木材加工及竹、藤、棕、草制品业，家具制造业，造纸及纸制品业，印刷业，文教体育用品制造业，电力、蒸汽、热水生产的供应业，炼焦、煤气及煤制品业，化学工业，医药工业，橡胶制品工业，塑料制品工业，建筑材料及其他非金属矿采选业，黑色金属冶炼及压延加工业，有色金属冶炼及压延加工业，金属制品业，机械工业，交通运输设备制造业，电气机械及器材制造业，电子及通信设备制造业，仪器仪表及其计量器具制造业等 31 个产业作为研究对象，以 1989～2019 年为时间节点，从产业中企业的分布、企业分布区位熵、分区域工业企业分布、行业产值、产值区位熵分布、分区域工业产值分布、空间基尼指数等方面分行业考察贵州工业集群化的现状。主要的数据来自《中国统计年鉴》（1990～2020 年）、《中国工业经济统计年鉴》（1994～2012 年）、《贵州统计年鉴》（1990～2020 年）。

1. 贵州工业分行业的企业分布

在所选择的 31 个工业部门中，2019 年，贵州企业数量占全国的比例，如表 5-1 所示[①]：大于 3%的有煤炭采选业，建筑材料及其他非金属矿采选业，饮料制造业，烟草加工业，电力、蒸汽、热水生产的供应业，塑料制品工业；大于 1%小于 3%的有有色金属矿采选业，自来水生产和供应业，木材加工及竹、藤、棕、草制品业，炼焦、煤气及煤制品业，橡胶制品工业，医药工业，有色金属冶炼及压延加工业，化学工业；大于 0.5%小于 1%的有黑色金属矿采选业、食品制造业、造纸及纸制品业、建筑材料及其他非金属矿物制品业、黑色金属冶炼及压延加工业、家具制造业、电气机械及器材制造业、电子及通信设备制造业、仪器仪表及其计量器具制造业；小于 0.5%有机械工业、金属制品业等加工度较高的深加工制造业。从以上贵州工业部门企业分布来看，企业分布占比较高的行业是对自然资源直接依存度较高的行业，如煤炭采选业、黑色金属矿采选业、有色金属矿采选业、建筑材料及其他非金属矿采选业等行业的发展直接依赖于贵州天然的自然资源的分布，另外，一些资源类初加工行业，如饮料制造业，烟草加工业，木材加工及竹、藤、棕、草制品业，炼焦、煤气及煤制品业，医药工业，有色金属冶炼及压延加工业，食品制造业，造纸及纸制品业，化学工业，建筑材料及其他非金属矿物制品业，黑色金属冶炼及压延加工业等行业的企业分布占比也较高。而一些依赖于技术和资本的加工度和技术含量较高的制造业，如机械工业、金属制品业等行业的分布占比却比较低。从 1989～2019 年的变化趋势看，只有煤炭采选业、建筑材

---

① 由于企业数量占比、产值占比、企业数量和产值区位熵、企业数量和产值的空间基尼系数变动相对比较缓慢，本节研究的时间序列间隔为 3 年。

料及其他非金属矿采选业、饮料制造业、橡胶制品工业、医药工业、塑料制品工业 6 个行业企业分布占比呈上升趋势，这 6 个行业资源指向性较强。而机械工业、金属制品业、电气机械及器材制造业、电子及通信设备制造业、仪器仪表及其计量器具制造业等加工度较高的深加工制造业企业分布占比下降明显。这说明，从企业分布占比来看，与全国工业的平均水平相比，1989～2019 年，贵州工业的企业发展滞后，企业数量的增速下降，特别是高端的制造业企业分布占比下降，工业体系逆高端化趋势明显。

表 5-1　贵州工业分行业的企业分布数量占比

部门	1989 年	1992 年	1995 年	1998 年	2001 年	2004 年	2007 年	2010 年	2013 年	2016 年	2019 年
S1	0.0778	0.0395	0.0772	0.0442	0.0284	0.0513	0.0494	0.0917	0.1149	0.1162	0.1179
S2	0.0484	0.0171	0.0344	0.0019	0.0031	0.0095	0.0066	0.0066	0.0110	0.0550	0.0082
S3	0.0415	0.0193	0.0457	0.0121	0.0161	0.0187	0.0229	0.0123	0.0138	0.1250	0.0116
S4	0.0199	0.0090	0.0228	0.0109	0.0114	0.0101	0.0113	0.0095	0.0301	0.0360	0.0387
S5	0.0335	0.0269	0.0312	0.0164	0.0367	0.0355	0.0231	0.0166	0.0150	0.0130	0.0162
S6	0.0198	0.0095	0.0132	0.0042	0.0066	0.0112	0.0067	0.0060	0.0090	0.0091	0.0096
S7	0.0410	0.0212	0.0178	0.0119	0.0106	0.0252	0.0174	0.0209	0.0449	0.0403	0.0468
S8	0.1222	0.0441	0.0532	0.0258	0.0983	0.0717	0.0467	0.0199	0.0370	0.0290	0.0378
S9	0.0046	0.0037	0.0047	0.0013	0.0007	0.0014	0.0004	0.0004	0.0007	0.0005	0.0006
S10	0.0123	0.0084	0.0099	0.0006	0.0007	0.0007	0.0004	0.0004	0.0011	0.0130	0.0010
S11	0.0140	0.0090	0.0106	0.0007	0.0054	0.0014	0.0001	0.0002	0.0014	0.0011	0.0016
S12	0.0139	0.0103	0.0160	0.0023	0.0028	0.0048	0.0066	0.0061	0.0108	0.0112	0.0116
S13	0.0155	0.0111	0.0168	0.0009	0.0172	0.0030	0.0005	0.0008	0.0034	0.0038	0.0056
S14	0.0131	0.0104	0.0147	0.0026	0.0141	0.0051	0.0041	0.0040	0.0054	0.0059	0.0061
S15	0.0223	0.0203	0.0236	0.0052	0.0016	0.0138	0.0059	0.0031	0.0037	0.0042	0.0045
S16	0.0106	0.0068	0.0107	0.0016	0.0757	0.0014	0.0007	0.0006	0.0021	0.0025	0.0033
S17	0.0584	0.0326	0.0437	0.0114	0.0023	0.0523	0.0288	0.0335	0.0347	0.0381	0.0501
S18	0.1059	0.0697	0.0386	0.0021	0.1316	0.0344	0.0179	0.0106	0.0159	0.0161	0.0187
S19	0.0171	0.0113	0.0206	0.0057	0.0068	0.0131	0.0081	0.0062	0.0082	0.0097	0.0158
S20	0.0129	0.0107	0.0182	0.0094	0.0054	0.0234	0.0176	0.0136	0.0143	0.0158	0.0192
S21	0.0114	0.0128	0.0782	0.0026	0.0185	0.0107	0.0024	0.0025	0.0219	0.0216	0.0209
S22	0.0078	0.0063	0.0102	0.0017	0.0376	0.0043	0.0027	0.0026	0.0371	0.0327	0.0415
S23	0.0141	0.0096	0.0168	0.0032	0.0084	0.0162	0.0114	0.0099	0.0063	0.0078	0.0087
S24	0.0254	0.0239	0.0366	0.0121	0.0448	0.0475	0.0296	0.0235	0.0079	0.0071	0.0083
S25	0.0464	0.0332	0.0549	0.0193	0.0127	0.0326	0.0175	0.0118	0.0100	0.0112	0.0158
S26	0.0120	0.0087	0.0122	0.0010	0.0111	0.0029	0.0014	0.0015	0.0026	0.0033	0.0035

部门	1989 年	1992 年	1995 年	1998 年	2001 年	2004 年	2007 年	2010 年	2013 年	2016 年	2019 年
S27	0.0080	0.0064	0.0088	0.0021	0.0052	0.0042	0.0020	0.0017	0.0022	0.0028	0.0039
S28	0.0216	0.0148	0.0214	0.0039	0.0041	0.0081	0.0045	0.0032	0.0022	0.0028	0.0038
S29	0.0063	0.0052	0.0065	0.0013	0.0026	0.0032	0.0017	0.0021	0.0033	0.0046	0.0063
S30	0.0073	0.0059	0.0062	0.0032	0.0021	0.0030	0.0017	0.0014	0.0022	0.0038	0.0052
S31	0.0063	0.0061	0.0072	0.0011	0.0049	0.0072	0.0018	0.0021	0.0023	0.0039	0.0051

资料来源：根据《中国统计年鉴》（1990～2020 年）、《贵州统计年鉴》（1990～2020 年）数据整理计算而得

注：S1 为煤炭采选业；S2 为黑色金属矿采选业；S3 为有色金属矿采选业；S4 为建筑材料及其他非金属矿采选业；S5 为自来水生产和供应业；S6 为食品制造业；S7 为饮料制造业；S8 为烟草加工业；S9 为纺织工业；S10 为缝纫工业；S11 为皮革、毛皮及其制品业；S12 为木材加工及竹、藤、棕、草制品业；S13 为家具制造业；S14 为造纸及纸制品业；S15 为印刷业；S16 为文教体育用品制造业；S17 为电力、蒸汽、热水生产的供应业；S18 为炼焦、煤气及煤制品业；S19 为化学工业；S20 为医药工业；S21 为橡胶制品工业；S22 为塑料制品业；S23 为建筑材料及其他非金属矿物制品业；S24 为黑色金属冶炼及压延加工业；S25 为有色金属冶炼及压延加工业；S26 为金属制品业；S27 为机械工业；S28 为交通运输设备制造业；S29 为电气机械及器材制造业；S30 为电子及通信设备制造业；S31 为仪器仪表及其计量器具制造业。以下表格同

单从企业数量占全国的比例还不能判断贵州工业的产业聚集的程度。为此，本部分根据行业中就业数量和产值区位熵的原理，设计了行业中企业数量区位熵的指标，用于从企业分布的角度衡量地区产业聚集的程度。企业数量区位熵的计算公式为

$$NQ_{ij} = (N_{ij} / N_i) / (N_j / N) \qquad (5\text{-}1)$$

其中，NQ_{ij} 为地区 j 中行业 i 的企业数量区位熵；N_{ij} 为地区 j 中行业 i 的企业数量；N_i 为产业 i 的全国企业数量；N_j 为地区 j 的工业企业数量；N 为全国工业企业数量。

从式（5-1）可以看出，其分子是地区 j 的产业 i 的企业数量占该行业全国企业数量的份额，分母是地区 j 工业企业数量占全国工业企业数量的份额。NQ_{ij} 为从行业企业数量的角度来看地方产业的聚集程度，它能够测度行业生产结构与全国平均水平的差异，由此可以判断一个地区某一行业的聚集程度。对于一个地区来说，如果一个行业不是地方性的，而是与全国整个工业成比例地散布在全国各地，那么该行业的区位熵就是 1。如果一个地区某一行业的区位熵大于 1，就可以断定这个地区该行业的聚集程度高，该行业的地方专业化水平高。对于贵州工业的 31 个产业，我们利用贵州工业各个行业企业数量计算了企业数量区位熵（表 5-2），用于判断贵州工业的产业聚集程度。根据表 5-2，在 2019 年，贵州工业的 31 个产业中煤炭采选业，黑色金属矿采选业，有色金属矿采选业，建筑材料及其他非金属矿采选业，自来水生产和供应业，饮料制造业，烟草加工业，木材加工及竹、藤、棕、草制品业，电力、蒸汽、热水生产的供应业，炼焦、煤气及煤制品业，医药工业，橡胶制品工业，有色金属冶炼及压延加工业 13 个产业的企

业数量区位熵大于 1。从企业数量的区位熵来判断，这 13 个产业在贵州存在聚集现象，它们是资源型指向较强的产业。与全国相比，尽管它们的企业分布占比不高，但是其区位熵较高，这表明贵州工业中这 13 个产业的聚集程度较高。其余的 18 个产业涉及机械电子、交通运输装备、化学制品的技术复杂度和产品加工度较高的产业的企业数量区位熵小于 1，这 18 个产业在贵州聚集度弱，产业集群化发展程度低。从 1989～2019 年的变化趋势看，煤炭采选业，建筑材料及其他非金属矿采选业，饮料制造业，木材加工及竹、藤、棕、草制品业，电力、蒸汽、热水生产的供应业，医药工业，橡胶制品工业，塑料制品工业，电气机械及器材制造业 9 个产业企业数量区位熵升高，这说明贵州工业中这 9 个资源指向性较强的产业集聚性在不断上升，集群化发展程度提高，而工业中为数较多的产业链较长、技术复杂度和产品加工程度较高的机械工业、化学工业等部门的企业数量区位熵降低，这说明贵州高端制造业企业聚集不断弱化，集群化发展程度降低。

表 5-2　贵州工业分行业的企业分布数量区位熵

部门	1989 年	1992 年	1995 年	1998 年	2001 年	2004 年	2007 年	2010 年	2013 年	2016 年	2019 年
S1	4.2717	3.3924	4.0550	1.1917	2.4173	4.5533	5.0835	6.5263	7.0600	6.3568	6.8796
S2	2.6568	1.4662	1.8066	0.2443	0.2613	0.8449	0.9406	0.9688	1.0567	1.0128	1.0359
S3	2.2772	1.6542	2.3991	3.2619	1.3720	1.6621	3.2871	1.8108	1.3247	1.1108	1.2698
S4	1.0929	0.7732	1.1980	0.4992	0.9736	0.8943	1.6244	1.4004	2.8964	2.5310	2.7968
S5	1.8374	2.3111	1.6366	4.4141	3.1210	3.1529	3.3087	2.4472	1.4429	1.6632	1.5613
S6	1.0875	0.8188	0.6906	1.1442	1.1901	0.9907	0.9670	0.8865	0.8651	0.8897	0.9217
S7	2.2491	1.8194	0.9334	1.0396	2.5212	2.2365	2.4990	3.0783	4.3191	4.1365	4.5532
S8	6.7054	3.7889	5.0711	6.8347	8.1465	6.3653	6.6975	2.9297	3.5663	3.2312	3.6612
S9	0.2505	0.3207	0.2444	0.3525	0.2254	0.1242	0.0514	0.0530	0.0695	0.0598	0.0671
S10	0.6725	0.7249	0.5192	0.1732	0.0953	0.0651	0.0583	0.0557	0.1076	0.1212	0.1123
S11	0.7707	0.7739	0.5577	0.1992	0.1439	0.1271	0.0193	0.0333	0.1324	0.8965	0.1412
S12	0.7611	0.8813	0.8404	0.6198	0.5752	0.4244	0.9504	0.8952	1.0435	1.0257	1.0397
S13	0.8515	0.9543	0.8828	0.2293	0.4181	0.2673	0.0698	0.1242	0.3267	0.3070	0.3358
S14	0.7191	0.8953	0.7696	0.6968	0.4729	0.4519	0.5826	0.5887	0.5206	0.4865	0.5328
S15	1.2257	1.7460	1.2367	1.4130	1.6321	1.2225	0.8470	0.4521	0.3566	0.4138	0.3861
S16	0.5813	0.5804	0.5607	0.4419	0.2525	0.1285	0.1053	0.0916	0.2007	0.2138	0.2130
S17	3.2043	2.7964	2.2948	3.0792	2.6656	4.6401	4.1263	4.9468	3.3365	3.0328	3.6598
S18	5.8138	5.9819	2.0241	0.5679	0.6914	3.0528	2.5665	1.5668	1.5265	1.5238	1.7215
S19	0.9387	0.9736	1.0825	1.5256	1.2572	1.1636	1.1616	0.9096	0.7915	0.7231	0.8215
S20	0.7074	0.9200	0.9538	2.5240	1.9958	2.0782	2.5218	2.0111	1.3724	1.2238	1.5862
S21	0.6263	1.0985	4.1030	0.7124	0.9071	0.9484	0.3496	0.3644	1.1083	1.0658	1.0569

续表

部门	1989 年	1992 年	1995 年	1998 年	2001 年	2004 年	2007 年	2010 年	2013 年	2016 年	2019 年
S22	0.4300	0.5423	0.5337	0.4483	0.4076	0.3840	0.3920	0.3786	0.5748	0.5631	0.6138
S23	0.7734	0.8233	0.8837	0.8730	1.4971	1.4358	1.6315	1.4622	0.6100	0.6532	0.6871
S24	1.3916	2.0548	1.9215	3.2618	3.3281	4.2143	4.2488	3.4615	0.7592	0.7721	0.8016
S25	2.5439	2.8526	2.8828	5.1967	4.2731	2.8954	2.5058	1.7443	0.9672	0.9863	1.1136
S26	0.6606	0.7488	0.6386	0.2736	0.3298	0.2608	0.1992	0.2180	0.2492	0.2358	0.2587
S27	0.4384	0.5479	0.4603	0.5608	0.5338	0.3697	0.2894	0.2516	0.2161	0.3126	0.3598
S28	1.1835	1.2686	1.1213	1.0610	1.0289	0.7181	0.6417	0.4769	0.2165	0.2567	0.2817
S29	0.3456	0.4435	0.3418	0.3526	0.2840	0.2867	0.2451	0.3106	0.3199	0.3335	0.4123
S30	0.3985	0.5092	0.3274	0.8748	0.4050	0.2673	0.2430	0.2087	0.2128	0.2638	0.2897
S31	0.3471	0.5281	0.3759	0.2968	0.4208	0.6364	0.2537	0.3036	0.2242	0.2857	0.2536

资料来源：根据《中国统计年鉴》（1990~2020 年）、《贵州统计年鉴》（1990~2020 年）数据整理计算而得

2. 贵州工业分区域的企业分布

在贵州省 9 个地州市中，由于资源禀赋和工业发展基础条件存在差异，各个地区工业发展的集聚程度不一样，工业集群化发展存在差异。为了对贵州省各个区域的工业集聚程度进行分析，根据产品加工度将贵州省 9 个地州市的工业体系划分为资源加工混合型[①]、中高加工度型两类工业体系，以此为基础分析贵州省工业体系集群化的内生机理。

现有的产业体系分类主要有两类：一是根据区域资源特点和开发利用程度将产业体系划分为资源型、加工型和资源加工混合型三类产业体系；二是根据生产要素密集度将产业体系划分为劳动密集型、资本密集型和技术密集型三类产业体系（段文斌等，2013）。以上两类产业体系主要根据我国产业体系依靠自然资源和生产要素大量投入获得发展的特征而划分。对于我国产业体系来说，其产品的能源消费强度和碳排放强度主要由生产方式类型决定。粗放型生产方式和集约型生产方式的产品加工度不同，这使能源消费碳排放存在较大的差异。鉴于此，根据产品加工度将贵州省 9 个地州市的工业体系划分为资源加工混合型、中高加工度型两类工业体系[②]。

资源加工混合型工业体系主要由资源采掘类产业和黑色金属冶炼加工、有色金属冶炼加工、石油加工和炼焦及核燃料加工、非金属矿物品等资源类粗加工产

---

① 经过改革开放 40 多年发展，贵州省 9 个地州市产业体系的加工生产程度均有较大发展，纯粹的资源和能源密集型产业体系已经不复存在。

② 由于贵州各个地州市工业体系中高加工度型制造业有一定程度发展，但是占比较小，因此这里把高加工度制造业并入中加工度制造业，合计为中高加工度型制造业。

业组成，其特征：一是在能源与自然资源等要素的驱动下，扩大自然资源的开采量和资源类初级产品的产量，充分发挥产业体系的资源规模经济优势，不断降低成本。二是这类产业体系演进程度低，产业链短，主要集中在产业链上游的采选和资源初加工环节，缺乏中、下游高附加值环节，产业链发育不完整，产业链的发展严重依赖能源和自然资源，对生态环境影响较大。三是在规模经济推动下，产业体系能源消费强度和碳排放强度不断下降，但是随着资源枯竭储量的下降和资源开采加工难度的提高，产业体系能源消费强度和碳排放强度出现随规模增加而增加的趋势。此类产业体系的升级主要通过引进先进的资源开采与加工技术、重新组织生产系统和建立覆盖全产业的资源循环利用体系三种途径促进生产工艺流程升级，减少能源和自然资源的消耗，降低碳排放。

中高加工度型工业体系包括中加工度工业体系和高加工度工业体系。中加工度工业体系主要由食品制造业、金属制品业等加工度高的制造业组成，其特征：一是在资本和劳动力等要素的驱动下，扩大生产规模，发挥产业体系的资本和劳动力规模经济优势，降低成本来创造价值。二是这类产业链演进程度高，产业链长，上中游环节发育基本完整，但是，缺乏下游的深加工环节和生产性服务环节，产业体系对能源和自然资源的依赖程度降低，对生态环境影响的程度降低。三是在产品规模化生产推动下，产业体系碳排放强度不断下降，但是随着制造规模不断扩张，生产效率下降，产业体系能源消费强度和碳排放强度出现随规模增加而增加的趋势。此类产业体系升级主要通过引进和创新先进的工艺技术、清洁生产技术、优化生产系统，增加单位产品的价值，减少能源和自然资源的消耗，降低碳排放。高加工度工业体系，主要由医药制造业、专用设备制造业、通信设备器材制造业等加工度较高的制造业组成，其特征：一是在技术和知识等高级要素驱动下，通过技术与知识创新向顾客快速地提供多样的产品，满足顾客多样化的需求，发挥专业化经济优势创造产业价值。二是产业链不断向上下游的产品设计、物流配送和营销服务环节延伸，产业链发育完整。产业体系对能源和自然资源的依赖程度较低，对生态环境影响的程度较低。三是在产品多样化生产与服务化增值推动下，产业体系的碳排放强度出现随规模增加而快速下降的走势。此类产业体系升级主要通过产品创新、技术创新和服务创新提高产品加工度和服务水平，提高产品附加值、减少能源和自然资源消耗、降低碳排放。

根据产品加工度，将工业中所涵盖的 24 个产业划分为资源加工混合型产业、中高加工度型产业两种产业，选取 1989 年、1997 年、2005 年、2013 年、2019 年五个时间截面①考察各个地州市两种产业占比的变化趋势，以此判断工业体系的类型。根据产品加工度，资源加工混合型产业包括：煤炭采选业，黑色金属矿

---

① 在样本研究期间 1989～2019 年，每隔 8 年选取一个截面。另外，在 2019 年加一个时间截面。

采选业，有色金属矿采选业，建筑材料及其他非金属矿采选业，建筑材料及其他非金属矿物制品业，黑色金属冶炼及压延加工业，有色金属冶炼及压延加工业，炼焦、煤气及煤制品业，电力、蒸汽、热水生产的供应业；中高加工度型产业包括：食品制造业、饮料制造业、烟草加工业、纺织工业、缝纫工业、造纸及纸制品业、化学工业、机械工业、医药工业、金属制品业、专用设备制造业、交通运输设备制造业、电子及通信设备制造业、电气机械及器材制造业、仪器仪表及其计量器具制造业。按照上述划分，计算四个时间截面 9 个地州市三类产业的占比。将四个时间截面资源加工混合型产业占比平均值在 35%，并且 2019 年度资源加工混合型产业占比在 50%以上的地州市划为资源加工混合型产业体系，包括六盘水、毕节、黔西南、铜仁 4 个地州市；将四个时间截面中高加工度型产业占比平均值在 45%的地州市划为中高加工度型产业体系，包括贵阳、遵义、安顺、黔南、黔东南 5 个地州市；两种类型产业体系的地州市计算结果，如图 5-1 和图 5-2 所示。

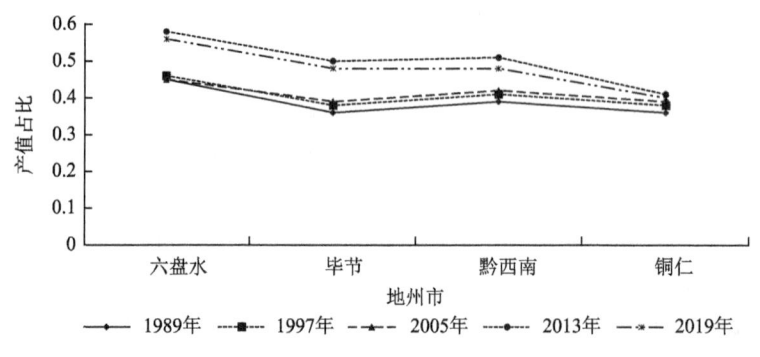

图 5-1　产业体系地州市资源加工混合型产业占比

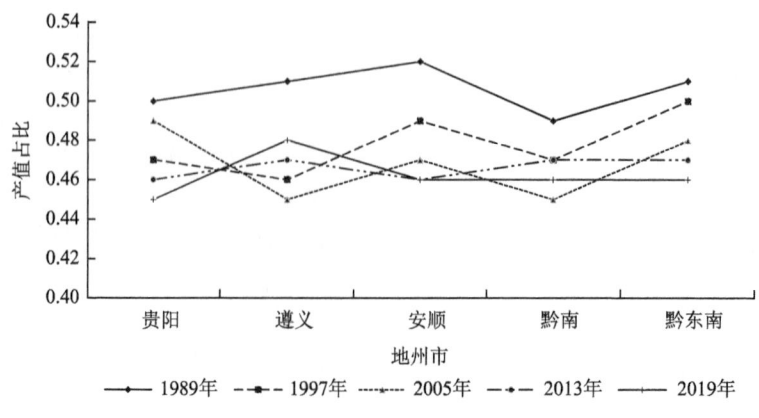

图 5-2　产业体系地州市中高加工度型产业占比

对于贵州省 9 个地州市，在 2019 年，各个地州市工业企业数量占贵州的比例，如表 5-3 所示：大于 15%的有贵阳和遵义，它们的工业企业数量较高；大于 9%小于 15%的有黔南、黔东南、六盘水和毕节，它们的工业企业数量高；小于 9%的有安顺、黔西南和铜仁，它们的工业企业数量不高。

表 5-3　贵州 9 个地州市工业企业分布数量占比

地州市	1989 年	1992 年	1995 年	1998 年	2001 年	2004 年	2007 年	2010 年	2013 年	2016 年	2019 年
贵阳	0.2618	0.2501	0.2463	0.2335	0.2319	0.2265	0.2318	0.2217	0.2106	0.2147	0.2187
遵义	0.1865	0.1803	0.1742	0.1735	0.1702	0.1653	0.1627	0.1608	0.1595	0.1605	0.1615
安顺	0.0613	0.0633	0.0644	0.0659	0.0664	0.0676	0.0673	0.0686	0.0678	0.0669	0.0659
黔南	0.0788	0.0814	0.0828	0.0847	0.0854	0.0869	0.0865	0.0882	0.0913	0.0909	0.0905
黔东南	0.0832	0.0859	0.0874	0.0894	0.0902	0.0917	0.0913	0.0931	0.0952	0.0949	0.0946
六盘水	0.0657	0.0678	0.069	0.0706	0.0712	0.0724	0.0721	0.0735	0.0921	0.0926	0.0931
毕节	0.1051	0.1085	0.1104	0.113	0.1139	0.1158	0.1153	0.1176	0.1032	0.1045	0.1057
黔西南	0.0876	0.0904	0.092	0.0941	0.0949	0.0965	0.0961	0.098	0.0862	0.0871	0.0879
铜仁	0.0701	0.0723	0.0736	0.0753	0.0759	0.0772	0.0769	0.0784	0.0796	0.0777	0.0757

资料来源：根据《贵州统计年鉴》（1990～2020 年）数据整理计算而得

从以上贵州 9 个地州市工业部门企业分布来看，企业分布占比较高的地州市（如贵阳和遵义），工业体系为中高加工度型产业体系，其大多由技术复杂度和加工度较高且分工程度和专业化程度较高的产业构成，如医药工业、机械工业、电气机械及器材制造业、电子及通信设备制造业等产业，这些产业中企业规模不大，但是企业数量较多，并且集聚生存，产业集群化程度较高。安顺是一个例外，它属于中高加工度型工业体系，但是企业分布占比不高，其原因在于安顺的工业产值总量较小。企业分布占比不高的地州市（如黔西南和铜仁），工业体系为低加工度型产业体系，其大多由加工度不高且分工程度和专业化程度不高的产业构成，如采选业，建筑材料及其他非金属矿物制品业，黑色金属冶炼及加工业，有色金属冶炼及压延加工业，炼焦、煤气及煤制品业，电力、蒸汽、热水生产供应业和医药工业等产业，这些产业中企业规模大，但是企业数量不多，并且对自然资源直接依存度较高。尽管因自然资源而集聚生存，但是企业集群化发展程度不高。

从 1989～2019 年的变化趋势看，贵阳和遵义工业企业数量占比呈下降趋势，而其他 7 个地州市工业企业数量占比呈上升趋势。这说明，从企业分布占比来看，在贵州工业体系中，贵阳与遵义工业企业发展速度滞后，企业数量的增速下降；而黔南、黔东南、六盘水等 7 个地州市工业企业发展速度加快，企业数量的增速上升。从 9 个地州市所属工业体系的角度来看，1989～2019 年，贵州产业体系中中高加工度型工业体系企业数量的发展速度要慢于低加工度型工业体系企业数量。这表明，在此期间，贵州产业体系有逆加工度的趋势，低加工度型的资源和能源密集型产业的发展对于中高加工度型的技术密集型产业具有挤出效应。当然，这仅是从企业数量占比得出的结论，还需进一步地从产值占比进行分析。

3. 贵州工业分行业的产值分布

在选择的 31 个工业部门中，1989～2019 年，贵州产值占全国的比例，如表 5-4 所示。

表 5-4 贵州工业分行业的产值占比

部门	1989 年	1992 年	1995 年	1998 年	2001 年	2004 年	2007 年	2010 年	2013 年	2016 年	2019 年
S1	0.0163	0.0150	0.0155	0.0128	0.0149	0.0151	0.0200	0.0297	0.0446	0.0436	0.0425
S2	0.0099	0.0061	0.0071	0.0021	0.0019	0.0026	0.0019	0.0013	0.0033	0.0030	0.0027
S3	0.0112	0.0082	0.0129	0.0031	0.0038	0.0059	0.0051	0.0032	0.0051	0.0049	0.0047
S4	0.0220	0.0162	0.0112	0.0189	0.0429	0.0140	0.0093	0.0093	0.0264	0.0283	0.0301
S5	0.0085	0.0088	0.0064	0.0110	0.0109	0.0096	0.0081	0.0086	0.0091	0.0104	0.0116
S6	0.0074	0.0052	0.0048	0.0034	0.0037	0.0041	0.0031	0.0030	0.0041	0.0046	0.0051
S7	0.0236	0.0263	0.0014	0.0013	0.0152	0.0231	0.0204	0.0248	0.0393	0.0400	0.0406
S8	0.0655	0.0644	0.0166	0.0141	0.0556	0.0480	0.0371	0.0357	0.0420	0.0418	0.0415
S9	0.0030	0.0019	0.0023	0.0009	0.0005	0.0004	0.0003	0.0002	0.0003	0.0004	0.0005
S10	0.0054	0.0029	0.0017	0.0012	0.0009	0.0006	0.0004	0.0003	0.0006	0.0007	0.0007
S11	0.0049	0.0020	0.0011	0.0008	0.0005	0.0001	0.0001	0.0001	0.0020	0.0019	0.0018
S12	0.0046	0.0046	0.0039	0.0035	0.0022	0.0035	0.0025	0.0036	0.0047	0.0049	0.0051
S13	0.0051	0.0036	0.0022	0.0008	0.0005	0.0003	0.0003	0.0004	0.0024	0.0026	0.0027
S14	0.0065	0.0057	0.0061	0.0033	0.0020	0.0016	0.0010	0.0023	0.0032	0.0034	0.0035
S15	0.0119	0.0128	0.0125	0.0145	0.0084	0.0048	0.0051	0.0037	0.0036	0.0039	0.0042
S16	0.0024	0.0019	0.0012	0.0009	0.0005	0.0004	0.0003	0.0003	0.0006	0.0007	0.0007
S17	0.0154	0.0141	0.0147	0.0248	0.0211	0.0138	0.0236	0.0234	0.0239	0.0249	0.0258
S18	0.0094	0.0061	0.0010	0.0002	0.0007	0.0022	0.0023	0.0029	0.0031	0.0034	0.0036
S19	0.0086	0.0092	0.0100	0.0111	0.0100	0.0122	0.0091	0.0070	0.0085	0.0097	0.0108
S20	0.0054	0.0054	0.0080	0.0176	0.0168	0.0189	0.0172	0.0154	0.0146	0.0146	0.0145
S21	0.0161	0.0191	0.0231	0.0236	0.0223	0.0192	0.0141	0.0144	0.0130	0.0128	0.0125
S22	0.0043	0.0052	0.0046	0.0029	0.0026	0.0019	0.0017	0.0017	0.0024	0.0026	0.0028
S23	0.0102	0.0086	0.0072	0.0065	0.0076	0.0065	0.0049	0.0057	0.0119	0.0121	0.0123
S24	0.0096	0.0095	0.0112	0.0116	0.0113	0.0101	0.0086	0.0079	0.0082	0.0079	0.0075
S25	0.0246	0.0249	0.0359	0.0287	0.0236	0.0217	0.0121	0.0078	0.0091	0.0089	0.0086
S26	0.0075	0.0068	0.0060	0.0047	0.0037	0.0029	0.0031	0.0021	0.0032	0.0039	0.0045

续表

部门	1989 年	1992 年	1995 年	1998 年	2001 年	2004 年	2007 年	2010 年	2013 年	2016 年	2019 年
S27	0.0081	0.0060	0.0044	0.0026	0.0019	0.0021	0.0017	0.0012	0.0018	0.0025	0.0031
S28	0.0189	0.0164	0.0118	0.0122	0.0081	0.0040	0.0035	0.0026	0.0033	0.0042	0.0051
S29	0.0101	0.0068	0.0032	0.0026	0.0032	0.0029	0.0021	0.0017	0.0021	0.0039	0.0056
S30	0.0101	0.0074	0.0021	0.0020	0.0019	0.0019	0.0016	0.0014	0.0013	0.0026	0.0039
S31	0.0163	0.0150	0.0155	0.0128	0.0149	0.0151	0.0200	0.0297	0.0446	0.0436	0.0425

资料来源：根据《中国统计年鉴》（1990~2020 年）、《贵州统计年鉴》（1990~2020 年）数据整理计算而得

2019 年，大于 3%的有煤炭采选业、建筑材料及其他非金属矿采选业、饮料制造业、烟草加工业、仪器仪表及其计量器具制造业；大于 1%且小于 3%的有电力、蒸汽、热水生产的供应业，自来水生产和供应业，医药工业，橡胶制品工业，建筑材料及其他非金属矿物制品业和化学工业；大于 0.5%且小于 1%的有食品制造业，黑色金属冶炼及压延加工业，有色金属冶炼及压延加工业，木材加工及竹、藤、棕、草制品业，电气机械及器材制造业，以及交通运输设备制造业；小于 0.5%有黑色金属矿采选业，有色金属矿采选业，家具制造业，造纸及纸制品业，印刷业，文教体育用品制造业，纺织工业，缝纫工业，皮革、毛皮及其制品业，炼焦、煤气及煤制品业，塑料制品工业，机械工业，金属制品业，电子及通信设备制造业等加工度较高的深加工制造业。从以上贵州工业部门产值分布来看，产值占比较高的行业是对自然资源直接依存度较高的行业和一些资源类初加工行业，如煤炭采选业、建筑材料及其他非金属矿采选业、有色金属矿采选业、自来水生产和供应业等行业的发展直接依赖于贵州天然的自然资源的分布，以及饮料制造业、烟草加工业、化学工业、黑色金属冶炼及压延加工业、有色金属冶炼及压延加工业等资源类初加工行业。而一些依赖于技术和资本的加工度与技术含量较高的制造业，如机械工业、电子及通信设备制造业等行业的分布占比却比较低。从 1989~2019 年的变化趋势看，只有煤炭采选业，建筑材料及其他非金属矿采选业，电力、蒸汽、热水生产的供应业，饮料制造业，医药工业，自来水生产和供应业，木材加工及竹、藤、棕、草制品业，化学工业，建筑材料及其他非金属矿物制品业，仪器仪表及其计量器具制造业等行业产值分布占比上升，这些行业资源指向性较强。而机械工业、金属制品业、电气机械及器材制造业、电子及通信设备制造业等加工度较高的深加工制造业产值占比下降明显。这说明，从产值占比来看，与全国工业的平均水平相比，1989~2019 年，贵州工业的产值规模发展滞后，产值的增速下降，特别是高端的制造业产值占比下降，工业体系逆高端化趋势明显。

单从产值占全国的比例还不能判断贵州工业的产业聚集的程度。为此，根据行业产值区位熵指标，用于从产值的角度衡量地区产业聚集的程度。产值区位熵的计算公式为

$$PQ_{ij} = (P_{ij} / P_i) / (P_j / P) \qquad (5\text{-}2)$$

其中，PQ_{ij} 为地区 j 中行业 i 的产值区位熵；P_{ij} 为地区 j 中行业 i 的产值；P_i 为产业 i 的全国产值；P_j 为地区 j 的工业产值；P 为全国工业产值。

从式（5-2）可以看出，其分子是地区 j 产业 i 的产值占该行业全国产值的份额，分母是地区 j 工业产值占全国工业产值的份额。PQ_{ij} 为从行业产值角度来看地方产业的聚集程度，它能够测度行业生产结构与全国平均水平的差异，由此可以判断一个地区某一行业的聚集程度。对于一个地区来说，如果一个行业不是地方性的，而是与全国整个工业成比例地散布在全国各地，那么该行业的区位熵就是 1。如果一个地区某一行业的区位熵大于 1，就可以断定这个地区的该行业的聚集程度高，该行业的地方专业化水平高。对于贵州工业的 31 个产业，我们利用贵州工业中各行业产值计算了产值区位熵（表 5-5），用于判断贵州工业的产业聚集程度。

表 5-5　贵州工业分行业的产值区位熵

部门	1989 年	1992 年	1995 年	1998 年	2001 年	2004 年	2007 年	2010 年	2013 年	2016 年	2019 年
S1	1.4659	1.4952	2.0386	1.7029	2.0478	2.1731	3.1040	4.7458	5.5233	5.4911	5.4589
S2	0.8849	0.6104	0.9288	0.2795	0.2660	0.3732	0.2983	0.2006	0.4090	0.3979	0.3868
S3	1.0071	0.8228	1.6914	0.4121	0.5228	0.8515	0.7889	0.5054	0.6329	0.6244	0.6159
S4	1.9705	1.6146	1.4728	1.5264	1.8908	2.0108	1.4496	1.4944	2.2674	2.3136	2.3598
S5	0.7610	0.8748	0.8442	1.4667	1.4896	1.3851	1.2593	1.3706	1.1296	1.1333	1.1369
S6	0.6645	0.5179	0.6339	0.4470	0.5125	0.5907	0.4816	0.4829	0.5042	0.5125	0.5207
S7	2.1220	2.6233	2.1861	2.1670	2.0805	3.3230	3.1686	3.9693	4.8735	4.9299	4.9863
S8	5.8764	6.4322	6.1800	6.8833	7.6310	6.9168	5.7603	5.7145	5.2064	5.1980	5.1896
S9	0.2661	0.1904	0.3043	0.1252	0.0708	0.0619	0.0392	0.0285	0.0381	0.0391	0.0401
S10	0.4892	0.2901	0.2198	0.1665	0.1205	0.0924	0.0579	0.0471	0.0784	0.0777	0.0769
S11	0.4367	0.1986	0.1501	0.0131	0.0026	0.0196	0.0208	0.0237	0.2505	0.2513	0.2521
S12	0.4094	0.4630	0.5076	0.4633	0.3004	0.5057	0.3888	0.5738	1.1602	1.1712	1.1821
S13	0.4563	0.3583	0.2932	0.1080	0.0656	0.0447	0.0051	0.0591	0.2959	0.3040	0.3121
S14	0.5856	0.5710	0.7992	0.4384	0.2738	0.2245	0.1498	0.3736	0.3921	0.4017	0.4113
S15	1.0672	1.2829	1.6420	1.9285	1.1482	0.6961	0.7852	0.5897	0.4405	0.4504	0.4603
S16	0.2129	0.1855	0.1593	0.1175	0.0749	0.0129	0.0474	0.0556	0.0759	0.0754	0.0749
S17	1.3838	1.4106	1.9274	3.3093	2.8996	1.9858	3.6602	3.7381	2.9564	3.0872	3.2180
S18	0.8449	0.6089	0.5312	0.4303	0.3726	0.3218	0.3619	0.4622	0.3852	0.3990	0.4128
S19	0.7743	0.9145	1.3133	1.4836	1.3695	1.7583	1.4156	1.1221	1.0476	1.0623	1.0769
S20	0.4878	0.5419	1.0458	2.3399	2.2996	2.7205	2.6769	2.4614	1.8071	1.9102	2.0132
S21	1.4484	1.9128	3.0383	3.1435	3.0650	2.7679	2.1972	2.3051	1.6057	1.6611	1.7165

续表

部门	1989 年	1992 年	1995 年	1998 年	2001 年	2004 年	2007 年	2010 年	2013 年	2016 年	2019 年
S22	0.3818	0.5218	0.6033	0.3922	0.3626	0.2711	0.2568	0.2703	0.2997	0.3056	0.3115
S23	0.9136	0.8595	0.9500	0.8698	1.0381	0.9356	0.7627	0.9096	1.4754	1.4883	1.5011
S24	0.8617	0.9537	1.4730	1.5457	1.5552	1.4613	1.3315	1.2608	1.0128	1.0099	1.0069
S25	2.2117	2.4920	4.7170	3.8236	3.2417	3.1243	1.8824	1.2502	1.1281	1.1123	1.0965
S26	0.6775	0.6832	0.7893	0.6259	0.5063	0.4133	0.4765	0.3364	0.3999	0.4108	0.4217
S27	0.7235	0.6040	0.5775	0.3518	0.2650	0.3001	0.2717	0.1937	0.2281	0.2406	0.2531
S28	1.6981	1.6434	1.5468	1.6278	1.1132	0.5789	0.5444	0.4161	0.4136	0.4253	0.4369
S29	0.9070	0.6819	0.4270	0.3503	0.4366	0.4247	0.3288	0.2785	0.2649	0.2900	0.3151
S30	0.9730	0.4783	0.4044	0.5107	0.1828	0.1913	0.1029	0.1252	0.0980	0.1055	0.1129
S31	0.9078	0.7345	0.2797	0.2671	0.2670	0.2803	0.2409	0.2311	0.1667	0.1912	0.2156

资料来源：根据《中国统计年鉴》（1990～2020 年）、《贵州统计年鉴》（1990～2020 年）数据整理计算而得

根据表 5-5，2019 年，贵州工业的 31 个行业中煤炭采选业，建筑材料及其他非金属矿采选业，自来水生产和供应业，饮料制造业，烟草加工业，木材加工及竹、藤、棕、草制品业，电力、蒸汽、热水生产的供应业，化学工业，医药工业，橡胶制品工业，建筑材料及其他非金属矿物制品业，黑色金属冶炼及压延加工业，有色金属冶炼及压延加工业 13 个行业的产值区位熵大于 1，从产值区位熵来判断，这 13 个产业在贵州存在聚集现象，它们是资源型指向较强的产业。与全国相比，尽管它们的产值的占比不高，但是其区位熵较高，这表明贵州工业中这 13 个产业的聚集程度较高。而其余的 18 个涉及机械电子、交通运输装备的技术复杂度和产品加工度较高的产业的企业数量区位熵小于 1，这 18 个产业在贵州聚集度弱，产业集群化发展程度低。从 1989～2019 年的变化趋势看，煤炭采选业，建筑材料及其他非金属矿采选业，自来水生产和供应业，饮料制造业，木材加工及竹、藤、棕、草制品业，电力、蒸汽、热水生产的供应业，化学工业，医药工业，橡胶制品工业，建筑材料及其他非金属矿物制品业，黑色金属冶炼及压延加工业 11 个行业的产值区位熵升高，这说明贵州工业中这 11 个资源指向性较强的产业集聚性在不断上升，集群化发展程度提高，而工业中为数较多的产业链较长、技术复杂度和产品加工程度较高的机械工业、交通运输设备制造业等部门的企业数量区位熵降低，这说明贵州高端制造业企业聚集不断弱化，集群化发展程度降低。

4. 贵州工业分区域的产值分布

对于贵州省 9 个地州市，1989～2019 年，各个地州市工业产值占贵州的比例如表 5-6 所示。大于 15%的有贵阳和遵义，它们的工业产值高；大于 9%且小于

15%的有六盘水和毕节，它们的工业产值较高；小于 9%的有安顺、黔南、黔东南、黔西南和铜仁，它们的工业产值不高。

表 5-6　贵州 9 个地州市工业的产值占比

地州市	1989 年	1992 年	1995 年	1998 年	2001 年	2004 年	2007 年	2010 年	2013 年	2016 年	2019 年
贵阳	0.4321	0.4125	0.3936	0.3857	0.3569	0.3059	0.3299	0.2645	0.2878	0.2898	0.2917
遵义	0.1425	0.1469	0.1597	0.1606	0.1675	0.1789	0.1803	0.1784	0.1625	0.1731	0.1837
安顺	0.0473	0.0490	0.0496	0.0504	0.0528	0.0572	0.0544	0.0619	0.0715	0.0686	0.0656
黔南	0.0608	0.0629	0.0638	0.0648	0.0679	0.0736	0.0700	0.0796	0.0811	0.0799	0.0786
黔东南	0.0641	0.0664	0.0674	0.0684	0.0717	0.0777	0.0739	0.0840	0.0685	0.0682	0.0678
六盘水	0.0506	0.0525	0.0532	0.0540	0.0566	0.0613	0.0583	0.0663	0.1057	0.1063	0.1068
毕节	0.0810	0.0839	0.0851	0.0864	0.0906	0.0981	0.0933	0.1061	0.0943	0.0933	0.0922
黔西南	0.0675	0.0699	0.0709	0.0720	0.0755	0.0818	0.0777	0.0884	0.0712	0.0711	0.0709
铜仁	0.0540	0.0559	0.0567	0.0576	0.0604	0.0654	0.0622	0.0707	0.0613	0.0600	0.0587

资料来源：根据《贵州统计年鉴》（1990～2020 年）数据整理计算而得

从以上贵州 9 个地州市工业产值占比来看，作为中高加工度型工业体系的贵阳和遵义，它们之中分工程度和专业化程度较高的高技术复杂度和加工度的制造业占有一定规模，尽管企业规模不大，但是企业数量较多，聚集生存，产业集群化程度较高。作为低加工度型工业体系的黔南、黔东南、黔西南和铜仁，它们之中分工程度和专业化程度不高的低技术复杂度和加工度的资源及能源密集型产业占有一定规模，企业规模大，企业数量不多，产业集群化发展程度不高。

从 1989～2019 年的变化趋势看，贵阳工业产值占比下降，而其他 8 个地州市工业企业数量占比上升。这说明，从产值占比来看，在贵州工业体系中，贵阳与遵义工业企业发展速度滞后，企业数量的增速下降；而黔南、黔东南、六盘水等7 个地州市工业发展速度加快，产值的增速上升。从 9 个地州市所属工业体系的角度来看，1989～2019 年，贵州产业体系中中高加工度型工业体系产值的发展速度要慢于低加工度型工业体系。这进一步印证了在此期间，贵州产业体系有逆加工度的趋势，低加工度型的资源和能源密集型产业的发展对于中高加工度型的技术密集型产业具有挤出效应。

5. 贵州工业的空间基尼系数

从表 5-7 可见，贵州工业中各个行业 1989～2019 年空间基尼系数变化呈现以下特征：一是 31 个工业行业空间聚集呈现不同的变化趋势，其中，9 个行业空间分布趋于集中，22 个行业空间分布趋于分散。二是空间分布趋于集中的 9 个行业主要是资源和能源密集型产业,集中分布的自然资源决定了这些行业的空间聚集。例如,煤炭采选业,建筑材料及其他非金属矿采选业,自来水生产和供应业,饮料制造业,木材加工及竹、藤、棕、草制品业,电力、蒸汽、热水生产的供应业,化学工业,医药工业,建筑材料及其他非金属矿物制品业。三是空间分布趋于分散的 22 个行业主要是技术复杂度和产品加工程度较高的机械工业、交通运输设备制造业等。这些行业产业链较长、技术复杂度和产品加工程度较高,空间基尼系数的降低,说明贵州高端制造业企业聚集不断弱化,集群化发展程度降低。四是由空间基尼系数、企业分布占比及其区位熵,以及产值占比及其区位熵反映的贵州工业中各个行业的聚集总体变化趋势一致。自然资源富集的资源和能源密集型产业集聚趋势上升,而自然资源赋存日益减少的资源和能源密集型产业日益分散;技术复杂度和产品加工程度较高的机械工业、交通运输设备制造业等制造业集群化发展滞后,行业日益分散。

表 5-7　贵州工业中各个行业空间基尼系数

部门	1989 年	1992 年	1995 年	1998 年	2001 年	2004 年	2007 年	2010 年	2013 年	2016 年	2019 年
S1	0.0219	0.0284	0.0430	0.0423	0.0526	0.0486	0.0534	0.0613	0.0659	0.0668	0.0677
S2	0.0896	0.0813	0.0557	0.0731	0.0468	0.0340	0.0294	0.0346	0.0227	0.0231	0.0235
S3	0.0903	0.0823	0.1023	0.1084	0.0971	0.0798	0.0669	0.0584	0.0579	0.0584	0.0588
S4	0.0198	0.0226	0.0244	0.0322	0.0440	0.0492	0.0605	0.0864	0.0913	0.0959	0.1005
S5	0.0089	0.0095	0.0097	0.0115	0.0123	0.0149	0.0157	0.0185	0.0253	0.0257	0.0261
S6	0.0163	0.0139	0.0107	0.0097	0.0088	0.0079	0.0062	0.0051	0.0037	0.0053	0.0069
S7	0.0026	0.0020	0.0030	0.0040	0.0050	0.0080	0.0080	0.0110	0.0140	0.0081	0.0021
S8	0.0553	0.0475	0.0462	0.0413	0.0397	0.0372	0.0318	0.0320	0.0297	0.0304	0.0311
S9	0.0270	0.0160	0.0139	0.0123	0.0098	0.0087	0.0083	0.0077	0.0069	0.0079	0.0089
S10	0.0063	0.0058	0.0049	0.0043	0.0038	0.0037	0.0032	0.0028	0.0026	0.0029	0.0031
S11	0.0047	0.0045	0.0042	0.0043	0.0038	0.0037	0.0033	0.0032	0.0027	0.0029	0.0030
S12	0.0011	0.0013	0.0012	0.0014	0.0016	0.0021	0.0023	0.0025	0.0027	0.0030	0.0032
S13	0.0043	0.0038	0.0036	0.0031	0.0030	0.0029	0.0025	0.0023	0.0025	0.0027	0.0028
S14	0.0170	0.0159	0.0138	0.0119	0.0095	0.0087	0.0079	0.0072	0.0067	0.0082	0.0097
S15	0.0050	0.0030	0.0040	0.0040	0.0060	0.0040	0.0040	0.0030	0.0030	0.0032	0.0033
S16	0.0030	0.0010	0.0020	0.0020	0.0020	0.0020	0.0020	0.0020	0.0020	0.0023	0.0026
S17	0.0087	0.0099	0.0136	0.0116	0.0127	0.0114	0.0109	0.0129	0.0131	0.0144	0.0156
S18	0.0226	0.0217	0.0156	0.0138	0.0139	0.0109	0.0096	0.0089	0.0079	0.0080	0.0081
S19	0.0091	0.0088	0.0175	0.0189	0.0217	0.0253	0.0357	0.0387	0.0428	0.0434	0.0439
S20	0.0105	0.0090	0.0090	0.0100	0.0130	0.0140	0.0280	0.0300	0.0300	0.0308	0.0315
S21	0.0030	0.0040	0.0040	0.0050	0.0060	0.0070	0.0060	0.0040	0.0015	0.0018	0.0020

部门	1989 年	1992 年	1995 年	1998 年	2001 年	2004 年	2007 年	2010 年	2013 年	2016 年	2019 年
S22	0.0035	0.0010	0.0020	0.0020	0.0030	0.0030	0.0040	0.0030	0.0030	0.0034	0.0038
S23	0.0049	0.0057	0.0066	0.0068	0.0083	0.0091	0.0087	0.0113	0.0157	0.0153	0.0149
S24	0.0327	0.0262	0.0288	0.0421	0.0415	0.0379	0.0294	0.0223	0.0150	0.0159	0.0168
S25	0.0812	0.0609	0.0562	0.0534	0.0568	0.0538	0.0479	0.0443	0.0433	0.0467	0.0501
S26	0.0152	0.0149	0.0112	0.0087	0.0083	0.0075	0.0076	0.0069	0.0062	0.0071	0.0079
S27	0.0290	0.0270	0.0240	0.0160	0.0150	0.0120	0.0095	0.0093	0.0086	0.0083	0.0079
S28	0.0250	0.0190	0.0150	0.0140	0.0160	0.0130	0.0120	0.0120	0.0100	0.0115	0.0129
S29	0.0200	0.0190	0.0150	0.0150	0.0170	0.0180	0.0160	0.0150	0.0130	0.0160	0.0189
S30	0.0900	0.0850	0.0770	0.0480	0.0450	0.0430	0.0387	0.0217	0.0093	0.0114	0.0135
S31	0.0320	0.0330	0.0300	0.0280	0.0286	0.0270	0.0216	0.0187	0.0167	0.0194	0.0221

资料来源：根据《中国统计年鉴》（1990～2020 年）、贵州 9 个地州市从 1990～2020 年历年统计年鉴的数据整理计算而得

5.1.3　贵州省工业聚集影响因素的计量分析

贵州矿产资源丰富，近年来快速发展，资源型及资源加工型产业已经成为贵州的支柱产业；贵州工业基础较好，经过长期发展，机械电子、交通运输设备等制造业已经具有一定规模和发展能力，发展前景较好。随着经济的发展，国内外对资源型产品，以及机械电子和交通运输设备的需求不断上升，资源型及资源型加工产业，以及机械电子、交通运输设备等制造业将成为带动贵州经济发展的特色优势产业。现阶段，面对贵州这些特色优势产业自我生存和发展能力较低的状况，如何创新发展模式，以延长产业链，提高产业集群化发展程度，提升产业的聚集度，是贵州工业突破发展瓶颈，提高产业竞争力，带动贵州产业体系发展的关键。

根据现代区位理论、经济地理理论、新经济地理理论和外部规模经济理论，产业聚集受资源投入（包括劳动力和自然资源）、市场需求、企业内外部规模经济、产业联系和区域经济一体化等因素的影响（贺灿飞，2009）。贵州的工业体系是在计划经济时期国家重工业优先的发展战略下，依托贵州的资源优势，通过国家资金技术的支持而建立和发展起来的。这种"嵌入"式的开发方式使贵州工业与地方经济融合性差，并且对国家形成高度依赖性，造成产业效益低下，发展缓慢，既有的资金和技术优势很难保持。这样就导致贵州的工业只能依靠国家的扶持维持发展，产业所需的自我生存和发展的能力较差。主要体现在：一是产业的技术复杂程度和产品加工度低，产业链短，附加值低，产业发展脆弱，可持续发展能力低。二是贵州各个地区之间、工业各部门之间分割严重，阻碍了产业的集群化

发展。三是贵州资源型的低加工度型工业体系长期依靠自然资源，进行低水平的规模扩张，产业技术水平低。四是工业的高消耗和高排放的方式导致资源浪费和环境破坏严重。

综合上述分析，为充分反映贵州工业聚集的影响因素，在考虑企业内外部规模经济等影响产业聚集的一般影响因素外，还引入反映贵州工业聚集的影响因素：行业与地区分割、科技投入、固定资产投资。行业与地区分割反映的是地方保护主义（白重恩等，2004），作为我国重要的矿产资源和能源资源基地，以资源型产业为主的贵州工业一直是在政府的扶持和保护下发展起来的，这导致了贵州工业发展地区分割严重，对工业各个行业聚集产生较大影响。本书用行业利润率表示贵州工业的地方保护程度，也就是行业与地区的分割程度。科技投入主要反映贵州工业可持续发展的状况，科技投入越高，产业的附加值越高，产业链不断延伸促使产业的聚集程度提高。对于一个行业来说，科技投入水平在很大程度上决定其全员劳动生产率，由于贵州工业各个行业的科技投入数据缺乏，所以用全员劳动生产率表示行业的科技投入水平。近年来，在外部市场对资源型产品和资源类初加工产品需求的拉动下，贵州工业通过投资和资源的驱动促进产业规模不断扩张获得发展，这势必影响贵州西部地区资源和能源密集型产业的聚集度。本书将考察固定资产增长率对贵州工业聚集度的影响，以此来反映贵州工业的发展模式。

基于前面的分析，建立计量模型以检验贵州工业聚集度的影响因素。计量模型的数据具有空间和时间两种特性，为了检验产业聚集度及其影响因素的关系，用面板数据计量模型进行回归：

$$
\begin{aligned}
\ln(\text{Gini}_{k,t}) = {} & \alpha + \beta_1 \ln(\text{Avgsize}_{k,t}) + \beta_2 \text{Indgrowth}_{k,t}(-1) + \beta_3 \text{Fassetgrowth}_{k,t} \\
& + \beta_4 \text{Stateproportion}_{k,t} + \beta_5 \text{Wholeproductivity}_{k,t} + \beta_{k,t} \text{Profitoutput}_{k,t}(-1) + \varepsilon_{k,t}
\end{aligned}
$$

$$(5\text{-}3)$$

$\text{Gini}_{k,t}$ 为基尼系数，由于基尼系数的取值为 0～1，为了确保正态分布，取其对数值作为因变量；$\ln(\text{Avgsize}_{k,t})$、$\text{Indgrowth}_{k,t}(-1)$、$\text{Fassetgrowth}_{k,t}$、$\text{Stateproportion}_{k,t}$、$\text{Wholeproductivity}_{k,t}$、$\text{Profitoutput}_{k,t}(-1)$ 为影响资源和能源密集型产业聚集度的因素（解释变量），其中 k、t 分别为不同产业、不同时间的对应值；β_i 为被估计参数；$\varepsilon_{k,t}$ 为随机误差项，服从正态分布。$\ln(\text{Avgsize}_{k,t})$ 为产业的平均规模，用此指标来衡量产业的内部规模性，即产业中企业的平均产值。理论上，产业的平均规模越大表明产业在空间上越集中，这样可以更好地发挥内部规模经济。$\text{Indgrowth}_{k,t}$ 为产业规模的增长率，用此指标来检验贵州工业中各个产业规模与产业聚集度的关系。理论上，产业规模扩张能够促进产业聚集度的提升。$\text{Fassetgrowth}_{k,t}$ 为产业固定资产的增长率，用此指标检验贵州工业各个产业快速扩张是否促进产业聚集度的提升，以此说明贵州工业的发展模式，是低水平扩张还是通过产业聚集延伸产业链实现产业高水平发展。$\text{Stateproportion}_{k,t}$ 为国有企业产出占比，国有企业产出占比越高的行业受政府保护的程度越高，这将导致该行业的地区分割，降低其聚集度。Wholeproductivity$_{k,t}$ 为产业的全员劳动生产率，用此指标可以反映产业的科技投入水平，从而揭示产业可持续发展的状况，即产业的附加值是否提高，产业链延伸状况，以及产业的聚集程度。Profitoutput$_{k,t}(-1)$ 为行业利润与行业产值之比，其值越高表明该行业对地方经济的贡献越大，政府就越有动机保护该行业，同样导致该行业的地区分割，降低其聚集度。对于 Indgrowth$_{k,t}$ 和 Profitoutput$_{k,t}$，本书做了滞后一期处理，使它们成为被解释变量被观察到之前已经被决定的变量，以减少模型的联立性偏误，避免模型的内生性问题。为了减少误差项中存在的异方差性和序列相关性的影响，使用 FGLS 对模型进行参数估计。

表 5-8 给出了计量模型对贵州工业 31 个产业 1989～2019 年产业聚集度及其影响因素进行回归所得到的解释变量系数估计值，回归给出了 FE 和 RE 两种情况下的结果。从 Hausman 检验的结果来看，贵州工业各个部门聚集度的回归分析应当选择 FE 模型。从表 5-8 中可以看出以下几点。

表 5-8　贵州工业产业聚集度的计量分析

变量	FE(FGLS)	RE(FGLS)
α	−5.8713**** (−7.1211)	−6.2179**** (−5.3133)
ln(Avgsize$_{k,t}$)	0.6109**** (6.0378)	0.5396**** (3.0287)
Indgrowth$_{k,t}(-1)$	0.2681*** (1.8713)	0.2982*** (1.7321)
Fassetgrowth$_{k,t}$	0.1235*** (1.6985)	−0.1328*** (−1.7679)
Stateproportion$_{k,t}$	−0.3297* (−1.0981)	0.4378* (1.0157)
Wholeproductivity$_{k,t}$	−1.2098*** (−2.2909)	−1.1308*** (−1.6982)
Profitoutput$_{k,t}(-1)$	−0.0369**** (−4.9875)	−0.0939*** (−2.5151)
R^2	0.9528	0.8759
F-stat	117.8152	75.7563
D. W. stat	0.9418	0.8039
Hausman 检验		12.0763

注：所有的系数的计算和检验借助 EViews 6.0 完成

****表示估计系数在 1% 水平上显著；***表示估计系数在 10% 水平上显著；*表示估计系数在 50% 水平上显著

第一，工业中产业的平均规模[$\ln(\text{Avgsize}_{k,t})$]回归系数显著为正，说明企业规模越大的贵州工业中的行业在空间上越集中，内部规模经济对贵州工业的地理集中作用越显著。贵州工业体系的主体是资源和能源密集型产业，资源和能源密集型产业是典型的规模报酬递增的行业，当资源型企业大量地开掘资源和生产资源型产品时，企业的平均生产成本将降低，增加企业在市场中的竞争优势，促进生产的集中。

第二，产业规模的增长率[$\text{Indgrowth}_{k,t}(-1)$]回归系数显著为正，说明产业规模的增长促进了贵州工业聚集度的提高。1989~2019 年，作为以资源型规模报酬递增行业为主的贵州工业，产业规模的增长促进了产品的集中生产，提升了贵州工业的聚集度，而没有发生小企业滥采资源、无序生产而降低产业聚集度的情况。

第三，产业固定资产的增长率（ $\text{Fassetgrowth}_{k,t}$ ）回归系数为正，表明固定资产增长促进了贵州工业聚集度的提高。1989~2019 年，贵州工业经历了大规模固定资产投资，促进贵州工业聚集。其中主要的因素在于资源和能源密集型产业的投资规模在不断增长，并且投资主要用于扩大企业规模，通过企业规模增长促进产品集中生产，提升工业聚集度，而不是利用投资形成众多的小企业，分散产品的生产，降低生产效率，降低产业聚集度。

第四，国有企业产出占比（ $\text{Stateproportion}_{k,t}$ ）和行业利润与行业产值比[$\text{Profitoutput}_{k,t}(-1)$]两个指标，主要用于检验地方保护对贵州工业体系所造成的地区分割，阻碍产业聚集的程度。从回归结果可以看出，国有企业产出占比回归系数为负，但是其估计系数仅仅是在 50%水平上显著，可信度不高。行业利润与行业产值比回归系数显著为负，且可信度较高。这表明贵州保护工业更多取决于工业各个行业利润的多少，而不是根据行业中国有企业占比而定。因此，利润率高的行业聚集度降低显著，而国有成分占比影响行业聚集度不显著。

第五，产业的全员劳动生产率（ $\text{Wholeproductivity}_{k,t}$ ）回归系数为负，但影响较小。由此反映出贵州工业体系中各个行业的科技投入还未起到提高产品附加值，促进产业链延伸，提升产业聚集程度，实现产业可持续发展的作用。科技投入还局限在改造设备和提高产品数量上。

通过以上的计量分析，针对贵州工业体系中产业集群化发展存在的问题，提出以下对策建议。

第一，贵州工业体系以资源和能源密集型产业为主体，针对资源和能源密集型产业规模报酬递增的特征，贵州在发展资源和能源密集型产业集群时，应当形成以具有核心影响力的大企业或核心企业为中心的锥形产业聚集区，注重在集群区内培育具有核心影响力的大企业或核心企业，并以之为中心建立直接的上下游产业链关系，以某个大企业或核心企业为中心（塔尖）的企业群在某一特定地理区域内聚集。

第二，针对目前资源和能源密集型产业发展外部条件趋紧的状况，促进具有规模优势、技术先进的大企业兼并不具有规模优势的小企业，防止小企业滥采资源和无序生产而使产业聚集度降低。可以通过在矿产资源富集区建立资源和能源密集型产业园区的做法来控制小企业，做大做强大企业，提高产业聚集度。

第三，从资源和能源密集型产业发展来看，由于大企业的投资效率高于小企业，因此促进产业发展的财政和金融政策要向大企业倾斜，使大企业易获资金进行投资，形成产能，将产品的生产集中于具有规模优势和技术优势的大企业。小企业的作用主要是通过与大企业的生产联系完成大企业生产所需的辅助工序，而不是与大企业争市场和资源。

第四，依托贵州自然资源优势和资源型产品，利用现有高加工度制造业，如机械电子、运输设备、电气机械、仪器仪表，以及食品、化学产品和医药产品制造的优势，通过加入全球价值链和国内价值链，延伸资源和能源密集型产业链，提高现有高加工度制造业的竞争力。

第五，针对各个地州市对利税率高的工业行业进行保护导致产业聚集度降低的状况，贵州应当通过创造和发挥比较优势进行产业分工，构建产业链，提升产业聚集度的办法实现工业行业的可持续发展。在此过程中，应充分发挥国内外龙头企业在进行跨地区产业分工、构建产业链方面的作用，各个地方要发挥各自的比较优势，融入跨地区和跨行业的产业链。

第六，针对科技投入还局限在改造设备和提高产品质量的现状，贵州工业应当转变科技投入的使用方向，引导企业将科技经费投入提高产品附加值，促进产业链延伸，提升产业聚集程度，实现产业可持续发展方面。具体而言，就是将科技经费投入产品创新和技术工艺创新上。在新产品和新技术的驱动下，实现产业链的延伸，以此提升产业聚集度，降低资源消耗，减少环境破坏，实现产业可持续的发展。

5.2 贵州省产业链演进过程中碳排放[①]

在全球气候变暖，以及煤炭和石油等化石燃料储量日益减少的情况下，以低能耗、低污染为核心理念的产业低碳化发展成为全球热点。产业低碳化将在一定程度上改变原有产业发展的模式，它将全方位地改造建立在化石燃料基础上的现代产业体系，其实质就是提高能源效率和清洁能源结构，最大限度地减少煤炭和石油等高碳能源消耗，建立以低能耗、低污染为基础的产业体系。目前，许多发

---

① 本部分参考作者三篇论文《知识驱动下的资源型产业链演进与升级——以贵州瓮福磷化工产业链为例》（发表在《当代经济研究》2012 年第 8 期）、《知识驱动下的资源型产业链低碳化升级》（发表在《现代经济探讨》2013 年第 8 期）与《知识视角下的资源型产业链升级研究——以贵州瓮福磷化工产业链为例》（发表在《科学学研究》2009 年第 6 期）中的分析方法研究完成。本部分系本项目阶段性研究成果《资源型产业链知识创新的动力机制和实现途径》（发表在《科研管理》2013 年第 12 期）。

达国家和发展中国家都在积极应对，以争取更大的产业发展空间和更大的经济利益，产业低碳化发展趋势明显。

5.2.1　贵州省产业链演进过程中碳排放趋势

贵州产业体系属于资源和能源密集型产业体系，资源密集型和能源密集型产业产值占比较高。在贵州产业体系中，与其他产业链相比，资源密集型和能源密集型产业链分布较广，发育程度较高，对产业体系发展影响较大。资源密集型和能源密集型产业链是指对资源和能源依赖性较强的产业链，它是在产业内部分工和供需关系的基础上，由对自然资源进行勘探、开采、加工和利用的相关企业根据生产流程，通过信息等知识的交流和共享形成的一个网络型组织。其形式是企业间形成的供需链和企业链，其本质是在知识分工的基础上，通过信息等知识的交流和共享实现产业链上各个企业的知识协作，以达到开发自然资源和能源，最大限度地创造产业价值的目的。作为传统产业链，上下游环节产品的投入产出联系是资源和能源密集型产业链的基本特征。资源和能源密集型产业链通过向上游纵向一体化的办法整合关键性资源和能源，增强资源和能源的垄断性，提高高能耗、高污染、高碳排放和低附加值的资源型初级产品规模的方式获取竞争优势。但是，随着全球资源、能源和碳排放等环境约束的不断强化，资源和能源密集型产业链的这种"三高一低"的掠夺性发展方式获取利润越来越少，发展空间越来越小。这种依赖自然资源和能源的较低知识含量的发展模式已经无法满足绿色低碳化的资源和能源密集型产业链可持续发展的内在要求。在新技术经济条件下，知识驱动着产业链的演化，资源和能源密集型产业链通过知识共享和创新正向低能耗、低污染、低碳排放和高附加值的可持续低碳化发展方式转变。从产业链的层面看，资源和能源密集型产业链中产业的关联程度、对资源的加工深度及对能源的利用程度决定了产业链的低碳化水平。产业关联性越强，链条越紧密，资源的加工程度和能源的使用效率越高，碳排放强度就越低；产业链越长，表明对资源的加工程度越深，产业链附加值越高，单位产值能源的使用量就越低，碳排放强度就越低。

20 世纪 90 年代以来，在信息化和知识经济迅猛发展的背景下，社会分工越来越细，企业的合作越来越密切，产品生产和服务的提供大多依靠产业链进行。随着产业链在促进国家和地区的经济发展中发挥的作用越来越明显，国内外学者对产业链进行广泛研究。国外学者主要从产业价值链的角度研究产业链，主要从企业价值创造过程和企业价值链（Porter，1985）、产业内和产业间价值链（Kogut，1985；Kaplinsky，2000）、价值系统和价值链环节（Porter，1998）、价值链片段化和空间重组（Arndt and Kierzkowski，2001）、全球商品链（Gereffi，1999a；1999b）、全球价值链（Humphrey and Schmitz，2002）、全球价值链下的产业升级（Gereffi，

1999a；Gereffi et al.，2005；Schmitz and Knorringa，2000；Bazan and Navas-Alemán，2003）等方面对价值链展开研究。国内学者从多个方面研究了我国产业链的发展状况，可以归纳为以下几个方面：产业链的内涵（郁义鸿，2005；程宏伟等，2008）、产业链的类型和效率（于立宏和郁义鸿，2006）、产业链的形成、演进与运行机制（吴金明等，2007；唐浩和蒋永穆，2008）、产业链的整合（芮明杰等，2006；杨蕙馨等，2007）、全球产业链下我国产业升级（裴长洪和王镭，2002；王缉慈，2004；张辉，2006；张小蒂和朱勤，2007；刘志彪和张杰，2007；谭力文等，2008）。通过分析，可以看出现有的研究存在一些不足：主要表现为对产业链低碳化发展研究不足，仅仅对低碳产业链的内涵和构建方式进行研究，缺乏产业链低碳化发展动态过程特征的系统研究，根据贵州产业体系以资源和能源密集型产业为主体的现状，本书将资源和能源密集型产业链低碳化升级置于产业链演进过程中进行动态研究。

　　根据 1.1 节的绿色低碳产业链的演进理论，在贵州省资源和能源密集型产业链演化过程中，随着资源和能源等初级要素日益减少，资本、技术和知识等中高级要素不断积累，产业链演化发展的驱动要素不断变化，资源和能源密集型产业链演化发展和价值创造的模式将发生变化，与此相伴，产品生产、能源消耗和碳排放将发生变化。一个总的变化趋势是，在新技术经济条件下，资本、技术和知识等中高级要素驱动产业链演化，产品的加工度、附加值、技术和知识含量不断提高，资源和能源消耗强度日益下降，低碳化升级趋势明显。图 5-3 显示了资源和能源密集型产业链在各种要素驱动下碳排放强度的变动趋势，图中 RE′ 为在贵州省资源与能源等初级要素驱动下资源和能源密集型产业链碳排放强度的变动趋势；CT′ 为在贵州省资本与技术等中级要素驱动下资源和能源密集型产业链碳排放强度的变动趋势；KN′ 为在贵州省知识与网络等高级要素驱动下资源和能源密集型产业链碳排放强度的变动趋势。

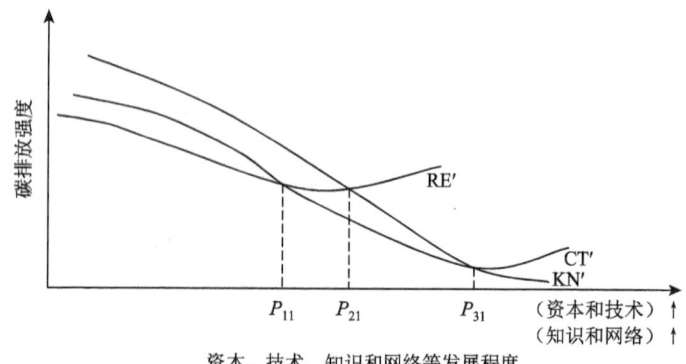

图 5-3　资源和能源密集型产业链演化过程中碳排放强度变动规律

↑表示随着产业链演进，资源要素存量增加

1. 资源与能源等初级要素驱动下的碳排放强度变动趋势

在资源和能源密集型产业大规模发展的初始时期，其产业链的发展主要是利用能源扩大资源开采量和初级资源型产品的产量，获取规模经济优势而进行的。随着产业链产品规模的扩大和生产技术的提高，产业链碳排放的强度不断下降。但是，产业链环节的不断分化，产业链环节的增加，使得产业链内各个环节企业之间交易费用不断上升。加之，产业链发展处于初始时期，产业链上缺乏有效的知识合作平台，这使产业链上企业之间共享知识的成本较高。这样一来，产业链上企业共享为实现产业链低碳化发展所需的针对资源采掘、初级资源型产品生产制造、原料供给、物流运输、销售服务全过程中的低碳化技术和低碳化管理方式等方面知识的成本增加，这抵消了由产品规模的扩大和生产技术的提高带来的产业链碳排放强度的下降趋势，使产业链上的企业碳排放强度出现随规模增加而增加的趋势。如图 5-3 中 P_{11} 点为 RE′ 曲线上产业链碳排放强度递减与递增的拐点。由于 P_{11} 点之后，碳排放强度出现递增，因此在碳减排的约束下，由自然资源和能源等初级资源驱动的产业链演化在该点停止。而且，在自然资源和能源等初级要素驱动下，资源和能源密集型产业链的长期发展消耗了大量自然资源和能源，使自然资源和能源存量减少，资源和能源密集型产业链在此点的发展（即 P_{11} 点）面临碳减排和自然资源与能源约束多重压力。面对多重压力，资源和能源密集型产业链应当转变资源与能源消耗大和碳排放较高的发展模式，走资源与能源低消耗和低碳排放的绿色生态发展之路。

2. 资本与技术等中级要素驱动下的碳排放强度变动趋势

随着资源和能源密集型产业的发展，资源和能源密集型产业链凭借资本和技术的实力，以专业化分工为基础，通过创新为顾客快速、灵敏地提供多样的产品，以此创造顾客价值。随着产业链专业化分工的深化，产业链环节增加，这提高了产业链上各个环节企业之间的交易费用，另外受限于企业信息化和网络化水平，产业链上知识合作平台的效率还不高，这使产业链上企业共享知识的成本增加。交易费用的提高和知识共享成本的增加导致产业链上企业共享为实现产业链低碳化发展所需的针对多种产品的设计研发、原料供给、生产制造、物流运输、销售服务全过程中的低碳化技术和低碳化管理方式等方面知识，以及产业链上系统集成厂商获取整合多个领域的低碳技术和低碳化管理知识的成本增加，这抵消了产品种类增加、生产规模扩大和生产技术提高带来的产业链碳排放强度的下降趋势，使产业链上的企业碳排放强度出现随规模增加而增加的趋势。在图 5-3 中，P_{31} 点为 CT′ 曲线上产业链碳排放强度变化趋势的拐点。由于在 P_{31} 点之后，碳排放强度出现递增，因此在碳减排的约束下，由技术与资本等中级要素驱动的资源和能源密集型产业链演进在该点停止。而在 P_{31} 点之前，技术和资本等中级要素驱动的资源和能源密集型产业链上的企业碳排放强度随规模增加而小幅降低。其原因在于，在 P_{31} 点之前，技术和资本等中级要素驱动对资源和能源密集型产业链规模扩张贡献较小，而且其专业化的生产和管理的效率与规模化的生产和管理效率相比不具有优势，导致能源效率不高，碳排放强度增加。

3. 知识与网络等高级要素驱动下的碳排放强度变动趋势

随着技术和资本驱动下的资源和能源密集型产业链分工程度的不断加深，以及在新技术经济条件下，信息技术促进资源和能源密集型产业与其他产业的融合化发展，产业链上知识存量快速增加。为克服产业链上低碳化知识传输和共享难度增加的问题，产业链可以采取分散与集中协调统一的块状结构。另外，块状化结构使资源和能源密集型产业链的价值链和知识链呈现网络状结构，这有效地分散了产业链创新的风险，并极大地提高了整个产业链低碳技术的创新速度。低碳知识共享成本的降低和低碳化技术创新速度的加快使块状化的资源和能源密集型产业链上低碳化趋势明显。在图 5-3 的 KN' 曲线上，模块化的生产模式与网络化的知识合作方式促进了产品的设计研发、原料供给、生产制造、物流运输、销售服务全过程中的低碳化技术和低碳化管理方式等方面知识的共享，因此产业链上的企业碳排放强度出现随企业产出规模增加而下降的现象。在图 5-3 的 P_{11} 点之前，知识和网络等高级要素驱动对资源和能源密集型产业链规模扩张贡献较小，而且模块化生产和管理水平不高，导致能源效率不高，碳排放强度下降较慢。因此，在此阶段，依靠知识和网络等高级要素驱动的资源和能源密集型产业链上的企业碳排放强度出现随规模增加而小幅降低的现象。在图 5-3 的 P_{11} 点至 P_{31} 点之间，知识和网络等高级要素驱动对资源和能源密集型产业链规模扩张贡献提高，而且模块化的生产和管理水平提高，使能源效率提升，碳排放强度下降较快。因此，在此阶段，依靠知识和网络等高级要素驱动的资源和能源密集型产业链上的企业碳排放强度随规模增加而出现一定程度的降低。在图 5-3 的 P_{31} 点之后，知识和网络等高级要素对资源和能源密集型产业链规模扩张的贡献快速提高，而且模块化的生产和管理水平显著提高，使能源效率大幅度提升，碳排放强度下降较快。因此，在此阶段，知识和网络等高级要素驱动的资源和能源密集型产业链上的企业碳排放强度出现随规模增加而快速下降的走势，知识和网络已经成为产业链低碳化发展的主导力量。

4. 各种要素组合驱动下的碳排放强度变动趋势

在实际的资源和能源密集型产业链的演进过程中，由于各种资源和能源密集型产业链所具备的驱动产业链演进的要素不同，因此以上所述的三种要素驱动的资源和能源密集型产业链的碳排放强度特征会以不同的组合方式出现在资源和能源密集型产业链的演进过程中。比如，在新技术经济条件下，有的资源和能源密集型产业链的运行空间不断扩大，为了控制自然资源和能源，这些有实力的资源和能源密集型产业链可以有效地进行跨区域的自然资源和能源的整合，以自然资源和能源来驱动产业链生产规模的扩张，降低产业链的碳排放强度。而与此同时，经过长期的发展，产业链已渐趋成熟，产业链上知识存量不断扩大，并且共享知识的网络已经形成，知识和网络等高级要素不断驱动产业链低碳化知识的共享，这种要素组合的类型为高级要素 + 初级要素驱动型。在这一类型中，产业链会利用知识和网络的优势整合异地资源，形成完善、高效的知识共享平台，利用知识共享平台实现整合产业链与被整合产业链在产品的设计研发、原料供给、生产制造、物流运输、销售服务全过程中的低碳化技术和低碳化管理方式等方面知识的共享，进行低碳化产业链整合，促进资源与能源等初级要素驱动的产业链的低碳化发展。同理，还有可能的要素组合有：中级要素 + 初级要素组合驱动型、高级要素 + 中级要素组合驱动型、高级要素 + 中级要素 + 初级要素组合驱动型。

5.2.2　贵州省产业链碳排放强度变化影响因素的计量分析

鉴于获取的数据，本书将对 1989～2019 年贵州省工业体系产业链碳排放强度变化影响因素进行计量分析，掌握该区间内贵州工业体系产业链碳排放强度变化的影响因素。同样，由于产业链的空间组织形式主要表现为产业集群，因此用产业集群化程度来表示产业链的特征。根据资源和能源密集型产业链演化过程碳排放变动趋势，随着生产要素的升级，产业链不断向高端演化发展，产业的聚集度提高，产业的技术复杂程度和产品加工度提升，产业链延长，附加值提高，产业可持续发展能力增强，能源消耗强度下降，碳排放强度下降。由于产业链的能源消耗和碳排放的相关数据难以获取，而产业的相关数据可以获取，因此考虑将产业的碳排放强度用作被解释变量替代产业链的碳排放强度，将衡量产业链演化发展程度的产业聚集度作为解释变量，通过这样的模型设置，可以考察产业链演进与其碳排放的关系①。除了将产业聚集度作为解释变量外，还将影响产业碳排放强度的重要影响因素，如能源结构、能源技术效率、能源技术进步、碳减排技术效率，以及碳减排技术进步等五个因素。

---

① 做这样的安排，需要满足以下条件：产业中产业链发育程度较高，产业链产出占比较高，能源消耗和碳排放占比较高，产业碳排放强度可以反映产业链的碳排放强度。贵州工业体系属于资源和能源密集型产业体系，资源和能源密集型产业占比较高，这些产业的发展由政府主导，围绕某个区域的资源和能源发展，产业链发展程度和产业集群化水平较高，可以用产业碳排放强度反映产业链的碳排放强度。

1. 计量模型

基于以上分析建立计量模型以检验贵州工业体系产业链碳排放强度的影响因素。计量模型的数据具有空间和时间两种特性，为了检验产业链碳排放强度及其影响因素的关系，用面板数据计量模型进行回归：

$$Cemis_k^t = \alpha + \beta_1 Gini_k^t + \beta_2 Energystr_k^t + \beta_3 Etecumu_k^t + \beta_4 Eefcumu_k^t + \beta_5 Ctecumu_k^t$$
$$+ \beta_6 Cefcumu_k^t + \varepsilon_{k,t}$$

(5-4)

其中，$Cemis_k^t$ 为因变量，表示碳排放强度；$Gini_k^t$、$Energystr_k^t$、$Etecumu_k^t$、$Eefcumu_k^t$、$Ctecumu_k^t$、$Cefcumu_k^t$ 为解释变量。其中，$Gini_k^t$ 为空间基尼系数；$Energystr_k^t$ 为能源结构，考虑到贵州省工业中各个产业能源结构存在差异，并且煤炭消费占比大的特点，用煤炭在能源终端消费中的占比表示；$Etecumu_k^t$ 为累积的能源使用技术进步增长率；$Eefcumu_k^t$ 为累积的能源使用技术效率增长率；$Ctecumu_k^t$ 为累积的碳减排技术进步增长率；$Cefcumu_k^t$ 为累积的碳减排技术使用效率增长率。本书基于年度技术进步增长率和技术效率增长率，以研究的初始年1996 年为基准，分别计算相对于 1996 年的累计能源使用技术和碳减排技术进步增长率，以及累积能源使用技术和碳减排技术使用效率增长率，这些指标主要表示技术进步与技术使用效率的变化状态，可以全面反映研究期间能源使用技术和碳减排技术进步程度，以及能源使用技术和碳减排技术效率增长的程度。累积能源使用技术进步增长率和技术效率增长率，以及累积碳减排技术进步增长率和技术效率增长率可应用 3.2 节的方法计算获得。模型中 k、t 分别为不同时期不同城市的对应值；β_i 为被估计参数；$\varepsilon_{k,t}$ 为随机误差项，服从正态分布。为了减少误差项中存在的异方差性和序列相关性的影响，使用 FGLS 对模型（5-4）进行参数估计。

2. 计量结果

工业中各个行业产品的生产过程和工艺技术存在显著差异，导致行业之间能源消耗和碳排放差别较大。为此，根据生产过程、能源消耗和碳排放的特性，将贵州工业体系中 31 个产业划分为两类产业：能源密集型的资源加工类产业和中高加工度型产业。

能源密集型的资源加工类产业，主要包括黑色金属冶炼及压延加工业，有色金属冶炼及压延加工业，炼焦、煤气及煤制品业，建筑材料及其他非金属矿物制品业产业组成，其特征：一是在能源与自然资源等要素的驱动下，扩大自然资源的开采量和资源类初级产品的产量，充分发挥产业体系的资源规模经济优势，降低成本来创造价值。二是这类产业体系演进程度低，产业链短，主要集中在产业链上游的采选和资源初加工环节，缺乏中、下游高附加值环节，产业链发育不完整，产业链的发展严重依赖能源和自然资源，对生态环境影响较大。三是在规模经济推动下，产业体系能源消费强度和碳排放强度不断下降，但是，随着资源枯竭储量的下降和资源开采加工难度的提高，产业体系能源消费强度和碳排放强度出现随规模增加而增加的趋势。此类产业体系的升级主要通过引进先进的资源开采与加工技术、重新组织生产系统和建立覆盖全产业的资源循环利用体系三种途径促进生产工艺流程升级，减少能源和自然资源的消耗，降低碳排放。

中高加工度型产业主要包括食品制造业、金属制品业、化学工业、医药工业、机械工业、电子及通信设备制造业等中高加工度型制造业，其特征是：一是在资本和技术等中高级要素的驱动下，通过技术与知识创新向顾客快速地提供多样的产品，满足顾客的多样化需求，发挥专业化经济优势创造产业价值，以及扩大生产规模，发挥规模经济优势，降低成本来创造价值。二是这类产业链演进程度高，产业链长，上、中、下游环节发育基本完整，产业对能源和自然资源的依赖程度降低，对生态环境影响的程度降低。三是在产品规模化生产，以及产品多样化生产与服务化增值推动下，产业碳排放强度不断下降。此类产业升级主要通过产品创新、技术创新和服务创新提高产品加工度和服务水平，提高产品附加值、减少能源和自然资源消耗、降低碳排放。

表 5-9 给出了式（5-4）对贵州工业体系中 31 个产业 1996～2019 年碳排放强度及其影响因素进行回归所得到的解释变量系数估计值。回归分析给出了 FE 和 RE 两种情况下的结果。从 Hausman 检验的结果来看，全要素碳减排效率的回归分析应当选择 FE 模型。另外，在 Malmquist 指数计算中，Malmquist 指数 = 技术效率变化率值×技术进步变化率值，尽管在式（5-4）中，用累积值作为解释变量，但回归模型仍可能存在多重共线性问题。为此，我们进行了多重共线性检验，经检验解释变量之间的相关系数都小于 0.43，变量之间存在多重共线性的可能性小。

表 5-9　全要素碳减排效率影响因素的计量分析

变量	FE	RE	FE（2SLS）
α	-1.6712^{****} （7.9728）	1.3175^{****} （6.5125）	-1.8891^{****} （-6.3358）
Gini	-0.0169^{*} （-1.3362）	0.0181^{***} （3.6629）	0.2981^{***} （2.8166）
Energystr	-0.0062 （-0.6789）	-0.0095^{*} （-1.2183）	-0.3179^{****} （-6.8527）
Etecumu	0.0011 （0.5629）	-0.0041 （-0.3889）	-0.0045^{*} （-0.8127）

续表

变量	FE	RE	FE（2SLS）
Eefcumu	0.0312* （1.3197）	0.0051 （0.4219）	−0.3591** （−2.6689）
Ctecumu	−0.0611**** （−4.0168）	−0.0592**** （−5.8189）	−0.2109**** （−7.0352）
Cefcumu	0.1319**** （5.3309）	0.1073**** （4.8762）	−0.4892**** （−7.8817）
R^2	0.9562	0.8973	0.7719
F-stat	197.8517	131.9703	88.0986
D. W. stat	0.5519	0.4518	0.4217
Hausman 检验		43.8719	
Sargan 检验（p 值）		0.4318	

注：括号内为基于标准差计算的 t 统计量。所有的系数的计算和检验借助 EViews 6.0 完成

****表示估计系数在 1%水平上显著；***表示估计系数在 10%水平上显著；**表示估计系数在 20%水平上显著；*表示估计系数在 50%水平上显著

3. 解释变量的内生性问题

贵州工业体系中 31 个产业碳排放强度计量模型的内生性问题来自两方面：一是模型设定偏误，即由遗漏变量引起。碳排放强度作为因变量受许多变量的影响，在实际建模过程中无法将解释变量全部列出。在这样的情况下，遗漏的变量的影响就被纳入了误差项中，在该遗漏变量与其他解释变量相关的情况下，就引起了内生性问题。为了解决因遗漏变量引起的内生性问题，可以利用面板数据的 FE 模型剔除不可观测因素引起的偏误。二是因变量碳排放强度与解释变量双向交互影响。例如，产业空间基尼系数、能源消费结构与碳排放强度存在双向交互影响。在这种情况下，通常办法是寻找工具变量采用两阶段估计以获得无偏的结果。本部分将空间基尼系数、能源消费结构、能源使用技术进步和碳减排技术进步设为内生变量，并以这些变量滞后一期作为工具变量。基于 FE 模型，运用 2SLS 进行回归，结果如表 5-9 所示。表 5-9 给出了工具变量的诊断检验值，从检验结果来看第一阶段的 F 统计值较大（10 以上），说明所选择的工具变量与内生解释变量是高度相关的；Sargan 检验的概率值均在 0.1 以上，说明不存在工具变量的过度识别问题，工具变量的选择是有效的。

4. 计量结果分析

根据工具变量的 2SLS 的回归结果，可得如下结论：从整体上看，1996～2019 年，

贵州省工业体系的技术因素，累积碳减排技术进步增长率、碳减排技术效率、能源使用技术进步和能源使用技术效率这四个因素对降低碳强度有影响。以上结论有三点值得注意：一是碳减排技术效率对碳减排效率的影响度远高于减排技术进步，这说明贵州省工业体系碳减排技术对碳减排的贡献主要还是依赖于减排技术效率的提高，属于技术引进消化后扩大碳减排规模所致，而属于技术创新所推动技术进步对碳减排效率提升的作用不显著。二是能源使用技术效率对碳减排效率的影响度远高于能源使用技术进步，这说明贵州省工业体系能源使用技术对碳减排的贡献主要还是依赖于能源使用技术效率的提高，属于技术引进消化后扩大能源使用规模所致，而属于技术创新所推动的技术进步对碳减排效率提升的作用不显著。三是能源使用结构对碳减排效率产生负影响。这说明，高碳排放的煤炭将降低贵州省工业体系的碳减排效率，针对贵州产业体系能源以煤炭为主的现实状况，未来贵州应当通过提高煤炭洁净化，以及使用煤炭后碳排放和回收利用的技术水平和效率水平，提高碳的减排效率。

第6章 基于产业链视角贵州省绿色低碳的现代产业新体系的形成

在外部市场需求和内部生产要素的作用下,创新驱动的产业链升级和低碳转型推动现有产业体系向绿色低碳的现代产业发展新体系转变,这是一个内生性的过程,它是在由市场内生机制、产业链协作机制和政府推进机制组成的绿色低碳的现代产业发展新体系形成机制作用下进行的。在产业体系发展过程中,由于产业链的演进存在路径选择的问题,不同的路径导致产业链的发育成熟度不同,进而影响产业体系的发展程度,因此产业体系发展会因为产业链演进路径不同存在路径选择的问题。贵州省绿色低碳的现代产业发展新体系的形成需要在遵循其产业体系内生演化规律的基础上,选择适合贵州省产业链演进和产业体系发展实际状况的实现路径。

6.1 贵州省产业链演进路径和升级途径

作为要素协同共生的动态系统,产业链中各种要素的因果关系、非线性作用、信息的流动与反馈推动产业链的形成、发展和演化。按照产业链价值创造的驱动要素来划分,根据产业链演进的时序,产业链的演进分三个阶段:以自然资源和土地等初级资源要素驱动产业链演进的初级阶段、以技术和资本等中级资源要素驱动产业链演进的中级阶段、以知识和网络等高级资源要素驱动产业链演进的高级阶段。

从产业链的演进过程可以看出,构成该类产业链的三大类要素为自然资源和土地、技术和资本、知识和网络,这三大要素此消彼长的变化驱动产业链不断演化。为了实现较高的价值创造,产业链的演进是以资本和知识为驱动力,在不断突破资源约束的基础上实现的。三个阶段总的趋势是:资源驱动产业链演进逐渐减弱,生产技术、管理模式等知识驱动产业链演进不断增强,资源禀赋对产业链演进的制约减弱;与产业链所经历的初级、中级和高级三个演化阶段相对应,产业链的附加价值不断增加。由此可以看出,产业链的演化本质就是产业链不断升级,创造价值不断增加的过程,而产业链的升级是通过知识创新和扩散,以及产业链分工而完成的。也就是说,产业链的演进实质上是依靠知识驱动的。通过知识的视角,可以从纵向、横向和侧向三个方向分析贵州产业链的演进路径。

按照所处行业划分，贵州产业体系存在资源型产业链（包括磷煤化工产业链和煤炭产业链）、机械制造产业链、电子信息产业链、金属材料产业链、高新材料产业链、白酒制造产业链、医药产业链、食品产业链、竹加工产业链、建材产业链等 10 类产业链。其中，与其他类型的产业链相比，资源型产业链分布较广，发育程度较高，对产业体系发展影响较大。以下从纵向、横向和侧向三个方向，分别对贵州 10 类产业链的演进路径进行分析，并提出贵州产业链的升级途径。

6.1.1 贵州省产业链的演进路径

1. 资源型产业链的演进路径

1）纵向演进路径

贵州资源型产业链形成和演进的驱动力来自生产者驱动，治理模式为层级型或领导型的治理模式。其纵向演进是在龙头企业的主导下，利用它们具有传统优势的资源开采，以及初级资源产品加工产业链积累的知识和资本，通过资本驱动建立企业间的合作机制，构建企业上下游的投入产出关系，形成产品链，最终实现知识在产业链上的流动。知识的流动促进知识的共享，在此基础上，为寻求产业链的价值最大化，产业链上的企业在各自专业化的环节中不断进行知识创新，产业链上的分工不断深化，形成产业链的价值增值链条，即价值链。凝聚了知识和资本的产品在进入流通领域形成价值后，又以利润反哺产品链、知识链和价值链，使其不断延伸与完善。以产品流动为载体、知识流动为手段、价值的增值流动为目的形成了产品链、知识链和价值链的互动递进，这种互动递进式的关系使贵州资源型产业链实现了产业链的纵向演进。知识与资本的积累改变了产业链上企业的资源观，资源的空间拓展与内涵变化使贵州资源型产业链对资源的需求实现了差异化，可利用资源随着知识积累不断扩展，异地资源、闲置资源、废弃资源等被其他企业排斥的资源都可以成为产业链上企业整合的对象。通过知识扩散效应与资本扩张将产业链上的关键企业链接起来，形成具有整体竞争优势的资源型产业链，以突破资源禀赋、环境承载等地域性约束条件对贵州资源型产业链发展的束缚。

2）横向演进路径

贵州资源型产业链的横向演进是在具有关联的产业链之间，在产业链龙头企业的主导下，利用它们资源开采，以及初级资源产品加工产业链积累的知识和资本，通过资本驱动和知识合作建立产业链之间的合作机制，产业链上相关的企业围绕龙头企业，利用循环经济实现产业链的横向整合。贵州资源型产业链的初始资源是矿产资源，在对资源的开发过程中会产生大量的中间品和衍生品。随着技术的发展，按照循环经济的模式，这些以往被看作废弃物的中间品和衍生品成为资源型产业链与其他产业链进行横向整合的接口。通过产业链之间的合作，利用已有的资源综合循环利用新技术，使资源就地转化，减少废弃物对生态环境的破坏，实现区域内资源型产业链的横向整合。

3）侧向演进路径

贵州资源型产业链的侧向演进是在产业链龙头企业的主导下，利用产业链纵向延伸与横向整合积累起来的矿产资源开采、加工和综合循环利用等知识，整合提供辅助性服务的生产性服务业，重点发展针对资源型产业的知识密集型服务业，拓展产业链的发展领域。资源型产业的知识密集型服务业主要包括更新服务、常规服务和网络服务。更新服务提供资源型产业链上各个部分如何改进的咨询和研发服务；常规服务提供资源型产品 ISO（International Organization for Standardization）认证和市场研究的服务；网络服务提供资源型产品和技术创新所需的各种互补技术。

2. 机械制造产业链的演进路径

1）纵向演进路径

贵州机械制造产业链形成和演进的驱动力来自生产者驱动，治理模式为模块型的治理模式。其纵向演进是在核心企业的主导下，依托自身在普通机械、交通运输设备和军工装备等方面的生产技术、市场品牌和销售渠道，通过资本驱动与其他的机械制造企业建立战略联盟获取和利用互补性资源，构建围绕机械产品和服务的配套产业链。由于机械产品的多样性及其生产技术的复杂性，产业链之间纵横交错，形成扁平化与柔性化的模块型产业组织。在这种产业组织中，企业间的监督和控制程度较低，这使知识在这种模块型的产业组织中快速流动，进而促进模块中知识的共享，产业链上的企业不断进行专业化的知识创新，推动产业链上的分工深化，不断延伸产业链。

2）横向演进路径

贵州机械制造产业链的横向演进是在具有关联的产业链之间，在产业链龙头企业的主导下，利用它们在普通机械、交通运输设备、电气机械及器材、军工装备、金属制品等部门积累的技术和知识，通过资本驱动和知识合作建立产业链之间的合作机制，开发高新技术合成产品实现产业链的横向整合。贵州机械制造产业链是通过普通机械、普通交通运输设备和军工装备的制造发展起来的。随着技术发展和产品创新，通过知识合作推动产业链的整合，开发特种车辆、工程矿用机械，新能源汽车及汽车零部件、航天精密仪器、机载设备等高新技术合成产品，实现区域内机械制造产业链的横向演进。

3）侧向演进路径

贵州机械制造产业链的侧向演进是在产业链龙头企业的主导下，利用产业链纵向延伸与横向整合积累起来特种车辆、新能源汽车及汽车零部件、航天精密仪器、机载设备等高新技术合成产品的知识整合提供辅助性服务的生产性服务业，重点发展针对机械制造产业的知识密集型服务业，拓展产业链的发展领域。例如，提供改进机械制造产业链的生产技术的咨询和研发服务；提供机械产品 ISO 认证和市场研究的服务；提供机械产品和技术创新所需的各种互补技术的服务。

3. 电子信息产业链的演进路径

1）纵向演进路径

贵州电子信息产业链形成和演进的驱动力来自生产者驱动，治理模式为模块型的治理模式。其纵向演进是在核心企业的主导下，依托自身在家用电器及零部件、无线传感器网络、通信设备制造、集成电路等方面的生产技术和销售渠道，通过资本驱动与其他的电子信息企业建立战略联盟获取和利用互补性资源，构建围绕电子信息产品和服务的配套产业链。由于电子信息产品的多样性及其生产技术的复杂性，产业链纵横交错，形成企业间的监督和控制程度较低的扁平化与柔性化的模块型产业组织，知识在这种模块型的产业组织中快速流动，促进模块中知识共享，进而推动产业链不断进行专业化的知识创新，产业链上的分工进一步深化，产业链不断延伸。

2）横向演进路径

贵州电子信息产业链的横向演进是在具有关联的机械电子信息产业链之间，在产业链龙头企业的主导下，利用它们在电气机械及器材、军工装备，以及电气零部件和集成电路等方面积累的技术和知识，通过资本驱动和知识合作建立产业链之间的合作机制，开发高端的电子信息产品和机电产品实现产业链的横向整合。贵州电子信息产业链是通过家用电器及零部件、集成电路、电器元件、电子军工装备的制造发展起来的。随着电子信息技术和机械装备制造技术的发展和产品创新，通过知识合作推动电子信息产业链之间，以及电子信息产业链和机械制造产业链之间的整合，开发射频识别、无线传感器网络、物联网系统、风电装备等高新技术合成产品，实现区域内电子信息产业链的横向演进。

3）侧向演进路径

贵州电子信息产业链的侧向演进是在产业链龙头企业的主导下，利用产业链纵向延伸与横向整合积累起来家用电器及零部件、通信设备制造、集成电路、物联网系统、风电装备等高新技术合成产品的知识，整合提供辅助性服务的生产性服务业，重点发展针对电子信息产业的知识密集型服务业，拓展产业链的发展领域。例如，提供改进电子信息产业链的生产技术的咨询和研发服务；提供电子产品 ISO 认证和市场研究的服务；提供电子信息产品和技术创新所需的各种互补技术的服务。

4. 金属材料产业链的演进路径

1）纵向演进路径

贵州省金属材料产业链包括白云铝及铝加工产业链、遵义冶金工业产业链、六盘水冶金产业链、黔西南黄金产业链、铜仁锰及锰加工产业链、铜仁钒及钒加工产业链。这些产业链是依托贵州丰富的金属矿产资源优势，经过多年的发展建立起来的。贵州金属材料产业链形成和演进的驱动力来自生产者驱动，治理模式包括层级型和领导型两种治理模式。其纵向演进是在龙头企业的主导下，利用它们具有传统优势的金属矿产开采、选矿和冶炼，以及金属产品加工产业链积累的知识和资本，通过资本驱动建立企业间的合作机制，构建企业上下游的投入产出关系，形成产业链，实现知识在产业链上的流动和共享，产业链上各个环节的企业在各自专业化的环节中不断进行知识创新，产业链的分工不断深化，产业链不断纵向整合延伸。随着资本和知识的积累，纵向整合异地资源、闲置资源、废弃资源，以突破资源禀赋、环境承载等地域性约束条件对贵州金属材料产业链发展的束缚。

2）横向演进路径

贵州金属材料产业链的横向演进是在具有关联的产业链之间，在产业链龙头企业的主导下，利用它们金属矿产开采、选矿和冶炼，以及金属产品加工产业链积累的知识和资本，通过资本驱动和知识合作建立产业链之间的合作机制，产业链上相关的企业围绕龙头企业，按照循环经济的模式，对以往被看作废弃物的中间品和衍生品进行再加工，利用已有的资源综合循环利用新技术，使资源就地转化，减少废弃物对生态环境的破坏，实现区域内资源型产业链的横向整合。另外，通过高新合金技术开发合金产品，实现产业链的横向整合。

3）侧向演进路径

贵州金属材料产业链的侧向演进是在产业链龙头企业的主导下，利用产业链纵向延伸与横向整合积累起来的金属矿产开采、选矿和冶炼、金属产品加工、综合循环利用，以及高新合金产品开发等知识，整合提供辅助性服务的生产性服务业，重点发展针对金属材料产业的知识密集型服务业，拓展产业链的发展领域。例如，提供改进金属材料产业链生产技术的咨询和研发服务；提供金属加工产品ISO认证和市场研究的服务；提供金属产品和技术创新所需的各种互补技术服务。

5. 高新材料产业链的演进路径

1）纵向演进路径

贵州高新材料产业链形成和演进的驱动力来自生产者驱动，治理模式为市场型治理模式。其纵向演进是以高新材料的技术链为基础，通过市场价格机制构建企业上下游的投入产出关系，形成产业链，实现知识在产业链上的流动和共享，促进产业链各个环节的企业进行专业化的知识创新，使产业链的分工不断深化，产业链不断向纵向延伸。

2）横向演进路径

贵州高新材料产业链的横向演进是在具有关联的新材料产业链之间，在现有产业链主要企业引领下，利用它们在先进电池材料、电子信息功能材料、高性能铝合金材料、高性能膜材料等方面积累的技术和知识，通过资本驱动和知识合作建立创新平台促进产业链之间的合作，开发前沿新材料和稀有金属功能材料实现产业链的横向整合。

3）侧向演进路径

贵州高新材料产业链的侧向演进是在产业链主要企业引领下，利用产业链纵向延伸与横向整合积累先进电池材料、电子信息功能材料、高性能铝合金材料、高性能膜材料、前沿新材料、稀有金属功能材料等高新技术合成产品的知识，整合提供辅助性服务的生产性服务业，重点发展针对高新材料产业的知识密集型服务业，拓展产业链的发展领域。例如，提供改进高新材料产业链生产技术的咨询和研发服务；提供高新材料 ISO 认证和市场研究的服务；提供高新材料产品和技术创新所需的各种互补技术的服务。

6. 白酒制造产业链的演进路径

1）纵向演进路径

贵州白酒制造产业链形成和演进的驱动力来自生产者驱动，治理模式为关系型治理模式。其纵向演进是在龙头企业贵州茅台集团的主导下，利用它们具有传统优势的茅台酒等名酒制造产业链积累的知识和资本，基于社会同构性和空间邻近性，通过资本驱动建立企业间的相互合作机制，形成产业链，实现知识在产业链上的流动和共享，以此为基础，通过推进茅台酒技改扩能，积极推广"企业 + 基地 + 标准 + 农户"等多种形式，发展白酒产业发展所需的酒产品包装、仓储、物流等配套关联行业，促进遵义名酒产业链的纵向演进。

2）横向演进路径

贵州白酒制造产业链的横向演进是在具有关联的产业链之间，在产业链龙头企业的主导下，利用它们名酒制造加工产业链积累的知识和资本，通过资本驱动和知识合作建立产业链之间的合作机制，开发新的白酒系列产品，实现产业链的横向整合。

3）侧向演进路径

贵州白酒制造产业链的侧向演进是在产业链龙头企业的主导下，利用产业链纵向延伸与横向整合所积累起来的名酒制造加工等知识整合提供辅助性服务的生产性服务业，重点发展针对白酒产业的知识密集型服务业，拓展产业链的发展领域。例如，提供改进白酒产业链生产技术的咨询和研发服务；提供白酒市场研究的服务；提供白酒产品和技术创新所需的各种互补技术的服务。

7. 医药产业链的演进路径

1) 纵向演进路径

贵州医药产业链形成和演进的驱动力来自生产者驱动，治理模式为市场型治理模式。其纵向演进是以医药制造的技术链为基础，通过市场价格机制构建上下游企业的投入产出关系，形成产业链，实现知识在产业链上的流动和共享，促进产业链各个环节上的企业进行专业化的知识创新，使产业链的分工不断深化，产业链不断向纵向延伸。

2) 横向演进路径

贵州医药产业链的横向演进是在具有关联的医药产业链之间，在现有产业链主要企业引领下，利用它们在以本地特色药材为原料的多种药物剂型的现代中药制作加工等方面积累的技术和知识，通过资本驱动和知识合作，以自主研发和引进代工，推动制药业向生物、中成药、合成药、中间体等类别全面、多元发展，扩展药品结构，实现产业链的横向整合。

3) 侧向演进路径

贵州医药产业链的侧向演进是在产业链主要企业引领下，利用产业链纵向延伸与横向整合积累起来的现代中药，生物医药、中成药、合成药等药物制作的知识，整合提供辅助性服务的生产性服务业，重点发展针对医药制造产业的知识密集型服务业，拓展产业链的发展领域。例如，提供改进医药制造产业链生产技术的咨询和研发服务；提供医药产品 ISO 认证和市场研究的服务；提供医药产品和技术创新所需的各种互补技术的服务。

8. 食品产业链的演进路径

1) 纵向演进路径

贵州食品产业链形成和演进的驱动力来自生产者驱动，治理模式为关系型治理模式。其纵向演进是在龙头企业的主导下，利用具有地方特色的绿色食品制造产业链积累的知识和资本，基于社会同构性和空间邻近性，通过资本驱动建立企业间的相互合作机制，形成产业链，实现知识在产业链上的流动和共享，促进食品原料生产、加工、冷链物流和现代服务等重要环节进行专业化的知识创新，使产业链的分工不断深化，产业链不断向纵向延伸。

2) 横向演进路径

贵州食品产业链的横向演进是在具有关联的产业链之间，在产业链龙头企业的主导下,利用它们品牌食品制造加工产业链积累的知识和资本,通过资本驱动和知识合作,建立产业链之间的合作机制,重点发展特色调味品、特色果汁饮料、特色粮油食品,促进农产品深加工与绿色食品产业链的融合,实现产业链的横向整合。

3)侧向演进路径

贵州食品产业链的侧向演进是在产业链龙头企业的主导下,利用产业链纵向延伸与横向整合积累起来的品牌食品制造加工等知识,整合提供辅助性服务的生产性服务业,重点发展针对绿色食品产业的知识密集型服务业,拓展产业链的发展领域。例如,提供改进食品加工产业链生产技术的咨询和研发服务;提供特色食品市场研究的服务;提供绿色产品和技术创新所需的各种互补技术的服务。

9. 竹加工产业链的演进路径

1)纵向演进路径

贵州竹加工产业链形成和演进的驱动力来自生产者驱动,治理模式为市场型治理模式。其纵向演进是以竹加工纸制品的技术链为基础,依托贵州赤天化纸业有限公司(以下简称贵州赤天化纸业)、赤水市天竹纸业有限公司(以下简称贵州天竹纸业)、贵州赤河纸业有限公司、华龙纸业有限公司和赤水市百冠纸品有限责任公司等企业,通过市场价格机制构建上下游企业的投入产出关系,发展高档纸制品,并配套发展纸箱、印刷、包装等相关产业,形成竹—竹浆—纸制品—包装印刷循环经济产业链,实现知识在产业链上的流动和共享,促进产业链各个环节上的企业进行专业化的知识创新,不断深化产业链的分工,使产业链不断向纵向延伸。

2)横向演进路径

贵州竹加工产业链的横向演进是在具有关联的竹加工产业链之间,通过产业链上主要企业引领,利用它们在竹材和竹笋深加工等方面积累的技术和知识,以资本驱动和知识合作为基础,通过引进新技术和新的生产线推动竹材和竹笋的深加工,扩展竹产品结构,实现产业链的横向整合。

3)侧向演进路径

贵州竹加工产业链的侧向演进是在产业链主要企业引领下,利用产业链纵向延伸与横向整合积累起来的竹纸制品、竹材深加工和竹笋加工的知识,整合提供辅助性服务的生产性服务业,重点发展针对竹加工产业的知识密集型服务业,拓展产业链的发展领域。例如,提供改进竹加工产业链生产技术的咨询和研发服务;提供竹产品市场研究的服务;提供竹产品和技术创新所需的各种互补技术的服务。

10. 建材产业链的演进路径

1)纵向演进路径

贵州建材产业链包括六盘水建材产业链,其形成和演进的驱动力来自生产者驱动，治理模式为领导型治理模式。贵州建材产业链纵向演进是在龙头企业的主导下，利用它们以循环经济理念开展工业废弃物治理及综合利用中所形成的矸石粉煤灰制砖的循环产业链积累的知识和资本，通过资本驱动建立企业间的合作机制，构建建材产业链，实现知识在产业链上的流动和共享，产业链上各个环节的企业在各自专业化的环节中不断进行知识创新，带动产业链的分工不断深化，产业链不断纵向整合延伸。

2）横向演进路径

贵州建材产业链的横向演进是在具有关联的产业链之间，在产业链龙头企业的主导下，利用它们在工业废弃物治理及综合利用中积累的知识和资本，通过资本驱动和知识合作建立产业链之间的合作机制，产业链上相关的企业围绕龙头企业，以新型墙体材料和节能建材为方向，按照循环经济的模式，对以往被看作废弃物的中间品和衍生品进行再加工，利用已有的资源综合循环利用新技术，使资源就地转化，减少废弃物对生态环境的破坏，实现区域内资源型产业链的横向整合。

3）侧向演进路径

贵州建材产业链的侧向演进是在产业链龙头企业的主导下，利用产业链纵向延伸与横向整合积累起来的矸石粉煤灰制砖、新型墙体材料和节能建材开发等知识，整合提供辅助性服务的生产性服务业，重点发展针对建材产业的知识密集型服务业，拓展产业链的发展领域。例如，提供改进建材产业链生产技术的咨询和研发服务；提供建材市场研究的服务；提供建材产品和技术创新所需的各种互补技术的服务。

6.1.2　贵州省产业链的升级途径

1. 资源型产业链的升级途径

贵州资源型产业链可以通过知识共享和创新实现产业链升级，突破不可再生资源的约束，实现产业链的可持续发展。

1）纵向升级

贵州资源型产业链可以利用积累的先进生产工艺技术和管理创新，通过知识整合与互补型的产业链耦合起来，并通过循环经济的模式组织产业链发展，纵向延伸产业链，拓展产业链的发展空间。例如，为解决贵州磷化工产业缺乏硫酸和氨的问题，在资本和技术的驱动下，通过产业链纵向整合实现磷化工产品的低成本生产。另外，在知识共享和创新的支撑下，通过循环经济的模式，发展以磷化工产业链的中间品和废弃物为原料的产业链，不断延伸产业链。

2）横向升级

贵州资源型产业链可以通过横向整合，综合利用资源，开发新型产品，突出产业链的特色和异质性的竞争优势。例如，贵州磷矿伴生有碘、氟、重稀土等国家稀有的重要资源，可以通过整合碘、氟、重稀土等产业提取碘、氟、重稀土，实现产品结构的异质化，提高产品的竞争力。

3）侧向升级

贵州资源型产业链应该利用产业链纵向延伸与横向整合积累起来的知识和资本，整合提供针对资源型产业的生产性知识密集型服务业，如提供资源型产业链上各个部分如何改进的咨询和研发服务、资源型产品 ISO 认证和市场研究的服务，以及资源型产品和技术创新所需的各种互补技术。

2. 机械制造产业链的升级途径

1）纵向升级

贵州机械制造产业链可以利用积累的先进生产工艺技术和管理创新，以及市场品牌和销售渠道，通过资本驱动和知识整合与其他的机械电子产业链耦合发展，获取和利用互补性资源，纵向延伸产业链，拓展产业链的发展空间。例如，贵州小孟装备制造产业链利用所积累的先进的工程机械、汽车及其零部件的生产工艺技术和管理创新，以及市场品牌和销售渠道，通过资本驱动与国内外特种车和工程矿用机械产业链耦合发展，实现知识的整合，获取和利用特种车生产技术和市场品牌的互补性资源，纵向延伸产业链，拓展产业链的发展空间。

2）横向升级

贵州机械制造产业链可以通过横向整合具有关联的产业链，建立产业链之间的合作机制，开发高新技术合成产品，实现产业链的横向整合。例如，贵州安顺民用航空产业链利用在民用航空和军工装备等部门积累的技术和知识，通过资本驱动和知识合作建立产业链之间的合作机制，开发航天精密仪器、机载设备等高新技术合成产品，实现区域内机械制造产业链的横向升级。

3）侧向升级

贵州机械制造产业链应该利用产业链纵向延伸与横向整合积累起来的知识和资本，整合提供针对机械制造产业的知识密集型服务业，主要包括信息技术、技术服务、物流技术和组织革新技术等方面的服务业，如提供改进机械制造产业链的生产技术的咨询和研发服务、机械产品 ISO 认证和市场研究的服务，以及机械产品和技术创新所需的各种互补技术的服务。

3. 电子信息产业链的升级途径

1）纵向升级

贵州电子信息产业链可以利用积累的先进生产工艺技术和管理创新，以及销售渠道，通过资本驱动和知识整合与其他的机械电子产业链耦合发展，获取和利用互补性资源，纵向延伸产业链，拓展产业链的发展空间。例如，贵州遵义机电装备产业链利用其在电气机械及器材、军工装备，以及电气零部件和集成电路等方面积累的技术和知识，通过资本驱动与国内外高端机电产品产业链耦合发展，实现知识的整合，获取和利用高端机电产品生产技术和市场品牌的互补性资源，纵向延伸产业链，拓展产业链的发展空间。

2）横向升级

贵州电子信息产业链可以通过横向整合具有关联的产业链，建立产业链之间的合作机制，开发高新技术合成产品，实现产业链的横向整合。例如，贵州凯里电子信息产业链利用它们在射频识别、无线传感器网络、物联网系统集成等部门积累的技术和知识，通过资本驱动和知识合作，建立产业链之间的合作机制，开发电子商务、集成电路、数字电视、物联网技术应用产品，实现区域内电子信息产业链的横向升级。

3）侧向升级

贵州电子信息产业链应该利用产业链纵向延伸与横向整合积累起来的知识和资本，整合提供针对电子信息产业的知识密集型服务业，主要包括信息技术、技术服务和组织革新技术等方面的服务业，如提供改进电子信息产业链的生产技术的咨询和研发服务、电子信息产品 ISO 认证和市场研究的服务，以及电子信息产品和技术创新所需的各种互补技术的服务。

4. 金属材料产业链的升级途径

1）纵向升级

贵州金属材料产业链可以利用积累的先进生产工艺技术和管理创新，通过知识整合与互补型的产业链耦合起来，纵向延伸产业链，拓展产业链的发展空间。例如，为解决贵州铝加工产业链较短的问题，在资本和技术的驱动下，通过产业链纵向整合，规模发展高端铝及铝合金锭坯、新型高强度铸造铝合金材料、汽车轮毂等产业，推动铝业的深精度加工。

2）横向升级

贵州金属材料产业链可以通过横向整合，按照循环经济的模式，对废弃物的中间品和衍生品进行再加工，利用已有的综合循环利用新技术，使废弃物的中间品和衍生品就地转化，实现区域内金属材料产业链的横向升级。另外，通过高新合金技术，开发合金产品，推动产业链的横向升级。例如，在遵义冶金工业产业链中，依托贵州世纪天元矿业有限公司和遵义镁业有限公司，对镁加工过程中生产废物进行资源化利用，通过耦合建立焦炉煤气—硅铁—原镁—镁合金—镁深加工—还原渣制水泥等上下游产业链。

3）侧向升级

贵州金属材料产业链应该利用产业链纵向延伸与横向整合积累起来的知识和资本，整合提供针对金属材料产业的生产性知识密集型服务业，如提供金属材料产业链上各个部分如何改进的咨询和研发服务、金属材料产品 ISO 认证和市场研究的服务，以及金属材料产品和技术创新所需的各种互补技术。

5. 高新材料产业链的升级途径

1）纵向升级

贵州高新材料产业链可以利用积累的先进生产工艺技术和管理创新，通过知识整合与互补型的产业链耦合起来，并利用产业链的创新平台进行高新材料的产品深加工及其生产技术创新，推进产业链分工深化和纵向升级。例如，贵阳麦沙新材料产业链利用在先进电池材料、电子信息功能材料和高性能铝合金材料等方面积累的先进的生产工艺技术，以及在构建高新材料创新平台方面的管理创新，通过产品和技术的引进和创新，推进高性能铝合金材料的深加工，纵向升级产业链。

2）横向升级

贵州高新材料产业链可以通过横向整合具有关联的产业链，创新平台促进产业链之间的合作，开发高端的新材料实现产业链的横向升级。例如，贵阳麦沙新材料产业链利用其在先进电池材料、电子信息功能材料和高性能铝合金材料等方面积累的先进的生产工艺技术，以及在构建高新材料创新平台方面的管理创新，通过产品和技术的引进和创新，开发前沿新材料和稀有金属功能材料，横向升级产业链。

3）侧向升级

贵州高新材料产业链应该利用产业链纵向延伸与横向整合积累起来的知识和资本，整合提供针对高新材料产业的生产性知识密集型服务业，如提供高新材料产业链上各个部分如何改进的咨询和研发服务、高新材料产品 ISO 认证和市场研究的服务，以及高新材料产品和技术创新所需的各种互补技术。

6. 白酒制造产业链的升级途径

1）纵向升级

贵州白酒制造产业链可以利用积累的具有传统优势的茅台酒等名酒生产制造

工艺技术和管理创新，通过资本驱动和知识共享建立企业间的相互合作机制，依托龙头企业贵州茅台酒股份有限公司集团进行新产品及其生产工艺技术的开发，并根据产品需要，发展所需的新产品包装、仓储、物流等配套关联行业，推进产业链分工深化和纵向升级。例如，遵义名酒产业链依托贵州茅台酒股份有限公司集团的生产技术和品牌，开发茅台系列的非白酒系列产品（如啤酒），并发展所需包装和仓储等配套关联行业，实现产业链纵向升级。

2）横向升级

贵州白酒制造产业链可以通过横向整合具有关联的产业链，建立产业链之间的合作机制，开发新的白酒系列新产品，实现横向升级。例如，遵义名酒产业链依托贵州茅台酒股份有限公司集团的生产技术和品牌，通过横向整合相关的白酒产业链（如习酒产业链），开发新的非茅台系列的白酒系列产品（新习酒），实现产业链横向升级。

3）侧向升级

贵州白酒制造产业链应该利用产业链纵向延伸与横向整合积累起来的知识和资本，整合提供针对白酒制造产业的生产性知识密集型服务业，如提供白酒制造产业链上各个部分如何改进的咨询和研发服务、白酒产品市场研究的服务，以及白酒产品、非白酒产品、生产工艺技术创新所需的各种互补技术。

7. 医药产业链的升级途径

1）纵向升级

贵州医药产业链可以利用积累的具有传统优势的民族药和中草药生产的工艺技术和管理创新，以资本驱动和知识共享建立企业间相互合作的机制，并通过引进技术和新产品，推进产业链分工深化和纵向升级。例如，毕节生物医药产业链通过引进先进的提取和纯化制剂技术，引入下游高端的生物医药企业延长产业链，促进产业链纵向升级。

2）横向升级

贵州医药产业链可以通过横向整合具有关联的产业链，建立产业链之间的合作机制，开发新的医药新产品，实现横向升级。例如，乌当医药产业链可以通过横向整合具有关联的产业链，通过资本驱动和技术共享建立企业合作机制，重点发展生物、中成药、合成药、中间体等系列产品，扩展药品结构，实现横向升级。

3）侧向升级

贵州医药产业链应该利用产业链纵向延伸与横向整合积累起来的知识和资本，整合提供针对医药产业的生产性知识密集型服务业，如提供医药产业链上各个部分如何改进的咨询和研发服务、医药产品市场研究的服务，以及医药产品生产工艺技术创新所需的各种互补技术。

8. 食品产业链的升级途径

1) 纵向升级

贵州食品产业链可以利用积累的具有传统优势的地方特色绿色食品生产的工艺技术和管理经验，以资本驱动和知识共享建立企业间的相互合作机制，并通过技术引进和产品创新，进行新产品及其生产工艺技术的开发，推进产业链分工深化和纵向升级。例如，乌当食品产业链通过对食品原料生产、加工、冷链物流和现代服务等重要环节的专业化技术和知识创新，开发"黔五福"系列的猪肉深加工产品，使产业链的分工不断深化，实现产业链纵向升级。

2) 横向升级

贵州食品产业链可以通过横向整合具有关联的产业链，建立产业链之间的合作机制，开发新的食品产品，实现横向升级。例如，乌当食品产业链可以通过横向整合具有关联的产业链，以资本驱动和技术共享建立企业合作机制，可以发展特色调味品、特色果汁饮料、特色粮油食品，促进农产品深加工与绿色食品产业链的融合，扩展食品产品结构，实现横向升级。

3) 侧向升级

贵州食品产业链应该利用产业链纵向延伸与横向整合积累起来的知识和资本，整合提供针对食品产业的生产性知识密集型服务业，如提供绿色的特色食品产业链上各个部分如何改进的咨询和研发服务、绿色的特色食品市场研究的服务，以及绿色的特色食品生产工艺技术创新所需的各种互补技术。

9. 竹加工产业链的升级途径

1) 纵向升级

贵州竹加工产业链可以利用所积累的传统的竹加工纸制品的工艺技术和管理经验，以资本驱动和知识共享建立企业间的相互合作机制，并通过技术引进推动高档纸制品及其生产工艺技术的开发，推进产业链分工深化和纵向升级。例如，遵义竹加工产业链依托贵州赤天化纸业、贵州天竹纸业、贵州新宇纸业等龙头企业，依靠科技创新，开发新产品，培育名优品牌，配套发展纸箱、印刷、包装等相关产业，使产业链的分工不断深化，实现产业链纵向升级。

2) 横向升级

贵州竹加工产业链可以通过横向整合具有关联的产业链，建立产业链之间的合作机制，开发新的竹加工产品，实现横向升级。例如，遵义竹加工产业链可以通过横向整合具有关联的产业链，以资本驱动和技术共享建立企业合作机制，发展竹制品和竹笋加工等具有地方特色的竹加工产品，扩展食品产品结构，实现横向升级。

3）侧向升级

贵州竹加工产业链应该利用产业链纵向延伸与横向整合积累起来的知识和资本，整合提供针对竹加工产业的生产性知识密集型服务业，如提供竹加工产业链上各个部分如何改进的咨询和研发服务、竹加工产品市场研究的服务，以及竹加工产品生产工艺技术创新所需的各种互补技术。

10．建材产业链的升级途径

1）纵向升级

贵州建材产业链可以利用积累的以循环经济理念开展工业废弃物治理及综合利用的工艺技术和管理经验，以资本驱动和知识共享建立企业间相互合作的机制，并通过技术引进推动废弃物利用的工艺技术的开发，推进产业链分工深化和纵向升级。例如，六盘水建材产业链通过引进废弃物综合利用技术，开发矸石粉煤灰制砖生产工艺，使产业链的分工不断深化，实现产业链纵向升级。

2）横向升级

贵州建材产业链可以通过横向整合具有关联的产业链，以资本驱动和知识合作，建立产业链之间的合作机制，利用废弃物开发新的建材产品，实现横向升级。例如，六盘水建材产业链可以通过横向整合具有关联的产业链，以资本驱动和技术共享建立企业循环耦合的合作机制，发展新型墙体材料和节能建材，扩展产品结构，实现横向升级。

3）侧向升级

贵州建材产业链应该利用产业链纵向延伸与横向整合积累起来的知识和资本，整合提供针对建材产业的生产性知识密集型服务业，如提供建材产业链上各个部分如何改进的咨询和研发服务、建材产品市场研究的服务，以及建材产品生产工艺技术创新所需的各种互补技术。

6.2　基于产业链的绿色低碳的贵州省现代产业 新体系的实现路径

在贵州产业链的发展过程中，随着其要素禀赋的升级和自身能力的提升，产业链沿着纵向、横向和侧向三个方向演进升级，并推动着绿色低碳的产业体系发展。贵州绿色低碳的现代产业发展新体系的形成需要在遵循产业链演进规律的基础上，针对贵州不同类型产业链的演进升级方向，选择适合不同类型产业体系发展现状的实现路径。

6.2.1　资源型产业体系绿色低碳化的实现路径

贵州资源型产业体系是在生产者驱动下的资源型产业链演进升级过程中形成并发展起来，其数量多、分布广，发展程度差异较大。根据产业链的演进升级程度，贵州资源型产业体系的分工形式主要表现为产业间分工和产业内分工。基于贵州不同的资源型产业体系的分工形式、产业链所处的演进阶段，以及产业链纵向、横向和侧向升级方向，贵州资源型产业体系绿色低碳化将呈现多样化的实现路径。

对于产业链演进和分工程度较低的贵州资源型产业体系，如毕节煤磷硫化工产业体系、黔西南煤炭加工产业体系。它们主要由高碳排放的资源开采和初加工产业组成，其资源类初级产品作为原材料和能源输出到以工业品制造产业为主的其他地区，与这些地区形成以产业为界限的区域分工体系。区域产业的技术经济联系简单、分工程度低，使这些资源和劳动力密集地区的产业与其他发达地区的产业缺乏协作，形成了一种分工程度较低的封闭的高碳排放产业体系，其通过扩大自然资源开采量获得发展，产业体系的附加值较低，耗竭自然资源和破坏环境是其必然结果。鉴于这些产业体系中产业链的演进处于初级阶段，可以根据产业链纵向整合和升级的趋势，通过分解产业链非核心业务的高碳排放功能环节，专注于具有高附加值和低碳排放特征的核心业务的功能环节，如技术服务、物流及销售环节升级，纵向延伸产业链，拓展产业体系绿色低碳的发展空间。在产业链纵向升级的作用下，产业体系分工程度不断提高，功能环节日益完备，通过开发低碳排放的高附加值产品，产业体系进入产业内分工的中级阶段。

对于产业链演进和分工程度不高的产业内分工的贵州资源型产业体系，如遵义化工产业体系、六盘水煤炭产业体系。它们主要由碳排放低的资源加工产业组成，其产品输出到其他资源加工业聚集的地区，这些地区之间形成以产品为界限的区域分工体系。在这种以产品为界限的区域分工体系中，区域产业之间技术经济联系较多、分工程度高，各个地区产业之间进行协作，形成了一种分工程度高的开放型产业体系。这种产业体系通过扩大资源加工产品的数量获得发展，产业体系的附加值较低，耗竭自然资源和破坏环境是其必然结果。鉴于这些产业体系中产业链的演进处于中级阶段，可以根据产业链横向整合和升级的趋势，基于产业链环节纵向分解和功能低碳化升级，专注于低碳产品开发和现有产品低碳化功能的提升，实现从高碳排放的低附加值初级产品向中低碳排放的高附加值中高级产品升级，基于产业链功能升级和产品升级，在核心企业的引领和协调下，通过技术创新、设备引进、流程再造、电子商务、知识共享等途径，专注于绿色低碳生产技术的创新和工艺流程的研发，实现工艺流程从低技术水平、高碳排放和高加工成本向高技术水平、低碳排放和低加工成本升级。通过产品和工艺流程低碳化升级，产业链实现产品结构和技术结构的低碳化调整，横向延伸产业链，拓展产业体系绿色低碳的发展空间。在此基础上，发展程度较高的产业内分工产业体系，如开阳磷煤化工产业链和瓮福磷化工产业链，通过技术创新、产品设计和品牌销售来组织和引导产业链条的低碳化升级，实现从低附加值与高碳排放的产业链向高附加值与低碳排放的产业链升级，通过横向延伸产业链拓展产业体系绿色低碳的发展空间。

6.2.2 机械电子信息产业体系绿色低碳化的实现路径

贵州机械电子信息制造产业体系是在生产者和购买者混合驱动下的机械电子信息产业链演进升级过程中形成并发展起来，机械电子信息产业是贵州作为三线建设时期发展起来的传统产业，数量多、分布广，但是发展程度差异较大。根据产业链的演进升级程度，贵州机械电子信息产业体系的分工形式主要表现为产业内分工和产品内分工。基于贵州不同机械电子信息产业体系的分工形式、产业链所处的演进阶段，以及产业链纵向、横向和侧向升级方向，贵州机械电子信息产业体系绿色低碳化将呈现多样化的实现路径。

对于产业链演进和分工程度不高的产业内分工的贵州机械电子信息产业体系，如安顺民用航空产业体系和安顺汽车及汽车零部件产业体系。它们主要由碳排放不高的航空装备制造和汽车制造等机械制造产业组成，其产品输出到国内外其他航空制造业和汽车制造业聚集的地区，与这些地区之间形成以产品为界限的区域分工体系。在这种以产品为界限的区域分工体系中，各个区域的航空和汽车制造产业之间技术经济联系较多、分工程度高，使各个地区产业之间进行协作，形成了一种分工程度高的开放型产业体系。这种产业体系通过扩大航空和汽车制造产品的数量获得发展，由于产品属于中低端层次，产业体系的附加值低，因此相对来说原材料消耗大，自然资源和环境损耗也较大。鉴于这些产业体系中产业链的演进处于中级阶段，可以根据产业链横向整合和升级的趋势，基于产业链环节纵向分解和功能低碳化升级，专注于低碳的高端产品开发和现有产品低碳化功能的提升，实现从高碳排放的低附加值初中级产品向中低碳排放的高附加值高级产品升级，基于产业链功能升级和产品升级，在核心企业的引领和协调下，通过技术创新、设备引进、流程再造、电子商务、知识共享等途径专注于绿色低碳生产技术的创新和工艺流程的研发，实现工艺流程从低技术水平、高碳排放和高加工成本向高技术水平、低碳排放和低加工成本升级。通过产品和工艺流程低碳化升级，产业链实现产品结构和技术结构的低碳化调整。

对于产业链演进和分工程度较高的产品内分工的贵州机械电子信息产业体系，如小孟装备制造产业体系、遵义机电及装备制造产业体系、毕节装备制造产业体系、凯里电子信息产业体系，它们主要由国内外装备制造、机电设备制造和电子信息产业链上的零配件制造和组装等中低端环节组成，其产品输出到国内外产业链高端环节聚集地区，与这些地区之间形成以产品加工环节为界限的区域分工体系。在这种以生产环节为界限的区域分工体系中，各个区域的装备制造、机电设备制造和电子信息产业环节之间技术经济联系较多、分工程度高，各地区产业之间进行协作，形成了一种分工程度高的开放型产业体系。这种产业体系通过辅助零配件的规模化制造和产品组装获取竞争优势，由于制造环节属于中低端层次，产业体系的附加值低，因此相对来说原材料消耗大，自然资源和环境损耗也较大。

鉴于这些产品内分工产业体系中产业链演进处于初级阶段，可以根据产业链整合和升级的不同方向，选择产业体系绿色低碳化路径。基于产业链纵向整合和升级的趋势，通过技术与设备引进和流程再造等途径专注低碳化工艺技术的创新和工艺流程的研发，实现工艺流程低碳化升级，促进生产工艺技术结构低碳化调整，拓展产业体系绿色低碳化发展空间，产业链演进进入中级阶段。在产业链演进中级阶段的前期，基于产业链横向整合和升级的趋势，通过引进国内外产品进行高附加值的低碳产品自主设计和生产，实现产品的低碳化升级，促进产品结构的低碳化调整，拓展产业体系绿色低碳化发展空间。进入产业链演进中级阶段的后期，凭借日益雄厚的技术与资本，产业链将经营重心转移至产品设计、技术创新、品牌打造和销售渠道等高附加值低碳排放的功能环节上，实现功能结构的低碳化升级，促进产业链功能结构的低碳化调整，拓展产业体系绿色低碳化发展空间，产业链演进进入高级阶段。在产业链演进的高级阶段，基于产业链侧向整合和升级的趋势，在知识和网络的驱动下，产业链通过技术标准和设计规则来组织和引导产业链条的低碳化升级，实现产业链条的低碳化升级，促进产业链条中行业结构低碳化调整，拓展产业体系绿色低碳化发展空间。

6.2.3　金属材料产业体系绿色低碳化的实现路径

贵州金属材料产业体系是在生产者驱动下的金属材料产业链演进升级过程中形成并发展起来的，其数量多、分布广，发展程度差异较大。根据产业链的演进升级程度，贵州金属材料产业体系的分工形式主要表现为产业间分工和产业内分工。基于贵州不同金属材料产业体系的分工形式、产业链所处的演进阶段，以及产业链纵向、横向和侧向升级方向，贵州金属材料产业体系绿色低碳化将呈现多样化的实现路径。

对于产业链演进和分工程度较低的产业间分工的贵州金属材料产业体系，如铜仁锰及锰加工产业体系、铜仁钒及钒加工产业体系、黔西南黄金产业体系。它们主要由高碳排放的金属矿产开采和初加工产业组成，其金属类初级产品作为原材料到以工业品制造产业为主的其他地区，与这些地区形成以产业为界限的区域分工体系。区域产业之间技术经济联系简单、分工程度低，使得这些金属矿产和劳动力密集地区的产业与其他发达地区的产业之间缺乏协作，形成了一种分工程度较低的封闭的高碳排放产业体系，这种产业体系通过扩大矿产资源开采量获得发展，产业体系的附加值较低，耗竭矿产资源和破坏环境是其必然结果。鉴于这些产业体系中产业链的演进处于初级阶段，可以根据产业链纵向整合和升级的趋势，通过分解产业链非核心业务的高碳排的功能环节，专注具有高附加值和低碳排放特征的核心业务功能环节，如技术服务、物流及销售环节升级，纵向延伸产业链，拓展产业体系绿色低碳的发展空间。在产业链纵向升级的作用下，产业体系分工程度不断提高，功能环节日益完备，通过开发低碳排放的高附加值产品，产业体系进入产业内分工的中级阶段。

对于产业链演进和分工程度不高的产业内分工的贵州金属材料产业体系，如白云铝及铝加工产业体系、遵义冶金工业产业体系和六盘水冶金产业体系。它们主要由碳排放低的金属材料加工产业组成，其产品输出到其他金属材料加工业聚集的地区，这些地区之间形成以产品为界限的区域分工体系。在这种以产品为界限的区域分工体系中，区域产业之间技术经济联系较多、分工程度高，各个地区产业之间进行协作，形成了一种分工程度高的开放型产业体系。由于产品加工度低，这种产业体系通过扩大金属加工产品的数量获得发展，产业体系的附加值较低，矿产资源和环境损害大。鉴于这些产业体系中产业链的演进处于中级阶段，可以根据产业链横向整合和升级的趋势，基于产业链环节纵向分解和功能低碳化升级，专注低碳的高加工度金属产品开发和现有产品低碳化功能的提升，实现从高碳排放的低附加值初级加工产品向中低碳排放的高附加值中高级加工产品升级，基于产业链功能升级和产品升级，在核心企业的引领和协调下，通过技术创新、设备引进、流程再造、电子商务、知识共享等途径专注绿色低碳生产技术的创新和工艺流程的研发，实现工艺流程从低技术水平、高碳排放和高加工成本向高技术水平、低碳排放和低加工成本升级。通过产品和工艺流程低碳化升级，产业链实现产品结构和技术结构的低碳化调整，横向延伸产业链，拓展产业体系绿色低碳的发展空间。

6.2.4 高新材料产业体系绿色低碳化的实现路径

贵州高新材料产业体系是在生产者驱动下的高新材料产业链演进升级过程中

形成并发展起来的，其数量较少，较为典型的就是贵阳麦沙新材料产业体系。根据产业链的演进升级程度，贵州高新材料产业体系的分工形式主要表现为产业间分工。基于贵州高新材料产业体系的分工形式、产业链所处的演进阶段，以及产业链纵向整合和升级方向，贵州高新材料产业体系将按照以下路径实现绿色低碳化。

贵州高新材料产业体系主要由碳排放低的高新材料制造产业组成，其高新材料初级产品作为原材料输出到以高新技术产品制造产业为主的其他地区，与这些地区形成以产业为界限的区域分工体系。区域产业之间技术经济联系简单、分工程度低，这些高新材料矿产资源密集地区的产业与其他发达地区的产业之间缺乏协作，形成了一种分工程度较低的封闭的高碳排放产业体系。这种产业体系通过扩大矿产资源开采量获得发展，产业体系的附加值较低，耗竭矿产资源和破坏环境是其必然结果。鉴于这些产业体系中产业链的演进处于初级阶段，可以根据产业链纵向整合和升级的趋势，通过分解产业链非核心业务的高碳排的功能环节专注具有高附加值和低碳排放特征的核心业务的功能环节，如技术研发、技术服务，以及销售环节升级，纵向延伸产业链，拓展产业体系绿色低碳的发展空间。

6.2.5　白酒制造产业体系绿色低碳化的实现路径

贵州白酒制造产业体系是在生产者驱动下的白酒产业链演进升级过程中形成并发展起来的，其数量多、分布广，较为典型的就是以茅台为代表的遵义名酒产业体系。根据产业链的演进升级程度，贵州白酒制造产业体系的分工形式主要表现为产业内分工。基于贵州白酒制造产业体系的分工形式、产业链所处的演进阶段，以及产业链横向整合和升级方向，贵州白酒制造产业体系将按照以下路径实现绿色低碳化。

贵州白酒制造产业体系主要由碳排放低的酿酒产业组成，其产品输出到其他酿酒产业聚集的地区，这些地区之间形成以产品为界限的区域分工体系。在这种以酿酒产品为界限的区域分工体系中，酿酒产业的生产技术和原料来源相对固定，区域产业之间技术经济联系不多、分工程度不高，各个地区酿酒产业之间较少进行协作，形成了一种分工程度低的封闭型产业体系。由于产品加工度低，大多数贵州白酒产业体系通过扩大产量获得发展，产业体系的附加值较低，资源和环境损害大。鉴于这些产业体系中产业链的演进处于中级阶段，可以根据产业链横向整合和升级的趋势，基于产业链环节纵向分解和功能低碳化升级，专注绿色低碳的高端白酒产品开发和现有白酒产品绿色低碳化功能的提升，实现从高碳排放的低附加值初级加工产品向中低碳排放的高附加值中高级加工产品升级，基于产业链功能升级和产品升级，在核心企业的引领和协调下，通过技术创新、设备引进、流程再造、电子商务、知识共享等途径专注绿色低碳酿酒技术的创新和工艺流程的研发，实现工艺流程从低技术水平、高碳排放和高加工成本向高技术水平、低碳排放和低加工成本升级。通过产品和工艺流程低碳化升级，产业链实现产品结构和技术结构的低碳化调整，横向延伸产业链，拓展产业体系绿色低碳的发展空间。

6.2.6　医药产业体系绿色低碳化的实现路径

　　贵州医药产业体系是在生产者驱动下的医药产业链演进升级过程中形成并发展起来的，其数量多、分布广，发展程度差异较大。根据产业链的演进升级程度，贵州医药产业体系的分工形式主要表现为产业间分工和产业内分工。基于贵州医药产业体系的分工形式、产业链所处的演进阶段，以及产业链纵向与横向整合和升级方向，贵州医药产业体系绿色低碳化将呈现多样化的实现路径。

　　对于产业链演进和分工程度较低的产业间分工的贵州医药产业体系，如毕节生物医药产业体系。它主要由碳排放程度较高的低端生物医药、医药原料和中间体初加工产业组成，其医药类初级产品作为原材料和中间产品输出到以中高端医药产品加工为主的其他地区，与这些地区形成以产业为界限的区域分工体系。区域产业之间技术经济联系简单、分工程度低，这些低端生物医药的产业与其他发达地区的产业缺乏协作，形成了一种分工程度较低的封闭的高碳排放产业体系，其通过扩大中草药资源开采量获得发展，产业体系的附加值较低，耗竭生物资源和破坏环境是其必然结果。鉴于这些产业体系中产业链的演进处于初级阶段，可以根据产业链纵向整合和升级的趋势，通过分解产业链非核心业务的高碳排的功能环节专注具有高附加值和低碳排放特征的核心业务功能环节，如技术研发、物流及销售环节升级，纵向延伸产业链，拓展产业体系绿色低碳的发展空间。在产业链纵向升级的作用下，产业体系分工程度不断提高，功能环节日益完备，通过开发低碳排放的高附加值产品，产业体系进入产业内分工的中级阶段。

　　对于产业链演进和分工程度不高的产业内分工的贵州医药产业体系，如贵阳乌当医药产业体系。它主要由碳排放低的民族医药制造业组成，其产品输出到其他医药制造业聚集的地区，这些地区之间形成以产品为界限的区域分工体系。在这种以医药产品为界限的区域分工体系中，区域产业之间技术经济联系较多、分工程度高，各个地区产业之间进行协作，形成了一种分工程度高的开放型产业体系。由于产品加工度低，这种产业体系通过扩大医药加工产品的数量获得发展，产业体系的附加值较低，生物资源和环境损害大。鉴于这些产业体系中产业链的演进处于中级阶段，可以根据产业链横向整合和升级的趋势，基于产业链环节纵向分解和功能低碳化升级，专注低碳的高端民族医药产品开发和现有产品低碳化功能的提升，实现从高碳排放的低附加值初级产品向中低碳排放的高附加值中高端产品升级，基于产业链功能升级和产品升级，在核心企业的引领和协调下，通过技术创新、设备引进、流程再造、电子商务、知识共享等途径专注绿色低碳医药生产技术的创新和工艺流程的研发，实现工艺流程从低技术水平、高碳排放和高加工成本向高技术水平、低碳排放和低加工成本升级。通过产品和工艺流程低碳化升级，产业链实现产品结构和技术结构的低碳化调整，横向延伸产业链，拓展产业体系绿色低碳的发展空间。

6.2.7　食品产业体系绿色低碳化的实现路径

贵州食品产业体系是在生产者驱动下的食品产业链演进升级过程中形成并发展起来的，其数量多、分布广，较为典型的就是以黔五福和贵州龙为代表的乌当食品产业体系。根据产业链的演进升级程度，贵州食品产业体系的分工形式主要表现为产业内分工。基于贵州食品产业体系的分工形式、产业链所处的演进阶段，以及产业链横向整合和升级方向，贵州食品产业体系将按照以下路径实现绿色低碳化。

贵州食品产业体系主要由碳排放低的食品加工产业组成，其产品输出到其他食品产业聚集的地区，这些地区之间形成以产品为界限的区域分工体系。在这种以具有地方特色的绿色食品为界限的区域分工体系中，食品产业的生产技术和原料来源相对固定，区域产业之间技术经济联系不多、分工程度不高，各个地区食品产业之间较少进行协作，形成了一种分工程度低的封闭型产业体系。由于产品加工度低，大多数贵州食品加工产业体系通过扩大产量获得发展，产业体系的附加值较低，资源和环境损害大。鉴于这些产业体系中产业链的演进处于中级阶段，可以根据产业链横向整合和升级的趋势，基于产业链环节纵向分解和功能低碳化升级，专注绿色低碳的高端食品开发和现有食品绿色低碳化功能的提升，实现从高碳排放的低附加值初级加工的产品向中低碳排放的高附加值中高级加工产品升级，基于产业链功能升级和产品升级，在核心企业的引领和协调下，通过技术创新、设备引进、流程再造、电子商务、知识共享等途径专注绿色低碳食品加工技术的创新和工艺流程的研发，实现工艺流程从低技术水平、高碳排放和高加工成本向高技术水平、低碳排放和低加工成本升级。通过产品和工艺流程低碳化升级，产业链实现产品结构和技术结构的低碳化调整，横向延伸产业链，拓展产业体系绿色低碳的发展空间。

6.2.8　竹加工产业体系绿色低碳化的实现路径

贵州竹加工产业体系是在生产者驱动下的竹加工产业链演进升级过程中形成并发展起来的，其发展依赖于竹材资源，分布于竹材资源富集地区。较为典型的就是分布于贵州遵义赤水市的遵义竹加工产业体系。根据产业链的演进升级程度，贵州竹加工产业体系的分工形式主要表现为产业内分工。基于贵州竹加工产业体系的分工形式、产业链所处的演进阶段，以及产业链横向整合和升级方向，贵州竹加工产业体系将按照以下路径实现绿色低碳化。

贵州竹加工产业体系主要由碳排放低的竹加工产业组成，其产品输出到其他与竹材加工相关的产业聚集的地区，这些地区之间形成以产品为界限的区域分工体系。在这种以具有地方特色的竹材加工产品为界限的区域分工体系中，竹加工产业的生产技术和原料来源相对固定，各区域产业之间技术经济联系不多、分工程度不高，各个地区同类型产业较少进行协作，形成了一种分工程度低的封闭型产业体系。由于产品加工度低，大多数贵州竹加工产业体系通过扩大产量获得发展，产业体系的附加值较低，资源和环境损害大。鉴于这些产业体系中产业链的演进处于中级阶段，可以根据产业链横向整合和升级的趋势，基于产业链环节纵向分解和功能低碳化升级，专注绿色低碳的高端竹加工，实现从高碳排放的低附加值初级竹加工产品向中低碳排放的高附加值中高级加工产品升级，基于产业链功能升级和产品升级，在核心企业的引领和协调下，通过产品创新、技术创新、设备引进、电子商务、知识共享等途径专注绿色低碳竹加工技术的创新和工艺流程的研发，实现工艺流程从低技术水平、高碳排放和高加工成本向高技术水平、低碳排放和低加工成本升级。通过产品和工艺流程低碳化升级，产业链实现产品结构和技术结构的低碳化调整，横向延伸产业链，拓展产业体系绿色低碳的发展空间。

6.2.9　建材产业体系绿色低碳化的实现路径

贵州建材产业体系是在生产者驱动下的建材产业链演进升级过程中形成并发展起来的。贵州的建材产业链主要利用资源型产业的废弃物，通过循环经济的方式建立并发展起来，其数量多、分布广，发展程度差异较大，较为典型的就是六盘水建材产业链。根据产业链的演进升级程度，贵州建材产业体系的分工形式主要表现为产业内分工。基于贵州不同的资源型产业体系的分工形式、产业链所处的演进阶段，以及产业链横向整合和升级方向，贵州建材产业体系应按照以下路径实现绿色低碳化。

贵州建材产业体系主要由碳排放低的废弃资源循环利用和建材加工产业组成，其产品输出到其他的与建材相关的产业聚集的地区，这些地区之间形成以产品为界限的区域分工体系。在这种以具有地方特色的建材产品为界限的区域分工体系中，建材产业的生产技术和原料来源相对固定，各区域产业之间技术经济联系不多、分工程度不高，各个地区同类型产业较少进行协作，形成了一种分工程度低的封闭型产业体系。由于产品加工度低,贵州建材产业体系通过扩大产量获得发展,产业体系的附加值较低,资源和环境损害大。鉴于这些产业体系中产业链的演进处于中级阶段,可以根据产业链横向整合和升级的趋势,基于产业链环节纵向分解和功能低碳化升级,专注绿色低碳的高端建材产品加工,实现从高碳排放的低附加值初级建材产品向中低碳排放的高附加值中高级加工产品升级,基于产业链功能升级和产品升级,在核心企业的引领和协调下,通过产品创新、技术创新、设备引进、知识共享等途径专注绿色低碳建材加工技术的创新和工艺流程的研发,实现工艺流程从低技术水平、高碳排放和高加工成本向高技术水平、低碳排放和低加工成本升级。通过产品和工艺流程低碳化升级,产业链实现产品结构和技术结构的低碳化调整,横向延伸产业链,拓展产业体系绿色低碳的发展空间。

第7章 产业链如何驱动贵州省现代产业新体系绿色低碳发展

在外部市场需求的拉动和内部生产要素的驱动下，产业链通过创新不断地进行升级和低碳转型，重构现有产业体系，推动现有产业体系向绿色低碳的现代产业发展新体系转变。这一转变过程进行的深度取决于现有产业体系中创新推动的产业链升级和低碳转型的程度。处于国内外产业链治理下的贵州省不同分工形式的产业体系，在内部驱动力作用下，通过对产业链的创新进行升级和低碳转型来应对外部市场需求的变化和资源环境的约束，以此推动绿色低碳的现代产业发展新体系的形成。

7.1 贵州省产业分工演进及其特征

贵州绿色低碳的现代产业发展新体系是与其绿色低碳的现代产业活动相适应的产业体系，以完成绿色低碳的现代产业发展新体系的功能为导向，由传统的资源型产业体系经过长期的发展演变而成。随着贵州资源型产业体系竞争方式从产品数量的竞争向产品绿色化创新的竞争转变，其发展方式将发生根本的变化，创新型的低消耗和低碳排放发展方式将取代数量型的高消耗和高碳排放发展方式，这将改变贵州通过大规模投资和技术引进形成传统资源型产业体系的发展路径，转而利用高端化的生产要素获取绿色创新的竞争优势，推动绿色低碳的现代产业发展新体系的形成。

7.1.1 贵州省产业分工的演进及产业体系的演变

从 20 世纪 50 年代开始至今，在专业化收益和交易费用的驱动下，贵州产业体系经历了产业间分工、产业内分工和产品内分工。具体可划分为：从 20 世纪 50 年代到 80 年代，贵州产业体系利用贵州特有的磷矿、铁矿和铝土矿等矿产资源带来要素禀赋的比较优势，大力发展资源开采业和初级资源型产品制造业，生产初级资源类产品，而发达地区利用贵州的资源类产品生产工业制成品，贵州与发达地区形成产业分工。在这一时期，贵州资源类产业的产品品种固定，与发达地区产业的技术经济联系比较稳定，它利用矿产资源要素禀赋的比较优势，通过扩大资源开采和初级资源型产品的生产规模获取规模经济的竞争优势而发展。与以上两类产业相对应，贵州形成了由资源开采和资源类初级产品制造业组成的资源型产业体系，而发达地区则形成了由资源类中高级产品制造业组成的资本密集型产业体系，这两类产业体系具有梯度的互补关系。

在第二次世界大战后第三次科技革命的带动下，众多产业技术上的突破使同一产业不同产品实现了差异化分工，实现国家或地区的产业内分工。在 20 世纪 80 年代以后，由于技术、资本和管理的制约，国内发达地区从事全产业产品生产活动的产业间分工收益在不断下降。为此，发达地区和后发地区根据自身的技术和资本，以及劳动力等生产要素的比较优势从事制造行业内不同产品的生产，进行差异化产品的贸易。从 20 世纪 80 年代到 21 世纪初，随着贵州与发达地区产业分工的推进，贵州资源要素禀赋不断降低使其分工收益下降，在产业升级诉求及产业资本追逐更大利益的驱动下，贵州产业体系通过引进发达国家和地区的生产技术进入工业品制造行业，实现与发达地区的产业内分工。进入产业内分工阶段，随着资本和技术等要素禀赋的不断提升，贵州产业体系通过专业化分工从事工业品制造行业内不同产品的生产。在这一时期，贵州工业制造产品品种固定，产业之间的技术经济联系比较稳定，产业主要通过扩大生产规模获取规模经济的竞争优势而发展。在产业内分工的产业体系中，贵州产业体系利用在矿产资源加工行业上的专业化，使其产业体系成为以资源加工产品为特色的专业化产业体系。与基于产业间分工的资源型产业体系相比，贵州产业内分工的产业体系中资源产品加工度较高，产业链延伸较长，产业体系结构较为复杂。

进入 20 世纪 90 年代，贵州产业体系以信息技术和生产专业化技术、全球一体化的经济运行体制和快速便捷的物流体系为基础，在全球价值链的驱动下，根据自身差异化和集聚化生产要素的比较优势进入全球产品价值链，从事资源开采、资源初中级加工等低附加值环节，形成产品内分工的产业体系。在此产品内分工的产业体系中，发达国家和地区与贵州在产品制造产业链环节上的要素分工使产品内分工的产业体系形成以产品加工环节为特色的专业化产业体系。主要表现为，发达国家和地区以知识和信息等高级生产要素从事研发、销售和关键环节生产等高附加值环节，形成创新驱动的高级生产要素密集型产业体系，这类产业体系主要包括研发和销售等高端生产性服务业，以及关键生产环节生产等高端制造业；贵州主要以劳动力和矿产资源等初级生产要素从事辅助环节的制造等低附加值环节，形成生产驱动的初级生产要素密集型产业体系，这类产业体系主要包括原材料、辅助原料的制造等低端制造业。在这一时期，贵州产业体系主要通过扩大产品环节的生产规模获取规模经济而发展。与基于产业间分工和产业内分工两类产业体系相比，贵州产品内分工的产业体系产品专业化加工度较高、产业链延伸较长、产业体系结构较为复杂。

7.1.2　不同分工形式下贵州省产业体系特征及构成

从 20 世纪 50 年代开始至今，贵州产业体系经历了产业间分工、产业内分工和产品内分工三种不同形式的分工演变，其构成和特征也随着产业分工的演变产生变化。

1. 产业间分工形式下贵州产业体系的构成及特征

产业间分工下的产业体系主要由存在于发达地区的工业制成品产业体系和贵州等资源富集的后发地区的资源开采与初加工产业体系组成。发达地区的工业制成品产业体系和贵州的资源开采与初加工产业体系分别由工业制成品产业和资源开采与初加工产业，以及服务于它们的传统金融服务业、信息服务业、物流业，以及其他的传统生产性服务业组成。在由生产要素禀赋、技术、产业分工所决定的产业结构水平上，发达地区高于贵州，发达地区工业制成品产业体系的总量高于贵州资源开采与初加工产业体系的总量。贵州产业体系和发达地区产业体系之间通过贵州向发达地区输出原材料，发达地区向贵州输出工业品实现产业联系。两个地区产业体系的形成是在跨区域产业链的协调和主导下完成的，该产业链由贵州的资源开采与初加工产业和发达地区工业制成品产业构成。根据贵州产业分工演进阶段及其特征，以及产业间分工下贵州产业体系的构成，贵州产业体系的特征主要表现为以下几点。

第一，发达地区和贵州的生产要素禀赋决定发达地区和贵州的区域分工体系。在此产业间分工的产业体系中，发达地区拥有技术和资本等高级生产要素，从事工业制成品的加工制造，而贵州只能凭借资源和劳动力等初级生产要素，从事劳动密集型的资源类初级产品的加工制造，发达地区和贵州形成了以产业为界限的区域分工体系。这种以产业为界限的区域分工体系，由于分工程度低，发达地区和贵州的产业之间，以及贵州内部产业之间缺乏协作，贵州形成了一种分工程度较低的封闭的产业体系。

第二，存在于发达地区和贵州的产业梯度差异促进发达地区产业向贵州垂直转移。贵州的资源开采和初加工产业处于产业发展的成熟阶段或衰老阶段，属于"夕阳产业"，贵州处于低梯度地区。发达地区的工业制成品产业处于产业发展的创新阶段或发展阶段，属于"朝阳产业"，发达地区处于高梯度地区。在产业梯度的作用下，发达地区产业不断向贵州转移，提升贵州资源型产业体系。

第三，贵州资源型产业体系通过扩大资源开采和初级资源类产品的生产规模获取规模经济的竞争优势而不断发展。由于产品品种较少，产业之间的技术经济联系简单、稳定，贵州主要通过扩大资源的开采增加资源类劳动密集型初级产品的规模，而发达地区以贵州等资源输出类的后发地区的资源类产品为原料，通过增加资源类产品进口扩大工业制成品的生产规模。

第四，受科学技术发展、全球范围内市场经济体制，以及贸易投资一体化的限制，生产要素，特别是技术、资本和知识等高级要素流动性较差，使得贵州不能有效通过比较优势促进产业体系转型升级，产业体系固化。

2. 产业内分工形式下产业体系的构成及特征

产业内分工下的产业体系主要由存在于要素禀赋相近的地区的差异化产品的产业体系组成。禀赋相近的发达地区和新兴的后发地区贵州的工业品制造产业体系由工业制成品产业，以及服务于它们的传统金融服务业、信息服务业、物流业，以及其他传统生产性服务业构成，它们通过互相输出差异化的产品实现产业联系。

在由生产要素禀赋、技术、产业分工所决定的产业结构水平上，发达地区和新兴的后发地区贵州的差距缩小，使发达地区工业制成品产业体系的总量与贵州工业制成品产业体系的总量缩小。贵州产业体系和发达地区产业体系通过输出差异化的工业制成品实现产业联系。两个地区产业体系的形成是在跨区域不同产业链的协调和主导下完成的，这些产业链由后发地区不同的资源开采与初加工产业和新兴的后发地区与发达地区工业制成品产业构成。

根据贵州产业分工演进阶段及其特征，以及产品内分工下贵州产业体系的构成，贵州产业体系的特征主要表现为以下几点。

第一，由发达地区与新兴的贵州后发地区的同级内差异化的生产要素禀赋决定，形成发达地区与贵州产业内的区域分工体系，这与由级差生产要素禀赋决定的发达地区和后发的贵州产业的区域分工体系不同。在产业内分工的产业体系中，发达地区和贵州拥有技术和资本等差异化的高级生产要素，从事差异化工业制成品的加工制造，它们之间形成了以产品为界限的区域分工体系。这种以产品为界限的区域分工体系分工程度高，使发达地区与贵州之间，以及贵州内部产业之间进行协作，形成了一种分工程度高的开放型产业体系。

第二，发达地区与贵州在规模经济、专业化分工等后天获得性优势的差异，使得它们之间会产生以产品生产全过程为客体的水平型产业转移，也就是产品完整价值链的转移。在这种产业转移中，各个地区之间要素禀赋相近，产业之间不存在梯度差异，产业转移的动力来自后天获得的比较优势创造的比较利益。在产品间比较利益的作用下，各地区之间根据后天获得的比较优势不断进行着产品价值链的转移，以此获取产品间比较利益最大化，这样有利于各个地区根据自身的比较优势提升产业体系。

第三，产品专业化，产业之间的技术经济联系复杂，但比较稳定，贵州的产业主要通过产品专业化分工扩大生产规模获取差异化的竞争优势而不断发展。贵州通过水平型产业转移，从发达地区引进产品和技术，提高专业化产品生产的技术水平，扩大产品的生产规模。

第四，在第二次世界大战后第三次科技革命的推动和全球范围内市场经济体制的构建下，以产品为单元的技术和资本等高级生产要素流动性提高，使得贵州能有效通过水平型产业转移促进具有规模化和专业化比较优势产品的低成本生产，推动产业体系的转型升级。

第五，在以产品为分工界限的条件下，在一些产业中，要素禀赋相近的发达地区和贵州利用后天获得的比较优势更加专注产业中一些产品的生产，通过参与国际分工体系得到发展，而在另外一些产业中，由于要素禀赋的差距，贵州不具有以产品分工为特征的产业发展比较优势，产业不能通过参与国际分工体系得到发展，产业发展滞后。

3. 产品内分工形式下产业体系的构成及特征

贵州的产品内分工的产业体系是由全球跨国公司根据各个国家或地区的要素禀赋，在全球布局产品生产环节形成的网络型生产体系的组成部分。根据贵州具有比较优势的矿产资源和劳动力等生产要素禀赋，贵州产业体系主要从事资源型工业制造品的原料和辅助材料生产，以及机械电子工业制造品的辅助零配件制造和组装等工序。发达国家或地区利用其具有比较优势的智力资本和知识等生产要素禀赋从事产品的研发、销售、核心部件生产等工序，新兴工业化国家或地区利用其具有比较优势的应用技术等从事主要零部件制造等工序。要素禀赋迥异的发达国家或地区的高端产业体系、新兴工业化国家或地区的中端产业体系和贵州的低端产业体系分别由研发等高端产业、主要零部件制造等中端产业、辅助零配件制造等低端产业，服务于它们的传统金融服务业、信息服务业、物流业，以及其他传统生产性服务业，三者通过互相输出中间产品实现产业联系。由于发达国家或地区、新兴国家或地区、贵州所处的产业环节存在垂直梯度差距，因此从产业体系的总量来看，发达国家或地区高端产业体系大于新兴国家或地区中端产业体系，新兴国家或地区中端产业体系大于贵州低端产业体系总量。

根据产业分工演进阶段和产业体系演变的特征，以及产品内分工产业体系的构成，产品内分工产业体系的特征主要表现为以下几点。

第一，在全球生产一体化的网络型生产体系中，发达国家或地区、新兴国家或地区和贵州的级差生产要素禀赋决定它们之间形成产品内的区域分工体系。发达国家或地区拥有知识和信息等高级生产要素，从事研发、销售、核心部件生产等高端环节，新兴国家或地区拥有技术和资本等中级生产要素，从事主要零部件制造等中端环节，而贵州拥有资源和劳动力等初级生产要素，从事原料和辅助材料生产，以及辅助零配件制造和组装等低端环节，它们之间形成了以产品生产环节为界限的区域分工体系。这种以生产环节为界限的区域分工体系分工程度较高，使发达国家或地区、新兴国家或地区、贵州之间的产业在跨国公司的主导下进行协作，形成了一种分工程度较高的开放型产业体系。

第二，贵州与发达国家或地区和新兴国家或地区之间存在生产要素及其密集度的差异，它们之间产生以产品生产环节为对象的产业转移，其转移的动力来自生产要素比较优势所创造的比较利益。基于产品生产环节之间的比较利益，跨国公司根据贵州与发达国家或地区和新兴国家或地区生产要素的比较优势不断进行产品价值链环节的布局，与产业内产品的全价值链布局相比，环节的布局更加有利于贵州根据自身的比较优势融入全球一体化的生产体系，提升其产业体系。

第三，产品多样化，产业之间的技术经济联系复杂，在跨国公司的主导下，贵州和发达国家或地区与发展中国家或地区的产业主要通过产品生产环节的专业化分工获取竞争优势而不断发展。发达国家或地区通过研发新产品、创新技术、建立营销模式控制产业链，新兴国家或地区通过高效低成本地生产主要零部件获取竞争优势，贵州则通过原料和辅助材料，以及辅助零配件的规模化制造和组装获取竞争优势。

第四，在新科技革命和全球贸易投资一体化推动下，以产品生产环节为单元的知识、技术和资本等中高级生产要素流动性提高，贵州产业体系利用这一趋势有效通过生产环节的转移促进低成本产品的创新和规模化生产，推动产业体系的转型升级。

7.2　贵州省产业链、产业和产业体系的关系模型

在由企业—产业链—产业构成的网格状产业体系中，产业链作为企业合作的平台，能有效地将产业体系的个体企业组织在一起，而作为产业体系的载体，产业链的演进升级推动产业体系发展。绿色低碳的现代产业发展新体系的构建是在由绿色低碳企业组成的绿色低碳产业链基础上完成的。企业、产业链和产业体系的绿色低碳化是在不同尺度水平上绿色低碳化，存在一定的不协调性。产业体系是由产业链和产业构成的，在不同的产业体系中，产业链与产业、产业链与产业体系，以及产业与产业体系的关系不同，这决定了产业体系形成机制的不同，进一步影响产业体系绿色低碳化的实现。

7.2.1 由企业—产业链—产业构成的网格状的产业体系的形成机制

从物理构成来看，产业体系是由企业—产业链—产业所组成的网格状的组织体系。从图 7-1 可以看出，在一个区域中，企业作为产业体系的组成个体，它由产业链协调，而产业是由若干产业链上相同产业属性环节组成的，产业体系是在产业链的主导下，通过企业和产业相互协调构建网络状的组织体系而形成的，产业体系的演化与产业链的演进紧密相连。在产业链的发展过程中，随着其要素禀赋的升级和自身能力的提升，产业链会沿着不同方向演进升级，并推动不同分工形式下产业体系的演化发展。在此过程中，随着产业链演进和产业体系的演化，产业链、产业和产业体系的关系动态地变化，不断地推动着绿色低碳的现代产业发展新体系的形成。

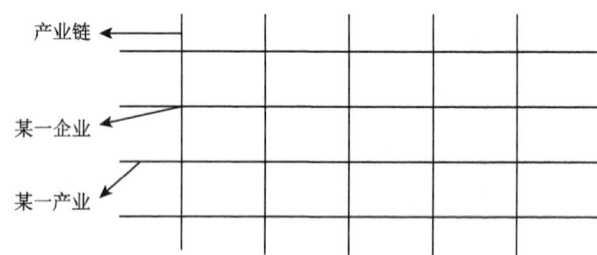

图 7-1　网格状产业体系

纵线为产业链；横线为某一个产业；节点为某一企业；整个网格表示产业体系

1. 产业间分工产业体系形成机制

在贵州一些自然资源富集和劳动力资源丰富的地区，依托国内外资源型的大型企业，通过大规模投资和技术引进构建资源型产业链的开采和初级加工的环节，形成矿产开采产业和工业原料型产业，其资源类初级产品作为原材料输出到以工业品制造产业为主的东部沿海地区和国外，并与这些地区形成以产业为界限的区域分工体系。这种产业体系分工程度较低，产业之间技术经济联系简单，产品加工度和附加值不高，产业链主要通过发挥纵向的规模经济优势和横向的范围经济优势，降低成本来创造顾客价值，相应产业体系通过扩大资源开采量和增加资源型初加工产品获得发展，耗竭自然资源和破坏环境是其必然结果。如图 7-2 所示，在自然资源和劳动力的驱动下，产业链不断分化，价值环节不断增加，实现纵向延伸。另外，在产业链纵向延伸的基础上，产业链进行横向整合控制自然资源，提高产业体系发展的资源竞争优势，通过产业链的纵向延伸和横向整合拓展产业体系发展的产业空间。

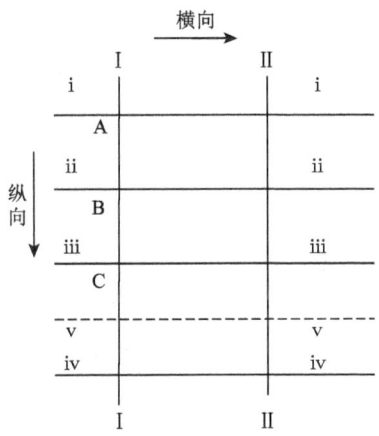

图 7-2　产业间分工下产业体系形成机制

ⅠⅠ和ⅡⅡ为工业品制造产业链，它们由贵州资源型产业链和国内外发达地区的工业加工产业链组成，两者的界限在ⅴⅴ，ⅴⅴ也构成贵州资源型产业与国内外发达地区工业品加工产业之间产业间分工的界限。A、B、C 为产业链上的价值环节；ⅰⅰ、ⅱⅱ和ⅲⅲ为资源开采、初加工和其他纵向延伸产业；ⅳⅳ为国内外发达地区的工业品加工产业

2. 产业内分工产业体系形成机制

经过资源型产业的长期发展，贵州产业体系的资本积累、技术水平和人力资本已经达到一定的高度，以此为基础，在贵州中部具有交通区位优势和一定工业基础的地区，如贵阳、遵义和安顺，依托国内外工业企业，通过大规模的投资和技术引进构建工业品制造加工环节，形成制造型的产业体系。这些产业体系主要由中低端的工业制成品产业组成，其产品较大部分输出到其他制造业聚集的地区，地区之间形成以产品为界限的区域分工体系。这种产业体系分工程度高，产业之间技术经济联系多，产品加工度和附加值高，产业链主要通过产品创新、技术创新和管理创新满足顾客多样化的需求，相应产业体系通过增加产品品种和以灵敏供应的方式向顾客快速地提供多样的产品获得发展，自然资源的消耗和环境的损害不断下降。如图 7-3 所示，在资本和技术的驱动下，产业链不断分化，价值环节不断增加，实现纵向延伸。另外，在产业链纵向延伸的基础上，产业链进行横向整合拓展产品种类，实现多品种供给，提高产业体系发展的多品种竞争优势，通过产业链的纵向延伸和横向整合拓展产业体系发展的产业空间。

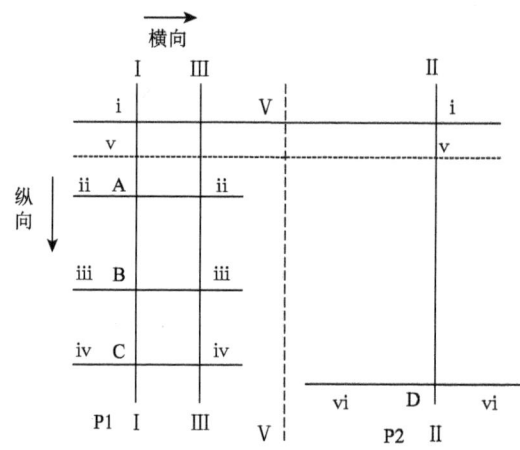

图 7-3　产业内分工下产业体系形成机制

ⅠⅠ和ⅡⅡ为工业品制造产业链，其中ⅠⅠ由贵州资源型产业链和贵州工业品加工产业链组成；ⅡⅡ由贵州资源型产业链和国内外工业品加工产业链组成，两者之间界限在ⅤⅤ，ⅤⅤ也构成贵州工业品制造与国内外工业品制造之间的产业内分工的界限；ⅴⅴ为贵州资源型产业与贵州和国内外其他地区工业品加工产业之间产业间分工的界限。A、B、C 为产业链上价值环节；ⅰⅰ为资源型产业链环节；ⅱⅱ为贵州工业品加工产业链环节；ⅲⅲ和ⅳⅳ为贵州工业品加工产业链纵向延伸环节；ⅵⅵ为国内外其他地区工业品加工产业；P1 和 P2 分别为中低端的工业制成品和高端的工业制成品

3. 产品内分工产业体系形成机制

随着产业内分工下贵州工业品制造产业体系的发展，伴随全球信息技术和生产专业化技术的快速发展，以及全球一体化的经济运行机制的建立，在贵州开放程度较高的贵阳市和遵义市，许多产业依托资源和劳动力优势，通过要素分工融入由国内外大型跨国公司主导的国际生产一体化的网络型生产体系，从事加工度不高的零部件、辅助零配件的制造和安装等低附加值环节，形成了低端加工的制造业产业体系。这些产业体系主要由高端工业制成品产业中零部件、辅助零配件的制造和安装等中低端环节组成，其产品输出到其他工业制成品产业中的高端加工制造环节，地区之间形成以加工环节为界限的区域分工体系。这种产业体系分工程度高，各个国家或地区之间的产业在跨国公司的主导下进行协作，产业之间技术经济联系多。贵州产品内分工产业体系以低价资源和劳动力等初级生产要素融入全球价值链，处在全球价值链的中低端环节，加工度和附加值低，产业只能依靠扩大环节生产规模获得发展，消耗资源和损害环境是其必然结果。如图 7-4 所示，随着贵州低端加工产业体系中源自专业化分工的人力资本与知识的不断积累，在技术和资本，以及知识与网络的驱动下，贵州产业链环节不断由劳动力和资源密集型的低端环节向技术和资本密集型的中端环节，以及知识和网络密集型的高端环节攀升，实现纵向升级。另外，在产业链纵向升级的基础上，产业链进

行横向整合拓展产业链，实现多产业链协同发展，提高产业体系发展的多产业链的竞争优势，通过产业链的纵向升级和横向整合拓展产业体系发展的产业空间。

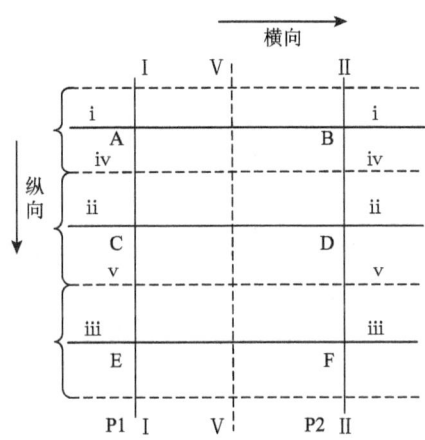

图 7-4　产品内分工下产业体系形成机制

Ⅰ I 和Ⅱ II 为工业品制造产业链，它们由贵州资源和劳动力密集型的低端加工环节、国内其他地区技术和资本密集型中端加工环节和国外知识和网络密集型高端加工环节组成，两者的界限在ⅤV；ⅳ iv 为贵州低端加工环节与国内其他地区中端环节之间的产品内分工的界限；ⅴ v 为国内其他地区中端环节与国外高端环节之间的产品内分工的界限；A、B、C、D、E 和 F 为产业链上价值环节；ⅰ i 为低端加工产业链环节；ⅱ ii 为中端加工产业链环节；ⅲ iii 为高端加工产业链环节；P1 和 P2 为全球价值链上不同的工业制成品

7.2.2　贵州省产业链、产业和产业体系之间的关系

在以资源型产业为特色的贵州的产业体系中，9 个地州市的产业体系发展程度差异较大，产业间、产业内和产品内三种分工形式同时存在，表现为在由企业—产业链—产业构成的网格状的产业体系中，产业链与产业、产业链与产业体系，以及产业与产业体系不同的作用关系。

1. 产业间分工下产业链、产业和产业体系之间的关系

在贵州产业体系中，属于产业间分工的产业体系有资源型产业体系、金属材料产业体系、高新材料产业体系、医药产业体系。这些产业体系的共同特点就是主要从事矿产开采和原料加工，产品作为原料输出到以工业品制造产业为主的东部沿海地区和国外，产业体系中产业链处于演进的初级阶段，纵向延伸和横向整合的程度不高，矿产开采和原料加工产业由单个节点企业或少数节点企业支撑，还未有效地形成多个节点企业互动相连地推动产业发展的格局。在这一阶段，产业链、产业和产业体系之间的关系变化剧烈：产业链向资源开采和原料加工的技

术研发和服务、物流及销售环节与中低端工业品加工环节纵向延伸，以及向与资源开采和原料加工产业链相关的领域横向整合，不断地延展资源开采和原料加工产业，并拓展资源开采和原料加工产业体系的发展空间；而产业体系在外部原料产品需求作用下的扩张趋势引领产业发展方向，并进一步内化为产业链纵向延伸和横向整合的动力。

2. 产业内分工下产业链、产业和产业体系之间的关系

在贵州产业体系中，属于产业内分工的产业体系有资源型产业体系、机械电子信息产业体系、金属材料产业体系、医药产业体系、白酒制造产业体系、食品产业体系、竹加工产业体系、建材产业体系。这些产业体系的共同特点就是主要从事加工度和附加值不高的中低端工业制成品的加工，其产品较大部分输出到其他制造业聚集的地区。对于资源型产业体系、金属材料产业体系、建材产业体系等这些资源密集型产业体系，整条产业链处于演进的中级阶段，其中的资源开采和原料加工的资源产业链经过长期发展，纵向延伸和横向整合的程度较高，表现为资源开采和原料加工环节的技术水平高和生产组织协调，并且资源储备充足，资源型产业由许多节点企业支撑，有效地形成多个节点企业互动相连地推动产业发展的格局，产业链、产业和产业体系之间形成较为稳定的关系，表现为产业链演进、产业发展和产业体系结构完善进入平稳发展时期。对于中低端工业品的加工产业链，其纵向延伸和横向整合的程度低，产业由单个节点企业或少数节点企业支撑，还未有效地形成多个节点企业互动相连地推动产业发展的格局。在这一阶段，产业链、产业和产业体系之间的关系变化剧烈：产业链向中低端产品加工的技术研发和服务、物流及销售环节与高端工业品加工环节纵向延伸，以及向与中低端产品加工产业链相关的领域横向整合，不断地延展中低端产品加工产业，并拓展产业体系的发展空间；而产业体系在外部中低端产品需求作用下的扩张趋势引领产业发展方向，并进一步内化为产业链的纵向延伸和横向整合的动力。

对于非资源密集型的中低端工业品加工产业体系，如机械电子信息产业体系、医药产业体系、白酒制造产业体系、食品产业体系、竹加工产业体系，其产业链处于演进的初级阶段，纵向延伸和横向整合的程度较低，主要表现为产品加工环节少，技术复杂程度低，产品加工度低，附加值低，能耗强度高，碳排放强度高，产业由单个节点企业或少数节点企业支撑，还未有效地形成多个节点企业互动相连地推动产业发展的格局。在这一阶段，产业链、产业和产业体系之间的关系变化剧烈：产业链向中低端产品加工的技术研发和服务、物流及销售环节与高端产品加工环节纵向延伸，以及向与中低端产品加工产业链相关的领域横向整合，不断地延展中低端产品加工产业，并拓展产业体系的发展空间；而产业体系在外部

中低端产品需求作用下的扩张趋势引领产业发展方向，并进一步内化为产业链的纵向延伸和横向整合的动力。

3. 产品内分工下产业链、产业和产业体系之间的关系

在贵州产业体系中，属于产品内分工的产业体系仅有机械电子信息制造产业体系。这种产业体系的特点就是利用贵州资源和劳动力等初级生产要素禀赋，从事原料和辅助材料，以及辅助零配件制造和组装等低端环节，其产品输出到从事主要零部件、核心部件和终端产品等中高端生产环节的东部沿海地区和国外。在贵州产品内分工的产业体系中，产业链处于演进的初级阶段，纵向升级和横向整合的程度不高，中低端加工环节构成的产业由单个节点企业或少数节点企业支撑，还未有效地形成由多个节点企业互动相连推动产业发展的格局。在这一阶段，产业链、产业和产业体系之间的关系变化剧烈：产业链向主要零部件和核心部件制造、技术研发和服务、物流及销售等中高端环节升级，以及向与零配件加工和组装产业链相关的领域横向整合，不断地延展由中低端加工环节构成的产业，并拓展产业体系的发展空间；而产业体系在外部零配件，以及主要零部件和核心部件需求作用下的扩张趋势引领产业发展方向，并进一步内化为产业链的纵向升级和横向整合的动力。

7.3 产业链驱动贵州省现代产业新体系绿色低碳
发展的作用机理

随着由跨国公司主导的全球一体化生产体系的建立，贵州的产业体系主要以产品内分工为范式，通过产品生产环节的专业化分工和协调获得发展。在此背景下，贵州的现代产业体系将是基于全球产品内分工，占据产业链高端环节，主导全球价值链的发展，并引领全球生产体系发展趋势具有竞争优势的产业体系。

目前，大量贵州企业融入世界生产体系，但深度严重不足，即大部分企业处于价值链的低端，由此组成的产业体系发展表现为缺乏技术创新、消耗大量自然资源、破坏环境，以及高端生产性服务业发展滞后等特征。在全球资源环境约束日益趋紧下，贵州产业体系这种血拼式的发展模式不可持续。贵州各个地区产业分工演进处在不同的发展阶段，产业体系发展程度差异较大，产业间分工、产业内分工和产品内分工三种形式的产业体系在贵州不同地区存在。针对不同分工形式的产业体系，本书提出构建基于产品内分工的现代产业体系形成机理，以及不同分工形式下产业链绿色低碳化升级的路径。

7.3.1 不同分工形式下现代产业新体系绿色低碳发展的作用机理

1. 产品内分工的产业体系绿色低碳发展的作用机理

当今跨国公司主导的全球产品内分工的产业体系，其实质是生产要素分工的产业体系。跨国公司根据其在全球价值链中各个生产环节上所需要素密集的差异，分别在各个国家或地区布局产业链环节，形成基于环节要素密集差异的垂直梯度。

在贵州开放程度较高的贵阳市和遵义市，许多产业通过要素分工融入由国内外大型跨国公司主导的国际生产一体化的网络型生产体系中。在全球价值链上，以低价资源和劳动力为代表的初级生产要素融入其中，这决定了贵阳和遵义现有产业体系中的生产环节处在全球价值链的中低端环节，其表现在于产品生产环节的附加值低，产业只能依靠扩大环节生产规模获得发展，消耗资源和效益低下是其必然结果。突破贵州现有产业体系生产环节的"比较利益陷阱"，关键在于创造源自专业化分工的人力资本与知识积累的内生动态比较优势，这些高级生产要素将提高贵州现有产业体系从事全球价值链绿色低碳的高端环节的能力，实现高碳的中低端环节向低碳的高端环节升级。

第一，根据跨国公司全球配置资源的需要和贵州产业体系专业化的优势，选择一定的专业化方向，通过产业链协作机制构建产业集群专注全球价值链上部件或环节的生产，深度融入全球一体化生产体系。通过绿色低碳技术与知识的外溢效应和学习效应，以及市场的竞争效应，不断积累人力资本和知识资本等高级要素，创造建立产品内分工的绿色低碳现代产业体系的基础条件。

第二，立足国内市场，通过市场内生机制选择与贵州产业发展的外部环境和资源能力相匹配的产品和市场，充分利用贵州企业不断升级的要素禀赋和本土化的优势，通过全球价值链的延伸把全球价值链转化为国内价值链。在此基础上，通过价值链重组、供应链重组和产业链重组推进分工深化，构建由贵州企业主导的自主发展型的绿色低碳价值网络，创造建立产品内分工的现代产业体系的平台条件。

第三，发挥我国大国规模经济优势和层级化市场空间优势，通过政府推进和产业链协作机制整合国内外资源，提升贵州自主发展型绿色低碳价值网络在研发、营销、核心部件生产和系统集成等方面的能力，切入全球价值链并不断升级，突破价值链的高碳的低端环节锁定。对于传统产业，可以利用低劳动力成本优势和本地产业基础，通过与跨国公司合作，从OEM贴牌生产到ODM研发生产，再到OBM品牌塑造，进入价值链低碳的高端环节，实现产品和过程的绿色低碳升级。对于高技术产业，可以选择一些有可能形成自己特定专有技术甚至成为行业标准的企业，直接通过绿色技术创新和技术升级进入全球价值链的战略环节，向价值链绿色低碳的高端环节攀升。

2. 产业内分工的产业体系绿色低碳发展的作用机理

贵阳、遵义和安顺等贵州中部一些制造业聚集的地区，其产业体系主要由工业制成品产业组成，其产品较大部分输出到其他制造业聚集的地区，这些地区之间形成以产品为界限的区域分工体系。在这种以产品为界限的区域分工体系中，各个区域的产业之间技术经济联系较多、分工程度高，各个地区产业之间进行协作，形成了一种分工程度高的开放型产业体系。其低端的表现在于产品的附加值低，产业只能依靠扩大产品生产规模获得发展，效益低下、消耗资源和高碳排放是其必然结果。

随着产业内分工的产业体系的发展，贵州一些制造业聚集地区的人力资本和中级的技术与资本等生产要素差异化和集聚化的趋势不断增强，根据跨国公司全球配置资源的需要和贵州中部制造业聚集地区生产要素禀赋，选择以全球价值链上中端的主要零部件等绿色低碳生产环节为切入点，通过政府推进和产业链协作机制构建竞争力强的专业化产业集群，深度融入全球一体化生产体系，形成产品内分工的产业体系。在此过程中，随着产业体系发展范式由产业内分工向产品内分工转变，贵州中部制造业聚集地区的产业体系形成模式由产品间的区域分工向产品内的不同生产环节的区域分工转变，其构成由以不同工业制成品全产业链为主向以工业制成品产业链的中端生产环节为主转变，相应地，在其结构形态中，工业制成品产业链的中端绿色低碳生产环节占比不断提高，而涵盖全产业链的工业制成品产业的占比不断下降，形成了由要素分工决定的中端产业体系。

3. 产业间分工的产业体系绿色低碳发展的作用机理

贵州一些自然资源富集和劳动力资源丰富的欠发达地区，其产业体系主要由高碳排放的资源开采和初加工产业组成，资源类初级产品作为原材料输出到以工业品制造产业为主的东部沿海地区和国外，并与这些地区形成以产业为界限的区域分工体系。在这种以产业为界限的区域分工体系中，各个区域的产业之间技术经济联系简单、分工程度低，这些资源和劳动力密集地区的产业与东部沿海地区和国外的产业缺乏协作，形成了一种分工程度较低的封闭的高碳排放产业体系。其低端的表现在于产业的附加值低，产业通过扩大自然资源开采量获得发展，耗竭自然资源和破坏环境是其必然结果。

第一，在贵州欠发达地区的资源和劳动密集型产业体系中，选择具有竞争优势的产品和生产环节进行专业化，通过引进东部地区绿色低碳的生产技术和资本，实现东部发达地区绿色低碳的工业制成品产业向贵州自然资源富集和劳动力资源丰富的欠发达地区垂直转移，通过政府推进和产业链协作机制构建和延伸贵州欠发达地区工业制成品绿色低碳的产业集群，以此扩大这些地区产品生产的范围，提高产品的加工度，形成东部发达地区和这些地区的产业内分工的产业体系。在此过程中，随着产业体系发展范式由产业间分工向产业内分工转变，贵州欠发达地区的产业体系形成模式由产业间的区域分工向产业内不同产品的区域分工转变，其构成由以资源开采与初加工产业为主向以工业制成品产业为主转变，相应地，在其结构形态中，工业制成品产业的占比不断提高，资源开采与初加工产业占比下降，这改变了这些地区产业体系资源密集和劳动密集的特征，提升了这些地区的产业体系。

第二，随着产业内分工的产业体系的发展，贵州欠发达地区劳动力资源和初级加工的技术与资本等生产要素差异化和集聚化的趋势不断强化，根据跨国公司全球配置资源的需要和贵州欠发达地区生产要素禀赋，选择以全球价值链上零部件、辅助零配件的制造和安装等生产环节为切入点，通过政府推进和产业链协作机制引进和开发绿色低碳生产技术，促进新型专业化的绿色低碳产业集群发展，深度融入全球一体化生产体系，形成产品内分工的产业体系。在此过程中，随着产业体系发展范式由产业内分工向产品内分工转变，贵州欠发达地区产业体系的形成模式由产品间的区域分工向产品内不同生产环节的区域分工转变，其构成由以低端高碳的工业制成品全产业链为主向以工业制成品产业链的低端绿色低碳生产环节为主转变，相应地，在其结构形态中，工业制成品产业链的低端生产环节占比不断提高，而涵盖全产业链的工业制成品产业的占比不断下降，形成了由要素分工决定的低端产业体系。

7.3.2 不同分工形式下产业链的低碳化升级路径

以上三种不同分工形式的产业体系存在于贵州 9 个发展程度的不同地区，它们绿色低碳化的发展取决于不同分工形式下产业链的低碳化升级。为此，要构建绿色低碳的产业体系，就需要根据不同分工形式下产业链的演进阶段、动力机制和治理模式，选择产业链的低碳化升级路径。从三种分工形式的演变和绿色低碳的现代产业体系的形成过程来看，贵州绿色低碳的产业体系应当是建立在产品内分工基础之上，通过产业链的绿色低碳化升级驱动而形成的。因此，对于贵州产业间分工和产业内分工这两类产业体系来说，实现向绿色低碳的现代产业体系升级首先需要完成向产品内分工产业体系的转变，以此通过产业链的绿色低碳化升级驱动绿色低碳的现代产业体系形成。根据贵州产业间分工和产业内分工这两类产业体系向产品内分工产业体系转变的机理，这里主要根据产业链的动力机制、演进阶段和治理模式分析贵州产品内分工产业体系中产业链的绿色低碳化升级路径。

1. 生产者驱动产业链的绿色低碳化升级路径

针对生产者驱动的价值链，其演进的初级阶段治理模式为层级型的治理模式，产业链绿色低碳化升级应当选择功能低碳化升级。在核心企业的主导下，通过纵向分解产业链非核心业务的功能环节，专注于具有高附加值和低碳排放特征的核心业务功能环节，实现从低附加值与高碳排放的初加工环节向高附加值与低碳排放技术服务、物流及销售环节升级。通过功能低碳化升级，处于初级阶段的产业链实现产业链环节的结构低碳化调整，以此推动产业链的低碳排放。

在产业链演进中级阶段的前期，其治理模式为领导型，产业链绿色低碳化升级应当选择产品低碳化升级。基于产业链环节纵向分解和功能低碳化升级，依托于核心企业，在技术与资本等中级要素的驱动下，根据绿色低碳产品的市场，专注于低碳产品开发和现有产品低碳化功能的提升，实现从高碳排放的低附加值的初级产品向中低碳排放的高附加值的中高级产品升级。通过产品低碳化升级，产业链实现产品的低碳化调整，以此推动产业链的低碳排放。在其演进中期阶段的后期，其治理模式为关系型，产业链绿色低碳化升级应当选择工艺流程低碳化升级。基于产业链功能升级和产品升级，在核心企业的引领和协调下，通过技术创新、设备引进、流程再造、电子商务、知识共享等途径专注于绿色低碳生产技术的创新和工艺流程的研发，实现工艺流程从低技术水平、高碳排放和高加工成本向高技术水平、低碳排放和低加工成本升级。通过工艺流程低碳化升级，产业链实现技术结构的低碳化调整，以此推动产业链的低碳排放。

在产业链演进的高级阶段，其治理模式为模块型治理模式，产业链绿色低碳化升级应当选择链条低碳化升级。基于产品与功能的低碳化升级，依托技术创新、产品设计和品牌销售能力较高的重要企业，在知识和网络的驱动下，通过技术标准、设计规则、界面控制来组织和引导产业链条的低碳化升级，实现从低附加值与高碳排放的产业链向高附加值与低碳排放的产业链升级。通过产业链条低碳化升级，处于高级阶段的产业链实现向低碳化行业的转移，以此推动产业链的低碳排放。

2. 购买者驱动产业链的绿色低碳化升级路径

针对购买者驱动的产业链，其演进的初级阶段治理模式为领导型的治理模式，产业链绿色低碳化升级应当选择工艺流程低碳化升级。在核心企业的主导下，通过技术与设备引进、流程再造、电子商务等途径，产业链专注于低碳化工艺技术的创新和工艺流程的研发，提高产品质量、降低产品成本和生产的碳排放强度，实现从高碳排放和高生产成本的工艺流程向低碳排放和低生产成本的工艺流程升级，通过工艺流程低碳化升级，处于初级阶段的产业链实现生产工艺技术结构低碳化调整，以此推动产业链的低碳排放。

在产业链演进中级阶段的前期，其治理模式为关系型的治理模式，产业链绿色低碳化升级应当选择产品低碳化升级。在核心企业的主导下，产业链密切企业之间的合作，构建知识合作的平台，促进产品低碳化知识的共享，并在引进国外低碳产品的基础上，进行低碳化产品的自主设计和生产，实现从高碳排放的低附加值初级产品向中低碳排放的高附加值中高级产品升级。通过产品低碳化升级，产业链实现产品结构的低碳化调整，以此推动产业链的低碳排放。在产业链演进中级阶段的后期，其治理模式为关系型的治理模式，产业链绿色低碳化升级应当选择功能低碳化升级。在核心企业的主导下，依托专业化分工程度较高的网络状生产体系，凭借日益雄厚的技术与资本的实力，产业链将经营重心转移至产品设计、技术创新、品牌打造和销售渠道等高附加值、低碳排放的功能环节上，实现功能结构的低碳化升级。通过功能低碳化升级，产业链实现功能结构的低碳化调整，以此推动产业链的低碳排放。

在产业链演进的高级阶段，其治理模式为模块型治理模式，产业链绿色低碳化升级应当选择链条低碳化升级。依托技术创新、产品设计和品牌销售能力较高的重要企业，在知识和网络的驱动下，产业链通过技术标准、设计规则、界面控制来组织和引导产业链条的低碳化升级，实现从低附加值与高碳排放的产业链向高附加值与低碳排放的产业链升级。通过产业链条低碳化升级，处于高级阶段的产业链实现向低碳化行业的转移，以此推动产业链的低碳排放。

第8章 产业链驱动贵州省绿色低碳的现代产业发展新体系形成的作用机制和政策体系

作为产业体系的载体,产业链的演进驱动着产业体系的发展。在现代产业发展新体系的发展过程中,产业链绿色低碳化的演进程度决定着绿色低碳化的发展程度。在贵州省产业体系发展过程中,产业链演进不断驱动着产业体系的发展。贵州省应当充分利用产业链驱动产业体系的作用机制,通过产业链的绿色低碳化实现绿色低碳的现代产业发展新体系。

8.1 贵州省产业链的治理模式

根据全球价值链的治理模式及其影响因素,分析贵州省产业链中产品和生产工艺的知识复杂程度、产品和工艺标准化程度,对贵州省产业链的治理模式进行划分。

8.1.1 层级型治理模式

在贵州省产业链中,属于层级型治理模式的产业链包括开阳磷煤化工产业链、瓮福磷化工产业链、遵义化工产业链、六盘水煤炭产业链、毕节煤磷硫化工产业链。

开阳磷煤化工产业链是以贵州开磷(集团)有限责任公司(以下简称贵州开磷磷业)为核心龙头企业,在核心企业的主导下,利用其传统优势的磷矿石开采和初级磷化工产品加工所积累的技术和资本,通过资本驱动建立企业间的合作关系,构建企业上下游的投入产出关系而形成的。在产业链的发展过程中,贵州开磷磷业等龙头企业对于磷煤化工产品和技术制定严格的标准和规范,产业链中有关矿业、磷化工、煤化工、氯碱化工、氟化工、硅化工等产品和生产工艺的知识复杂程度较高,而产品和工艺标准化程度较低,导致产业链中企业之间交易的复杂性提高,交易协调能力较低,龙头企业通过纵向一体化,以管理控制方式治理产业链。

瓮福磷化工产业链依托贵州瓮福集团有限责任公司的瓮福磷矿和瓮福磷肥厂

等核心龙头企业，围绕高浓度磷复肥、磷酸盐和精细磷酸盐产品等方向，通过技术引进和本土化技术创新实现磷、煤、电三大产业耦合共生，充分实现磷矿资源的高效利用，延长和拓宽产业链。在产业链的发展过程中，瓮福磷矿和瓮福磷肥厂等龙头企业制定磷化工产品的标准和规范，产业链中有关矿业、磷化工、氟化工等产品和生产工艺的知识复杂程度较高，而产品和工艺标准化程度较低，导致产业链中企业之间交易的复杂性提高，交易协调能力较低，龙头企业通过纵向一体化，以管理控制方式治理产业链。

遵义化工产业链依托贵州赤天化集团有限责任公司（以下简称赤天化集团）、贵州开磷遵义碱厂（以下简称遵义碱厂）、贵州开磷磷业等龙头企业，充分利用资源优势，以煤化工为突破口，围绕氯碱化工、天然气化工、精细化工等发展方向，实现化工产业链多元化发展。在产业链的发展过程中，赤天化集团、遵义碱厂、贵州开磷磷业等龙头企业对煤化工产品和技术制定了严格的标准和规范，产业链中有关矿业、氯碱化工、天然气化工、精细化工等产品和生产工艺的知识复杂程度较高，而产品和工艺标准化程度较低，导致产业链中企业之间交易的复杂性提高，交易协调能力较低，龙头企业通过纵向一体化，以管理控制方式治理产业链。

六盘水煤炭产业链依托六盘水大型煤炭产业基地，以贵州盘江煤电集团有限责任公司（以下简称盘江煤电）、贵州水城矿业（集团）有限责任公司（以下简称水城矿业）、贵州六枝工矿（集团）有限责任公司（以下简称六枝工矿）、贵州黔桂天能焦化有限责任公司等为龙头企业，引进中国石油化工集团有限公司（以下简称中石化）、中国石油天然气集团有限公司（以下简称中石油）等战略投资者，与本地煤炭企业联合，围绕煤炭产品深加工、煤炭循环经济和煤化工，实现煤炭产业链多元化发展。在产业链的发展过程中，盘江煤电、水城矿业、六枝工矿等龙头企业对煤炭产品深加工、煤炭循环经济和煤化工产品和技术制定了严格的标准和规范，产业链中有关矿业、煤炭产品深加工、煤炭循环经济和煤化工等产品和生产工艺的知识复杂程度较高，而产品和工艺标准化程度较低，导致产业链中企业之间交易的复杂性提高，交易协调能力较低，龙头企业通过纵向一体化，以管理控制方式治理产业链。

毕节煤磷硫化工产业链依托中石化、新希望集团有限公司、湖北宜化集团有限责任公司（以下简称湖北宜化）等龙头企业，围绕煤化工和磷硫化工共生耦合方向，按照大型化、规模化、一体化、多联产的要求，推进煤、磷、硫等矿产资源的就地转化，不断延长煤磷硫循环经济产业链。在产业链的发展过程中，永贵集团、湖北宜化等龙头企业对磷煤硫化工产品和技术制定了严格的标准和规范，产业链中有关矿业、煤化工、磷硫化工等产品和生产工艺的知识复杂程度较高，而产品和工艺标准化程度较低，导致产业链中企业之间交易的复杂性提高，交易协调能力较低，龙头企业通过纵向一体化，以管理控制方式治理产业链。

8.1.2　领导型治理模式

在贵州省产业链中，属于领导型治理模式的产业链包括白云铝及铝加工产业链、遵义冶金产业链、六盘水冶金产业链、六盘水建材产业链、黔西南煤炭加工产业链、黔西南黄金产业链、铜仁锰及锰加工产业链、铜仁钒及钒加工产业链。

白云铝及铝加工产业链依托中国铝业股份有限公司贵州分公司（以下简称中铝贵州分公司）、贵州铝厂有限责任公司（以下简称贵州铝厂）等龙头企业的优势，以高新技术产业为核心，以铝及铝加工产业为重点，就地直接利用中铝贵州分公司生产的符合标准的合金铝水（液）进行铸造生产，规模发展高端铝及铝合金锭坯、新型高强度铸造铝合金材料、汽车轮毂等产业，延伸铝加工产业链条，重点吸纳了铝业深精度加工、铝业研发、工业物流、机械制造加工企业入驻基地，如贵州赛诺管业有限公司、南昌昌耀建材有限公司、青海中铝板带有限公司，逐步形成低成本、高效化、短流程、绿色环保的循环产业链。在产业链的发展过程中，中铝贵州分公司、贵州铝厂等龙头企业并未对铝加工产品和技术制定严格的标准和规范，产业链中有关铝冶炼和加工产品及生产工艺的知识复杂程度较高，而产品和工艺标准化程度较高，下游企业对上游龙头企业具有较高的依赖性，并且资产专用性较高，导致产业链下游企业依附于上游的龙头企业。由于改变这种依附关系成本较高，因而下游的中小厂商被上游的大型厂商领导，产业链通过大型厂商对中小厂商的领导实现治理。

遵义冶金产业链依托贵州遵义钛业有限责任公司（以下简称遵义钛业）、遵宝钛业有限公司（以下简称遵宝钛业）、遵义铝业股份有限公司（以下简称遵义铝业）、贵州世纪天元矿业有限责任公司，以及中国电力投资有限公司等龙头企业，通过技术创新和项目开发，围绕铝、钛、镁，以及钼、镍、硅的冶炼和加工等方向，发展冶金工业产业链的发展。在产业链的发展过程中，遵义钛业、遵宝钛业、遵义铝业等龙头企业并未对铝、钛、镁，以及钼、镍、硅的加工产品和生产技术制定严格的标准和规范，产业链中有关铝、钛、镁，以及钼、镍、硅的冶炼和加工产品及生产工艺的知识复杂程度较高，而产品和工艺标准化程度较高，下游加工企业对上游冶炼龙头企业具有较高的依赖性，并且资产专用性较高，导致产业链下游企业依附于上游的龙头企业。由于改变这种依附关系成本较高，因而下游的中小厂商被上游的大型厂商领导，产业链通过大型厂商对中小厂商的领导实现治理。

六盘水冶金产业链依托贵州水钢集团有限责任公司（以下简称水钢集团）、贵州鸿华高压科技有限公司（以下简称鸿华高压）和贵州六盘水双元铝业有限责任公司（以下简称双元铝业）等龙头企业，通过实施循环经济一体化、长材精品基地和煤—电—铝—深加工一体化发展等一系列重大的技术改造项目，围绕钢铁加工和铝材加工两个方向，发展冶金产业链。在产业链的发展过程中，水钢集团、鸿华高压和双元铝业等龙头企业并未对钢铁和铝材加工产品及生产技术制定严格的标准和规范，产业链中有关钢铁和铝的冶炼和加工产品及生产工艺的知识复杂程度较高，而产品和工艺标准化程度较高，下游加工企业对上游冶炼龙头企业具有较高的依赖性，并且资产专用性较高，导致产业链下游企业依附于上游的龙头企业。由于改变这种依附关系成本较高，因而下游的中小厂商被上游的大型厂商领导，产业链通过大型厂商对中小厂商的领导实现治理。

六盘水建材产业链依托贵州盘县三合水泥有限责任公司等龙头企业，以新型墙体材料、节能建材、矸石粉煤灰制砖为方向，以循环经济理念开展工业废弃物治理及综合利用工作，建立以产品清洁生产、资源循环利用、废物高效回收为主要特征的循环经济产业链。在产业链的发展过程中，六枝工矿等龙头企业并未对墙体材料、节能建材、矸石粉煤灰制砖等产品和生产技术制定严格的标准和规范，产业链中有关产品和生产工艺的知识复杂程度较高，而产品和工艺标准化程度较高，下游加工企业对上游冶炼龙头企业具有较高的依赖性，并且资产专用性较高，导致产业链下游企业依附于上游的龙头企业。由于改变这种依附关系成本较高，因而下游的中小厂商被上游的大型厂商领导，产业链通过大型厂商对中小厂商的领导实现治理。

黔西南煤炭加工产业链依托贵州兴义市云发煤焦有限责任公司（以下简称云发煤焦）、宏宇煤业责任公司等龙头企业，围绕煤炭洗选、煤矸石与粉煤灰生产水泥、墙体材料和发电等方向，不断发展煤炭加工产业链。在产业链的发展过程中，云发煤焦、兴义市云黔工贸有限责任公司等龙头企业制定了煤炭洗选、煤矸石与粉煤灰综合利用的标准和规范，产业链中有关煤炭洗选、煤矸石与粉煤灰综合利用产品的知识复杂程度较高，而产品和工艺标准化程度较低，导致产业链中企业之间交易的复杂性提高，交易协调能力较低，龙头企业通过纵向一体化，以管理控制方式治理产业链。

黔西南黄金产业链依托贵州锦丰矿业有限公司（以下简称锦丰公司）、贵州紫金矿业股份有限公司（以下简称贵州紫金矿业）、贵州金兴黄金矿业有限责任公司（以下简称贵州金兴黄金矿业）、黔西南州金龙黄金矿业有限责任公司等龙头企业，围绕黄金资源的勘探和开发，以及黄金深加工等方向，构建和发展黄金产业链。在产业链的发展过程中，锦丰公司、贵州紫金矿业、贵州金兴黄金矿业等龙头企业制定了黄金资源的勘探和开发，以及黄金深加工的标准和规范，产业链中有关黄金开发和深加工产品的知识复杂程度较高，而产品和工艺标准化程度较低，导致产业链中企业之间交易的复杂性提高，交易协调能力较低，龙头企业通过纵向一体化，以管理控制方式治理产业链。

铜仁锰及锰加工产业链依托贵州省铜仁市武陵冶化厂（以下简称武陵冶化

厂)、铜仁市长城矿业开发有限公司(以下简称长城矿业集团)等锰加工龙头企业,通过优化发展电解锰、金属锰粉、四氧化三锰产品,并与铝、镁、硅等资源开发相结合,围绕锰镁、硅锰、锰铝、锰铁、锰氮,以及锰盐精细化工产品等方向,发展锰及锰深加工产品链。在产业链的发展过程中,武陵冶化厂、贵州省铜仁金丰锰业有限责任公司(以下简称金丰锰业)、贵州省铜仁市阳光锰业有限责任公司(以下简称阳光锰业)和长城矿业集团等锰加工龙头企业制定了锰冶炼及锰加工的标准和规范,产业链中有关锰冶炼及锰加工的知识复杂程度较高,而产品和工艺标准化程度较低,导致产业链中企业之间交易的复杂性提高,交易协调能力较低,龙头企业通过纵向一体化,以管理控制方式治理产业链。

铜仁钒及钒加工产业链依托贵州孟莫克-威顿(铜仁)化工有限责任公司等龙头企业,通过加大开发五氧化二钒(V_2O_5)、偏钒酸氨等原材料产品力度,围绕钒触媒产品及相关系列催化剂,以及钒铝合金、钒铁合金、氮化钒、钒薄膜、钒电池等钒工业高新技术产品方向,构建钒触媒及钒新材料产业链。在产业链的发展过程中,武陵冶化厂、金丰锰业、阳光锰业和长城矿业集团等锰加工龙头企业制定了锰冶炼及锰加工的标准和规范,产业链中有关锰冶炼及锰加工的知识复杂程度较高,而产品和工艺标准化程度较低,导致产业链中企业之间交易的复杂性提高,交易协调能力较低,龙头企业通过纵向一体化,以管理控制方式治理产业链。

8.1.3 模块型治理模式

在贵州省产业链中,属于模块型治理模式的产业链包括小孟装备制造产业链、遵义机电及装备制造产业链、毕节装备制造产业链、凯里电子信息产业链、安顺民用航空产业链、安顺汽车及汽车零部件产业链。

小孟装备制造产业链依托中国贵州航空工业(集团)有限责任公司、中国航天科工集团有限公司、贵州詹阳动力重工有限公司等龙头企业,通过实施中煤盘江矿用机械、普天中海油新能源电动汽车、凯沃重工自卸车、詹阳重工易地技改等项目,引进具有核心能力的关键零部件配套企业,重点围绕特种车辆与工程矿用机械、新能源汽车及汽车零部件和航空航天产品等产业方向大力发展装备制造产业链。在产业链的发展过程中,依托自身的加工技术,以及与供应商建立战略联盟获取和利用互补性资源的方式,产业链中龙头企业根据客户的要求提供产品和服务。由于产品和工艺的知识复杂性和标准化程度较高,并且供应商具有较强的能力,建立战略联盟形成模块型治理模式有利于降低交易过程中所需的监督和控制程度,有利于促进产业链的发展。

遵义机电及装备制造产业链依托贵州长征电器集团有限责任公司、贵州天义电器有限责任公司及海尔集团公司等龙头企业,通过技术创新,形成一批具有自主知识产权和一定市场竞争力的优势名牌产品，围绕汽车及汽车零部件、家用电器及零部件、电器元件及风电装备、机械制造四个方向，发展机电制造产业链。在产业链的发展过程中，通过与供应商建立战略联盟获取和利用互补性资源，并根据客户的要求提供产品和服务。由于产品和工艺的知识复杂性和标准化程度较高，并且供应商具有较强的能力，建立战略联盟形成模块型治理模式，有利于降低交易过程中所需的监督和控制程度，有利于促进产业链的发展。

毕节装备制造产业链依托当地龙头企业，围绕载货汽车、煤炭加工机械、农用机械、矿山机械等方向，推进具有地方特色的新型机械装备产业链的形成和发展。在产业链的发展过程中，依托自身载货汽车、煤炭加工机械、农用机械、矿山机械等方面的加工技术，以及与配套的供应商建立战略联盟获取和利用互补性资源的方式，产业链中龙头企业根据客户的要求提供产品和服务。由于载货汽车、煤炭加工机械、农用机械、矿山机械等产品和工艺的知识复杂性和标准化程度较高，建立战略联盟形成模块型治理模式有利于降低交易过程中所需的监督和控制程度，有利于促进产业链的发展。

凯里电子信息产业链依托贵州凯里经济开发区中昊电子有限公司、贵州凯尔达电子科技有限责任公司等龙头企业，围绕射频识别、无线传感器网络、物联网系统集成等方向，整合吸引在软件、通信设备制造、电子商务、集成电路、数字电视、物联网技术应用等领域具有优势的知名企业，发展电子信息产业链。在产业链的发展过程中，通过与大唐电信科技股份有限公司、深圳华强集团有限公司、中利科技集团、中冶赛迪集团有限公司等供应商建立战略联盟获取和利用产业链发展的互补性资源，并根据客户的要求提供信息产品和服务。由于产品和工艺的知识复杂性和标准化程度较高，并且供应商具有较强的能力，建立战略联盟形成模块型治理模式有利于降低交易过程中所需的监督和控制程度，有利于促进产业链的发展。

安顺民用航空产业链依托中航集团贵州飞机有限公司、贵州云马飞机制造厂等龙头企业，凭借在飞机与发动机设计研究，机械加工，铸、锻造，表面处理，模具成型，系统测试，失效分析等方面的技术实力，围绕通用飞机、高级教练机、民用无人机、飞机发动机、航空机载设备、航空零部件和机电一体化技术装备等方向，建设从原材料、零部件、附件到飞机整机研发生产的产业链。在产业链的发展过程中，依托自身在飞机与发动机设计研究，机械加工，铸、锻造，表面处理，模具成型，系统测试，失效分析等方面的技术实力，以及与配套的供应商建立战略联盟获取和利用互补性资源的方式，中航集团贵州飞机有限公司、贵州云马飞机制造厂和贵州黎阳国际制造有限公司等产业链中龙头企业根据客户的要求提供产品和服务。由于通用飞机、高级教练机、民用无人机、飞机发动机、航空机载设备、航空零部件和机电一体化技术装备等产品和工艺的知识复杂性和标准化程度较高，建立战略联盟形成模块型治理模式有利于降低交易过程中所需的监督和控制程度，有利于促进产业链的发展。

安顺汽车及汽车零部件产业链依托中航集团贵州飞机有限公司、贵州云马飞机制造厂、青年莲花汽车和贵州安吉航空精密铸造有限责任公司等龙头企业，围绕客车、微型车、特种车生产等方向，通过引进汽车发动机、变速箱总成等汽车零部件企业，提高整车生产零部件供应的本地化率，构建汽车及汽车零部件产业链。在产业链的发展过程中，依托自身在汽车整车及其零部件生产的加工技术，以及与供应商建立战略联盟获取和利用互补性资源的方式，产业链中龙头企业根据客户的要求提供产品和服务。由于汽车及其零部件的产品和工艺的知识复杂性及标准化程度较高，并且供应商具有较强的能力，建立战略联盟形成模块型治理模式有利于降低交易过程中所需的监督和控制程度，有利于促进产业链的发展。

8.1.4　市场型治理模式

在贵州省产业链中，属于市场型治理模式的产业链包括麦沙新材料产业链、乌当医药食品产业链、毕节生物医药产业链。

麦沙新材料产业链依托贵州振华新材料有限公司、南方汇通公司、贵州科学院新材料研发基地、贵州伊思特新技术发展有限公司、贵州中电振华信息产业有限公司、贵阳绿洲苑新材料有限公司、贵阳兴塑管业有限公司等骨干企业，通过创新平台建设，重点围绕先进电池材料、电子信息功能材料、高性能铝合金材料、高性能膜材料、前沿新材料、稀有金属功能材料等方向大力发展新材料产业链。在产业链的发展过程中，缺乏大型龙头企业的带动，产业配套不完善，产业链不够完整，产业链上产品和工艺的知识比较简单，信息和知识的标准化程度较高，交易双方转换交易对象的成本较低。这导致产业链上企业之间主要通过市场价格机制实现交易，相互缺乏有效的生产联系和技术联系，资产的专用性不高，企业协同发展程度较低。为改变产业链聚合度较低的问题，麦沙新材料产业链依托中国航空工业集团有限公司等骨干企业的发展基础和优势，积极拓幅补链，充分发挥大型骨干企业的带动作用，积极培育中小企业和名优品牌，形成大中小企业密切协作的产业联盟，推进产业链的协同发展。

乌当医药食品产业链依托贵州威门药业股份有限责任公司、新天药业股份有限责任公司、天安药业股份有限公司等制药企业，通过自主研发和引进代工加快扩展药品结构，扩大生产规模，重点发展以民族药（苗药）为主、本地药材为特色的多种药物剂型的现代中药产业链。依托黔五福、贵州龙、老干爹和味莼园等食品制造企业，通过研发、创意、引进，结合特色农产品资源，重点发展特色调味品、特色果汁饮料、特色粮油食品，促进农产品深加工与绿色食品产业链的融合，发展具有地域特色的绿色食品产业链。在产业链的发展过程中，产业集群化程度低，且总量偏小，没有形成完善的产业链，产业链上产品和工艺的知识比较简单，而信息和知识的标准化程度较高，交易双方转换交易对象的成本较低。这导致产业链上企业之间主要通过市场价格机制实现交易，相互缺乏有效的生产联系和技术联系，企业协同发展程度较低。为改变产业链聚合度较低的问题，乌当医药食品产业链将通过品牌培育和医药物流的差异竞争策略，以医药和食品包装、医疗器械、医疗服务、温泉养生、休闲康复、滋补保健等为有效补充，努力培育新型业态，拓宽产业链的幅度和延长产业链的长度，不断丰富产业门类，提高产业链的聚合度，促进产业链上企业的协同发展。

毕节生物医药产业链依托贵州世禧制药有限公司等制药企业，围绕生物技术、现代中药、医药原料与中间体、药物类保健品等方向，充分利用当地丰富的中草药资源，发展生物医药产业链。在产业链的发展过程中，产业链聚合程度较低，且总量偏小，没有形成完善产业链，产业链上信息和知识的标准化程度较高，交易双方转换交易对象的成本较低。这导致产业链上企业之间主要通过市场价格机制实现交易，相互缺乏有效的生产联系和技术联系，企业协同发展程度较低。为改变产业链聚合度较低的问题，毕节生物医药产业链将通过引进先进的提取和纯化制剂技术，引入下游高端的生物医药企业延长产业链，通过培育具有地方特色的品牌，积极吸引配套企业入驻，拓宽完善产业链，提高产业链的聚合度，促进产业链上企业的协同发展。

8.1.5　关系型治理模式

遵义名酒产业链依托龙头企业贵州茅台酒股份有限公司集团，通过集中优势资源推进茅台酒技改扩能，积极推广"企业＋基地＋标准＋农户"等多种形式，发展白酒产业发展所需的酒产品包装、仓储、物流等配套关联行业，促进遵义名酒产业链健康、稳定发展。在产业链的发展过程中，相关企业由于社会同构性和空间邻近性，以及家族特性而相互集聚在一起，产业链的产品和工艺的知识比较复杂且标准化程度较低，供应商能力较强，交易双方具有较高的依赖性和资产专用性。为了降低交易成本，交易双方通过信誉或族群、家族的关系维系价值链的治理，形成关系型的治理模式。

遵义竹加工产业链依托贵州赤天化纸业等企业，依靠科技创新开发新产品，培育名优品牌，提高附加值和市场竞争力，围绕纸制品、竹材加工和竹笋加工等方向，发展竹加工产业链。在产业链的发展过程中，缺乏大型龙头企业的带动，产业配套不完善，产业链不够完整，产业链聚合度较低，缺乏有效的协同发展。产业链上产品和工艺的知识比较简单，信息和知识的标准化程度较高，交易双方转换交易对象的成本较低，这导致产业链上企业之间主要通过市场价格机制实现交易，相互缺乏有效的生产联系和技术联系，资产的专用性不高。针对此问题，遵义竹加工产业链引进大型龙头企业和相关的中小型配套企业，通过技术和产品升级积极拓幅补链，培育名优品牌，形成大中小企业密切协作的产业联盟，推进产业链的协同发展。

8.2　产业链驱动贵州省现代产业发展新体系绿色低碳化的作用机制

在不同分工形式的产业体系中，产业链、产业和产业体系的不同关系决定了产业链驱动产业体系升级的不同作用机制，并进一步影响产业体系绿色低碳化的实现。贵州省的产业链大多属于生产者驱动的产业链，根据 8.1 节贵州省典型产业链的治理模式及其特征，本部分基于产业分工，通过生产者驱动的产业链演进升级的机理分析贵州省产业链绿色升级驱动产业体系绿色发展的作用机制。

8.2.1　产业间分工的产业体系绿色发展作用机制

在贵州产业间分工的产业体系中，如毕节煤磷硫化工产业体系、毕节生物医药产业体系、黔西南煤炭加工产业体系、铜仁锰及锰加工产业体系、铜仁钒及钒加工产业体系、黔西南黄金产业体系、贵阳麦沙高新材料产业体系等资源密集型产业体系，它们的产业链处于演进的初级阶段，产业链、产业和产业体系之间双向互动的作用关系驱动贵州产业间分工产业体系进行功能升级。具体表现为，在产业链与产业双向互动的作用下，产业链从资源开采产业所涉及的环节升级至技术服务、物流和销售涉及的环节，产业从资源开采产业升级至技术服务、物流和销售等服务型产业；在产业和产业体系双向互动的作用下，产业体系从主要从事资源开采和初加工的资源型产业体系升级至从事资源开采及其生产性服务的资源型综合产业体系；在产业链和产业体系双向互动作用下，产业链纵向延伸至资源型产业的生产服务环节，横向整合相关的资源型产业生产环节，不断延伸长度和拓宽幅度，拓展产业体系发展空间。

由此可以看出，在贵州产业间分工的产业体系中，通过功能升级，产业链驱动产业体系绿色发展的作用机制表现为：产业链从高能耗和高碳排放的资源开采环节升级至低能耗和低碳排放的技术服务、物流和销售产业环节，产业从高能耗和高碳排放的资源开采产业升级至低能耗和低碳排放的技术服务、物流和销售等服务型产业，产业体系从高能耗和高碳排放的资源开采和初加工的资源型产业体系升级至低能耗和低碳排放的资源开采及其生产性服务的资源型综合产业体系。

8.2.2　产业内分工的产业体系绿色发展作用机制

在贵州产业内分工的产业体系中，如遵义名酒产业体系、遵义竹加工产业体系、麦沙新材料产业体系、毕节装备制造产业体系、乌当医药食品产业体系，它们的产业链处于演进的中级阶段，产业链、产业和产业体系之间双向互动的作用关系驱动贵州产业内分工产业体系进行产品升级和工艺流程升级。具体表现为，在产业链与产业双向互动的作用下，产业链从资源型初级产品升级到中高级产品，从低的工艺技术水平升级到高的工艺技术水平，产业从低加工度型和低技术水平的低端产业升级到高加工度和中高技术水平的高端产业；在产业和产业体系双向互动的作用下，产业体系从主要低附加值的初级产品加工的产业体系升级到高附加值的中高级产业体系；在产业链和产业体系双向互动作用下，产业链纵向延伸至高加工度的产品，横向整合相关的产品加工的生产环节，不断延伸长度和拓宽幅度，拓展产业体系发展空间。

由此可以看出，在贵州产业内分工的产业体系中，通过产品升级和工艺流程升级，产业链驱动产业体系绿色发展的作用机制表现为：产业链从高能耗和高碳排放的资源型初级产品升级到低能耗和低碳排的中高级产品，从高能耗和高碳排放的工艺技术水平升级到低能耗和低碳排放的工艺技术水平，产业从高能耗和高碳排放的低端产业升级到低能耗和低碳排放的高端产业，产业体系从高能耗和高碳排放的初级产品生产的产业体系升级到低能耗和低碳排放的中高级产品生产的产业体系。

8.2.3　产品内分工的产业体系中产业链升级驱动产业体系升级的作用机制

在贵州产品内分工的产业体系中，产业链处于演进的高级阶段，其治理模式为模块型治理模式。在知识和网络的驱动下，产业链、产业和产业体系之间双向互动的作用驱动贵州产品内分工产业体系进行跨部门的升级。具体表现为，在产业链与产业双向互动的作用下，凭借由功能、产品和工艺升级形成的产业竞争能力，通过横向延伸产业链实现跨部门的产业升级；在产业和产业体系双向互动的作用下，产业体系从低附加值的产业部门的产业体系升级到高附加值的产业部门的产业体系；在产业链和产业体系双向互动的作用下，产业链纵向延伸至高加工度的产业部门，横向整合相关的高加工度的产业部门的生产环节，不断延伸长度和拓宽幅度，拓展产业体系的发展空间。

由此可以看出，在贵州产品内分工的产业体系中，通过产业部门升级，产业链驱动产业体系绿色发展的作用机制表现为：产业链从高能耗和高碳排放的产业链条升级到低能耗和低碳排放的产业链条，产业从高能耗和高碳排放的产业部门升级到低能耗和低碳排放的产业部门，产业体系从高能耗和高碳排放的低端产业体系升级到低能耗和低碳排放的中高端产业体系。

8.3　产业链驱动贵州省现代产业发展新体系绿色低碳化的政策体系

在由企业—产业链—产业构成的网格状的贵州 9 个地州市不同部门的产业体系中，产业体系绿色低碳化发展程度不高，普遍存在企业绿色发展滞后、产业链绿色升级缓慢，以及产业结构绿色转型不足的问题。本节以促进贵州产业体系绿色低碳化发展为目标，根据产业链驱动贵州省现代产业体系绿色低碳化发展的作用机理，以产业链绿色低碳升级为基础，从产业链促进产业、产业链促进产业体系，以及产业促进产业体系三个方面，提出推进贵州现代产业发展新体系绿色低碳化的政策体系。

8.3.1　贵州产业体系中产业链绿色低碳化发展中存在的问题

凭借资源优势，经过长期的发展，以资源型产业为特色的产业体系已然成为贵州最具有产业基础和技术优势的产业体系，对贵州经济社会的发展具有巨大的带动作用。在我国经济发展进入新常态下，面对资源、环境，以及需求和供给结构约束下，贵州要将资源优势转变为经济优势，必须依托资源优势，发展新型产业体系，将产业链作为产业发展平台，通过知识创新不断推进产业链的绿色低碳化升级，提高产业体系绿色创新能力和技术水平。长期以来，贵州作为国家的能源原材料基地，资源型产业依靠规模扩张发展，这种发展方式促进了贵州资源型产业链以矿产资源采选和初级加工为主的低附加价值的上游初级产业链发展，但是阻碍了以深加工和精加工为主的高附加价值的中下游产业链发展，其结果：一是企业绿色发展滞后，企业主要从事高能耗和高碳排放的资源型初级产品的生产，且属于技术水平不高的粗加工；二是产业链绿色升级缓慢，以单一的矿产资源产品输出为主，产业链短，产品附加价值较低，导致资源浪费和环境破坏；三是产业结构绿色转型不足，产业以高耗能和高碳排放的矿产资源采选和粗加工产业为主，缺少低能耗和低碳排放的深加工和精加工的产业，以及生产性服务业。本节以促进贵州绿色低碳产业体系发展为目标，结合贵州产业体系的发展现状，指出贵州产业体系中产业链绿色低碳化发展存在的问题。

1. 产业链的演进程度和产业体系结构的演化程度高低不一

贵州不同部门的产业体系，甚至同一部门的不同地区的产业链，拥有的人力、资本、技术和资源等生产要素不同，导致贵州产业体系中产业链的演进程度高低不一，产业体系结构的演化程度差异较大。以最具有生产要素禀赋的资源型产业体系为例，贵州资源型产业链之间的演进程度和发育程度差别较大。

贵州一些资源型产业链在矿产资源等初级要素的驱动下，通过扩大资源开采量和初加工产品产量充分发挥产业链的纵向规模经济优势，降低产品成本来创造产业价值，因此有效控制自然资源成为这些产业链发展的主要策略。这类产业链演进程度较低，产业链较短，主要集中在产业链上游的采选和资源初加工环节。由此导致资源型产业链中资本、技术和知识等中高级要素积累不足，产业链向中下游低能耗、高碳排放的环节延伸缓慢，产业体系结构演化缓慢。例如，毕节煤磷硫化工产业链和黔西南煤炭加工产业链的演进是在煤炭和磷矿资源等初级要素的驱动下，通过扩大煤炭、磷化工初级加工产品的产量发挥规模经济优势的方式进行的。但是，由于这些产业链中技术和知识等中高级要素积累不足，产业链向产品设计、技术创新、物流服务和产品销售等中下游的环节延伸缓慢，产业体系结构演化裹足不前。随着这些资源型产业链的发展，产业链不断分化，环节增加，产业链内各个环节的交易费用不断上升，这将抵消产业链中企业的规模经济，使产业链上的企业出现规模报酬递减。另外，这些产业链的长期发展耗用了大量的自然资源，并且大量的碳排放损害自然环境，产业链的演进面临着规模报酬递减和资源环境约束双重压力。产业体系通过消耗大量自然资源和损害环境，扩大初级资源产品生产规模的发展模式已不可持续，必须转变发展方式，通过产品与技术的创新突破自然资源的约束，走可持续绿色发展之路。除了以上依靠资源驱动的资源型产业链和产业体系外，在贵州产业体系中，还有金属材料产业体系中依靠矿产资源驱动的铜仁锰及锰加工产业链及其产业体系、钒及钒加工产业链及其产业体系、黔西南黄金产业链及其产业体系，以及高新材料产业体系中贵阳麦沙新材料产业链及其产业体系，它们的产业链的演进和产业体系结构演化的机制与资源驱动的资源型产业链及其产业体系的作用机制类似。

贵州一些资源型产业链在资本和技术等中级要素的驱动下，通过向顾客提供多样的产品，满足顾客的多样化需求，发挥专业化经济优势创造产业价值。因此，依赖长期发展所积累起来的资本和技术通过产品与技术创新，提供满足市场需求的高度加工产品就成为这一时期资源型产业链的发展的主要策略。这类产业链演进程度高，产业链长，已延伸至中下游的资源深加工环节，产业体系结构演化快。例如，遵义化工产业链和六盘水煤炭产业链演进就是在资本和技术等中级要素的驱动下，通过提供多样化的氯碱化工产品、天然气化工产品、精细化工产品和煤化工产品满足顾客的多样化需求，发挥专业化经济优势创造产业价值进行的。在技术和知识等中级要素驱动下，这些产业链向产品设计、技术创新、物流服务和产品销售等中下游的环节不断延伸，产业体系结构演化不断推进。但是，随着产业链上这些厂商专业化分工的推进，产业链不断分化，价值环节增加，这导致产业链上企业间共享知识的成本的增加，阻碍了产业链的产品与技术创新，这抵消了产业链中专业化经济的优势。另外，这些产业链多样化产品的生产仍然耗用了自然资源，并且碳排放损害自然环境，产业链的演进仍然面临着资源环境约束的压力。产业体系通过消耗自然资源和损害环境，增加产品种类的规模扩张型发展模式已不可持续，必须转变发展方式，通过知识与网络等高级要素驱动，整合其他非资源性的优势要素，突破产业链中各种资源要素的约束，实现可持续发展。除了以上依靠技术和资本驱动的资源型产业链和产业体系外，在贵州产业体系中，依靠技术和资本驱动的产业链及其产业体系还有机械电子信息产业体系中的安顺民用航空产业链及其产业体系、安顺汽车及其零部件产业链及其产业体系、遵义机电装备制造产业链及其产业体系、毕节装备制造产业链及其产业体系，金属材料产业体系中的白云铝及铝加工产业链及其产业体系、遵义冶金工业产业链及其产业体系、六盘水冶金产业链及其产业体系，白酒制造产业体系中的遵义名酒产业链及其产业体系，医药产业体系中的毕节医药产业链及其产业体系、贵阳乌当医药产业链及其产业体系，食品产业体系中的贵阳乌当食品产业链及其产业体系，竹加工产业体系中的遵义竹加工产业链及其产业体系，以及建材产业体系中的六盘水建材产业链及其产业体系，它们的产业链的演进和产业体系结构演化的机制与资本和技术驱动的资源型产业链及其产业体系的作用机制类似。

贵州一些资源型产业链在知识和网络等高级要素的驱动下，通过充分应用信息技术，采取集中与分散协调统一的块状结构有效地克服了分散的专业化分工结构与知识共享的矛盾，促进了产业链上各类知识的共享和知识创新，实现了模块化经济，更好地创造了产业价值。因此，依赖长期发展所积累起来的知识和网络，通过知识共享和创新，低成本地提供满足市场需求的高加工度的产品就成为这一时期资源型产业链发展的主要策略。这类产业链演进程度较高，产业链较长，已延伸至中下游的资源深加工和精加工环节，并且产业链发育成熟，模块功能完善。例如，贵州瓮福磷化工产业链和开阳磷化工产业链的演进就是在知识和网络等高级要素的驱动下，通过充分应用信息技术，采取集中与分散协调统一的块状结构有效地克服分散的专业化分工结构与知识共享的矛盾，促进产业链上各类知识共享和创新，整合优势要素，突破产业链中各种资源要素的约束，实现模块化经济，更好地创造产业价值进行的。在知识和网络等高级要素驱动下，这些产业链以模块化的形式，通过品牌、产品和技术来组织和引导产业链的整体升级，实现从低附加值与高碳排放的产业链向高附加值和低碳排放的产业链升级，推动产业体系结构的演化。除了以上依靠知识和网络驱动的资源型产业链和产业体系外，在贵州产业体系中，还有机械电子信息产业体系中依靠技术和资本驱动的贵阳小孟装备产业链及其产业体系、凯里电子信息产业链及其产业体系，它们的产业链的演进和产业体系结构的演化的机制与知识和网络驱动的资源型产业链及其产业体系的作用机制类似。

产业链的演进是复杂的，在贵州资源型产业链实际的演进过程中，各种资源型产业链所具备的驱动产业链演进的要素资源不同，以上所述三种要素资源驱动的资源型产业链的演进特征会以不同的组合方式出现在资源型产业链的演进过程中，这将导致产业体系结构的演化复杂化。例如，在新的技术经济条件下，有的资源型产业链的运行空间不断扩大，为了控制自然资源，这些有实力的资源型产业链可以有效地进行跨区域自然资源的整合，以及跨区域的产业链整合，以自然资源和多样化产品来驱动产业链的扩张，创造市场价值。与此同时，经过长期的发展，产业链已渐趋成熟，产业链上的知识存量不断扩大，并且共享知识的网络已经形成，知识和网络等高级要素不断驱动产业链知识共享，知识创新，为顾客创造价值。这种类型就是初级要素资源＋中级要素资源＋高级要素资源驱动型，这将导致产业体系空间扩张，产业体系结构呈现复杂化的演化趋势。例如，贵州瓮福磷化工产业链利用知识与网络整合异地的矿产资源和异地的磷化工产业链促进产业链的发展，这种初级要素资源＋中级要素资源＋高级要素资源驱动型的产业链演进，使瓮福磷化工产业体系的空间扩张至国内外，产业体系演化呈现多层次宽领域的态势。

2. 产业链的发育程度和产业体系结构的演化程度参差不齐

贵州资源型产业链演进程度和产业体系结构演化程度的不同势必导致产业链发育程度和产业体系结构演化程度的参差不齐。在贵州资源型产业链中，有的处于发育初期，这类产业链依靠资源等初级要素，通过扩大资源开采和初加工产品的数量获取规模经济而发展，产业链环节集中于上游的矿产采选和初级加工环节上，缺乏中下游的高附加价值环节，产业链发育不完整，延伸较短。这又进一步限制了产业链升级的途径，使产业链升级主要体现在对矿产采选和初级加工的生产流程技术上，产业体系的发展严重依赖自然资源，其结构演化呈现资源驱动的低端化的趋势，对生态环境造成破坏。例如，毕节磷煤产业体系和黔西南煤炭产业体系发展缓慢，其产业链环节停留在煤炭采选环节，煤炭一直没有得到很好的加工利用，大部分煤炭运输到中东部地区，进入高附加价值煤炭产业的中下游环节，如煤电、煤化工等环节。类似产业体系还有铜仁锰及锰加工产业体系、铜仁钒及钒加工产业体系、黔西南黄金产业体系，以及贵阳麦沙新材料产业体系。

在贵州资源型产业链中，有的经过长期发展，资本积累和技术发展已达到一定的高度，这类产业链依靠资本和技术等中级要素，通过产品与技术创新获取专业化分工经济而发展，产业链不断向中游资源深加工环节延伸，产业链发育基本完整。产业链中游环节的建立使产品加工度提高，拓宽了产业链升级的途径，产业链升级可通过上中游各个环节的生产流程升级和中游环节产品的升级实现，产业体系的发展对自然资源的依赖程度降低，其结构演化仍然呈现资源驱动的低端化趋势，但是资源驱动程度降低，对生态环境影响的程度降低。但是从产量和生产技术上来看，上中游环节匹配程度不高。上游资源开采和初加工环节产能大，而中游资源深加工环节产能低，这需要通过生产技术的提升和与之配套的生产性服务的发展得以解决。例如，贵州六盘水煤炭产业体系，其产业链从上游煤炭采选到中游煤电和煤化工环节的产业链已经建立起来，但是由于生产技术和相关生产性服务水平不高，中游深加工环节的产能低，上中游环节匹配程度不高。随着资本和技术实力的提高，六盘水煤炭产业链正通过产品和技术开发提高生产性服务的水平，做强产业链的中游环节，提高产业的附加值，增强产业体系的综合竞争力。类似的产业体系还有遵义竹加工产业体系、六盘水建材产业体系。

在贵州资源型产业链中，有的在技术和资本的驱动下，产业链分工程度不断深化，规模化的生产和专业化生产已达到相当的高度，产业链通过知识创新，积极发展与产品生产有关的产品开发、物流配送和品牌销售等业务，拓宽经营范围，实现多元化经营，形成有效的产业链上下游的生产性服务环节，获得产业链上设计、物流和营销等具有更高价值的服务功能，以此创造产业价值。这类产业链依靠资本和知识等中高级要素，通过知识创新获取服务经济而发展，产业链不断向上下游的产品设计、物流配送和营销服务环节延伸，使产业链发育完整。从产量和生产技术上来看，上中下游环节匹配程度高。产业链上下游服务环节的建立使产业链经营范围扩大，拓宽了产业链升级的途径，产业链升级除了通过生产流程升级和产品的升级实现外，还可以通过产业链功能升级实现，产业体系的发展依赖技术的进步和产品的创新，其结构演化呈现技术和产品驱动的中端化趋势，对生态环境的影响程度大为降低。例如，遵义化工产业体系，其产业链经过几十年的发展，形成了完整的从地质勘查、矿产采选、化工产品初加工到深加工的产业链。随着产业链分工程度的不断深化，规模化的生产和专业化生产已达到相当的高度，依靠长期发展积累的资本和知识等中高级要素，遵义化工产业链通过知识创新积极发展与煤化工和氯碱化工产品生产有关的产品开发、物流配送和品牌销售等业务，拓宽了产业链的经营范围，实现了多元化经营，形成有效的产业链上下游的生产性服务环节，产业链上中下游环节匹配程度提高。现阶段，随着资本和知识实力的提高，遵义化工产业链正通过知识创新不断开发产业链上新的服务功能，提高产业链的附加价值，做强产业链上下游的生产性服务环节。类似的产业体系还有白云铝及铝加工产业体系、遵义冶金工业产业体系、六盘水冶金工业产业体系、安顺民用航空产业体系、安顺汽车及其零部件产业体系、遵义机电装备制造产业体系、毕节装备制造产业体系、遵义名酒产业体系、毕节医药产业体系、贵阳乌当医药产业体系、贵阳乌当食品产业体系。

在贵州资源型产业链中，有的在技术和资本的驱动下，产业链分工程度不断加深，并且在新的技术经济条件下，信息技术促进了资源型产业与其他产业的融合化发展，通过充分应用信息技术，采取集中与分散协调统一的块状结构，促进产业链上各类知识的共享和创新，实现模块化经济，更好地创造产业价值。这类产业体系通过块状化结构实现知识创新和共享，产业链由线状结构向网状结构转变，不断向纵向和横向两个方向延伸。这些产业链变得更长和更宽，产业链发育更加完善，上中下游匹配程度较高。因为模块化网状结构产业链的移植性较好，所以它的建立使产业链可以跨链发展，拓宽了产业链升级的途径，产业链升级除了通过生产流程升级、产品升级和功能升级实现外，还可以通过产业链间升级实现，即将从一个特定环节获得的能力应用于新的领域或转向一个新的产业链。产业体系发展依赖于知识和网络，其结构演化呈现知识和网络驱动的高端化趋势，对生态环境影响的程度降到最低。例如，贵州瓮福磷化工产业体系，其产业链在技术和资本的驱动下，分工程度不断加深，并且在新的技术经济条件下，信息技术促进了磷化工产业与其他产业的融合化发展，这不仅使生产流程复杂化，也使产业链的结构细微化，整个产业链的知识存量迅速增加，依靠传统的专业化分工结构已经不能有效地进行知识传输和共享，导致产业链内获取协同效应的难度增加。在这样的背景下，通过集中与分散协调统一的块状结构有效地克服分散的专业化分工结构与知识共享的矛盾。经过长期发展，瓮福磷化工产业链由磷矿石采选、湿法和热法磷酸生产、磷酸盐生产、磷复肥加工、磷矿伴生元素提炼、伴生矿化学品生成、磷精细化工产品生产七个模块组成。这七个模块都具有一定的功能，各模块的内部实现各种知识的共享，模块与模块之间通过显性知识（模块与模块之间联系规则）进行联系。这样的结构不过度地强调产业链上各个环节的专业化，而是在块状结构专业化的基础上，促进模块之间的交流合作，这样由于减少了共享知识的数量而降低了产业链上知识共享的成本。另外，块状化的生产模式使瓮福磷化工产业链的产品链、价值链和知识链呈现一种网状结构，这种网状产业链其创新是分散的，极大地提高了整个产业链的创新速度，可以比专业化分工模式下的产业链更快速和更低成本地满足消费者的需求，创造市场价值。共享知识成本的降低和创新速度的加快，使块状化资源型产业链上的企业规模报酬递增（张伟，2013）。贵州产业体系中类似的产业体系还有开阳磷煤化工产业体系、小孟装备产业体系、凯里电子信息产业体系。

3. 产业技术链和服务链促进产业体系结构转型升级的作用大小不一

产业技术链和服务链的作用主要体现在与产业链的互动关系上，产业技术链支撑着产业链，其变化决定着产业链的升级发展方向，而服务链作为产业链的重要组成部分，其变化决定产业链环节的变化，影响产业体系结构的转型升级。贵州资源型产业体系转型升级通常是在技术链和服务链的作用下，通过产业链升级实现的。具体的实现途径是：在资源型产业发展对先进技术和服务需求的驱动下，产业链利用通过学习与消化国内外先进技术和服务而积累的能力，掌握和模仿引进的技术和服务，并在此基础上创新出本土化的技术和服务，实现技术链和服务链的升级延伸，进而推动产业链不断升级（图 8-1），实现产业体系转型升级。

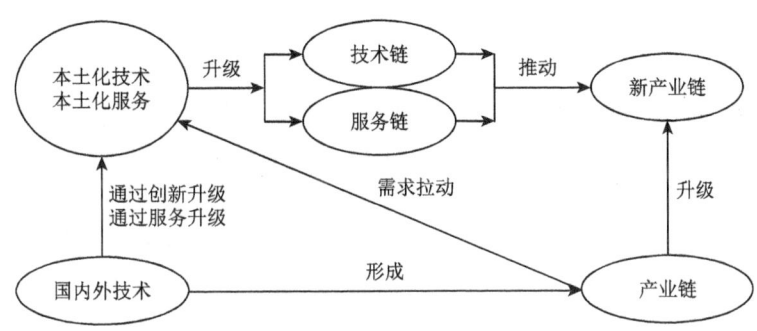

图 8-1 技术链和服务链推动产业链升级

在贵州资源型产业体系中，有的产业技术链和服务链发展不完整，与产业链的互动关系不强，推动产业链升级和产业体系转型升级的作用较小，这类产业体系的技术链主要集中在上游矿产资源的采选和初加工技术环节上，服务链主要集中在矿产资源的物流和销售环节上。这类产业链通过充分发挥产业链上游环节的规模经济优势，降低成本来创造产业价值，它们对先进技术和服务的需求不强。因此，通过引进技术和服务实现技术链的升级延伸没有有效地进行，产业链缺失中下游的深加工技术环节和技术研发等中高端服务环节，产业体系发展依赖于资源的驱动。例如，毕节磷煤产业体系、黔西南煤炭产业体系和六盘水煤炭产业体系，它们的产业链依靠先进的煤炭采选设备和技术，通过发挥产业链上游环节的规模经济优势降低成本，对产业链中下游煤炭资源深加工的先进技术需求不强，技术链和服务链延伸缓慢，产业链升级没有有效地推进，它们的技术链主要集中在上游的煤炭采选技术环节上，服务链则主要集中在煤炭的物流和销售环节上，缺乏产业链中下游煤炭产品深加工的生产技术及其研发等中高端服务环节，产业体系发展依赖于资源过度开发，产品附加值较低。类似的产业体系还有铜仁锰及锰加工产业体系、铜仁钒及钒加工产业体系、黔西南黄金产业体系，以及贵阳麦沙新材料产业体系。

在贵州资源型产业体系中，有的产业技术链和服务链发展基本完整，它们与产业链形成互动关系，推动产业链升级。这类产业技术链已经延伸至中下游资源的深加工技术环节，服务链延伸至深加工产品的生产技术研发环节，产业链上各个环节的专业化程度提高，产业体系的产品种类增加。但是从技术和服务水平来看，产业技术链和服务链上中下游匹配程度不高，资源深加工环节的技术水平和服务水平有待提高。这类产业链通过充分发挥产业链上中下游各个环节的专业化经济优势，向顾客提供多样的产品来创造产业价值，它们对先进技术和服务的需求强。因此，通过技术的引进和开发不断推进产业技术链和服务链向中下游延伸，构建起基本完整的产业技术链和服务链，推进产业链升级，使产业体系发展依赖于资源的深加工和专业化产品的开发。例如，白云铝及铝加工产业体系和遵义冶金工业产业体系，它们的产业技术链从上游铝土矿等金属矿产的采选技术，到中下游以铝锭为原料的铝产品加工技术已经建立起来，服务链已经延伸至铝加工产品的技术开发和物流服务，产业链上各个环节的专业化程度提高，产业体系的产品种类增加。现阶段，随着资本和技术实力的提高，它们正通过技术引进和创新不断开发新产品，提高产品的附加价值，做强产业链中下游环节，提高技术链和服务链上中下游的匹配程度，使产业体系发展依赖于铝资源的深加工和专业化产品的开发。类似的产业体系还有遵义竹加工产业体系、六盘水建材产业体系、遵义冶金工业产业体系、六盘水冶金工业产业体系、安顺民用航空产业体系、安顺汽车及其零部件产业体系、遵义机电装备制造产业体系、毕节装备制造产业体系、遵义名酒产业体系、毕节医药产业体系、贵阳乌当医药产业体系、贵阳乌当食品产业体系、小孟装备产业体系、凯里电子信息产业体系。

在贵州资源型产业体系中，有的产业技术链和服务链发育较为完善，它们与产业链形成较强的互动关系，在产业链升级中发挥较大作用。这类产业技术链已经延伸至下游的资源精加工技术环节，服务链延伸至精加工产品的生产技术研发环节，各个环节专业化程度较高，产业体系的产品种类较多。从技术和服务水平来看，产业技术链上中下游匹配程度较高，资源精加工环节的技术水平和服务水平较高。这类产业链通过充分发挥产业链上中下游各个环节的专业化经济优势，向顾客快速提供多样的产品来创造产业价值，它们对先进技术和服务的需求较强。因此，通过技术的引进和本土化创新，以及相关服务的开发，不断做强产业技术链和服务链的中下游环节，建立起完善的产业技术链和服务量。例如，瓮福磷化工产业体系产业链经过几十年的发展，形成了完善的从地质勘查技术、矿产采选技术、精矿加工技术到磷化工精加工技术构成的产业技术链，服务链已经延伸至磷化工精加工产品的技术研发、产品开发、信息服务和物流服务，产业链上各个环节的专业化程度提高，产业体系的产品种类较多。现阶段，随着自身技术链、服务链和产业链的完善，瓮福产业体系在技术研发、产品开发和服务增值方面的竞争力突显，正在通过模块化的技术链、服务链和产业链的移植，整合异地的磷矿资源和生产销售渠道，构建自主的价值链，拓展产业体系的发展空间。类似的产业体系还有开阳磷煤化工产业体系。

8.3.2　贵州现代产业发展新体系绿色低碳化的政策建议

本书以促进贵州现代产业发展新体系的绿色低碳化发展为目标，根据产业链绿色低碳化驱动贵州产业体系绿色低碳化发展的作用机制及实现路径，针对贵州产业体系中产业链绿色低碳化发展中存在的问题，结合贵州产业体系的发展现状及其产业链演化的特征，基于产业链的视角，从企业、产业链和产业三个层面提出促进贵州产业体系绿色低碳化发展的政策建议。

1. 产业间分工的产业体系绿色低碳化的政策

此类产业体系主要涉及贵州不同地区中煤炭采选、磷化工、有色金属、医药和新材料等资源类产业，包括毕节煤磷硫化工产业体系、黔西南煤炭加工产业体系、铜仁锰及锰加工产业体系、铜仁钒及钒加工产业体系、黔西南黄金产业体系、毕节生物医药产业体系，以及麦沙新材料产业体系。它们的共同特点：一是在矿产资源等初级要素的驱动下，通过扩大矿产资源的产量充分发挥产业链纵向的规模经济优势，降低成本；二是产业链演进程度低，产业链短，主要集中在产业链上游的采选和资源初加工环节，缺乏中下游高附加价值环节，产业链发育不完整，产业体系发展严重依赖自然资源，对生态环境造成影响和破坏；三是产业链绿色低碳化升级主要体现在通过分解产业链非核心业务的高碳排的功能环节，专注于具有高附加值和低碳排放特征的核心业务的功能环节，如纵向延伸产业链实现；四是产业体系的技术链和服务链发育不完整，与产业链的互动关系不强，推动产业链升级的作用较小，这类产业体系的技术链主要集中在上游矿产资源的采选和初加工技术环节上，服务链主要集中在矿产资源的物流和销售环节上。

由以上产业体系的特征分析可以看出，此类产业体系处于规模经济化的阶段，自然资源等初级资源驱动资源型产业链的演进和升级。产业链的绿色低碳化升级主要通过分解产业链非核心业务的高碳排的功能环节，专注于具有高附加值和低碳排放特征的核心业务的功能环节实现。如何绿色低碳化地开发利用自然资源是这一阶段产业体系绿色低碳化发展的重要影响因素，可以通过引进和研发绿色低碳的生产技术、重新组织生产系统和建立全产业链的资源循环利用体系这三种途径促进产业链功能环节的绿色升级，引领产业体系的绿色低碳化发展。围绕这三种途径，针对此类资源型产业链发展中存在的问题，基于知识的视角，从企业层面、产业链层面和产业层面三个方面提出针对此类产业体系升级的对策建议。

1）企业层面政策

一是通过引进和研发先进的绿色低碳的资源采选技术，提高企业绿色低碳化技术水平，减少能源消耗，降低碳排放。在贵州资源类的产业体系中，产业链中的龙头企业设立资源采选与资源加工的绿色低碳技术研发机构，从人、财、物、组织机构和制度方面给予保障，加强与国内外相关科研机构的合作，形成研发适合当地资源采选与初级加工的具有产业链特色的绿色低碳生产工艺技术的能力。

二是在产业链龙头企业的主导和帮助下，通过重新组织资源采选和初加工产品的生产系统，革新管理系统，改进产业链上各个环节的协调性和产业链的聚集度，提高产业体系生产的绿色低碳化水平，降低产品生产的能源消耗强度和碳排放的强度。

三是根据循环经济的理念，在龙头企业的主导下，协调其他企业，遵循"减量化、循环化、资源化"的原则，最大限度地采用废物交换、循环利用、工业共生等先进技术和手段，建立全产业链的资源循环利用体系，寻求企业资源消耗、能源消费和废物产生的最小化，减少资源和能源消耗，降低产品的能耗强度和碳排放强度。

2）产业链层面政策

一是以产业链龙头企业为核心，建立产业链从外部吸收先进的绿色低碳的资源采选和加工工艺技术与知识、先进的绿色产品开发技术与知识的学习渠道，通过学习渠道的"引进来"和"走出去"两种方式，实现产业链内外部绿色低碳的工艺技术知识、产品开发知识的不断交换、不断更新。

二是建立产业链的知识共享平台，加强产业链内部企业间的绿色技术与知识合作，促进企业间绿色生产工艺技术与知识、产品开发技术与知识的共享与创新。

三是围绕龙头企业，建立产业链内部企业间产品的绿色低碳生产的协调合作机制，以引进和创新绿色低碳的生产工艺技术、产品开发技术为基础，构建产业链的绿色低碳知识共享平台，促进产业链上各种绿色技术知识的整合，以及产业链上的各个企业创新管理的体制和制度。

四是建立以龙头企业为核心的资源类产业系统，推动产业链的纵向延伸，促进资源类产业与其他资源行业的横向耦合，使传统的资源类产业发展模式向生态化方向发展，实现产业链之间绿色低碳化整合，产业体系绿色低碳化发展。

3）产业层面政策

一是营造资源型产业走绿色低碳的高效利用资源的发展之路的有利氛围。从政策宣传和产业发展的战略目标及其保证措施等方面营造有利的、绿色低碳的产业发展环境，促进资源类产业链及其组成企业依靠绿色技术创新、生产系统重组和建立资源循环利用体系等高效开发利用自然资源的措施不断升级。

二是建立支持资源类产业走绿色低碳的、高效开发利用自然资源升级之路的产业政策、财政政策、税务政策和金融政策。其中，产业政策包括实施限制进入政策，防止过度竞争造成的自然资源低效利用、能源大量消耗，以及碳大量排放，扶持以龙头企业为核心的绿色产业链发展，提高规模经济水平和专业化水平；实施鼓励绿色低碳技术的引进和创新的政策；主动调整产业发展的结构与布局，促进产业间的代谢和共生耦合，实现绿色低碳的产业生态系统；依靠科技进步建立循环经济的绿色技术支撑体系。财政政策、税务政策和金融政策包括通过财政的资金支持、金融机构的贷款优惠、税务机构的税收减免，促进绿色低碳技术的创新，以及绿色低碳、高效开发利用自然资源的企业的发展。

2. 产业内分工的产业体系绿色低碳化的政策

此类产业体系主要涉及贵州不同地区的化工、煤炭采选及加工、机械电子、有色金属、黑色金属、白酒酿造、医药制造、食品制造、竹加工，以及建材加工等产业，包括遵义化工产业体系、六盘水煤炭产业体系、安顺民用航空产业体系、安顺汽车及其零部件产业体系、遵义机电装备制造产业体系、毕节装备制造产业体系、白云铝及铝加工产业体系、遵义冶金工业产业体系、六盘水冶金产业体系、遵义名酒产业体系、乌当医药产业体系、乌当食品产业体系、遵义竹加工产业体系、六盘水建材产业体系。它们的共同特点：一是在资本和技术等中级要素的驱动下，通过向市场提供多样的产品，满足顾客的多样化需求，发挥专业化经济优势创造产业价值；二是这类产业链演进程度高，产业链长，已延伸至中下游的资源深加工环节，但缺乏上下游生产性服务环节，产业链的发育基本完整，产业发展对自然资源的依赖程度降低，对生态环境影响的程度降低；三是产业链绿色低碳化升级主要体现在根据产业链环节纵向分解和功能低碳化升级，专注于低碳产品开发和现有产品低碳化功能的提升；四是产业技术链和服务链发育基本完整，与产业链的互动关系强，推动产业链升级的作用大，这类产业体系的技术链已经延伸至中下游资源的深加工技术环节，但是从技术水平来看，产业技术链上中下游匹配程度不高，资源深加工环节技术水平有待提高。服务链主要集中在矿产资源和资源加工产品的物流和销售环节，以及生产技术和产品的研发环节上。

由以上产业体系的特征分析可以看出，此类产业体系处于专业化经济阶段，技术和资本等中级资源驱动资源型产业链的演进和升级。产业链绿色低碳化升级主要体现在根据产业链环节纵向分解和功能低碳化升级，专注于低碳产品开发和现有产品低碳化功能的提升。如何通过绿色产品及其生产技术的创新，以及开拓绿色产品市场需求是这一阶段产业体系绿色低碳化发展的重要影响因素，可以通过产品及其生产技术的绿色研发、企业管理体制和制度的绿色创新，以及将绿色高科技注入产业这三种途径促进产品的绿色升级。围绕这三种途径，针对此类资源型产业链发展中存在的问题，基于知识的视角，从企业层面、产业层面和政府层面三个方面提出针对此类产业链升级的对策建议。

1）企业层面政策

一是通过研发绿色低碳的深加工产品及其生产技术，提高企业产品的绿色低碳化竞争能力。有实力的产业链龙头企业可以设立绿色产品及其生产技术研发机构，加强与国内外相关科研机构的合作，发展研发适合本地资源的绿色产品的能力；一些实力有限的中小型企业可以借助产业链的研发平台参与龙头企业绿色产品及其工艺技术的研发，提高自身绿色产品及其工艺技术水平。

二是以绿色新产品的研发和生产为基础，在龙头企业的主导和帮助下，产业链上的各个企业进行绿色管理体制和制度的创新，以此提高绿色新产品和品牌的销售率，减少单位产品的能耗和碳排放。

三是从产业自身的技术属性、生产组织特点出发，在产业链的核心企业的帮助下，促进各个企业将绿色科技因素注入产业，开发传统产业中的绿色高科技产品，使相关产业在科技水平、产品结构、工艺性能、经济效益和环境保护等方面从根本上得到改善。

2）产业链层面政策

一是以产业链龙头企业为核心，建立产业链从外部吸收先进产品开发技术与知识的学习渠道，通过学习渠道的"引进来"和"走出去"两种方式，实现产业链内外部绿色低碳化产品开发及其技术研发知识的不断交换，更新产业链的绿色产品及其技术的相关知识。

二是以产业链的知识共享平台为基础，加强产业链内部企业间绿色产品及其生产技术开发的合作，促进企业间绿色低碳化产品技术与知识的共享与创新。

三是依托核心企业，以绿色新产品及其技术的研发为基础，充分利用产业链的知识共享平台，建立产业链内部企业间绿色产品及其技术开发的协调合作机制，促进产业链上的企业进行管理体制和制度绿色创新。

四是通过产业链的产品和技术研发机构追踪国内外绿色科技发展成果，挖掘相关产业的绿色科技潜力和科技产品，并通过产业链协作，不断注入企业，促进企业生产技术和产品结构绿色低碳化，使之形成与绿色科技互相依赖、互相促进、共同发展的关系。

3）产业层面政策

一是营造产业链通过绿色低碳化的新产品开发和技术创新，降低产品的能耗强度和碳排放强度，促进产业链绿色低碳化升级的有利环境。从政策宣传和产业绿色发展的战略目标及其保证措施等方面营造有利的产业链绿色发展环境，促进产业链依靠绿色产品及其生产技术的研发、企业管理体制和制度的绿色创新，以及将绿色科技注入产业链等措施而不断升级。

二是建立支持产业链通过绿色新产品开发和绿色生产技术创新，降低产品能耗碳排放强度促进产业链绿色低碳化升级的产业政策、财政政策、税务政策和金融政策。产业政策包括：实施鼓励绿色产品及其生产技术引进和研发的政策；实施鼓励绿色低碳新技术发明和创造、知识产权保护等技术开发的鼓励和保护政策；实施促进绿色新技术开发的政策；实施提高绿色新技术、新工艺、新产品普及率的政策。财政政策、税务政策和金融政策包括通过财政的资金支持、金融机构的贷款优惠、税务机构的税收减免促进绿色新产品开发和技术创新的企业的发展。

3. 产品内分工的产业体系绿色低碳化的政策

此类产业体系主要涉及贵州不同地区的机械电子信息产业，包括小孟装备制造产业体系、遵义机电装备制造产业体系、毕节装备制造产业体系和凯里电子信息产业体系。它们的共同特点：一是在技术和知识等高级要素驱动下，通过知识创新获取服务经济而发展，产业链演进程度较高；二是产业链不断向上下游的产品设计、物流配送和营销服务环节延伸，产业链发育完整，产业发展对自然资源的依赖程度较低，对生态环境影响的程度较低；三是采取集中与分散协调统一的块状结构实现模块化经济，产业链不断向纵向和横向两个方向延伸，使这些产业链变得更长和更宽，产业链的发育更加完善；四是产业链绿色低碳化升级主要体现在利用模块化经济重构产业链，通过改变产业链的结构，组织和引导产业链绿色低碳化升级；五是产业技术链和服务链发育完整，与产业链的互动关系较强，推动产业链升级的作用大，这类产业体系的技术链已经延伸至中下游资源的精深加工技术环节，并且从技术水平来看，产业技术链上中下游匹配程度较高。服务链主要集中在矿产资源和资源加工产品的物流和销售环节，以及生产技术和产品的研发环节上，作为产业链的一个组成部分，服务链的模块化趋势不断加强。

由以上产业体系的特征分析可以看出，此类产业体系处于模块化经济阶段，技术和知识等高级资源驱动资源型产业链的演进和升级。产业链绿色低碳化升级主要体现在利用模块化经济重构产业链，通过改变产业链的结构，组织和引导产业链绿色低碳化升级。如何通过培育产业链模块的研发和营销的功能，提高技术和高端服务能力的移植性是这一阶段产业体系绿色低碳化发展的重要影响因素，可以通过跨产业链合作，进行绿色产品及其生产技术的研发、企业管理体制和制度的绿色创新，以及产业链协作机制的绿色创新这三种途径促进产品的绿色升级。围绕这三种途径，针对此类资源型产业链发展中存在的问题，基于知识的视角，从企业层面、产业链层面和产业层面三个方面提出针对此类产业链升级的对策建议。

1）企业层面政策

一是有实力的产业链龙头企业可以设立研发中心和营销中心，这样的研发中心和营销中心有别于传统的企业研发机构和营销机构。研发中心不仅进行绿色低碳的技术和产品研发，还提供绿色低碳的生产技术和产品技术等方面的服务；营销中心不仅进行产品销售，还提供绿色低碳化产品需求和售后等方面的服务。一些实力有限的中小型企业可以借助产业链的研发与营销平台参与龙头企业绿色产品的研发和销售活动，提高自身的研发、营销和服务能力，形成各个企业间互补的研发和营销的模块化结构。

二是以产业链上具有研发和营销功能的模块为基础，加强与国内外相关绿色产品和技术的研发机构和营销部门的合作，各个企业形成具有本地化产品特色的研发和营销等高端环节的竞争力。

三是以产业链上具有研发和营销功能的模块为基础，加强与相关产业链的合作，促进产业链上各个企业所具备的研发和营销等高端服务能力向相关产业链移植。

2）产业链层面政策

一是以产业链功能的模块为基础，建立产业链从外部吸收先进的绿色低碳化研发技术、营销技术与服务知识的学习渠道，通过学习渠道的"引进来"和"走出去"两种方式，实现产业链内外部绿色低碳研发技术、营销技术与服务知识的不断交换，不断提高产业链绿色低碳的研发与营销的能力。

二是以产业链的知识共享平台为基础，加强内部企业间研发与营销的合作，促进企业间在绿色低碳研发与营销方面的知识的共享与创新。

三是利用产业链功能模块在绿色低碳技术和服务等高端环节的能力，加强与相关产业链的合作，促进绿色低碳的技术和服务等高端环节的能力向相关产业链移植。

3）产业层面政策

一是营造资源型产业链通过培育绿色低碳的研发与营销高端环节的能力，提高产业链的核心环节的绿色低碳的研发与营销等服务环节的竞争力，增加产业链环节的绿色低碳化的技术含量，促进形成产业链绿色低碳升级的有利环境。从政策宣传和产业发展的战略目标及其保证措施等方面营造产业链的绿色低碳化发展的环境，促进资源型产业链依靠培育绿色低碳的研发与营销等高端环节的能力，提高产业链核心环节绿色低碳研发与营销等环节的竞争力等措施而不断升级。

二是建立相关的产业政策、财政政策、税务政策和金融政策，用以支持资源型产业链培育高端服务环节的能力，提高产业链的核心环节研发与营销的竞争力，促进产业链绿色低碳升级。产业政策包括实施鼓励绿色低碳技术和营销的引进、创新和创造的政策；实施鼓励绿色低碳新技术发明和创造、知识产权保护等技术开发的鼓励和保护政策；实施鼓励绿色低碳产品营销服务知识的引进、消化、吸收的政策；实施鼓励绿色营销理念和方法创新的政策；实施鼓励促进产业链之间绿色低碳研发和营销能力移植的政策。财政政策、税务政策和金融政策包括通过财政的资金支持、金融机构的贷款优惠、税务机构的税收减免培育绿色低碳化的研发与营销高端环节的能力，提高产业链核心环节绿色低碳化的研发与营销等高端环节的竞争力。

参 考 文 献

白重恩, 杜颖娟, 陶志刚, 等. 2004. 地方保护主义及产业地区集中度的决定因素和变动趋势. 经济研究, 50 (4): 29-40.

蔡翔, 严宗光, 易海强. 2000. 论知识供应链. 研究与发展管理, 12 (6): 35-38.

陈佳贵, 黄群慧, 钟宏武. 2006. 中国地区工业化进程的综合评价和特征分析. 经济研究, (6): 4-15.

陈建军. 2008. 关于打造现代产业体系的思考——以杭州为例. 浙江经济, (17): 43-45.

陈军, 徐士元. 2008. 技术进步对中国能源效率的影响: 1979—2006. 科学管理研究, (1): 9-13.

陈诗一. 2010. 节能减排与中国工业的双赢发展: 2009—2049. 经济研究, 45 (3): 129-143.

程宏伟, 冯茜颖, 张永海. 2008. 资本与知识驱动的产业链整合研究——以攀钢钒钛产业链为例. 中国工业经济, 26 (3): 143-151.

程李梅, 庄晋财, 李楚, 等. 2013. 产业链空间演化与西部承接产业转移的"陷阱"突破. 中国工业经济, (8): 135-147.

董会忠, 薛惠锋, 宋红丽, 等. 2009. 钢铁工业能源消耗强度变动因素分析. 科研管理, 30 (3): 132-138.

段文斌, 刘大勇, 余泳泽. 2013. 异质性产业节能减排的技术路径与比较优势——理论模型及实证检验. 中国工业经济, (4): 69-81.

范剑勇. 2004. 市场一体化、地区专业化与产业集聚趋势——兼谈对地区差距的影响. 中国社会科学, (6): 39-51, 204-205.

方琦. 2011. 保利协鑫在境外投资的风险控制. 上海: 上海财经大学.

高新才, 何苑. 2007. 创新资源型产业发展模式推进西部产业开发. 青海社会科学, (4): 50-55.

高振宇, 王益. 2007. 我国生产用能源消费变动的分解分析. 统计研究, 24 (3): 52-57.

龚绍东. 2010. 产业体系结构形态的历史演进与现代创新. 产经评论, (1): 21-28.

韩智勇, 魏一鸣, 范英. 2004. 中国能源强度与经济结构变化特征研究. 数理统计与管理, 23 (1): 1-6, 52.

贺灿飞. 2009. 中国制造业地理集中与聚集. 北京: 科学出版社.

胡鞍钢, 郑云峰, 高宇宁. 2015. 中国高耗能行业真实全要素生产率研究 (1995—2010) ——基于投入产出的视角. 中国工业经济, (5): 44-56.

黄群慧. 2013. 中国的工业化进程: 阶段、特征与前景. 经济与管理, 27 (7): 5-11.

金京, 戴翔, 张二震. 2013. 全球要素分工背景下的中国产业转型升级. 中国工业经济, (11): 57-69.

克鲁格曼 P. 2001. 地理与贸易. 北京: 北京大学出版社.

李翠娟, 宣国良. 2006. 知识供应链: 企业合作知识创新的新方式. 科研管理, (3): 42-49.

李力, 王凤. 2008. 中国制造业能源强度因素分解研究. 数量经济技术经济研究, 25 (10): 66-74.

梁琦. 2004. 产业集聚论. 北京：商务印书馆.

林伯强，孙传旺. 2011. 如何在保障中国经济增长前提下完成碳减排目标. 中国社会科学，（1）：64-76，221.

林伯强，姚昕，刘希颖. 2010. 节能和碳排放约束下的中国能源结构战略调整. 中国社会科学，（1）：58-71，222.

刘伯雅. 2009. 我国发展绿色消费存在的问题及对策分析——基于绿色消费模型的视角. 当代经济科学，31（1）：115-119，128.

刘凤朝，潘雄锋，徐国泉. 2007. 基于结构份额与效率份额的中国能源消费强度研究. 资源科学，（4）：2-6.

刘冀生，吴金希. 2002. 论基于知识的企业核心竞争力与企业知识链管理. 清华大学学报（哲学社会科学版），（1）：68-72.

刘璟. 2009. 加速贵州县域民营经济发展的对策研究. 贵阳：贵州大学.

刘明宇，芮明杰. 2009. 全球化背景下中国现代产业体系的构建模式研究. 中国工业经济，（5）：57-66.

刘明宇，芮明杰. 2012. 价值网络重构、分工演进与产业结构优化. 中国工业经济，（5）：148-160.

刘明宇，芮明杰，姚凯. 2010. 生产性服务价值链嵌入与制造业升级的协同演进关系研究. 中国工业经济，（8）：66-75.

刘钊. 2011. 现代产业体系的内涵与特征. 山东社会科学，（5）：160-162.

刘志彪，张杰. 2007. 全球代工体系下发展中国家俘获型网络的形成、突破与对策——基于 GVC 与 NVC 的比较视角. 中国工业经济，（5）：39-47.

刘志彪，张少军. 2008. 中国地区差距及其纠偏：全球价值链和国内价值链的视角. 学术月刊，（5）：49-55.

卢锋. 2004. 产品内分工. 经济学（季刊），（1）：55-82.

罗勇，曹丽莉. 2005. 中国制造业集聚程度变动趋势实证研究. 统计研究，（8）：22-29.

马丽梅，张晓. 2014. 中国雾霾污染的空间效应及经济、能源结构影响. 中国工业经济，（4）：19-31.

裴长洪，王镭. 2002. 试论国际竞争力的理论概念与分析方法. 中国工业经济，（4）：41-45.

齐志新，陈文颖，吴宗鑫. 2007. 工业轻重结构变化对能源消费的影响. 中国工业经济，（2）：35-42.

秦志宏. 2006. 内蒙古资源型产业的成长模式研究. 北方经济，（13）：13-15.

芮明杰，刘明宇，任江波. 2006. 论产业链整合. 上海：复旦大学出版社.

施凤丹. 2008. 中国工业能耗变动原因分析. 系统工程，26（4）：55-60.

史丹，吴利学，傅晓霞，等. 2008. 中国能源效率地区差异及其成因研究——基于随机前沿生产函数的方差分解. 管理世界，（2）35-43.

史丹，张金隆. 2003. 产业结构变动对能源消费的影响. 经济理论与经济管理，（8）：30-32.

宋超英，朱强. 2006. 资源型企业发展路径研究. 经济纵横，（9）：75-76.

宋德勇，卢忠宝. 2009. 中国碳排放影响因素分解及其周期性波动研究. 中国人口·资源与环境，19（3），18-24.

宋锦剑. 2000. 论产业结构优化升级的测度问题. 当代经济科学，（3）：92-97.

苏波. 2012. 中国工业要着力构建现代产业发展新体系，http://miit.ccidnet.com/zt/2012/1208zhizao/，

12-03[2019-05-18].

谭力文，马海燕，刘林青. 2008. 服装产业国际竞争力——基于全球价值链的深层透视. 中国工业经济，（10）：64-74.

唐浩，蒋永穆. 2008. 基于转变经济发展方式的产业链动态演进. 中国工业经济，（5）：14-24.

涂妍. 2004. 南贵昆经济区产业分工与合作研究. 中国工业经济，（11）：19-24.

涂正革. 2008. 环境、资源与工业增长的协调性. 经济研究，（2）：93-105.

涂正革.2012. 中国的碳减排路径与战略选择——基于八大行业部门碳排放量的指数分解分析. 中国社会科学，（3）：78-94，206-207.

王兵，吴延瑞，颜鹏飞. 2010. 中国区域环境效率与环境全要素生产率增长. 经济研究，（5）95-109.

王锋，冯根福，吴丽华. 2013. 中国经济增长中碳强度下降的省区贡献分解. 经济研究，48（8）：143-155.

王锋，吴丽华，杨超. 2010. 中国经济发展中碳排放增长的驱动因素研究. 经济研究，（2）：123-136.

王缉慈. 2004. 关于地方产业集群研究的几点建议. 经济经纬，（2）：53-57.

王玉潜. 2003. 能源消耗强度变动的因素分析方法及其应用. 数量经济技术经济研究，（8）：151-154.

魏楚，沈满洪. 2007. 能源效率及其影响因素：基于 DEA 的实证分析. 管理世界，（8）：66-76.

魏楚，沈满洪. 2008. 结构调整能否改善能源效率——基于中国省级数据的研究. 世界经济，（11）：77-85.

魏后凯. 2006. 现代区域经济学. 北京：经济管理出版社.

文嫣，金雪琴. 2008. 价值链环节的衍生与再整合影响因素研究——以国产手机产业价值链为例. 中国工业经济，（6）：148-157.

文龙光，易伟义. 2011. 低碳产业链与我国低碳经济推进路径研究. 科技进步与对策，28（14）：70-73.

吴滨，李为人. 2007. 中国能源强度变化因素争论与剖析. 中国社会科学院研究生院学报，（2）：121-128.

吴金明，张磐，赵曾琪. 2005. 产业链、产业配套半径与企业自生能力. 中国工业经济，（2）：44-50.

吴金明，钟键能，黄进良. 2007. "龙头企业"、"产业七寸"与产业链培育. 中国工业经济，（1）：53-60.

吴力波. 2010. 中国经济低碳化的政策体系与产业路径研究. 上海：复旦大学出版社.

吴巧生，成金华，王华. 2005. 中国工业化进程中的能源消费变动——基于计量模型的实证分析. 中国工业经济，（4）：30-37.

吴宗鑫，刘滨，齐志新. 2005. 美国和日本能源消费比较对我国的启示. 当代石油石化，13（9）：25-28，37，50.

杨红亮，史丹. 2008. 能效研究方法和中国各地区能源效率的比较. 经济理论与经济管理，（3）：12-20.

杨蕙馨，纪玉俊，吕萍. 2007. 产业链纵向关系与分工制度安排的选择及整合. 中国工业经济，25（9）：14-22.

杨晓燕，周懿瑾. 2006. 绿色价值. 顾客感知价值的新维度. 中国工业经济，（7）：110-116.

杨以文，郑江淮，黄永春，等. 2012. 走向后工业化：建立以服务业为主的现代产业体系——以长三角为例. 经济地理，32（10）：70-76.

于立宏，郁义鸿. 2006. 基于产业链效率的煤电纵向规制模式研究. 中国工业经济，（6）：5-13.

余甫功. 2007. 我国能源强度变化因素分析——以广东作为案例. 学术研究，（2）：74-79，159.

郁义鸿. 2005. 产业链类型与产业链效率基准. 中国工业经济，（11）：35-42.

袁晓玲，屈小娥. 2009. 中国地区能源消费差异及影响因素分析. 商业经济与管理，（9）：58-64.

袁正. 2005. 分工的一般理论与古典增长框架. 经济学家，（6）：104-109.

臧旭恒，徐向艺，杨蕙馨. 2015. 产业经济学. 5版. 北京：经济科学出版社.

张复明. 2007. 资源型经济理论解释：内在机制与应用研究. 北京：中国社会科学出版社.

张钢，张小军. 2011. 国外绿色创新研究脉络梳理与展望. 外国经济与管理，33（8）：25-32.

张辉. 2006. 全球价值链动力机制与产业发展策略. 中国工业经济，（1）：40-48.

张明哲. 2010. 现代产业体系的特征与发展趋势研究. 当代经济管理，32（1）：42-46.

张少军，刘志彪. 2009. 全球价值链模式的产业转移——动力、影响与对中国产业升级和区域协调发展的启示. 中国工业经济，（11）：5-15.

张曙. 1999. 分散网络化制造. 北京：机械工业出版社.

张伟. 2013. 知识驱动下资源型产业链的低碳化升级. 现代经济探讨，（8）：3224-27.

张伟，胡剑波. 2014. 产品内分工、产业体系演变与现代产业体系形成. 产经评论，5（4）：5-17.

张伟，朱启贵，李汉文. 2013. 能源使用、碳排放与我国全要素碳减排效率. 经济研究，48（10）：138-150.

张伟，朱启贵，吴文元. 2009. 知识视角下的资源型产业链升级研究——以贵州瓮福磷化工产业链为例. 科学学研究，27（6）：889-895.

张小蒂，朱勤. 2007. 论全球价值链中我国企业创新与市场势力构建的良性互动. 中国工业经济，（5）：30-38.

张耀辉. 2010. 传统产业体系蜕变与现代产业体系形成机制. 产经评论，（1）：12-20.

张友国. 2010. 经济发展方式变化对中国碳排放强度的影响. 经济研究，45（4）：120-133.

张友国，郑玉歆. 2014. 碳强度约束的宏观效应和结构效应. 中国工业经济，（6）：57-69.

赵张耀，汪斌. 2005. 网络型国际产业转移模式研究. 中国工业经济，（10）：14-21.

中国社会科学院工业经济研究所课题组. 2010. "十二五"时期工业结构调整和优化升级研究. 中国工业经济，（1）：5-23.

周勇，李廉水. 2006. 中国能源强度变化的结构与效率因素贡献——基于 AWD 的实证分析. 产业经济研究，（4）：68-74.

Andersen P, Petersen N C. 1993. A procedure for ranking efficient units in data envelopment analysis. Management Science，39（10）：1261-1264.

Andersson F N G, Karpestam P. 2013. CO_2 emissions and economic activity: short-and long-run economic determinants of scale, energy intensity and carbon intensity. Energy Policy，61：1285-1294.

André F J, Smulders S, Olavide, et al. 2004. Energy use, endogenous technical change and economic growth. Budapest: 13th Annual Conference of the European Association of Environmental and Resource Economists.

Ang B W. 2004. Decomposition analysis for policymaking in energy: which is the preferred method? Energy Policy, 32 (9): 1131-1139.

Ang B W, Choi K H. 1997. Decomposition of aggregate energy and gas emission intensities for industry: a refined Divisia index method. The Energy Journal, 18 (3): 59-73.

Ang B W, Liu F L. 2001. A new energy decomposition method: perfect in decomposition and consistent in aggregation. Energy, 26 (6): 537-548.

Ang B W, Zhang F Q, Choi K H. 1998. Factorizing changes in energy and environmental indicators through decomposition. Energy, 23 (6): 489-495.

Ang J B. 2009. CO_2 emissions, research and technology transfer in China. Ecological Economics, 68 (10): 2658-2665.

Arndt S W, Kierzkowski H. 2001. Fragmentation: New Production Patterns in the World Economy. Oxford: Oxford University Press.

Azomahou T, Boucekkine R, van Phu N. 2003. Energy Consumption, Technological Progress and Economic Policy. Hanshi: Universite catholique de Louvain Press.

Bazan L, Navas-Alemán L. 2003. Upgrading in global and national value chains: recent challenges and opportunities for the Sinos Valley footwear cluster, Brazil. Novara: EADI's Workshop "Clusters and Global Value Chains in the North and the Third World".

Boyd G A, Pang J X. 2000. Estimating the linkage between energy efficiency and productivity. Energy Policy, 28 (5): 289-296.

Cao J, Karplus V J. 2014. Firm-level determinants of energy and carbon intensity in China. Energy Policy, 75: 167-178.

Chang K, Chang H. 2016. Cutting CO_2 intensity targets of interprovincial emissions trading in China. Applied Energy, 163: 211-221.

Chan M W L, Mountain D C. 1990. An index number framework for explaining changes in input productivity—an application to energy efficiency. Applied Economics, 22 (6): 785-794.

Chung Y H, Färe R, Grosskopf S. 1997. Productivity and undesirable outputs: a directional distance function approach. Journal of Environmental Management, 51 (3): 229-240.

Conrad K. 2000. An econometric model of production with endogenous improvement in energy efficiency, 1970-1995. Applied Economics, 32 (9): 1153-1160.

Davis W B, Sanstad A H, Koomey J G. 2003. Contributions of weather and fuel mix to recent declines in US energy and carbon intensity. Energy Economics, 25 (4): 375-396.

Diakoulaki D, Mandaraka M. 2007. Decomposition analysis for assessing the progress in decoupling industrial growth from CO_2 emissions in the EU manufacturing sector. Energy Economics, 29 (4): 636-664.

Enevoldsen M K, Ryelund A V, Andersen M S. 2007. Decoupling of industrial energy consumption and CO_2-emissions in energy-intensive industries in Scandinavia. Energy Economics, 29 (4): 665-692.

Färe R, Grosskopf S, Noh D W, et al. 2005. Characteristics of a polluting technology: theory and practice. Journal of Econometrics, 126 (2): 469-492.

Färe R, Grosskopf S, Pasurka C A. 2001. Accounting for air pollution emissions in measures of state manufacturing productivity growth. Journal of Regional Science，41（3）：381-409.

Färe R，Grosskopf S，Pasurka C A. 2007a. Environmental production functions and environmental directional distance functions. Energy，32（7）：1055-1066.

Färe R，Grosskopf S，Pasurka C A. 2007b. Pollution abatement activities and traditional productivity. Ecological Economics，62：673-682.

Garbaccio R F，Ho M S，Jorgenson D W. 1999. Why has the energy-output ratio fallen in China？The Energy Journal，20（3）：63-92.

Gereffi G. 1999a. A commodity chains framework for analyzing global industries. Institute of Development Studies，8（12）：1-9.

Gereffi G. 1999b. International trade and industrial upgrading in the apparel commodity chain. Journal of International Economics，48（1）：37-70.

Gereffi G，Humphrey J，Sturgeon T. 2005. The governance of global value chains：an analytic framework. Review of International Political Economy，12（1）：78-104.

Giblin S，McNabola A. 2008. Modelling the impacts of a carbon emission-differentiated vehicle tax system on CO_2 emissions intensity from new vehicle purchases in Ireland. Energy Policy，37（4）：1404-1411.

Hang L M，Tu M Z. 2007. The impacts of energy prices on energy intensity：evidence from China. Energy Policy，35（5）：2978-2988.

Henrik K J. 2000. Technology diffusion in energy-economy models：the case of danish vintage models. The Energy Journal，21（1）：43-71.

Holsapple C W，Singh M. 2001. The knowledge chain model：activities for competitiveness. Expert Systems With Applications，20（1）：77-98.

Hu J I，Wang S C. 2006. Total-factor energy efficiency of regions in China. Energy Policy，34（17）：3206-3217.

Humphrey J，Schmitz H. 2002. How does insertion in global value chains affect upgrading in industrial clusters？ Regional Studies，36（9）：1017-1027.

Kaplinsky R. 2000. Globalisation and unequalisation：what can be learned from value chain analysis？. Journal of Development Studies，37（2）：117-146.

Kaya Y. 1989. Impact of carbon dioxide emission control on GNP growth：interpretation of proposed scenarios. London：Intergovernmental Panel on Climate Change/Response Strategies Working Group.

Kelloway E K，Barling J. 2000. Knowledge work as organizational behavior. International Journal of Management Reviews，2（3）：287-304.

Kogut B. 1985. Designing global strategies：comparative and competitive value-added chains. Sloan Management Review，26（4）：15-30.

Krugman P，Cooper R N，Srinivasan T N. 1995. Growing world trade：causes and consequences. Brookings Papers on Economic Activity，26：327-377.

Lee C C，Yang J. 2000. Knowledge value chain. Journal of Management Development，19（9）：783-794.

Liao H，Fan Y，Wei Y M. 2007. What induced China's energy intensity to fluctuate：1997-2006？

Energy Policy，35（9）：4640-4649.

Liu L C，Fan Y，Wu G，et al. 2007. Using LMDI method to analyze the change of China's industrial CO_2 emissions from final fuel use: an empirical analysis. Energy Policy，35（11）：5892-5900.

Ma C B，Stern D I. 2008. China's changing energy intensity trend: a decomposition analysis. Energy Economics，30（3）：1037-1053.

Nonaka I. 1991. The Knowledge-Creating Company. Brighton: Harvard Business Review Press.

Nonaka I，Konno N. 1998. The concept of "Ba": building a foundation for knowledge creation. California Management Review，40（3）：40-54.

Pao H T，Tsai C M. 2011. Multivariate Granger causality between CO_2 emissions，energy consumption，FDI（foreign direct investment）and GDP（gross domestic product）: evidence from a panel of BRIC（Brazil，Russian Federation，India，and China）countries. Energy，36（1）：685-693.

Porter M E. 1985. Competitive Advantage. New York: The Free Press.

Porter M E. 1998. Clusters and the new economics of competitiveness. Harvard Business Review，12：77-90.

Schmitz A，Kamiński J，Scalet B M，et al. 2011. Energy consumption and CO_2 emissions of the European glass industry. Energy Policy，39（1）：142-155.

Schmitz H，Knorringa P. 2000. Learning from global buyers. Journal of Development Studies，37（2）：177-205.

Sheinbaum C，Ruíz B J，Ozawa L. 2011. Energy consumption and related CO_2 emissions in five Latin American countries: changes from 1990 to 2006. Energy，36（6）：3629-3638.

Shrestha R M，Timilsina G R. 1996. Factors affecting CO_2 intensities of power sector in Asia: a divisia decomposition analysis. Energy Economics，18（4）：283-293.

Sinton J E，Levine M D. 1994. Changing energy intensity in Chinese industry: the relatively importance of structural shift and intensity change. Energy Policy，22（3）：239-255.

Smulders S，de Nooij M. 2003. The impact of energy conservation on technology and economic growth. Resource and Energy Economics，25（1）：59-79.

Su B，Ang B W. 2015. Multiplicative decomposition of aggregate carbon intensity change using input-output analysis. Applied Energy，154：13-20.

Sue W I，Eckaus R S. 2004. Explaining long-run changes in the energy intensity of the U. S. economy. Boston: Massachusetts Institute of Technology.

Sun J W. 1998. Changes in energy consumption and energy intensity: a complete decomposition model. Energy Economics，20（1）：85-100.

Wang C，Chen J N，Ji Z. 2005. Decomposition of energy-related CO_2 emission in China: 1957-2000. Energy，30（1）：73-83.

Wang Z H，Zhang B，Liu T F. 2016. Empirical analysis on the factors influencing national and regional carbon intensity in China. Renewable and Sustainable Energy Reviews，55：34-42.

Wu L B，Kaneko S，Matsuoka S. 2006. Dynamics of energy-related CO_2 emissions in China during 1980 to 2002: the relative importance of energy supply-side and demand-side effects. Energy Policy，34（18）：3549-3572.

Yu S W，Zhang J，Zheng S，et al. 2015. Provincial carbon intensity abatement potential estimation in

China：a PSO-GA-optimized multi-factor environmental learning curve method. Energy Policy，77：46-55.

Zha D，Zhou D，Ding N. 2009. The contribution degree of sub-sectors to structure effect and intensity effects on industry energy intensity in China from 1993 to 2003. Renewable and Sustainable Energy Reviews，13（4）：895-902.

Zhang M，Mu H，Ning Y，et al. 2009. Decomposition of energy-related CO_2 emission over 1991-2006 in China. Ecological Economics，68（7）：2122-2128.

Zhang Y. 2009. Structural decomposition analysis of sources of decarbonizing economic development in China：1992-2006. Ecological Economics，68（8/9）：2399-2405.

Zhang Z. 2003. Why did the energy intensity fall in China's industrial sector in the 1990s？ The relative importance of structural change and intensity change. Energy Economics，25（6）：625-638.

Zhou P，Ang B W. 2008. Decomposition of aggregate CO_2 emissions：a production-theoretical approach. Energy Economics，30（3）：1054-1067.